- 国家社科基金后期资助项目"新时代中国高质量发展道路研究"（项目编号：19FJLB011）

- 教育部长江学者支持项目

- 中宣部文化名家暨"四个一批人才"支持项目

- 陕西省特支计划"三秦学者"创新团队和杰出人才支持项目

- 陕西省哲学社会科学重点研究基地宏观经济与经济增长质量协同创新中心项目

新时代中国经济
高质量发展研究

Research on the High Quality Development of
China's Economy in the New Era

任保平 等 著

人 民 出 版 社

国家社科基金后期资助项目
出版说明

后期资助项目是国家社科基金项目主要类别之一，旨在鼓励广大人文社会科学工作者潜心治学，扎实研究，多出优秀成果，进一步发挥国家社科基金在繁荣发展哲学社会科学中的示范引导作用。后期资助项目主要资助已基本完成且尚未出版的人文社会科学基础研究的优秀学术成果，以资助学术专著为主，也资助少量学术价值较高的资料汇编和学术含量较高的工具书。为扩大后期资助项目的学术影响，促进成果转化，全国哲学社会科学规划办公室按照"统一设计、统一标识、统一版式、形成系列"的总体要求，组织出版国家社科基金后期资助项目成果。

全国哲学社会科学规划办公室

2014 年 7 月

目　　录

序

  党的十九大报告提出,我国经济已由高速增长阶段转向高质量发展阶段,正处在转变发展方式、优化经济结构、转换增长动力的攻关期,建设现代化经济体系是跨越关口的迫切要求和我国发展的战略目标。高质量发展的关键在于:一是培育新动能;二是解放思想。

  对于培育新动能而言,经济是在新旧动能的转换中运行和发展的。每个阶段都会有多方面的发展动能,关键是发现、把握并加以培育。现在,我国经济进入高质量发展阶段,需要培育的新动能是新产业,是建设新的现代化经济体系。因为在现代竞争中,产业竞争力比企业竞争力更重要,企业所处的产业是否有竞争优势,处在产业哪一个环节,竞争力都不一样。对企业来说,更应该关注自己在产业内部所处的地位是否有竞争优势。在高质量发展的当下,无论是企业还是城市,培育新动能,增强竞争力,必须要发展战略性新兴产业。哪些产业有竞争力?习近平总书记有个概括:一是移动互联网、智能终端、大数据、云计算、高端芯片等新一代信息技术发展将带动众多产业变革和创新,二是围绕新能源、气候变化、空间、海洋开发的技术创新更加密集,三是绿色经济、低碳技术等新兴产业蓬勃兴起,四是生命科学、生物技术带动形成庞大的健康、现代农业、生物能源、生物制造、环保等产业。[①] G20杭州峰会确定的被称为"新经济"的战略性新兴产业,一是反映新工业革命标志的高端产业。如智能制造、机器人、新能源、新材料、环保产业、生物技术等。二是体现于传统产业和服务业的互联网经济和数字经济。首先,要推动互联网、大数据、人工智能同实体经济深度融合。其次,在中高端消费、创新引领、绿色低碳、共享经济、现代供应链、人力资本服务等领域培育新增长点、形成新动能。再次,创新引领,打通从科技强到产业强、经济强、国家强的通道,解决好从"科学"到"技术"转化,建立有利于出创新成果、有利于创新成果产业化的机制。

  对于解放思想而言,当前高质量发展的解放思想首先要跳出规模速度型发展思维定势,转向质量效益型发展思维。解放思想是发展的总开关、时

[①] 中共中央文献研究室编:《习近平关于科技创新论述摘编》,中央文献出版社2016年版,第75页。

代的最强音。面对深层次的体制束缚、观念禁锢和利益壁垒,没有思想上的破冰,就难有实践中的突围。转向高质量发展的关口,新旧矛盾交织,一些新情况新问题更是前所未有,靠老办法没有出路,靠守摊子没有前途,唯有从思想大解放破题,用新思想引领新实践、闯出新路,才能推动高质量发展。高质量发展主要表现在供给侧。高质量发展即高效率的投入和高效益的产出,在供给侧具体表现在以下四个方面:第一,针对新时代社会主要矛盾,高质量发展是能够满足人民日益增长的美好生活需要的发展。第二,体现新发展理念,高质量发展是坚持创新、协调、绿色、开放、共享发展要求的发展。第三,反映资源有效配置的要求,高质量发展是有效配置资源、具有高投入产出比的发展。第四,反映宏观稳定的要求,高质量发展是经济增长处于宏观合理区间的发展。根据高质量发展的时代特征,在去产能、去库存的供给侧结构性改革已经取得明显成效的基础上,深入推进供给侧结构性改革,不能只是停留在去产能、去库存。"去"了以后需要"立"。这就要培育新动能,使该"去"的无效产能被新动能替代,从而使经济发展由新动能推动,并把被过剩、无效产能占用的生产要素转移到新动能中,实现新旧动能的转换。这是影响我国长远发展的供给侧结构性改革的内容。

　　西北大学的任保平是我的学生,长期以来一直从事经济增长质量和高质量发展研究,2019年他申请了国家社科基金后期资助《新时代中国经济高质量发展研究》,最近完成了书稿,即将由人民出版社出版。本书围绕新时代中国经济高质量发展问题,从理论和实践的角度全面系统地研究了新时代中国经济的高质量发展。在理论上,研究了新时代中国经济高质量发展的理论基础、新时代中国经济高质量发展评判体系的构建、新时代中国经济高质量发展的综合评价、新时代中国经济高质量发展的决定因素。在实践上,围绕新时代中国经济高质量发展的实现,研究了新时代中国经济向高质量发展的转型、新时代中国经济高质量发展的质量变革、效率变革、动力变革、发展方式转变、现代化经济体系的构建、有效供给的形成、生产力质量的提升、动力转换、宏观调控等问题。本书的特点是:

　　第一,明确界定高质量发展的内涵。认为高质量发展的目标要求就是要打造经济发展的升级版。将高质量发展界定为:经济的总量与规模增长到一定阶段后实现经济结构优化、新旧动能转换、经济社会协同发展、人民生活水平显著提高的结果。

　　第二,提出了高质量发展的六大评判体系。认为高质量发展的评判体系包括:高质量发展的指标体系、政策体系、标准体系、统计体系、绩效评价体系、政绩考核体系。

第三,提出中国在追求高质量发展的过程中应从宏观、中观和微观三个维度进行。在宏观维度我国应通过发展理念、发展目标与发展路径三大变革来促进高质量发展。中观维度则主要通过促进产业结构向中高端迈进与促进区域协调发展来实现高质量发展。微观维度应该从高质量的企业发展、企业管理、产品与服务来实现高质量发展。

高质量发展是中国经济发展到新时代的需要,也是未来中国经济长期发展的战略导向。

受作者嘱托,是以为序。

洪银兴

南京大学原党委书记、文科资深教授

2020 年 2 月 8 日

导　　论

我国经济发展进入新时代的特征就是我国经济已由高速增长阶段转向高质量发展阶段。推动高质量发展，是保持经济持续健康发展的必然要求，是适应我国社会主要矛盾变化和全面建成小康社会的必然要求。高质量发展是未来我国经济发展的目标导向，是当前和今后一个时期确定发展思路、制定经济政策的根本要求。因此，我们必须深刻理解和坚定不移推动高质量发展。

第一节　研究意义与价值

一、研究的意义

党的十九大报告指出，我国经济已由高速增长阶段转向高质量发展阶段，正处在转变发展方式、优化经济结构、转换增长动力的攻关期。这既是新时代我国经济发展的鲜明特征，也是未来我国经济发展的战略指向。2017年中央经济工作会议提出："推动高质量发展是当前和今后一个时期确定发展思路、制定经济政策、实施宏观调控的根本要求，必须加快形成推动高质量发展的指标体系、政策体系、标准体系、统计体系、绩效评价、政绩考核，创建和完善制度环境，推动我国经济在实现高质量发展上不断取得新进展。"①从党的十九大到2018年全国"两会"，"高质量发展"成为出现频率最高的概念。"高质量发展"已成为新时代中国特色社会主义经济发展的新目标。毫无疑问，建成富强民主文明和谐美丽的社会主义现代化强国，解决好人民日益增长的美好生活需要和不平衡不充分的发展之间的矛盾，仅依靠中高速经济增长难以支撑，我国更需要推动经济高质量发展，坚定不移地贯彻创新、协调、绿色、开放、共享的发展理念。现阶段是"两个一百年"交汇的历史时刻，高质量发展是中华民族完成从小康社会"富起来"到社会主义现代化强国"强起来"伟大飞跃的关键。不仅如此，中国作为全球最大的发展中国家，"中国特色社会主义道路、理论、制度、文化不断发展，

① 仇小敏：《推动新时代经济高质量发展》，《中国社会科学报》2018年4月12日。

拓展了发展中国家走向现代化的途径,给世界上那些既希望加快发展又希望保持自身独立性的国家和民族提供了全新选择,为解决人类问题贡献了中国智慧和中国方案"。[①] 这也表明从全球视角来看,研究中国经济高质量发展问题具有重要意义和时代紧迫性。

二、研究的价值

本书试图沿着新发展理念的五个方面,探讨其对中国经济向高质量发展转变的理论逻辑和政策机制,对指导中国向高质量发展转型实践具有重要应用意义。

(一)本书基于新发展理念构建的中国经济向高质量转变的理论分析框架,为各地政府实现经济高质量转变提供施政依据

自党的十九大报告提出要实现中国经济向高质量发展目标转变以来,还没有相关研究者或者政府机构决策部门提出高质量发展的基本特征是什么,经济政策制定的依据又在哪里,显然这些问题不仅困扰政策制定部门,也是学界需要回答的课题之一。本书从新发展理念五个方面,系统阐述中国经济向高质量发展的理论逻辑,相关理论成果可以为政府施政规划和发展目标提供参考依据。

(二)本书基于新发展理念构建的中国经济向高质量转变的测度和分析体系,为市场主体探寻中国经济向高质量阶段转变的影响因素提供现实依据

党的十九大报告中强调中国经济发展进入新时代,社会主义初级阶段基本矛盾表现为人民日益增长的美好生活需要和不平衡不充分的发展之间的矛盾,消费结构、产业结构、要素禀赋结构等产生了深刻变化,市场经济体制改革也进入了攻坚阶段,等等,诸多因素到底哪些是制约中国经济向高质量转变的因素。本书从新发展理念视角,从创新发展、协调发展、绿色发展、开放发展、共享发展等五个方面构建中国经济高质量发展的评价指标体系,并利用数据和经验方法分析中国经济向高质量转变过程中的制约因素,可以为不同市场主体在追求高质量发展过程中甄别现实影响因素提供依据。

(三)本书基于新发展理念构建的中国经济向高质量转变的政策体系,为政府决策部门提供决策依据

随着党的十九大发展目标的确定,如何在政策上落实报告精神,把中国

---

① 习近平:《决胜全面建成小康社会 夺取新时代中国特色社会主义伟大胜利——在中国共产党第十九次全国代表大会上的报告》,人民出版社 2017 年版,第 10 页。

经济推向高质量发展,就成为中央和地方政府政策制定的重要内容。本书在理论和实证分析的基础上,沿着新发展理念的五个基本方面,分别探讨实施中国经济向高质量转变的政策机制和保障体系,从宏观、中观、微观三个层面构建具体的实施路径,可以为中央和政府具体调控政策的制定提供借鉴依据,最终促进中国高质量发展目标的实现。

第二节　研究的主要问题与主要内容

一、研究的主要问题

(一) 研究如何从发展阶段转变的视角拓展现有经济发展理论,构建中国经济高质量发展问题系统的理论分析框架

现有的经济发展理论主要研究低收入阶段发展中国家如何从落后状态迈进中等收入阶段,实现经济起飞的问题。随着中国从低收入发展阶段进入中等收入发展阶段,流行的发展经济学原理,过去在低收入阶段甚至部分在改革开放初期所推行的以及当时行之有效的发展政策均有可能变得不再适应新阶段的发展要求。本书基于新阶段我国在发展条件、发展过程以及发展结果等方面呈现出的新变化与新特征,基于新发展理念对高质量发展的内在要求,甄别经济实现高质量发展的关键性因素,厘清经济发展质量各影响因素之间的相互关系,从重塑发展动力、优化经济结构、改善要素分配三个层面构建"三维创新引领—结构再平衡驱动—要素分配改善支撑"三位一体的系统性分析框架。

(二) 研究如何把新发展理念引入经济发展质量的分析框架,对中国经济高质量发展问题进行理论阐释与经验检验

现有文献主要通过归纳推理的方法从很宽泛的视角对经济发展质量进行理论界定、综合评价以及影响因素分析,既没有充分考察增长数量与发展质量之间的差异性,也没有充分关注新阶段中国经济发展的特殊性。从新阶段的主要特征来看,全球经济自2007年次贷危机爆发以来开始进入下行通道,步入"长期停滞"的发展状态,而中国经济发展则反映出经济朝向形态更高级、分工更细致、结构更合理的阶段演化的内容。在新阶段下"创新、协调、绿色、开放、共享"五大发展理念的提出,将指导我国构建具有中国特色的经济发展质量理论。本书以新发展理念为分析基础,以中国经济新阶段作为研究背景,分别从发展条件、发展过程与发展结果三个层面对中国经济高质量发展问题进行理论阐释与经验检验。

（三）甄别推动中国经济转向高质量发展的突破性因素,构建高质量发展的实现机制与政策支撑体系

现有研究主要从单一视角考察技术进步、产业结构、收入分配、人口老龄化等因素对中国经济发展的影响,既没有充分关注各类因素对发展质量影响的差异性,也没有充分挖掘各类因素作用效果的经验证据。本书基于新发展理念,依据各类因素对经济发展质量影响的差异,甄别推动中国经济转向高质量发展阶段的突破性因素,从重塑发展动力、优化经济结构、改善要素分配三个层面设计推动中国经济转向高质量发展阶段的"三维创新引领—结构再平衡驱动—要素分配改善支撑"的实现机制,并具体从市场机制完善、政府治理优化、社会活力激发三大层面来构建推动中国经济转向高质量发展阶段的政策支撑体系。

二、研究的主要内容

以贯彻新发展理念为分析基础,主要研究中国在中等收入阶段如何实现高质量经济发展的问题。主要内容包括:

（一）贯彻新发展理念推动中国经济转向高质量发展阶段的理论分析框架

实现高质量发展是保持经济社会持续健康发展的必然要求,是适应我国社会主要矛盾变化和全面建设社会主义现代化国家的必然要求。作为社会主义大国的中国如何在中等收入阶段摆脱围绕速度判断经济发展的范畴,推动经济实现质量变革、效率变革和动力变革,实现经济高质量发展是一个极具挑战性的崭新课题。基于此,本书首先对中国经济发展的历史过程与主要特征进行归纳总结,由此寻找中国经济发展阶段转变的基本规律;在此基础上基于新发展理念提出高质量经济发展的内在要求与分析框架,作出我国经济由高速增长阶段转向高质量发展阶段的基本判断,进一步甄别我国经济在发展动力、发展结构与发展成果三个层面的突破性因素,探讨以创新驱动、结构协调、成果共享推动我国经济发展质量变革的实现机制。

（二）重塑发展动力:以三维创新引领中国经济转向高质量发展阶段的机制研究

高质量发展是创新驱动型发展。过去40多年间我国更多依靠资源、资本、劳动力等要素投入支撑了经济快速增长和规模扩张。进入新阶段后资源禀赋条件发生了巨大变化,要适应国际经济环境的新变化、克服国内资源环境的强约束,必须加快从要素驱动发展为主向创新驱动发展转变,充分发挥创新引领增长质态升级的作用,推动高质量发展。基于此,本书以阿西莫

格鲁（Acemoglu）的技术创新理论为基础构建创新驱动对经济发展质量影响的数理模型,采取理论和实证相结合的方法对现阶段中国创新驱动的条件、过程和结果的相关问题的逻辑和机制进行剖析与反思,并从创新驱动的条件、过程和结果三个维度总结和提炼中国创新驱动中存在的制约因素,以实现经济高质量发展为目标,探寻未来中国在创新驱动方面改善条件、完善过程、提升结果中改革的方向、内容和具体措施。

（三）　优化发展结构:以结构再平衡驱动中国经济转向高质量发展阶段的机制研究

高质量发展是结构协调型发展。为了充分调动优势地区和产业的发展潜力,中国从改革开放以后长期实施优先发展战略,经济发展在总量扩张的同时也积累了明显的结构性问题。在进入中等收入阶段后,不平衡的经济结构会严重阻碍经济发展。基于此,本书首先根据中国经济在不同发展阶段的典型事实与内外部环境,归纳整理出改革开放以来供需结构、产业结构、区域结构和市场结构优化升级对我国经济发展质量影响的理论命题,在此基础上将数理模型与经验研究相结合对中国经济转向高质量发展阶段的制约因素和重点领域进行分析,由此得出我国在宏观层面实行供给侧结构性改革、中观层面推动产业结构升级和区域经济均衡发展以及微观层面实现市场机制和政府干预相协调,共同推动经济高质量发展的实现机制与路径。

（四）　共享发展成果:以要素分配改善支撑中国经济转向高质量发展阶段的机制研究

高质量发展是包容性发展。中国在低收入阶段突出经济增长以效率为先,明确提出允许一部分人先富起来的大政策,强调各种生产要素按贡献取得报酬。这种效率型增长原则产生了充分调动发展要素的正面效应,但也不可避免地产生了分配的不平等问题。自 20 世纪 90 年代以来,我国要素收入分配格局发生了显著变化,劳动要素分配份额不断下滑,而资本要素分配份额逐渐上升。当前,我国已经进入全面建成小康社会的决胜阶段,维护劳动收入的主体地位、在劳动生产率提高的同时实现劳动报酬同步提高是深化收入分配制度改革的迫切需要。基于此,本书首先从人力资本机制的总量效应与结构效应、消费需求机制的宏观效应与微观效应、收入分配机制的单向效应与交互效应三个层面对要素收入分配影响经济增长质量的作用机理进行理论阐释与经验检验,在此基础上研究中国传统要素分配格局对中国经济发展质量在条件、过程和结果方面形成的制约,依据影响机制和制约因素,设计相应的推动中国经济高质量发展的路径和转型措施。

（五）推动中国经济转向高质量发展阶段的政策支撑体系研究

低收入阶段的发展问题实际上只是增长问题,而在进入中等收入阶段以后,经济发展将不仅包括数量和规模的增长,还包括质量和效益的提升。党的十九大报告作出了我国经济已由高速增长阶段转向高质量发展阶段的判断,推动高质量发展成为当前和今后一个时期确定发展思路、制定经济政策、实施宏观调控的根本要求。因此,需要坚持贯彻新发展理念,构建以经济增长质量和效益提升为导向推动中国经济发展阶段转变的政策支撑体系。本书从中等收入阶段这一本土化特征出发,着力解决制约发展的结构性、体制性矛盾和问题,根据制约中国经济高质量发展的约束条件,从市场机制完善、政府治理优化、社会活力激发三大层面来构建推动中国经济转向高质量发展阶段的支撑体系,为实现全面建成小康社会和社会主义现代化国家的"两个一百年"奋斗目标提供政策指引。

第三节 研 究 方 法

一、归纳推理与演绎推理相结合的方法

（一）采用归纳推理法

梳理中国经济不同发展阶段经济发展的典型特征,进一步归纳出从速度追赶向质量提升转变过程中经济发展阶段转变的基本规律。采用归纳推理法分析新发展理念下推动中国经济转向高质量发展的突破性因素,并进一步分别对创新驱动、结构协调、成果共享影响经济发展质量的逻辑机理进行分析。

（二）采用演绎推理法

借鉴阿西莫格鲁（Acemoglu）偏向型技术进步模型、新凯恩斯主义CIA模型等,采用演绎推理法刻画创新驱动、结构再平衡、成果共享推动中国经济转向高质量发展的理论作用机理。

二、历史分析与比较分析相结合的方法

（一）采用历史分析方法

通过对改革开放40多年我国经济增长的历史梳理,对长期高速增长的形成机制进行理论解释,并分析中国经济实现高质量发展面临的约束,构建推动我国经济实现高质量发展的市场机制完善、政府治理优化和社会活力激发的政策支撑体系。

（二）采用比较分析方法

描述中国在不同阶段经济发展的变动轨迹。采用比较分析方法通过纵向对比分析研究中国经济发展的典型事实与主要特征，通过横向对比分析甄别推动中国经济转向高质量发展的突破性因素。

三、理论分析与统计分析相结合的方法

（一）理论分析方法

在理论上追溯高质量发展的政治经济学理论基础，研究高质量发展的内涵与特征，分析我国高质量发展面临的制约因素，为高质量发展研究奠定理论基础。

（二）统计分析方法

依据五大发展理念建立高质量发展的评价指标体系，对于新时代我国高质量发展评价的指标体系由五大方面维度中四十二个基础指标来构建，利用 AHP 方法进行初步识别，再使用 BP 神经网络算法进行模拟优化，对我国高质量发展分析维度及综合指数进行综合评价。

第四节　学　术　创　新

一、学术思想的创新

（一）明确界定了高质量发展

依据学术界关于经济增长质量和发展质量的研究，明确界定了高质量发展。将高质量发展界定为：经济的总量与规模增长到达一定阶段后，经济结构优化、新旧动能转换、经济社会协同发展、人民生活水平显著提高的结果。

（二）建立了高质量发展的标准

参照目前学术界关于经济发展质量内涵的界定，提出衡量经济发展质量的标准应包含经济发展的有效性、协调性、创新性、可持续性、稳定性和分享性等六方面。

（三）研究了高质量发展的评判体系

提出构建六大体系组成的高质量发展的评判体系是推进高质量发展的当务之急。从推动高质量发展的指标体系、政策体系、标准体系、统计体系、绩效评价、政绩考核体系六个方面提出了高质量发展的六大评判体系。

（四）研究了高质量发展的三大变革

在实践上从高质量发展的质量变革、效率变革、动力变革三个方面研究了高质量发展的三大变革，并在此基础上研究了我国高质量发展中经济发展方式转变、动力体系的转换、新动能的培育、生产力质量的提高、产业发展质量的提高、宏观调控体系的完善等高质量发展的实现问题。

二、学术观点的创新

（一）提出了高质量发展的目标要求就是要打造经济发展升级版

高质量发展要求我国经济要从主要依靠增加物质资源消耗实现的粗放型高速增长，转变为主要依靠技术进步、改善管理和提高劳动者素质实现的高质量发展。高质量发展的目标要求就是要打造经济发展的升级版，转向高质量发展以后经济发展的具体目标要求主要表现在：发展方式的升级版、产业结构的升级版、产品结构的升级版、经济发展目标的升级版。

（二）提出了高质量发展的战略思路

在高质量发展中，提高商品与服务质量是高质量发展的基础，技术创新是高质量发展的核心，可持续性是高质量发展的最高层次，实现人的发展是高质量发展的终极关怀。因此高质量发展的战略思路具体包括以下方面：通过提高效率来实现高质量发展，通过经济结构优化来实现高质量发展，通过增长动力转换来实现高质量发展。

（三）明确了高质量发展的战略重点

推动高质量发展是保持经济持续健康发展的必然要求，其核心是要培育形成经济发展的新动能，围绕高质量发展的目标要求和战略思路，我国高质量发展的战略重点包括：培育高质量发展的新动能、建立高质量发展的经济体系、培育高质量发展的微观主体、提高经济发展供给体系的质量、建立高质量发展的宏观调控体系。

三、研究方法的创新

（一）归纳推理与演绎推理相结合的方法

依据经济增长理论、经济增长质量理论、发展质量理论归纳出高质量发展的标准和要求。同时在此基础上依据经济学原理进一步演绎出高质量发展的评判体系、实现路径和政策支持体系。

（二）采用统计方法，增强研究方法的实证性

构建了高质量发展的评价指标体系。依据新发展理念，建立了由5个方面维度42个基础指标构成的高质量发展的评价指标体系，利用AHP方

法进行初步识别,再使用 BP 神经网络算法进行模拟优化,对我国高质量发展分析维度及综合指数进行综合评价。建立了产业高质量发展的评价指标体系。从 5 个方面、11 个分项指标和 49 个基础指标的产业高质量发展的评价指标体系。用主成分分析法测算中国 2000—2016 年产业高质量发展中各个基础指标及分项指标的权重,进而对产业高质量发展状态进行测度。

第一章　文　献　述　评

自从党的十九大提出高质量发展以来,学术界和实际工作部门对高质量发展问题进行了多方面的研究。本章主要对现有文献进行综述和评价。

第一节　高质量发展的文献综述

一、高质量发展的理论内涵、实现途径和政策支撑研究

理论界对高质量发展的探讨,可以延伸至对经济增长质量的研究。对经济增长质量理论分析具有里程碑作用的工作由托马斯(Thomas,2000)完成,他认为经济增长质量作为经济发展的补充,构成了经济增长中的关键内容,如:分配的机会、环境的可持续性、全球风险管理及治理结构。托马斯指出,正如食品的质量而非数量影响人类健康一样,是增长的方式和分布而不是它的速度,对反贫困和提高生活质量有根本性作用,数量并不代表质量。马拉基拉(Mlachila,2014)认为经济增长质量是包容性增长的反映,进而将经济增长质量分解为增长的基本面和社会成果两个维度。

不难发现,经济学界早已开始关注经济增长质量,只不过其界定较为宽泛,并且更多的研究是从环境、分配、治理以及微观的产品和要素质量等方面看待经济增长问题。科普勒(Cropper,1994)和格里菲斯(Griffiths,1994)研究环境质量与人口增长的互动关系,发现环境质量恶化会通过降低劳动边际产量、减少工资进而使得人口增长率下滑。哈努谢克(Hanushek,2000)和金科(Kimko,2000)实证研究显示,劳动力质量与经济增长直接相关,并且这种增长效应也有助于改进劳动力质量。罗森斯坦(Rothstein,2003)研究了社会资本、经济增长与治理质量的关系。克莱恩(Klein,2005)则考察了制度质量和经济增长的关系,并基于71国数据的经验分析发现经济增长与制度质量存在着“倒U型”关系。罗德里克(Rodrik,2000)分析了制度与经济增长质量的关系,研究证据表明市场化改革和民主参与等制度能够保证高质量增长。奥斯特罗姆(Segerstrom,1991)构造了一个动态一般均衡模型,稳态均衡表明创新性企业能够通过提高产品质量来促进经济增长。

国内学者对经济增长质量的研究也始于多维、宽泛的视角。肖红叶和李腊生(1998)从经济增长的稳定性、协调性、可持续性和潜能等方面对经济增长质量进行了系统分析。江小涓(2002)认为外资经济通过改变增长方式提高了中国经济增长质量,而对于增长质量范畴则间接界定为GDP增长、技术进步、产业机构以及研发能力等。朱方明(2014)指出可以从投入要素质量、经济活动过程质量、经济成果质量和环境质量四个方面解释经济增长质量。钞小静和任保平(2011)则基于经济增长的结构、稳定性、福利变化与成果分配以及资源利用和生态环境代价六个维度定义了经济增长质量的内涵。沈坤荣和孙文杰(2004)的研究认为经济增长质量涵盖了投资效率、储蓄向投资的转化率以及全要素生产(TFP)等效率内容。任保平(2013)认为经济增长质量是增长的效率提高、结构优化、稳定性提高、福利分配改善、创新能力提升,从而使经济增长能够长期得以持续的结果。经济增长质量使得经济增长理论从经济增长的最优路径选择扩展到了最佳社会效应和最佳环境效应的实现上,使经济增长理论的概念性框架从要素投入、要素效率提高与产出的关系扩展到经济增长系统与外界的物质、能量和信息的交换。经济增长系统投入要素的知识技术含量增加和产出效率提高,经济增长组成部分协同作用,经济增长系统自组织能力的提高,经济增长技术进步方式的选择方面,也使经济增长的研究方法论从逻辑实证主义扩展到了规范分析,增添了价值判断,使宏观经济政策从关注短期扩展到了长期,从经济政策领域扩展到了社会政策领域和环境政策领域。

经济增长质量相较于高速增长更接近高质量发展,然而二者之间仍然存在区别,即经济增长质量仍然属于宏观经济范畴,而高质量发展则涵盖了更广泛的经济维度。任保平(2018a)阐释了高质量发展的政治经济学逻辑,分析了劳动价值论、使用价值以及价值和质量的关系。在此基础上,提出高质量发展包括:微观维度的要素质量、产品质量和企业质量;中观维度的产业发展质量、城市化质量和生活质量等;宏观维度的经济增长质量、公共服务质量和对外贸易质量等。陈诗一(2018)的研究使用人均GDP代表经济高质量发展水平,提出经济发展质量的提高是经济发展方式转变的前提,并从绿色发展的角度分析了政府治霾有助于提升大气环境和经济发展质量,助推中国经济的高质量发展。师博(2018)结合"创新、协调、绿色、开放、共享"五大发展理念,认为新时代高质量发展的内涵可概括为:具有增速稳定和结构合理的经济增长基础,并能产生社会友好型和生态友好型的发展成果,最终服务于富强民主文明和谐美丽的社会主义现代化强国建设和人的全面发展。

在理论指导层面,中国经济高质量发展要以马克思主义的经济发展理论和中国特色社会主义政治经济学为理论基础,开拓发展观、发展目标、发展任务、发展模式、发展动力、发展战略和发展型式的新境界(任保平,2018b)。进而,任保平(2018c)指出高质量发展的具体理论导向表现在提高供给的有效性,实现公平性发展、生态文明、人的现代化。新时代中国经济由高速增长阶段转向高质量发展阶段的实践取向体现在创新成为第一动力,实现遵循规律的科学发展,转向中高速增长,迈向中高端结构,走文明发展道路。党的十九大报告指出,新时代要推动质量变革、效率变革和动力变革,那么在理论上分析经济高质量发展需要在剖析现阶段主要矛盾的基础上明确经济发展的动力体系。任保平和刘笑(2018)指出,我国经济由高速增长向高质量发展转变的过程中,慢变量是关键,在慢变量上主要解决以下关键问题:重塑地方经济增长动力,解决区域发展不平衡问题;提高经济发展有效供给,解决供求结构失衡问题;发展"三新"经济,解决产业结构不平衡问题;以工业化为核心,解决经济发展动力不充分问题;以活力经济主体培育为目标,解决经济活力不充分问题。针对主要矛盾的变化,我国经济发展路径需要进行转型:从数量追赶向质量追赶转型,从经济结构多样化向合理化和高级化转型,从传统动力向新型动力转型,从规模扩张转向效率提升,从旧分工体系向新分工体系转变。与此相对应,这一阶段经济中高速的新常态不是孤立的,它涉及新阶段经济发展质量的提高,需要新的发展状态来支撑。与此同时应运而生的新发展理念,创新居于首位,是因为创新是引领发展的第一动力,坚持创新发展,是引领高质量新常态的根本之策。

在实践运行层面,实现经济高质量发展需要通过解决关键问题、建立现代化经济体系和推动三大变革。高质量发展的关键是要解决发展不平衡、不充分问题,新时代我国经济从高速增长向高质量发展转型的路径在于:构建现代化的经济体系,建立高质量的经济体系。实现三大变革,提高发展动力的质量;实现活力、效益与质量的有机结合,提高供给体系的质量;提升企业效率,构建高质量发展的微观主体。在此基础上分析了新时代中国高质量发展的决定因素,包括:人口的质量与结构、资源环境质量、资本积累质量、技术进步质量、对外贸易质量、制度因素。

在政策支撑层面,我国经济高质量发展需要强有力的政策支撑,而高质量发展政策体系中的核心是供给侧结构性改革。任保平和刘鸣杰(2018)指出,新时代有效供给形成机制的战略选择在于以解决结构性矛盾为改革方向:推动要素市场化改革,健全要素价格形成机制;加强政府对企业生产活动的监管,抑制落后产能、污染产能的形成;促进规模驱动型增长转向创新驱动型增长,提高全要素生产率。新时代有效供给形成机制的实现路径在于破除供给主体、产品供给、要素供给层面存在的约束:供给主体层面必须正确处理政府和企业之间的关系,充分发挥企业的主体地位,激发各类市场企业创业、创新活力;产品供给层面必须通过科技创新打破产品"低端供给",不断完善产品质量管理,适应消费需求升级方向;要素供给层面必须以要素市场约束为出发点,从劳动力、土地和自然资源、资本、技术创新、制度等五个要素层面采取措施破除供给抑制,促进有效供给形成。综上所述,经济高质量发展是一个涵盖内容更为丰富,与我国建成社会主义现代化强国高度契合的发展模式。

二、经济发展质量的评价和影响因素研究

从研究内容和研究对象来看,对经济发展质量的评价表现为三个层次:第一层次是全国范围的评价,比较有代表性的评价性研究,是从全国以及省级层面对中国经济发展质量的评价,其中钞小静和惠康(2009)、钞小静和任保平(2011)、魏婕和任保平(2012)、何伟(2013)、宋明顺等(2015)、肖攀等(2016)、师博和任保平(2018)等学者分别对我国分省区的经济发展质量做了全面评价,并分析影响经济发展质量的因素。第二层次是区域和典型省域的评价,主要表现为学者在前者基础上对区域或者某一省域经济发展质量的评价。如李永友(2008)对江苏经济发展质量的时序变化做了分析;许永冰(2012)对河北省经济发展质量做了全面评价;魏博通和王圣云(2012)分析了中部六省区的经济发展质量变化情况;姚升保(2015)对湖北省经济发展质量进行了评价;李金叶和许朝凯(2017)基于"一带一路"倡议对中亚区域国家经济发展质量进行了比较。第三层次是对中国经济某一部门或者某一领域的经济发展质量进行评价,比如陈玉龙和石慧(2017)从环境规制视角对工业经济发展质量进行评价和分析;刘佳等(2016)、魏婕等(2016)对旅游行业发展质量进行测度和分析;也有学者对农业发展质量进行研究(何红光等,2017),除此之外,唐建荣等(2016)还对我国物流业的发展质量进行测度。

从研究方法来看,根据研究对象的差异主要分为以下几类:一是在多维指标情况下的测度和评价方法,其中包括主成分分析法,这类分析以钞小静和任保平(2011)、魏婕和任保平(2012)、毛其淋(2012)、李强和魏巍(2015)以及何红光(2017)为代表,也包括熵值法,这类分析以宋明顺等(2015)、姚升保(2015)、肖攀等(2016)、颜双波(2017)等为代表。二是在

单一指标情况下,尤其是以经济增长效率作为发展质量指标的研究,更多采用参数估计法或非参数估计法对经济发展质量进行测度,例如李永友(2008)、李俊和徐晋涛(2009)、李国平等(2011)、陈夕红等(2013)利用DEA非参数法进行测算,也有学者如何伟(2013)采用了投影寻踪技术分析对省域经济发展质量进行测度和评价。随着研究方法的完善,学者们往往综合更多方法对经济发展质量进行评价和分析,如宋明顺等(2015)结合了熵值法和国际标杆对比法进行测度,钞小静等(2016)采用主成分分析与半参数估计相结合的方法。

学界对于经济发展质量影响因素的研究相对较为丰富,从理论上来看几乎与经济发展相关的所有因素均能够影响经济发展质量,任保平(2012)从经济增长结构、经济稳定性、成果分享性等角度探讨了影响经济发展质量的机理;谭崇台(2014)从发展经济学演变视角分析了人口资源与环境、技术进步、资本积累等因素对经济发展质量的影响;随着经济发展进入新常态,吴福象(2017)则从要素禀赋结构、产业结构等角度重点分析了供给侧结构性改革影响经济发展质量的逻辑;而沈坤荣和曹扬(2017)认为创新能力是影响当前经济发展质量提升的重要因素。从实证研究角度来看,有从制度层面分析制度变迁过程对经济发展质量的影响(陈丹丹和任保平,2010;李强和魏巍,2015;李强和高楠,2017),也有认为金融发展水平对经济发展质量有重要影响(马轶群和史安娜,2012;刘文革等,2014),也有从生态环境视角出发认为环境因素约束对经济发展质量提高有显著影响(冯根福等,2011;钞小静和任保平,2012)。如果从财政分权和财政支出结构来看,财政政策也对经济发展质量的影响非常显著(魏婕等,2016;詹新宇和王素丽,2017;林春,2017)。此外,从开放经济视角来看,实证研究显示人民币汇率波动、外商直接投资、对外贸易等因素都会通过不同传导机制影响中国经济发展质量的改善(沈国云,2017;随洪光等,2017)。师博(2018)则从宏观调控转型的视角探讨了我国经济高质量发展的实现途径和选择。

三、对中国经济发展阶段转型的理论与经验研究

(一) 对经济发展阶段理论界定以及特征的研究

关于经济发展阶段的论述,最为经典的分析当属罗斯托(Rostow,1960),他根据工业发展状况将世界各国的经济发展划分为传统社会、为起飞创造前提、起飞、成熟、大众消费、追求生活质量6个阶段。钱纳里(Chenery,1989)从经济结构转变过程角度,依据人均收入水平将经济发展

划分为初级产品生产、工业化、发达经济3个阶段,其中工业化阶段又划分为4个时期,具体包括低收入阶段、中低收入阶段、中高收入阶段以及高收入阶段。不过,学界更多情况下是讨论经济发展阶段的特征分析,例如发展中国家如何跨越"中等收入陷阱"进入高收入水平的研究,如大野健一(Ohno,2009)、尤素夫和内伯西玛(Yusuf and Nabeshima,2009)、哈拉斯和科利(Kharas and Kohli,2011)、帕斯(Paus,2014)等研究显示中等收入国家由于工资上涨而无法与低收入国家低廉的劳动力成本相竞争,又因创新能力不足无法与处于技术前沿的高收入国家竞争,导致中等收入国家经济增长率往往低于高收入国家和低收入国家,最终制约了中等收入国家经济发展进入更高阶段的步伐。菲利普(Felipe,2012)统计分析发现,高收入经济体在中低收入阶段的平均停留时间为58年,在中高收入阶段的平均停留时间为16年,日本、韩国等在不到30年时间成功从中等收入阶段跨越到高收入阶段,而拉美国家的墨西哥、智利、秘鲁、巴西、乌拉圭等自20世纪80年代越过中等收入门槛后,在长达50年的时间内始终停留在中等收入阶段。皮凯蒂(Piketty,2014)的最新研究发现,在工业革命之前世界各国的经济增长都是极为缓慢的,高速经济增长只是工业化时期发生的一段特殊历史现象,当工业化完成后这种高速增长将不复存在。

(二)　对中国经济发展阶段的经验考察

随着中国经济进入新常态以来,关于中国经济发展特征的论述又成为学界讨论的热点问题,洪银兴(2014)指出中高速增长已经成为我国经济发展新阶段的基本新常态。一方面,我国从低收入国家转变为中等收入国家,GDP基数扩大后不可能长久保持原有的高速增长,而且向高收入国家发展更为重要的是质量问题和结构问题。另一方面,我国原有的人口红利、资源供给等经济增长推动力明显衰减,需求拉动力的作用短期内无法接替供给推动力,由此导致经济增长由高速增长向中高速增长换挡。金碚(2015)将中国工业化划分为1949年—20世纪70年代末的起步时期、20世纪80年代—2012年的加速时期、2013年—21世纪中叶的深化时期,认为无论从人类发展的长期历史,还是从世界近二三十年的经济发展态势来看,工业化是一个非常特殊的历史阶段,一个以中高速增长为表征的中长期历史阶段正在到来,各个领域全面深化的改革是经济发展新阶段的典型特点。张军扩(2016)指出我国经济进入新常态后,经济增长的传统动能优势减弱,而新动能还不够强大,现阶段我国经济仍然具有中高速增长潜力,推动中国经济中高速增长的关键是重点领域和关键环节的重要改革是否可以取得突破性进展,是否能够建立起支持新动能的机制体制。马勇、陈雨露(2017)基于

68 个国家 1981—2012 年面板数据的实证研究结果发现,大部分经济体在经历了较长时间的高速增长以后,将会向"次高速时代"转变,根据推算,中国将于 2019—2020 年进入拐点区域。

（三）对中国经济发展阶段转变的制约与动力因素研究

在不同经济发展阶段,制约和促进经济增长的因素会存在显著差异,尤其是发展中国家从落后国家进入中等收入国家以后,经济高速增长的动力往往会弱化,由此导致经济无法继续维持高速增长。从研究结果来看,制约经济发展阶段转变的因素主要表现在:一是产业结构因素,由于产业结构不能适应新发展阶段的需求导致了新常态经济增长速度放缓（Ohno,2009;Zhuang,2011;刘伟,2011);二是人口结构老龄化带来的人口红利逐渐减少影响了经济持续增长（楼继伟,2010;Vandenberg and Zhuang,2011;蔡昉,2010、2012);三是收入分配差距扩大导致的贫富分化,不同程度上阻碍了经济增长的可持续性（郑秉文,2011;陈斌开和曹文举,2013;乔榛和徐龙,2014;何玉长,2015);四是中等收入国家与发达国家技术差距的缩小使得通过吸引外资推动的技术进步对经济增长的贡献趋于衰减,在自主研发不能跟进的情况下阻碍了经济向更高阶段迈进（张德荣,2013)。

虽然有诸多因素制约中国经济不能快速进入中高收入发展阶段,但学者们基于中国新常态发展现状,认为当前经济发展阶段提升可能依赖的动力因素有:一是消费需求因素,在进入中低收入发展阶段,随着人均收入水平的上升,中等收入群体的扩大,消费需求在经济发展中的作用愈发重要,需要把扩大消费需求作为扩大内需的战略重点,建立扩大消费需求的长效机制（刘瑞翔和安同良,2011;姜巍,2011;汪伟,2016;郭克莎和杨阔,2017)。二是总供给因素,由于现阶段我国正处于增速换挡阶段,一方面供给结构调整滞后于需求结构升级,应以科技创新和制度创新提高全要素生产率水平,深化科技体制改革,全面增强自主创新能力,增加经济中高速增长的活力（崔俊富、张一弓、高昊,2010;武鹏,2013;刘瑞翔,2013;沈坤荣,2017);另一方面需要通过调整经济结构、提高经济增长质量,为中国进入新的发展阶段提供不竭的动力（余斌,2012;洪银兴,2012;李伟,2013;任保平,2016、2017)。三是综合因素的视角研究,学者们强调应该对土地制度、金融制度、财税制度进行改革,通过加大对产业结构、市场竞争机制和公平收入分配、创新体系、环保制度等方面的改革力度,以构建未来经济稳定发展的制度激励基础（沈坤荣等,2011;石杰琳和秦国民,2014;沈坤荣和滕永乐,2015;周文和陈跃,2017)。

第二节 对现有研究的评价

现有研究对新发展理念的内涵与外延、中国经济发展质量的界定与评价以及经济发展阶段转变过程中的制约因素等问题做了较为深刻和全面的阐述,上述文献为中国特色社会主义理论体系构建和经济发展阶段转变的经济实践提供了有力的支撑,为本书的研究提供了广阔的研究思路和研究基础。然而,现有研究缺乏将全球经济发展的外部约束与中国经济内在规律相结合,分析经济高质量发展的理论及实际内涵。并且,围绕推动中国经济高质量发展的体制机制以及政策体系设计方面的研究也相对较少。本书将在以下三个方面对现有研究进行拓展。

一、将国际经济增长趋势与我国经济增长 阶段的典型特征相结合,梳理和分析 经济高质量发展的内在要求

系统梳理近年来全球范围内不同收入水平国家与经济体的经济增长的趋势和特征,分析国际经济环境变化尤其是全球技术前沿面的变迁、贸易摩擦与经济金融风险以及气候谈判等因素对我国经济发展构成的外部约束。在此基础上,结合改革开放40多年来我国经济增长的趋势和阶段性特征,围绕我国建设社会主义现代化强国的"两步走"战略,探讨推动经济高质量发展的客观要求和具体内容。

二、构建进入新时代以来立足新发展理念的 经济发展质量研究框架

现有关于经济发展质量的研究主要基于"旧常态"下的基本特征研究经济发展质量的理论界定、综合评价以及影响因素分析等问题,上述成果对于我们认识和理解中国经济的发展质量具有重要的借鉴意义。但是随着中国告别低收入发展阶段进入中等收入发展阶段,进入新时代以来,在新发展理念思想指引下,中国经济高质量发展的内在要求与具体表现究竟发生了哪些变化,以此为依据当前中国经济发展质量的时序变化与地区差异究竟处于何种状态,进而中国经济转向高质量发展阶段的实现路径与支撑体系究竟是什么,对于这些问题的解答需要以系统的经济发展质量理论研究框架为基础。因此,以新发展理念为基础,从中国经济发展历史过程中的基本特征与新阶段下的典型事实出发,构建进入新阶段以后中国经济发展质量

的理论分析框架成为本书研究的重点。

三、设计进入新阶段以后推动中国经济转向
高质量发展的体制机制和政策体系

　　现有关于中国经济发展阶段转变的研究主要集中于从产业结构、人口老龄化、收入差距、技术创新等方面对经济增长速度减缓的原因进行研究，并分别从最终需求、供给结构以及制度变迁等视角探寻推动经济发展的突破点。每一个经济体的经济发展都是一个格外复杂的系统过程，尽管许多文献已经从某个单一视角展开了相应的理论分析与实证研究，但这仅仅只是刻画了经济发展阶段转变问题的一个侧面，还需要进一步探讨推动中国经济转向高质量发展阶段的全面且系统的实现机制。因此，在问题导向与理论支撑相结合的基础上，分析"发展阶段—发展要求—发展理念—发展模式"的逻辑关系，构建贯彻新发展理念下我国经济如何由高速增长阶段转向高质量发展阶段的体制机制和政策体系成为本书研究的关键问题。

第二章 新时代中国经济高质量发展的理论基础

纵观党的十八大以来我国经济社会的发展,"质量"成为我们这个时代的最强音。党的十九大报告进一步指出,"我国经济已由高速增长阶段转向高质量发展阶段""必须坚持质量第一、效益优先,以供给侧结构性改革为主线,推动经济发展质量变革、效率变革、动力变革"。2017年中央经济工作会议指出"推动高质量发展是当前和今后一个时期确定发展思路、制定经济政策、实施宏观调控的根本要求"。质量成为新时代我国经济发展的主题,高质量发展的实践需要质量经济学来提供理论指导。但是现有研究中国质量问题的研究成果,大多依据西方经济学的质量经济学理论。其实马克思在《资本论》中对质量问题有过多方面的论述,总结和概括马克思《资本论》中的质量经济学理论,构建具有中国特色的质量经济学,对中国特色社会主义新时代构建以质量为导向的中国特色社会主义政治经济学和实现高质量发展都具有重要的现实意义。

第一节 高质量发展的政治经济学理论基础

一、质量经济属性的政治经济学阐释

"质量"在《辞海》中的解释包含两重含义:第一重含义认为质量就是量度物体所含物质多少的物理量,或者是物体惯性大小的量度,这是从质量的自然属性角度来解释的。第二重含义认为质量就是事物、产品或工作的优劣程度,这是从质量的社会属性角度来解释的。从经济学的角度来研究质量,主要采用的是质量的第二重含义,也就是质量是指事物、产品或工作的优劣程度。根据《辞海》对"质量"的解释,我们知道质量本质是一种价值判断,经济学范畴内的质量是对经济事物社会价值的判断,即对某一事物优劣性的判断。随着中国经济从数量时代向质量时代的转变,质量问题就成为一个研究的热点问题,这就需要从经济理论的高度来分析质量的经济属性。

从质量作为价值判断的角度而言,这实际上涉及质量的现实性价值判断,即追求经济效率,但没有涉及质量的终极价值判断,没有涉及实现人的

全面发展。因此,从广义的质量经济学视角来看,质量的经济属性应当同时涉及质量的现实价值判断与终极价值判断,因此,我们对质量概念的外延应当进一步拓展。从微观的角度,质量不仅仅包括产品质量与企业质量,还应包括人口质量与环境质量。从微观经济视角来看,质量的经济属性不论是产品质量还是企业质量,实际上都关注的是投入和产出,要求实现成本最低,收益最高。从中观的角度,质量包括产业发展质量、工业化质量、城市化质量、金融发展质量和生活质量。从宏观的角度,质量包括经济增长质量、国民经济运行质量、经济发展质量、公共服务质量、对外贸易质量、高等教育质量和经济政策质量。

因此,分析微观、中观、宏观"三位一体"的质量经济属性,就意味着我们要同时关注质量的现实价值判断和终极价值判断。从现实价值判断的角度,微观上的质量是要实现生产成本的最小化和效益的最大化;中观和宏观上的质量是要实现经济发展的代价降低,实现经济发展成本的最小化。从终极价值判断的角度,微观上的质量经济属性就是使人的幸福水平提升,使人力资本得到提升;中观和宏观上的质量经济属性就是要实现国民素质优化,使经济社会实现均衡发展,最终实现人的全面发展。

二、高质量发展的政治经济学理论依据

马克思在《资本论》中论述政治经济学的基本理论时抽象掉了商品质量的差别,只是从一般意义上研究商品经济问题及其理论。但是马克思在《资本论》中也从不同角度论及了一些质量的经济问题,形成了马克思主义政治经济学的质量经济理论,这些理论构成了新时代高质量发展的政治经济学理论基础。

(一) 高质量微观经济发展的政治经济学理论依据

马克思在《资本论》中对微观质量的经济分析主要研究的是产品质量问题,在这方面马克思依据劳动价值理论分析了产品质量与使用价值、价值之间的关系。这些论述构成了高质量微观经济发展的政治经济学理论依据。

1. 质量的劳动价值理论分析

由于质量的经济性是指在投入与产出比较的情况下,用尽可能少的劳动消耗,生产出能够满足消费者更多需要的产品,从而获得尽可能多的产出和收益的特征,因而质量的经济属性必然涉及商品经济中价值和使用价值的关系分析,质量的经济属性分析必然要以劳动价值理论为理论基础。马克思在《资本论》中创立劳动价值理论时,运用了科学抽象法,为了便于分

析,抽象掉了产品质量的差异,使用中等质量水平的标准来进行研究。这样做是因为:"第一,这是马克思抽象方法的运用。他把同最终研究目的(揭示资本主义社会运动的经济规律)没有直接关系的范畴都抽象掉了;第二,马克思处于商品经济发展的数量型经济阶段,质量问题对社会经济活动的影响尚不显著。"①例如,马克思在《资本论》第3卷中论述价值的转化形式时所使用的是"生产部门相同种类相同,质量也接近相同的商品"的概念。这种抽象只是为了便于问题分析,目的是为了更好地突出《资本论》所揭示的资本主义社会运动规律这一最终目的。尽管如此,马克思依据劳动价值理论对产品质量的经济性质也做过论述,这种论述包括以下方面:

(1)从劳动质量角度来分析产品质量

马克思在《资本论》中首先从简单劳动和复杂劳动的关系入手,分析了劳动质量的差别,同时又在此基础上,分析了劳动质量差别对产品质量的影响。

首先,马克思在《资本论》中分析了简单劳动和复杂劳动的差别并指出,简单劳动是指不需要经过专门训练的,没有一定技术专长,任何劳动者都可以胜任的劳动。复杂劳动是指经过专门训练以后,具有技术专长的劳动,复杂劳动多指智力劳动。马克思认为,在计量复杂劳动时:"比较复杂的劳动只是自乘的或不如说多倍的简单劳动,因此,少量的复杂劳动等于多量的简单劳动。"②按照马克思政治经济学原理,商品的价值是由"社会必要劳动"决定的,而这种社会必要劳动是以简单劳动为基础计量的。复杂劳动在计量时可以换算成倍加的简单劳动。由此可见,马克思关于简单劳动和复杂劳动关系的区分本质上是分析不同劳动质量之间的差别。

马克思认为产品质量与劳动质量之间是相互影响的,过去的劳动质量影响过去的产品质量,过去的产品质量又影响现在的劳动质量和产品质量,两者之间形成了一种循环影响。因此,正常质量的产品必须要与"正常质量的劳动"相一致,使得产品生产的"劳动要具有正常程度的品质与强度"。③ 正如马克思所认为的"在这里,劳动的质量是由产品本身来控制的,产品必须具有平均的质量"④。关于劳动质量决定产品质量的原因方面,马克思认为在制造产品的过程中,劳动能使产品形成满足人们需要的物质功能。同时劳动过程是具有目的性的,即使所制造的产品符合一定的社会需

---

① 郭克莎:《马克思论"质量"的经济问题及其现实意义》,《兰州学刊》1988年第1期。
② 《马克思恩格斯全集》第42卷,人民出版社2016年版,第25页。
③ 《马克思恩格斯全集》第49卷,人民出版社1982年版,第80页。
④ 《马克思恩格斯全集》第42卷,人民出版社2016年版,第569页。

要。这表明产品要有质量,生产产品的劳动能够使得产品具有一定的物质功能,这种物质功能能够满足社会的需要。

因此马克思在《资本论》中指出"只要过去劳动过程的产品作为要素、作为劳动材料或劳动资料进入一个新的劳动过程,使我们感兴趣的,只是过去劳动的质量,劳动产品实际上是否具有它所要求具有的那种合乎目的的属性,这一劳动是好是坏","它们作为使用价值的质量,它们在这种特殊消费过程中实际充当的使用价值的程度就只是取决于一种特殊劳动的结果,取决于这种特殊劳动的质量。同在一定的劳动过程中完全一样,劳动之所以引起我们兴趣,只是由于它是作为具有一定物质内容的一定的有目的的活动起作用,只是由于产品的好坏程度以及它实际上所具有和包括的使用价值(它在劳动过程中应当获得这种使用价值)的程度取决于劳动的质量,取决于劳动的完善程度以及劳动合乎自身目的的性质。"①

(2)关于产品质量与价值量关系的研究

马克思在《资本论》中认为产品质量决定着社会必要劳动时间的凝结量,而社会必要劳动时间的凝结量又直接影响着产品价值量的高低。因为马克思在《资本论》中建立的关于社会必要劳动时间决定商品价值的原理认为,商品价值量是以"平均样品"为基准来决定的,他认为"作为价值是社会劳动时间的化身,并且只有在劳动时间化为一般社会劳动时间,即同等的社会劳动时间自乘的情况下,它们才是包含在自身中的劳动时间的化身"②。因此,个别产品中劳动时间与"平均样品"的劳动时间不一致时,所决定的价值是有差别的。如果个别产品的质量高于"平均样品"的标准质量,产品可以凝结较多的价值,因而高质量的产品就具有了比较高的价值量,质量与商品的价值成正比关系。同样的道理,个别产品的质量低于"平均样品"的标准质量,这样只能形成较少的价值量,低质量的产品所拥有的价值量就少。

(3)关于产品质量和商品经济的一般规律关系的研究

等价交换是商品交换过程中的一般规律,而等价交换规律作用的前提是质量保证。如果商品质量有问题,那么商品等价交换的规律就无法发挥作用,也就是说在市场经济条件下,使用价值与价值是有机联系的,使用价值是价值的物质体现者,价值是体现在具有有用性的具体物质商品中的,消费者购买所需要的商品质量是商品交换发生的基础条件,因此商品生产不

---

① 《马克思恩格斯全集》第47卷,人民出版社1979年版,第63—64页。
② 《马克思恩格斯全集》第47卷,人民出版社1979年版,第85页。

仅有数量要求,而且有质量要求,质量是所生产的商品必须具有的基本条件。不同质量的商品具有不同的价格,质量高的商品必然价格高,质量低的商品必然价格低,这是商品交换中的一般质量规律。如果质量差,就会在市场竞争中处于不利地位,所以马克思指出"使自由工人成为比其他工人好得多的工人,因为他象任何商品卖者一样对他所提供的商品是负有责任的,他的商品必须具有一定的质量,否则他就会被同种商品的另一些卖者从市场上排挤出去"①,"在资本主义生产方式的基础上,奴隶制是非正义的;在商品质量上弄虚作假也是非正义的"②,"自由工人倒是被自身的需要驱使着而劳动的。自由地自己决定自己这种意识,即自由的意识,使雇佣工人成为比奴隶好得多的劳动者,甚至产生责任感,因为他象任何商品卖者一样对他所提供的商品是负有责任的,如果他不想被同种商品的另一些卖者所排挤,他就必须提供一定质量的商品"③。

2. 关于质量和使用价值关系的研究

研究质量和使用价值的关系,最为重要的就是研究质量作为单个商品使用价值如何转化为社会使用价值。传统的政治经济学理论把使用价值看作商品的自然属性,否定使用价值的社会属性,因此没有对社会使用价值进行研究。商品经济使用价值的本质是社会使用价值。商品的使用价值是为别人、为社会生产的使用价值,这就使商品的质量成为社会的质量,同时,作为社会质量,必须符合社会的质量要求、质量标准,并且适应这些要求和标准的变化而变化,这就使商品的使用价值在内容上成为社会需要的反映,使用价值的社会质量最终得以体现。

(1)质量是使用价值的重要方面

马克思在《资本论》中认为质量也是提高使用价值量的因素。马克思曾指出"由于在产品上使用了更多的手工劳动,产品的使用价值不是通过产品量的增加而是通过产品质的提高而提高了"④。因此,在质量经济背景下,个体商品的使用价值要转化为社会使用价值,就意味着商品的质量要符合社会必需的质量水平,必须与社会必要的质量相适应。如果单个商品质量与社会必要的质量不相适应,单个商品的使用价值就不能转化为社会使用价值。质量是使用价值的重要方面,超越了社会需要的社会需求和消费水平所决定的质量水平,也不能具有社会使用价值。所以,社会使用价值在

---

① 《马克思恩格斯全集》第49卷,人民出版社1982年版,第91页。
② 马克思:《资本论》第3卷,人民出版社2004年版,第379页。
③ 《马克思恩格斯全集》第48卷,人民出版社1985年版,第10页。
④ 《马克思恩格斯全集》第46卷(上),人民出版社1979年版,第416页。

量上的规定性是符合一定量的社会需要,而商品质量的变动在其中起着重要的作用。

(2)使用价值方面质量的二重性

马克思政治经济学认为"创造越来越多的,质量越来越好的,越来越多种多样的使用价值——创造大量的社会财富"①,实际说明使用价值不仅有数量,而且使用价值也有质量问题。马克思认为"产品的好坏程度以及它实际上所具有和包括的使用价值(它在劳动过程中应当获得这种使用价值)的程度取决于劳动的劳动的质量,取决于完善程度以及劳动合乎自身目的的性质"②。在这段话中马克思主要分析了使用价值角度质量的二重性,"产品质量的好坏程度"指的是产品的品质或耐久性,这是讲质量的物质属性;使用价值首先是指物质能够满足人们使用的物理属性,这是指质量的物质属性。产品实际上所具有的使用价值的程度是产品的实用性功能,这主要是指产品的物质性能的社会表现,也就是指质量的社会属性,满足社会需要的经济功能。而商品使用价值质量的二重性则取决于生产商品劳动的质量及其完善程度。

3. 质量和价值的关系

从质量和价值的关系来看,价值是具有社会性的,而质量和价值的内在联系就是通过质量的社会性起作用的。

(1)产品质量对价值的影响

从劳动价值论来看,质量对价值的影响是社会必要劳动时间决定商品价值的重要内容。这是因为,一定量的使用价值不仅与一定量的社会必要劳动时间相联系,而且与一定的质量水平相联系。也就是使用价值取决于产品的数量和质量两个方面,在产品数量相同的条件下,使用价值的大小就取决于产品的质量,产品质量越高,单个商品耗费的劳动时间少于当时社会必要劳动时间,在这种情况下单个商品自身所具有的使用价值就会转化为社会的使用价值,产品实现的社会价值就越大。

(2)产品质量和价值决定的关系

从相对动态的再生产过程中,也可以考察质量与价值的关系。从再生产过程来看,每个生产者的产品质量会发生变化,在劳动生产率不变的条件下,质量变化会影响到商品价值量。如果产品的质量提高,那么在转化为社会价值的过程中,折算为社会平均质量水平的数量就能够增多,在这种情况

---

① 《马克思恩格斯全集》第48卷,人民出版社1985年版,第41—42页。
② 《马克思恩格斯全集》第47卷,人民出版社1979年版,第63—64页。

下同一单位劳动时间生产的使用价值就会增多,但是根据价值决定的规律,仍然需要通过社会必要劳动时间形成价值。那么,与原先同等的社会时间,实质上是代表了更多的社会价值,如果根据这个增大的价值量来补偿同量的劳动耗费,那么质量提高的产品就含有更多的价值量。同样,如果一种产品的质量下降,那么意味着同样时间生产的使用价值降低,此时生产的劳动时间要高于社会必要劳动时间,那么根据价值决定规律,这一高出部分无法得到价值补偿,原先同等的劳动时间只能够代表更少的社会价值。根据减少的价值量来补偿同量的劳动耗费,就意味着质量下降的同量产品具有较少的价值量。因此,产品价值随质量提升而增加,随质量下降而降低。

（二）高质量宏观经济发展的政治经济学理论依据

马克思在《资本论》中对宏观质量的研究主要体现在《资本论》第2卷的生产过程的质量循环链、生产力质量和经济增长质量等问题,这些论述构成了高质量宏观经济发展的政治经济学理论依据。

1. 质量循环再生产的分析

马克思政治经济学认为社会再生产是数量再生产循环和质量再生产循环的有机统一体,这个有机统一体社会再生产既是数量的再生产,也是质量的再生产。社会再生产的有机联系系统是数量循环和质量循环的有机统一,这种统一体就构成了社会再生产过程中的质量循环过程,在这个循环过程中产品质量水平的提高是通过再生产系统中数量和质量循环的有机统一来实现的。在《资本论》第3卷中马克思写道:“废料的减少,部分地要取决于所使用的机器质量”,“在生产过程中究竟有多大一部分原料变为废料,这取决于所使用的机器和工具的质量。最后,这还取决于原料本身的质量。而原料的质量又部分地取决于生产原料的采掘工业和农业的发展(即本来意义上的文化的进步),部分地取决于原料在进入制造厂以前所经历的过程的发达程度”。[①] 这表明质量是具有循环再生产特征的,生产过程中的质量取决于生产条件的质量,生产条件的质量又取决于提供生产条件的产业的质量。在质量循环的过程中,不同环节和不同部门之间是相互影响的,一些部门、产业和企业的质量问题,又可以在质量循环过程中影响到另外的生产部门、产业和企业的产品质量。

2. 生产力质量的分析

生产力理论是马克思主义政治经济学的主要内容之一,马克思的生产力理论是从数量和质量统一的意义上来研究的。过去我们在理解马克思生

---

① 马克思:《资本论》第3卷,人民出版社2004年版,第117—118页。

产力理论时,仅仅只研究了生产力的数量,而忽视从质量意义上研究生产力水平。马克思认为"生产力当然始终是有用的、具体的劳动的生产力,它事实上只决定有目的的生产活动在一定时间内的效率。因此,有用劳动成为较富或较贫的产品源泉与有用劳动的生产力的提高或降低成正比。相反地,生产力的变化本身丝毫也不会影响表现为价值的劳动。既然生产力属于劳动的具体有用形式,它自然不再能同抽去了具体有用形式的劳动有关。因此,不管生产力发生了什么变化,同一劳动在同样的时间内提供的价值量总是相同的。但它在同样的时间内提供的使用价值量是不同的:生产力提高时就多些,生产力降低时就少些。因此,那种能提高劳动成效从而增加劳动所提供的使用价值量的生产力变化,如果会缩减生产这个使用价值量所必需的劳动时间的总和,就会减少这个增大了的总量的价值量。反之亦然。一切劳动,一方面是人类劳动力在生理学意义上的耗费;就相同的或抽象的人类劳动这个属性来说,它形成商品价值。一切劳动,另一方面是人类劳动力在特殊的有一定目的的形式上的耗费;就具体的有用的劳动这个属性来说,它生产使用价值"①。这段话表明生产力是具有质量特征的,生产力质量的标志是生产力的效率,说明生产力效率提高时提供的使用价值量就多些,反之生产力效率低的情况下生产的使用价值数量就少。在生产过程中,衡量生产效率的标准,一般采用单位时间生产的产品数量和单位产品耗费的劳动时间两种方法。同时马克思进一步论述了生产力要素中机器的质量、原材料的质量、土地的质量对剩余价值和财富创造的影响。

　　3. 经济增长质量的分析

　　马克思的经济增长质量理论主要体现在《资本论》第2卷的扩大再生产理论和《资本论》第3卷的地租理论中。马克思在《资本论》第2卷第八章中,一方面把扩大再生产分为两种类型:外延扩大再生产和内涵扩大再生产。外延扩大再生产是指通过增加要素投入来扩大生产规模的方式来实现的扩大再生产,其关键是扩大生产要素的投入数量;而内涵扩大再生产是指通过提高生产要素的使用效率来实现的扩大再生产,其关键是通过技术进步和创新作用的发挥,从而来提高要素的使用效率。一是提高要素的结合效率,通过技术进步提高资本和劳动的结合,进而提高生产率,技术进步通过资本有机构成来衡量。二是通过提高资本的使用效率、提高劳动生产率、提高生产资料的效率来扩大生产规模,内涵扩大再生产的核心因素是技术进步,关键是效率的提高。

---

① 　马克思:《资本论》第1卷,人民出版社2004年版,第59—60页。

另一方面,马克思在《资本论》第 3 卷的地租理论中论述级差地租时,提出了粗放经营和集约经营两种经济增长方式,他指出:"这种比较不肥沃的地区会获得剩余产品,并不是由于土地的肥力高,从而每英亩的产量高,而是由于可以粗放耕作的土地面积很大,因为这种土地对耕作者来说不用花费什么,或者同古老国家相比,只需极少的费用。""这里起决定作用的,不是土地的质,而是土地的量。这种粗放耕作的可能性,自然会或快或慢地消失,新土地越肥沃,消失得越慢;它的产品出口得越多,消失得越快。"①这种"只需要很少的资本,主要是劳动和土地"为主要生产要素的经营方式就是"粗放型经营",粗放型经营依靠的是数量,而不是质量。"在经济学上,所谓集约化耕作,无非是指资本集中在同一块土地上,而不是分散在若干毗连的土地上。"②依据马克思《资本论》中的这些论述,一个社会的经济增长方式可以依据要素投入的不同分为粗放型和集约型两种类型。粗放型经济增长方式是通过要素数量的投入增加,从而通过规模扩张来实现的经济增长,粗放型经济增长属于数量速度型增长。而集约型经济增长方式依赖于生产要素的质量和使用效率的提高来实现,在技术进步条件下,实现生产要素组合方式的优化。同时通过提高劳动者素质,提高资金、设备、原材料的利用率而实现的经济增长,由此可见,集约型经济增长是以提高经济增长的质量和经济效益为核心。

4. 对外贸易的质量分析

马克思在分析质量问题时,不仅分析了微观上质量与使用价值、价值的关系,宏观上生产过程的质量循环链、生产力质量、经济增长质量,而且研究了国际贸易质量,探讨了产品质量对国际贸易质量的影响。

古典经济学家李嘉图的比较优势学说在国际贸易理论中长期占据统治地位,这一学说是从数量意义上来研究国际贸易的,只强调了国际贸易中的产品数量,而忽视了国际贸易中的产品质量。李嘉图在论述比较优势学说时曾经认为"我们生产工业品并用来在国外购买其他商品,是因为这样做比在国内生产能获得数量更多的商品"。针对李嘉图的这段论述,马克思在"数量更多的商品"后面的括号里加上了一句评论:"没有质量的差别!"③并运用了惊叹号。他的意思是李嘉图只强调了国际贸易中的工业品数量,而忽视了国际贸易中的工业品质量。"然而遗憾的是,在马克思之

---

① 马克思:《资本论》第 3 卷,人民出版社 2004 年版,第 756—757 页。
② 马克思:《资本论》第 3 卷,人民出版社 2004 年版,第 760 页。
③ 《马克思恩格斯全集》第 26 卷(Ⅱ),人民出版社 1973 年版,第 601 页。

后,质量问题在比较成本理论中一直没有得到重视"①,在数量意义的比较成本学说指导下的国际贸易理论虽然取得一定的成就,但是在价值链竞争的国际贸易竞争背景下,质量就成为比较成本学说的一个短板。

第二节　高质量发展政治经济学理论基础的现实性

党的十九大报告指出:"建设现代化经济体系,必须把发展经济的着力点放在实体经济上,把提高供给体系质量作为主攻方向",2017年中央经济工作会议进一步提出"要建立推动高质量发展"的考核体系,"加快形成推动高质量发展的指标体系、政策体系、标准体系、统计体系、绩效评价、政绩考核,创建和完善制度环境,推动我国经济在实现高质量发展上不断取得新进展"。因此,新时代中国经济发展的核心问题是提高质量和效益,从数量追赶转向质量追赶,在质量追赶中需要从微观、中观到宏观全面提高质量。因此,我们需要以马克思主义政治经济学的质量经济理论为指导,结合中国特色社会主义新时代的现实需要,"建立起宏观、中观、微观相结合的中国特色的社会主义质量经济学理论"②,对指导中国特色社会主义新时代高质量发展具有重要的现实意义。

一、构建新时代高质量发展的理论框架

中国特色质量经济学应该是中国特色社会主义政治经济学的重要组成部分,新时代高质量发展的现实需要建立以质量为导向的中国特色社会主义政治经济学。在马克思那个时代,由于质量问题没有成为主要问题,因此马克思《资本论》主要是以数量分析为核心的。当代中国经济发展已经进入质量时代,质量问题成为现代的大问题。在构建中国特色社会主义政治经济学的过程中,需要在马克思主义政治经济学关于质量问题分析的基础上,沿着马克思质量经济理论的逻辑方式,对经典马克思政治经济学进行扩展,构建以质量为导向的中国特色社会主义政治经济学,建立新时代高质量发展的理论框架。首先,以质量为核心,扩展马克思的劳动价值理论。在价值、使用价值、价格、劳动二重性理论中引入质量分析,为构建质量型的中国

---

① 郭克莎:《比较成本与比较质量》,《云南财贸学院学报》1990年第1期。
② 任保平、魏婕、郭晗等:《超越数量:质量经济学的范式与标准研究》,人民出版社2017年版,第6页。

特色社会主义政治经济学奠定理论基础。其次,在微观分析中,以提高劳动生产率为核心,引入生产要素质量分析、产品质量分析、企业质量分析等,以微观质量的提高为核心,深化供给侧结构性改革。再次,在宏观经济分析中扩展马克思关于内涵扩大再生产、集约生产方式、结构分析等,为新时代的结构升级提供理论依据。最后,分析国际贸易质量、生态环境质量问题,为新时代的开放发展中提高国际竞争力和落实绿色发展提供理论依据。

二、促进新时代高质量的微观经济发展

按照马克思《资本论》的质量理论,建立中国特色的微观质量经济学理论,在提高微观发展质量的过程中,要从使用价值的二重性出发,既要重视质量的物质性,更要重视质量的社会性,把质量的物质性和社会性有机结合起来,使生产结构和需求结构相适应,促进微观经济质量的提高。同时按照马克思《资本论》的质量理论,产品质量是通过劳动质量的提高来实现的,企业必须通过提高劳动质量来提高产品质量。在当前中国经济进入新时代的背景下,我国经济运行中出现了严重的产能过剩,产能过剩有多方面的原因,也有多方面的解释。从马克思《资本论》的质量理论来看,主要是企业生产中,仅仅只注意了产品使用价值的物质属性的质量,而忽视了产品使用价值的社会属性的质量,生产结构不能满足社会需要而过剩了,也就是缺少社会属性的质量,相对于社会需要而过剩了。因此,在中国特色社会主义新时代首先要重视产品质量的提高,以提高产品质量为基础促进微观发展质量的提高。

（一）以劳动质量来提高产品的质量

马克思《资本论》的质量经济理论认为劳动质量决定产品质量,因此,产品质量的提高依赖于生产要素的质量,包括生产条件的质量、技术进步、人力资本质量和产业发展的质量,通过生产条件的改善、技术进步和人力资本作用的发挥、产业发展质量的提高,进而提高劳动质量是提高产品质量的根本性措施。在提高微观经济质量的过程中,首先要鼓励和引导企业促进技术研发,加强生产技术改造,实现产品更新换代,提高新技术在企业生产中的利用效率,促进社会的先进科技向企业生产过程的转化。加强人力资源的教育和培训,在技术进步和人力资本开发的基础上不断应用新材料和新工艺、开发新产品、开辟新市场、发展新产业,依据社会需求的变化和消费的升级努力提高产品的质量。

（二）依据需求端消费水平的升级,使生产和消费相适应

依据马克思《资本论》中经济学规律,总需求结构决定总供给结构,总

需求结构要与总供给结构保持大体平衡,产品总供给结构和总需求结构的变化影响着经济结构和产业结构。随着收入水平、消费水平和消费质量的提高,消费品的功能、档次和质量也需要不断地按照需求提高。中国特色社会主义新时代我国经济发展进入了新的消费升级阶段,消费升级对产品的质量要求更高。随着消费从低端消费水平走向中高端消费水平,消费者对产品质量标准要求不再是经久耐用,不再是追求消费的数量,而是更加追求消费的质量,诸如消费的安全性、时尚性、便利性、环保性、健康性和舒适性。因此,依据在收入水平不断提高的情况下消费需求的不断升级,需要生产者不断提高产品质量,生产高质量和高品质的产品。

(三)依据世界新科技革命和新产业革命的要求,进一步提高企业的发展质量

按照马克思《资本论》的质量理论,企业生产的循环过程也决定产品质量,产品质量决定于生产过程质量,生产过程质量决定于管理质量,管理质量最终决定于企业人力资源的素质,要在提高产品质量的过程中,首先提高企业发展的质量。企业要树立质量理念,完善质量标准体系,制定严格的企业质量管理流程。把质量看成是企业的第一生命线,落实在每一个生产环节中,贯彻在每一个生产环节中。同时通过创新提高企业的质量,通过企业技术进步、管理的规范化、工艺流程改善,通过提升研发水平、管理水平和提高人力资本素质来提高企业的生产率。优化企业的创新环境,激发企业的自主创新能力,在加快技术进步的基础上来提高企业发展质量。同时实施全面质量管理,把质量管理纳入企业的发展战略之中,以产品质量提高为核心,以管理质量的提高为手段,建立起一套科学高效的质量管理体系,以提高企业的发展质量。

三、促进新时代高质量的中观经济发展

进入中国特色社会主义新时代以后,我国经济发展最大的制约因素是经济结构失衡和产业结构的低端锁定,这种经济结构失衡和产业结构的低端锁定造成了供给结构与需求结构不平衡,这些结构性失衡形成了资源的误配置和资源的不能有效利用,这样形成了经济发展中传统产品产能过剩与高端产品供给不足同时存在的矛盾,导致了中观经济质量问题,制约了产品质量社会属性的实现,影响了微观产品质量的提高。因此,需要依据马克思《资本论》中的质量经济理论,建立中国特色的中观质量经济学理论,以产业结构转型升级为目标,促进产业结构的高级化和合理化,促进中观经济质量的提高。

（一）促进产业结构的高级化和合理化

改革开放后，我们依靠大量农村剩余劳动力转移促进了工业化的发展，通过劳动力禀赋中的比较优势实现了产业结构的多元化。但是由于技术进步的约束，虽然实现了产业结构多元化，但是没有实现产业结构高级化和现代化，在全球价值产业链条中处于低端位置，产业附加值低、环境压力大，低端锁定成为中国经济转型升级的主要障碍。因此建立中国特色的中观质量经济学理论，中观经济质量的提高要在打破产业结构的低端锁定上下功夫，以质量提升促进产业结构高级化，形成产业发展新格局，推动产业向中高端迈进，在积极融入全球产业链的基础上，使我国的产业结构向国际产业价值链的中高端迈进，提高中观产业发展的质量。

（二）以生产力质量的提高带动结构升级

新时代我们仍然面临着发展生产力的问题，但是当前的主要任务是提高生产力质量，通过生产力质量的提升形成新的发展动力。目前全球生产力发生着巨大的变革，新生产力孕育着新一轮技术革命和产业革命，在新技术革命和新产业革命背景下新生产力要素中的信息技术成为当前世界经济发展中促进经济发展的主要生产力量。在当前世界经济发展中，推动经济发展的生产力要素不仅有数量问题，更重要的是有质量问题，要更加重视生产力的质量。我们必须把握世界生产力发展的大趋势，通过创新努力提高生产力质量，从依赖低质量的生产力要素转向利用高质量的生产力要素，通过生产力质量的提高培育经济发展的新动能，以生产力质量的提高推进我国中观经济学质量的提高。

（三）促进传统产业的提升和整合

在中观经济运行和产业转型升级过程中，产业结构的转型升级依赖于新技术、新产品、新产业、新经济的发展。中观经济质量提高关键在于结构升级，而结构升级要坚持以创新为支持，以市场为导向，按照技术、安全、环保、能耗等标准进行传统产业的提升和整合。在传统产业升级中，建立产业创新链，提高企业技术改造效率。鼓励推动企业优化产业链和价值链，在产业结构层面，引导传统产业向全球价值链升级，鼓励企业改造供应链关系，提高企业的核心竞争力。在产业组织层面，进行产业组织结构调整，推进行业兼并重组，通过企业之间的合资、合作、股权置换、产权流转等方式，进行产业价值链并购重组，通过带动传统产业转型升级实现中观质量的提升。

四、促进新时代高质量的宏观经济发展

依据马克思在《资本论》中提出的宏观质量理论，集约型的增长方式是

以提高经济增长质量和经济效益为核心。因此,按照马克思《资本论》的宏观质量理论,建立中国特色的宏观质量经济学理论,要以提高经济增长质量和效益为核心,促进我国宏观经济质量的提高。

(一) 以技术创新形成高质量宏观经济发展所依赖的技术创新支持体系

依据马克思《资本论》中提出的宏观质量理论,劳动生产率的提高既可以表现为数量的增加,也可以表现为质量的提高。在提高宏观质量的过程中,要以技术创新支持体系的完善推动技术创新,提高经济增长和运行的效率,进而提高宏观经济质量。在这个过程中,关键是通过建立完善的技术创新体系实现协同创新机制,促进技术进步和人力资本在宏观经济运行中发生真实作用,提高技术进步对经济增长的贡献率。提高宏观经济发展质量的科技创新中要实现创新数量和创新质量的协调,加快由增长激励向创新激励的转变,促进技术创新从模仿创新转向自主创新,提高技术创新的质量,形成经济增长质量提高的完备的技术创新体系。

(二) 加强体制创新为高质量宏观经济发展建立激励导向机制

提高宏观经济质量的关键在于突破体制约束,体制具有激励导向功能,在我国宏观经济质量提高过程中,要以体制创新来形成宏观经济增长和发展质量的激励和导向。首先,要完善质量型的经济评价体制,突破 GDP 数量评价的局限性,从数量评价转向质量效益评价,消除提高宏观经济发展质量的体制机制约束。其次,消除宏观经济质量提高中的科技创新的各种体制性约束,让科技创新成为提高宏观经济增长质量的主导因素,让科技创新引领产业结构转型升级和宏观经济增长质量提高的新动力。最后,要建立质量效益型的宏观调控新体制,实现宏观调控从数量调控转向质量调控,建立起总量调控与结构调控相结合、需求调控与供给调控相结合、短期调控与长期宏观调控相结合,具有质量效益特征的宏观调控新体制。

(三) 进行发展战略转型为高质量宏观经济发展提供战略支持

从宏观经济质量提高来看,发展战略转型就是依据经济发展资源禀赋条件的变化,通过发展战略的调整和变革来整合资源,进而形成新的经济发展的战略导向。新中国成立以来我们实施了追赶战略,改革开放以来我们又延续了这一战略,多年的追赶战略促进了中国经济的发展。进入中国特色社会主义新时代,我们已经成为世界第二大经济体,必须由追赶战略向质量效益战略转型,宏观经济质量提高的战略要从数量追赶战略向质量追赶战略转变,从比较优势向竞争优势转变,发展出具有比较优势的新型产业链,通过质量效益战略提高中国宏观经济的发展质量,实现中国经济的可持续发展。

五、促进新时代高质量开放发展

党的十九大报告指出："中国开放的大门不会关闭,只会越开越大",中国特色社会主义新时代的中国经济要实现开放发展,推动形成全面开放新格局。在世界经济由数量型向质量型转变和新技术革命背景下国际贸易竞争日益激烈的条件下,国际贸易中的质量问题发展为质量竞争并不断上升到首要地位。按照马克思《资本论》的国际贸易质量理论,建立中国特色的国际贸易质量经济学理论,实现开放发展,以提高质量为核心,从比较优势向竞争优势转变,促进我国对外贸易从数量扩张向质量提高转变,从以提高数量的比较优势向以提高质量的竞争优势转变。

依靠科技创新,提高出口产品质量。选择和培育一批具有开发潜力的出口企业和行业,促进高科技技术产品的出口,提高出口产品附加值,提高出口产品的国际竞争力,实现出口产品由低附加值向高附加值转变。

优化进出口产品结构,提高对外贸易质量。注重对劳动密集型和资源密集型行业的生产技术进行升级改良,提高相关出口产品的科技含量,走集约型的出口增长方式,从而使现有具有出口优势的产品能够在长期的发展过程中,实现产品的换代升级,保持持久的竞争力。逐步改善本国要素资源配置向技术含量较高的产业转移,最终为贸易增长方式的转变提供有利条件。

通过创新制度安排,提升对外贸易质量。通过能源控制和管理,限制甚至有可能要禁止涉及战略意义的矿产资源,严格控制其出口和贸易,同时减少高能耗产品和行业的重复建设和运营,合理规划产业布局,加大对贸易部门生产技术方面的科研投入。建立严格的环境规制制度,降低贸易部门生产过程中污染的排放,规避"污染天堂"在正常贸易过程中出现。

第三节　高质量发展开拓了中国发展经济学的新境界

中国经济经过 70 年的发展取得了巨大的成就,"1952 年中国经济总量占世界的比重仅为 5.2%,2018 年达到了 90.0309 万亿元,占世界经济的比重达到 15%。我国由一个落后的农业国转变为了工业化国家,已经成为世界第二大经济体,正在逐步向经济强国迈进"①。习近平总书记在全国哲学

---

① 任保平:《新中国 70 年经济发展的逻辑与发展经济学领域的重大创新》,《学术月刊》2019年第 8 期。

社会科学工作座谈会上的讲话中指出,构建中国特色哲学社会科学体系要"从我国改革发展的实践中挖掘新材料、发现新问题、提出新观点、构建新理论"①。同时应该从学理上"系统总结改革开放以来中国社会主义现代化建设的丰富实践经验,回应我国进入中等收入发展阶段面临的重大发展问题挑战"②。进入新时代,中国经济由高速增长阶段转向高质量发展阶段,因此高质量发展开拓了中国发展经济学的新境界。

一、高质量发展阶段的新发展理念开拓了中国发展经济学发展观的新境界

新中国成立 70 多年来,我国经济在发展过程中呈现出了不同的阶段性特征。在不同的阶段,发展观也在不断变化,从 20 世纪 50 年代的"社会主义建设"的发展观,到 20 世纪末的"发展是硬道理"的发展观,再到 21 世纪初的"科学发展观"。迈入新时代,高质量发展阶段的新发展理念成为新的发展观,这一新型的发展观开拓了中国发展经济学发展观的新境界,是发展观的一次重大创新。具体表现在:

(一) 创新发展体现了发展动力理论的新境界

创新是引领发展的第一动力,经济发展的速度、效能以及可持续性皆由发展的动力决定。习近平总书记明确指出:"我们必须把创新作为引领发展的第一动力,把人才作为支撑发展的第一资源,把创新摆在国家发展全局的核心位置,不断推进理论创新、制度创新、科技创新、文化创新等各方面创新,让创新贯穿党和国家一切工作,让创新在全社会蔚然成风。"③新时代,我国要着重提高创新能力和科技创新水平,提高科技对经济发展的创新能力,扩大科技对经济增长的贡献率。发挥创新在经济发展中的引领作用,推动经济发展速度的提高,提升经济发展的效能,增强经济发展的可持续性。

(二) 协调发展开拓了发展结构理论的新境界

习近平总书记指出:"协调既是发展手段又是发展目标,同时还是评价发展的标准和尺度。"④我国进入中等收入阶段后,不平衡问题在经济发展中更加突出。我国经济发展亟须转向协调发展,增强新时代发展的整体性,推动新时代的供求结构、产业结构、区域空间结构以及相应的发展战略趋向均衡。新时代,协调发展提出了多方面的要求:一是可持续发展的要求,经

---

① 《习近平谈治国理政》第二卷,外文出版社 2017 年版,第 344 页。
② 洪银兴:《以创新的经济发展理论阐释中国经济发展》,《中国社会科学》2016 年第 11 期。
③ 《习近平谈治国理政》第二卷,外文出版社 2017 年版,第 198 页。
④ 《习近平谈治国理政》第二卷,外文出版社 2017 年版,第 205 页。

济、社会、环境资源等整体协调发展,同时注重在代内、代际之间的协调;二是需求侧拉动经济增长的消费、投资和出口的"三驾马车"作用的协调;三是推进产业和区域的协调发展,解决我国发展过程中存在的不协调问题。

（三）绿色发展开拓了新时代经济发展财富理论的新境界

在传统发展经济学中,财富仅指物质财富。新时代,绿色发展理念在原有财富论的基础上,引入人—自然—社会复合生态系统的整体性观点形成了新的财富论,进一步强调了自然资源在财富构成中的重要性。习近平总书记明确提出:"牢固树立保护生态环境就是保护生产力、改善生态环境就是发展生产力的理念。"①新时代,绿色发展理念不仅强调要保护环境和生态问题,还强调要治理和改善过去发展所遗留下来的生态环境问题,在创造更多物质财富和精神财富的同时提供更多优质的人民美好生活所需的高质量的生态产品,进一步丰富和发展经济发展的财富观。

（四）开放发展开拓了经济全球化理论的新境界

开放发展强调从融入全球化到主导全球化的转变,使中国由经济全球化的从属地位转变为主导地位,对中国开放型经济提出了转型升级的新要求,构建对外开放新格局。习近平主席在2013年博鳌亚洲论坛上就指出:"中国将在更大范围、更宽领域、更深层次上提高开放型经济水平。"②新时代,我国要更加深入地融入世界经济的发展浪潮中,积极参与到全球经济治理中,为我国发展创造内外联动的条件。进一步优化我国的区域开放布局,推动我国更深层次的开发,提高我国的总体对外开放水平,利用好国外国内两个市场、两种资源。灵活地运用国际经贸规则,科学应对国际经贸摩擦,增强我国的国际经济话语权。抓住技术和产业革命的重要战略机遇,推动产业高质量发展,推动我国迈向全球产业链中高端。

（五）共享发展开拓了发展目的理论的新境界

共享发展体现了人的全面发展思想,要在新时代实现改革和发展成果全民共享。习近平总书记在党的十九大报告中指出:"新时代我国社会主要矛盾是人民日益增长的美好生活需要和不平衡不充分的发展之间的矛盾,必须坚持以人民为中心的发展思想,不断促进人的全面发展、全体人民共同富裕。"③新时代,我国一方面要以公平正义为核心价值构建实现共同

---

① 中共中央文献研究室编:《习近平关于全面建成小康社会论述摘编》,中央文献出版社2016年版,第165页。

② 《习近平谈治国理政》第一卷,外文出版社2018年版,第114页。

③ 习近平:《决胜全面建成小康社会　夺取新时代中国特色社会主义伟大胜利——在中国共产党第十九次全国代表大会上的报告》,人民出版社2017年版,第19页。

富裕的体制机制,坚持以人民为中心和人的全面发展的理念,以共享发展来解决收入分配领域的矛盾,建立资本与劳动的协调、共赢机制,让人民共享发展成果;另一方面还要注重人的全面发展,满足人民日益增长的对美好生活的需要,推进人的现代化进程。可见,新发展理念开拓了中国特色社会主义政治经济学中发展观的新境界,是发展观的一次重大创新。

二、高质量发展阶段的发展目标开拓了中国发展经济学发展目标的新境界

新中国成立之初,针对当时贫穷落后的状态,我国经济发展的目标是国家富裕,任务是发展生产力,方式是数量型增长,以解决落后的社会生产力和人民日益增长的物质文化生活需要的矛盾。经过新中国七十多年的发展,我们已经成为世界第二大经济体,国富的发展目标已经实现。党的十九大报告指出,我国经济已由高速增长阶段转向高质量发展阶段。新时代的高质量发展开拓了发展目标的新境界,高质量的发展就是如何通过质量变革、效率变革、动力变革促进全要素生产率的提高,促进中国经济的转型发展,打造中国经济发展的升级版。

(一) 质量变革实现了数量型发展向质量型发展的转型

质量变革是高质量发展的前提和基础保障。质量变革旨在提升产品质量、生产质量和生活质量,其中提高产品质量是基础,提升生产质量是关键,提升人们的获得感、安全感和幸福感,全面提升生活质量是目标。新时代,我国要积极推进供给侧结构性改革,提升生产质量,推进我国的供给体系转型升级。要积极推动产品质量的提升,增加有效供给,在技术档次、产品质量以及安全和卫生等各方面满足消费者的需求。提供更多的各方面优质产品,一方面要注重满足人民日益增长的美好生活的需要,另一方面也要满足人民日益增长的生态环境需要。推动经济高质量发展,让人民共享发展成果。

(二) 效率变革实现了从规模扩张型发展向质量效益型发展的转型

效率变革是高质量发展的核心目标。效率变革旨在通过生产效率、市场效率以及协调效率等不同方面的变革拓展效率视野、提升效率层次、追求效益优先。新时代,我国要从根源上解除效率变革的障碍,加快各个层次效率变革的推进。具体而言,宏观层面要注重宏观生产要素配置效率的提高,充分发挥市场机制的作用,全面提高教育水平,提升人力资本质量,为宏观效率变革提供根本保障。中观层面要积极转变政府职能,深化市场化进程,有效去除过剩产能、落后产能和污染产能,全面构建三次产业协同创新体系,促进产业结构优化。微观层面要改善营商环境,推动企业效率提升,加

大创新投入,优化研发投入,提高技术创新水平。

（三）动力变革实现了从要素驱动型发展向质量效益型发展的转型

动力变革是高质量发展的关键保障。动力变革是指经济发展动力的调整,即在创新发展动力、结构发展动力、城镇化发展动力以及产权保障动力等各方面有所调整。创新发展是高质量发展的第一驱动力,能够有效促进生产能力的提升,推动协调发展。结构发展动力是高质量发展的战略支撑,通过优化产业结构、动力结构以及要素结构来实现高质量的经济发展。城镇化发展动力是高质量发展的外部拓展,通过发挥劳动力要素的分布结构、配置水平、协调能力以促进高质量发展。产权保障动力是指推进现代产权制度建设,以加强产权保障,激励企业投资扩张和产业创新发展实现高质量发展。新时代,我国要加快通过创新发展动力、结构发展动力、城镇化发展动力以及产权保障动力等不同维度推动我国的动力变革,以顺应新时代社会主要矛盾的转变,落实新发展理念,有效提升资源配置效率,推动全要素生产率的提高,努力实现更高质量、更有效率、更加公平、更可持续的发展。

新时代,我国通过经济发展的质量、效率和动力变革,在解决过去经济高速增长过程中带来的一系列问题的同时,也推动我国经济发展切实转到高质量发展的轨道上,促进经济结构的优化和发展方式的转变。可见,推动高质量发展已成为当前和今后一个时期确定发展思路、制定经济政策、实施宏观调控的根本要求,成为我国科学发展的时代主题,成为现代化经济体系的关键要求和战略目标,开拓了中国发展经济学中发展目标的新境界。

三、高质量发展开拓了中国发展经济学发展任务的新境界

进入新时代后,中国步入了中等收入国家的行列,国家富裕的任务基本完成,"富民"成为当前经济发展的新目标,是我国当下推进经济改革以及现代化建设过程中应当着重考虑的关键点,即考量能不能给人民带来利益,能否使经济发展的成果让人民共享。这既是新时代中国发展经济学的任务,也开拓了中国发展经济学发展任务的新境界。

（一）开拓了以富民为目标的新境界

中国发展经济学以"富民"为目标,"不仅涉及加快经济发展问题,还涉及经济发展成果如何分配,才能使人民群众得到最大收益、最大的社会福利问题"[①]。即,一方面要实现经济又好又快发展,好强调质量,快强调速度,

---

① 洪银兴:《以人为本的发展观及其理论和实践意义》,《经济理论与经济管理》2007 年第5 期。

好放在快前面,追求经济的高质量发展,是新时代发展观的新境界;另一方面,提升居民收入水平,提高人民生活质量,实现人民富裕。既要不断扩大中等收入者的比重,与此同时还要在居民收入普遍提高的基础上进一步缩小贫富差距,完善社会保障体系,解除居民消费的后顾之忧,推动居民生活水平的全面提高。新时代,经济又好又快发展,向高质量转型必然要求坚持质量第一、效率优先的基础导向,遵循创新、协调、绿色、开发、共享的发展理念,实现更高质量、更有效率、更加公平、更加可持续的发展。[①]

（二）开拓了实现人民富裕的新境界

"让人民富裕"在我国经济发展中具体分为两步进行:一是允许一部分人先富起来;二是先富带动后富,最终实现共同富裕。"一部分人先富起来"在改革开放的进程中已经逐步实现,当前我国要注重扩大中等收入阶层比重,推进共同富裕的实现。要坚持以公平正义为核心价值,经济增长的过程中注重共享发展,有效吸收"包容性增长"和"益贫式增长"模式中的有利之处,推动建立资本与劳动的协调、共赢机制,有效调节收入分配。迈入新时代,人民的富裕水平已经不单单是看收入水平,更要注重生活质量的提高。这就要求经济发展的过程中不仅要增加物质财富,还要注重精神财富和生态财富等协调发展,在实现人民物质富裕的同时,积极推进人民在精神财富和生态财富等其他方面的富裕。

（三）实现从强调以人为本转向追求人的现代化的新境界

在经济发展的过程中逐步从强调以人为本转向追求人的现代化,即包含人的素质现代化,人的身体素质、道德素质和文化素质均达到现代化水准,推动人的全面发展,推进实现以提高人的素质和变革生活方式为主体的人的现代化。可见,随着国家富裕目标的实现,"富民"成为经济发展中新的关注点,开拓了中国特色发展经济学中经济发展任务的新境界,是经济发展任务的一次重大创新。

四、高质量发展开拓了中国发展经济学发展模式的新境界

进入新时代以后,经济发展的新目标、面临的新问题均要求我们摒弃过去粗放型经济发展模式,探索新的发展路径,即推动我国经济发展从高速增长向高质量发展转型。这一转型的实现必然要进行发展模式的创新,开拓经济发展模式的新境界,要以经济发展质量的提高为核心,以质量为关键变量,通过转方式、调结构以及创新发展等手段,将中国经济引入高质量发展

[①]　金碚:《关于"高质量发展"的经济学研究》,《中国工业经济》2018 年第 4 期。

的轨道上来,开拓以质量效益为基础的发展模式的新境界。

（一）实现了发展模式的升级

新时代我国经济发展模式在质量效益的基础上,强调在诸多领域推进经济结构的全面升级,促进经济高质量的发展。"质量第一"即强调经济运行质量,提升经济发展的稳定性、协调性和可持续性;强调财富分配质量,形成以按劳分配为主体,多种分配方式并存,各种生产要素有序参与分配的有利局面,不断壮大我国的中产阶层占比,缩小贫富差距;强调要素利用质量,推进我国经济发展由要素驱动向创新驱动转变,从粗放型向集约型转变,从追求速度向追求质量转变。

（二）实现了向质量效益型发展的转变

我国经济发展从要素配置效益、生产创新效益和质量组织效益三方面实现质量效益型发展。"效益优先"则高度聚焦要素配置效益、生产创新效益和质量组织效益等三个方面。其中,要素配置效益是指随着要素市场化的不断发展,要素配置的结构不断优化,从而使存量要素和资源得以配置到生产效率较高但保障能力却相对不足的领域,以提高产出效益;生产创新效益是指通过科技创新和模式创新等不同形式的创新,推动要素生产率的提升,优化原有的生产体系,进而实现产出效率更高、生产模式更新、成本控制更好,以提高产出效益;市场组织效益是指通过搭建良好的交易平台,建立优化的制度体系和管理体制,形成有效的市场机制,进而增长市场匹配能力,扩大交易空间,提高竞争效率,推动实现交易环境的效率提升和收益增加。新时代,我国经济发展要全面提升要素配置效益、生产创新效益以及市场组织效益,推进实现质量效益模式的实现,推动经济高质量发展。

（三）确立了效益优先的发展标准

质量第一是高质量发展的运行基础和内在要求,而效益优先则是高质量发展的重要条件和核心目标。新时代中国经济发展追求速度与质量效益的同步提升,不能仅以 GDP 为标准,还要重点考量经济发展过程中不平衡不充分问题的解决,要将人民群众对美好生活的需要列入考量标准,注重居民生活质量的提高,提升居民生活幸福感。与此同时,还要着力缩小我国的贫富差距和城乡差距,让人民群众共享经济发展的成果。可见,追求质量第一、效益优先,推动经济发展从高速增长向高质量发展阶段的转型,开拓了中国特色发展经济学中经济发展模式的新境界,是经济发展模式的一次重大创新。

五、高质量发展开拓了中国发展经济学发展动力的新境界

进入新时代,我国经济发展呈现出新特征,发展目标由摆脱贫困转向了基本实现现代化,由建设经济大国转向建设经济强国。为此,在高质量发展背景下我国经济发展必须实现发展动力的转换,即从要素驱动转向创新驱动。因此,高质量发展开拓了中国发展经济学发展动力的新境界。

（一）不断强化创新引领新时代发展的动力作用

党的十八大以来,习近平总书记就把创新摆在国家发展全局的核心位置,高度重视科技创新,围绕实施创新驱动战略、加快推进以科技创新为核心的全面创新,提出一系列新思想、新论断、新要求。习近平总书记提出:"从全球范围看,科学技术越来越成为推动经济社会发展的主要力量,创新驱动是大势所趋。"[1]科技创新是全面创新的引领,应大力推动科技创新成为产业创新的动力,推动新经济培育和产业结构向中高端转型。习近平总书记强调:"我们必须认识到,从发展上看,主导国家命运的决定性因素是社会生产力发展和劳动生产率提高,只有不断推进科技创新,不断解放和发展社会生产力,不断提高劳动生产率,才能实现经济社会持续健康发展。"[2]新时代要发挥创新的引领作用,积极鼓励知识创新、科技创新、产品创新,为经济增长注入新活力,推动我国经济高质量发展和现代化强国的建设。

（二）增强了自主创新的动力

抓住科技创新的核心,自主创新,由跟踪模仿为主向跟踪模仿与并跑领跑并存转变。提升科技成果转向生产力的转化效率,推动产学研协同创新。正如党的十九大报告所强调指出:"世界每时每刻都在发生变化,中国也每时每刻都在发生变化,我们必须在理论上跟上时代,不断认识规律,不断推进理论创新、实践创新、制度创新、文化创新以及其他各方面创新。"[3]因此,我们必须抓住机遇,利用巨大的国内市场空间、较强的产业专业化能力以及强大的科技人才储备,强化基础研究,突破关键领域的技术难关,增强自主创新能力。

（三）促进我国产业迈向全球价值链中高端

党的十九大报告指出:"支持传统产业优化升级,加快发展现代服务

---

① 中共中央文献研究室编:《习近平关于科技创新论述摘编》,中央文献出版社 2016 年版,第 77 页。

② 《习近平关于科技创新论述摘编》,中央文献出版社 2016 年版,第 30 页。

③ 习近平:《决胜全面建成小康社会　夺取新时代中国特色社会主义伟大胜利——在中国共产党第十九次全国代表大会上的报告》,人民出版社 2017 年版,第 26 页。

业,瞄准国际标准提高水平。促进我国产业迈向全球价值链中高端,培育若干世界级先进制造业集群。"①这就要求我们要加快构建以企业为主体、市场为导向、产学研深度融合的技术创新体系,鼓励融合科技创新的科技创业,推动高新技术产业化。依靠创新驱动,实现我国产业结构的优化升级和绿色发展,进一步提高生产过程的附加值水平,促进我国产业迈向全球价值链中高端。可见,创新驱动是我国建设现代化经济强国的必然要求,开拓了中国特色发展经济学中经济发展动力的新境界,是经济发展动力的一次重大创新。

六、高质量发展开拓了中国发展经济学发展动能的新境界

在经济发展的不同历史阶段,发展的动能是不同的:改革开放初期阶段,农村工业化是新动能;发展外向型经济阶段,对外开放是新动能。目前中国经济发展进入高质量发展时代,正处于新旧动能转换的关键时期,亟须为经济增长注入新活力,培育经济发展的新动能是适应和引领中国经济新常态的必然要求。新动能不仅是经济发展的新引擎,也是改造提升传统动能,促进经济发展的动力。培育和发展经济新动能就是要给经济增长注入新活力、新能量。长期以来,我国面临着"人民不断增长的物质文化需要"与"落后的社会生产"之间的矛盾,扩大生产规模、提高产出增速、满足需求增长成为我国经济增长的重要动力。进入新时代,随着我国社会主要矛盾逐步转化为"人民日益增长的美好生活需要"与"不平衡不充分发展"之间的矛盾,提高供给的质量和水平,优化供给的结构和体系,满足"以人为本"的多层次、个性化和灵活性需求成为新的经济发展动力。供给体系的质量、运行结构、组织方式和创新机制取代需求的规模扩张、投入增长成为经济增长动力变革的重要基础。因此,高质量发展的新时代,我国新动能的培育与形成需要供需双侧协调发力。

(一)培育供给侧新动能

供给方面,通过创新驱动、结构调整、制度变革等手段培育供给侧新动能。充分发挥创新的驱动作用,抓住世界新产业革命带来的新机遇,鼓励科技创新、产业创新以及制度创新等不同层面的创新,转变动力机制,推动产业优化升级,以新业态、新模式推动我国创新型经济的发展。与此同时,要强化产品创新,加快形成科技创新和产品创新有效衔接的机制,切实在供给端提供更多新产品。创新引领我国经济发展,在新技术、新产业、新经济等

---

① 习近平:《决胜全面建成小康社会　夺取新时代中国特色社会主义伟大胜利——在中国共产党第十九次全国代表大会上的报告》,人民出版社 2017 年版,第30—31 页。

不同层面培育新动能。要加快结构调整,着重解决有效供给不足和无效产能并存的结构性问题。推动供给结构优化升级,满足居民消费需要在健康、安全、卫生、档次等各方面的新变化,加强补给中高端消费的供给。与此同时,还要通过去产能、去库存等手段解决无效低端产能过剩的问题,通过结构调整的方式推进新旧动能的转换。积极推进制度变革,一方面,在新旧动能转换的关键时期充分发挥政府的作用,有效监督去产能、去库存等举措的有效实施;另一方面,要建立配套措施,在积极鼓励创新的同时重视各方面高端人才的供给与培养。顺应时代发展的要求,为新动能的培育提供良好的制度环境。

(二) 重振需求侧的动能

需求方面,通过消费、投资、出口需求协同拉动,重振需求侧动能。要积极推动消费结构转型升级。一方面,要引导消费者形成科学合理的消费观,朝着智能、绿色、健康、安全方向转变;另一方面,要全面提高居民收入水平,提升居民消费能力,鼓励中高端消费者个性化、定制式消费,同时也将低收入群体的消费需要作为重点,提升社会消费力。投资方面,要紧跟产业革命的步伐,加大在创新产业方面的资金投入,积极培育战略性新兴产业,减少在落后产业方面的资金投入,充分发挥投资对经济增长的拉动作用,促进新旧动能的转换。出口方面,要积极为新经济的发展创造更大的市场空间,积极带动新动能的培育。可见,我国社会主要矛盾的转化对经济发展提出了培育新动能的必然要求,开拓了中国特色发展经济学中发展动能的新境界,是发展动能的一次重大创新。

七、高质量发展开拓了中国发展经济学发展战略的新境界

进入高质量发展的新时代以后,中国经济发展过程中面对的已经不再是单纯的发展问题,而是需要着重关注发展起来以后的后现代化问题。相应地,过去的追赶战略已经不再能够有效解决我国当前经济发展所面临的后现代化问题,高质量发展新阶段中国发展经济学必须进行发展战略的创新,开拓发展战略的新境界。具体而言:

(一) 在战略思路上,高质量发展要以创新为第一驱动,以知识、技术、信息和人力资本等先进生产要素为核心,构建现代化经济体系

以围绕解决后现代化问题为核心,推动实现以新型工业化、信息化和农业现代化为核心的新时代经济现代化,以追求公平、效率、秩序、民主、正义为核心的新时代政治现代化,以城市和城镇深度融合发展为特征的新时代社会结构现代化,以提高人的素质和变革生活方式为主体的新时代人的现

代化,建设现代化强国。从高质量的发展目标、现代化经济体系、多维度的现代化格局等各个层面推动我国经济发展战略从短期战略向长期战略转型、从总量战略向结构战略转型、从赶超战略向质量效益战略转型。

（二）在战略目标上,高质量发展要以高质量发展为目标,要由过去的制度创新转向以建设创新国家和现代化强国为内容的综合创新

高质量的发展是能够满足人民日益增长的美好生活需要的发展,是贯彻落实新发展理念的发展,是有效配置资源、高质量投入产出比的发展,是经济增长处于合理区间的发展。以高质量发展为目标就是要通过质量变革、效率变革、动力变革来实现生产效率的提升。建设创新引领、协同发展的产业体系,实现实体经济、科技创新、现代金融、人力资本协同发展,建设统一开放、竞争有序的市场体系,逐步形成市场机制有效、微观主体有活力、宏观调控有度的经济体制。建设资源节约、环境友好的绿色发展体系,推动我国经济发展转型升级①。建设创新型国家要求我国坚定实施创新发展战略,将创新作为我国经济社会发展的核心驱动力,加大整个社会对创新活动的投入,推动科技创新能力持续提高,充分发挥科技进步和技术创新在产业发展中的作用,增强产业的国际竞争力。建设现代化强国即要求我国全面提升物质文明、政治文明、精神文明、社会文明、生态文明,推进实现经济现代化、政治现代化、社会结构现代化以及人的现代化,推动我国成为综合国力和国际影响力领先的国家,为人民群众创造幸福安康的生活。

（三）在战略措施上,高质量发展要推进市场化、工业化、城市化和生态化的协调同步发展,以"强起来"为目标构建对外开放新格局

市场化、工业化、城市化和生态化协调同步发展,并不是强调"四化"齐步发展,水平一致,而是有先有后,补齐短板实现协调发展,也不是"四化"各自孤立推进,而是彼此相互促进,各个领域深入融合,共同发展。以推进生态化为基础,市场化深化推动城市化,城市和城镇深度融合发展,共同促进新型工业化发展。以"强起来"为目标构建的新时代对外开放新格局,要求我国抓住新机遇,重塑我国对外开放的新优势,培育开放发展的新动能,发展更高层次的开放型经济。优化我国的区域开放布局,拓展对外开放空间,实现更宽领域、更深层次的开放,积极推动我国迈向全球价值链中高端,提升我国参与全球经济治理的话语权②。

---

① 任保平、李禹墨:《新时代我国高质量发展评判体系的构建及其转型路径》,《陕西师范大学学报(哲学社会科学版)》2018 年第 3 期。

② 洪银兴主编:《新编社会主义政治经济学教程》,人民出版社 2018 年版,第 469—481 页。

同时从战略思路、战略目标以及战略措施等各方面推进从赶超战略向质量效益战略的转型,围绕解决我国当前经济发展所面临的后现代化问题,推进我国经济、政治、社会、科技、文化等各方面的高质量发展。可见,新时代从战略思路到战略目标,再到战略措施,共同开拓了中国发展经济学中发展战略的新境界。

八、高质量发展开拓了中国发展经济学发展型式的新境界

"发展型式"这一概念最早由美国发展经济学家钱纳里提出,他认为,发展型式是对经济发展过程中重要领域的系统变化的概括与提炼。在经济发展过程中,不同阶段的发展型式是不同的。我国早期的发展型式围绕解决贫穷落后问题而形成,这种发展型式以速度为目标、以发展生产力为途径、以要素投入为动力、以规模扩张为方式实现经济发展。进入高质量时代后,我国社会的主要矛盾已经由人民日益增长的物质文化需要同落后的社会生产之间的矛盾转化为人民日益增长的美好生活需要和不平衡不充分发展之间的矛盾,中国经济面对的不再是发展问题,而是发展起来以后的现代化问题,此时就要围绕变化之后的主要矛盾和经济发展过程中面临的新问题,开拓发展型式的新境界。

(一) 以发展质量为目标

要坚持质量第一、效益优先的基本原则,注重提升经济发展的稳定性、协调性和可持续性,着力解决发展的不平衡不充分问题。这就要求我们要切实推进供给侧结构性改革,加快从产品质量、生产质量以及生活质量等不同方面共同推进质量变革,带动经济发展从数量型向质量型转变,满足人民对美好生活的多重需要。以创新为驱动力就要高度重视科技创新,推动实施创新驱动战略,加快推进以科技创新为核心的全面创新,增强自主创新能力,依靠创新驱动,实现我国产业结构的优化升级和经济绿色发展。这就要求我们要瞄准世界科技的前沿,努力实现引领性创新成果重大突破的实现,加快实现研究成果的有效转化,推动科技领域、产业领域的信息化发展,逐步打通从科技强到产业强、经济强、国家强的通道,切实实现新时代经济发展从要素驱动向创新驱动转变。

(二) 以效率提升为主要方式

同步提升生产效率、市场效率和协调效率,推进新时代发展型式的转变。这就要求我们要加快解除效率变革的阻碍,从宏观、中观、微观等不同层面推进我国的效率变革,推动效率提升,带动经济发展从规模扩张向质量效益转变。以满足人民对美好生活的需要为终极目的,不单要满足人民日

益增长的美好生活需要,还要满足人民在民主、法治、公平、正义、安全、环境等各方面日益增长的对美好生活越发广泛的需要。这就要求我国在继续坚持发展是第一要务、坚持以人民为中心的发展思想的同时,加快现代化的建设,注重推进人的现代化水平提升,促进人的全面发展。

（三）以现代化建设为主线

以经济现代化为先导,实现国家治理体系和治理能力的现代化,逐步实现从基本实现现代化到建成社会主义现代化强国的转变。这就要求我们要加快推进我国新型工业化、信息化、城镇化和农业现代化的"四化同步"的现代化,建设现代化国家创新体系,在经济、社会、文化等各个方面推进现代化进程,带动我国经济发展型式的转变。可见,新时代我国在发展目标、发展动力、发展方式、发展目的以及发展主线等各方面都呈现出新的变化,共同开拓了中国特色发展经济学中发展型式的新境界,是发展型式的一次重大创新。

第三章　新时代中国经济高质量发展评判体系的构建

高质量发展已经成为未来中国经济发展的新指向,高质量发展意味着中国经济步入提质增效的新时期。在高质量发展背景下,为了使我国经济更好地从高速增长向高质量发展转型,需要我们从理论上清楚地研究高速增长和高质量发展的关系、高质量发展的内在要求、高质量发展的判断体系的构建以及从高速增长转向高质量发展的转型路径。

第一节　经济高质量发展内涵与特征的理论分析

随着近年来国际市场环境和国内要素条件的变化,我国经济发展的阶段逐步进入新时代。自国际金融危机爆发后,世界经济复苏乏力,陷入持续低迷,外部需求对我国经济的拉动作用明显弱化。同时我国劳动力年龄人口在不断下降,劳动参与率持续走低,劳动力成本优势逐渐消失。这些情况表明我国市场需求结构不断升级,但国内供给侧还不能很好地满足这一需求,越来越多的高端需求因此转向海外。内外部的共同作用使得我国原有的主要依靠要素投入、外需拉动、投资拉动、规模扩张的增长模式越来越受到制约,经济的增速也从过去9%的高速增长慢慢下降为目前6%左右的水平。在当下我们越来越需要转变发展方式,追求经济高质量发展的过程中,首先需要研究高质量发展的内涵与特征。

一、高质量发展与高速增长的比较

与当前高质量发展相对应的是过去的高速增长。在21世纪初的10年间我国完成了经济起飞,创造了改革开放40多年的增长奇迹,实现了从低收入国家向中等收入国家的跨越。但伴随外部需求的减少、传统人口红利的消失及市场结构的不断升级,高速增长的时代已经过去,现在我们应当关注如何释放潜在增长率,从而推动经济的高质量发展。高质量发展和高速增长的本质是不同的。

（一）目标不同

高速增长体现的是发展的目标,它是以投资驱动从而带动规模扩张以实现经济增长的。在经济的高速增长阶段,我们更多追求的是经济总量的扩大。而高质量发展体现的是现代化的目标。现代化的目标即要求我们做好信息化、工业化及城镇化。在信息产生价值的时代,信息产业将会成为未来发展的核心与潮流,"两化"融合也将为经济发展创造出新的增长点,这也是高质量增长所追求的目标。同时伴随美国再工业化浪潮和德国工业4.0计划,工业化再次引发人们的重视。在这一背景下,为了高质量发展的实现,我国也推出了"中国制造2025"的计划。总体而言,我国的快速工业化进程总体已进入工业化后期,其结构也正面临着从高速工业化向高质量工业化转型,这也正是高速发展向高质量发展递进的过程。而城镇化是与工业化相伴随的,以往城镇化过程中"不完全城镇化""拼资源""摊大饼"式的"跑马圈地"需要被关注并矫正,在高质量发展下我们追求的是新型的城镇化,一切以人为核心,从而提高城镇化质量。

（二）　内涵不同

经济增长仅指经济总量的扩张,多以总产出来衡量,常用的评价指标为国民生产总值、人均国民生产总值等;而发展的格局与内涵都更为丰富,它以总量为基准,但又不仅仅关注经济总量,还包含对经济的效率、结构、稳定性和可持续性等角度的多维衡量,是量与质相协调下的演进发展。在经济的高速增长阶段,我们只强调经济效益,而忽略了经济的持续健康发展。而高质量发展强调的是经济效益、社会效益和生态效益的结合,体现的是人与经济社会相协调的一种包容性的增长。人的全面发展、资源环境的可持续性甚至机会的分配都被考量在高质量发展中。其中经济效益主要指在高质量发展中要稳中求进,不能放弃经济增长的效率和质量;社会效益包括社会保障、人口素质、生活质量和社会环境等方面,更为关注社会的安定协调与健康发展;生态效益则强调经济发展中的可持续发展和生态保护问题。

（三）　价值判断不同

高速增长的价值判断是通过一系列要素数量的作用发挥来提高经济增长的速度,高速增长的特征是高速度、高投入、低质量和低效益。而在新的发展需求下,传统的一味追求GDP的发展方式难以为继,需要建立新的经济发展价值判断。高质量发展的价值判断是对经济发展优劣程度的判断。高质量发展是高速增长提高到一定水平后更高层次的目标,它是在数量的基础上对质量的进一步追求,它抛弃了过去一味追求速度的价值判断,而力求经济发展的持续、健康。在经济的高质量发展阶段,生态文明成为"千年大计",可持续发展作为经济建设的目标与追求。衡量经济发展状况不再仅看总量与规模,而是追求多个方面的协调共生。高质量发展下的价值判断与价值取向是从整体出发,统筹经济社会与生态环境的需求,具有全局观。

（四）要求不同

在高速增长阶段,我们所追求的是单一的经济总量与增速,忽略了经济发展的质量,而高质量发展比高速增长的要求更高。它要求我们依靠人才、技术、知识、信息等高级要素,由粗放型经济增长模式转向集约型经济增长模式,并通过创新驱动来消解全球化红利和我国传统的人口红利不断下降的不利影响,培育高素质劳动力来创造新型人口红利,从而突破能源资源、环境等要素的瓶颈制约,尽快实现新旧动能的转换。同时高质量发展阶段还要求我们进一步深化改革开放,紧跟全球趋势,让更多的企业加入全球经济浪潮中去,从而提升自己的竞争力。此外,我国当前经济中的主要矛盾已经不是总量矛盾,而是结构性矛盾,从主要矛盾的变化出发,高质量发展要求我们坚持结构性改革,从供给端入手加大与高质量发展相适应的制度供给,并通过投资结构改革、要素结构改革和消费结构改革来推动经济运行方式的调整升级。

二、高质量发展的内涵

从上述高速增长与高质量发展的比较来看,高质量发展比高速增长的内涵更加丰富。具体来讲,高质量发展的内涵包括以下几点。

（一）经济发展高质量

经济发展指一个地区一定时期内人口平均福利的增长,是经济结构、社会结构的创新,是社会生活质量和投入产出效益的提高。而高质量发展就是在经济增长的基础上,一个国家或地区经济结构和社会结构持续高级化的创新过程或变化过程。这一阶段我们已经不再仅关注经济的总量和规模,而是更加辩证地看待"量"与"质"和"速"与"效"的关系,把评判的焦点更多地放在"好不好"的问题上。高质量的经济应在结构和动力上更加合理完善,同时其经济体制和分配制度也将更加健全,区域发展更加协调。具体来讲,高质量发展在经济总量上应表现为产品和劳务的增加,以及经济总量与规模的蓬勃发展;在经济结构的优化和改进上表现为技术结构、产业结构、收入分配结构、消费结构以及人口结构等经济结构的变化。经济发展质量的改善和提高表现为一个国家和地区经济效益的提高、经济稳定程度、卫生健康状况的改善、自然环境和生态平衡以及政治、文化和人的现代化进程。

（二）改革开放高质量

我国从 1978 年开始实行对内改革、对外开放政策。改革就是在坚持我国社会主义制度的前提下,调整生产力同生产关系、上层建筑同经济基础之间不相适应问题;开放则是指加强对外贸易往来和文化等多方面的交流交往。当前我国的改革开放政策已经实施了 40 多年,前期的成果使我国创造出了中国增长的奇迹。高质量发展下的对内改革要求我们进一步深化改革进程,首先应以产权制度改革和产权关系调整为核心和主线;其次应促进政府在内的多元主体进行体制创新,以政府政策改革为突破口创造出联动效应,带动更大范围内的改革与突破;最后应遵循制度变迁的规律,汲取过往的经验,循序渐进地进行改革。而高质量发展下的对外开放,高质量更是要求我们继续坚持"引进来"和"走出去"并重,扩大与各国的双向投资与贸易往来,共建更加开放的世界经济体。高质量的对外开放还要求我们通过共同打造互联互通的人文环境与物理条件,扩大全球的有效需求,为全球经济的复苏作出贡献。

（三）城乡建设高质量

城乡建设是指通过各级政府的统筹规划来合理安排城乡发展的建设空间布局,从而合理地利用资源,缩小城乡差距。高质量的城乡建设首先应当以城市建设为依托,带动农村发展,实现以工促农、以城带乡,从而实现城乡经济社会发展一体化;其次应当做到城乡经济发展建设、城乡总体规划建设和土地利用建设的融合,建立打造城乡信息共享平台,实现城乡空间布局合理化。高质量城乡建设的第一步就是城镇化率的提高,在未来的高质量发展中,我们计划并预估 2020 年常住人口城镇化率达到 60%。但城镇化率的提高并不是城乡建设的唯一内核,高质量的城乡建设追求的应是城乡差距的进一步缩小,其核心就是要促进农村经济的发展,通过帮助农民增收,加大城乡互动逐步改善城乡二元经济结构。

（四）生态环境高质量

生态环境是指影响人类生存与发展的水资源、生物资源、土地资源、气候资源的数量与质量总称。生态环境的高质量要求人类在利用和改造自然以保障自身生存与发展的同时尽量消减对自然环境破坏和污染所产生的危害人类生存的各种负反馈效应。因此在高质量发展中促进绿色产业发展,实现绿色可持续发展是我们的愿望,也是传统经济增长方式的转型与调整。如果发展是以牺牲生态环境为代价的,那就违背了经济建设的初衷。在高质量发展下,生态环境应得到改善,资源的消耗强度应得到降低。此外,合理地应对气候变化也是生态环境高质量的内涵,需要我们加强能源资源节约,长期坚持并落实好《巴黎协定》的内容与要求。

（五）人民生活高质量

人民生活质量是指一定时期内一个区域内人们生活的社会环境和生活保障状况,是反映人生活的经济社会条件质的方面的具体水平。社会民生的持续改善是高质量发展的内在要求,也是其重要内涵之一。高质量发展下更突出的是百姓的获得感,人民生活水平的提高并不简单指人均收入的增长,而是包含着生活的幸福度、尊严感等多维度的提升,是物质水平和精神水平全方位的高质量。此外,在把握高质量发展中人民生活质量的内涵上要注意生活质量和生活水平概念并不相同,人民生活的高质量是经济生活、政治生活、精神文化生活、社会保障、社会安全和生活劳动环境的协调发展。

三、高质量发展的特征

目前我国经济正在向高质量发展阶段过渡和迈进,转向高质量发展是我们直面新时代和突破发展瓶颈的紧迫任务。高质量发展的特征主要体现在以下几个方面。

（一）产业结构的合理化与高级化

从三次产业的关系来看,我国产业结构的演进方向是符合经济发展的一般规律的,其表现为第一产业比重一直在下降,第二产业比重先降后升,第三产业比重持续上升并超过第二产业。但我国产业结构的矛盾主要出现在第二、第三产业内部。高耗能、高污染重化工业产能明显过剩,制造业大而不强,现代服务业发展不充分,这都是过去经济高速发展遗留下来的问题。而在经济高质量发展下,其产业结构应显现出合理化与高级化的特征。合理化与高级化是产业结构演变的一般规律,随着经济发展阶段的演进,产业形态上呈现出从低级向中级、高级不断攀升的特征,也就是随着经济发展向高质量阶段的演进,产业结构演变的一般趋势是从单一结构转向多元产业结构,再转向产业结构的合理化和高级化。改革开放以来,我们实现了从计划经济时期单一的产业结构转向了多元化的产业结构,通过多元化实现高速增长,但是没有实现合理化和高级化,造成了产业结构的低端锁定。从高速增长阶段转向高质量发展阶段,就必须实现产业结构的合理化和高级化。

（二）创新成为推动经济发展的第一动力

我国经济过去的高速增长是通过要素投入、粗放型经济增长的路径,这种路径在促进经济增长的同时造成了严重的环境、资源、生态、社会问题,使经济增长缺乏可持续性,缺乏创新能力。同时创新能力的不足不仅制约了经济的发展,也会阻碍经济结构的转型升级。此外,创新能力缺乏也制约了经济的竞争能力,虽然我国研发总支出已经居于世界第二位,但整体的科研创新能力仍有待提升,在高速增长阶段很多行业主要还是依靠低水平重复建设和价格战争来争夺市场的,缺乏竞争力显然与高质量发展的要求背道而驰,在这样的背景下,创新成为经济高质量发展的第一动力。在高质量发展阶段,科技教育体制改革将得到深化,同时科技成果向生产力转化的能力显著提升,科技人员流动的体制机制障碍也会得以破除,最终在创新的推动下全要素生产率跨上新的台阶。创新将为经济发展创造出新的增长点,互联网创新也是高质量发展阶段创新的重点,信息技术的进步将会带来新的机遇。

（三）供给体系有质量

党的十九大报告指出,今后要将提高供给体系的质量作为改革的聚焦点,同时优质的供给也是高质量发展的重要特征之一,它要求我们从供给侧发力,提升供给的水平。具体表现为:一是经济高质量发展阶段,其供给体系随需求的变化而不断地调整适应,并在一定程度上引领需求。通过供给体系和需求结构的不断配合适应,推动经济发展质量与效率提高。二是表现为产业上、中、下游之间协同性不断增强,以土地、资本、劳动力和创新为核心的要素流入流出更加自由、顺畅、高效,同时价值链也在不断攀升,经济发展的动力不断加强。三是要素质量及其配置效率不断得到提升。高质量发展将通过要素质量及其配置效率的提升来提高供给体系的质量。要素质量及其配置效率得到了提升,要素报酬率才会提高,高端要素的作用才能得到发挥,供给体系的质量和经济发展的质量才会提高。

（四）人民对美好生活的需要将会得到不断满足

新时代下我国社会主要矛盾已经转化为人民日益增长的美好生活需要和不平衡不充分的发展之间的矛盾。在高质量发展阶段,人民的闲暇偏好增加,对生活品质的需求在不断提高。新时代下人民群众期盼有更好的教育资源、更完善的基础设施建设、更高水平的医疗卫生与养老保障及更优美的居住环境,而这一切都需要我们放弃对速度的偏好,重视发展的质量,从而实现人民生活质量的长期提高。因此高质量的发展要更注重满足人民在多方面日益增长的高层次需要,更好推动人的全面发展、社会全面进步,人民对美好生活的需要将得到不断地满足。在这一阶段改善民生和富民产业将成为民生工作的重点,同时脱贫攻坚也是高质量发展阶段的艰巨任务。此外,人民生活质量的提高应当是全社会水平的共同提高,高质量发展需要我们努力克服民生健康水平的地区发展不平衡的问题,着力实施普惠性的民生工程,满足多样性的民生需求,在优质教育、医疗、养老和基建方面做好全国的协调发展与统筹规划。

第二节　经济高质量发展的核心要义与政策取向

习近平总书记2017年在党外人士座谈会上强调:"我国经济发展的基本特征就是由高速增长阶段转向高质量发展阶段。实现高质量发展,是保持经济社会持续健康发展的必然要求,是适应我国社会主要矛盾变化和全面建设社会主义现代化国家的必然要求。高质量发展是我们当前和今后一个时期确定发展思路、制定经济政策、实施宏观调控的根本要求,必须深刻认识、全面领会、真正落实。"[①]高质量发展是新时代中国经济发展质量的高水平状态,在理论上高质量发展是以新发展理念为指导的经济发展质量状态,在实践上高质量发展是中国经济发展的升级版。在转向高质量发展的过程中,我们不仅要在理论上研究高质量发展的内涵与逻辑机理,而且还要准确理解高质量发展的核心要义与政策取向,这样才能在实践中有效贯彻落实高质量发展。依据党的十九大报告精神和习近平总书记关于高质量发展的论述,高质量发展的核心要义与政策取向包括以下几个方面。

一、培育新动能是高质量发展的关键

高质量发展是指经济数量增长到一定阶段之后,经济发展新动能转换、效率提升和结构优化的状态。实现高质量发展要推动经济发展质量变革、效率变革、动力变革,核心是动力变革,关键是培育高质量发展的新动能。高质量发展新动能培育的路径在于创新,核心在于构建以实体经济为本体、新产业培育和传统产业改造为支撑的产业发展新格局。高质量发展的新动能主要指以新技术、新产业、新产品、新业态模式为核心,以知识、技术、信息、数据等新的高级生产要素为支撑的推动高质量发展的动能。在高质量发展中要积极推进新动能的培育。

(一)使科技创新成为高质量发展的强大动能

高速增长阶段的动能是要素投入与规模扩张,而高质量发展阶段的动能是创新,要让创新成为高质量发展的第一动能。习近平总书记指出"抓

---

① 《中共中央召开党外人士座谈会　习近平主持并发表重要讲话》,新华社,2017年12月8日。

创新就是抓发展,谋创新就是谋未来"[1],由于创新是高质量发展的第一动力,在高质量发展中培植科技创新土壤,提高科技创新整体实力,增加源头供给。加速推进产学研一体化,推动新型研发机构和科技创新平台开展目标导向式创新,实现高质量发展的创新驱动。不断完善对基础研究和原创性研究的长期稳定支持机制,在强化原始创新、协同创新、开放创新的过程中,构建全方位、多层次的科技创新格局,为高质量发展培育原生动力。顺应智能化的新趋势,瞄准智能制造方向,聚焦重点领域和战略性新兴产业开展科技攻关,加快中低技术水平制造业向先进制造业转型升级。同时优化科技创新环境,深化科技管理体制改革,优化科技创新资源配置,坚持市场导向,组织开展研究与创新。完善科技投融资体制,引导社会资金进入科技创新领域。发挥金融资本的作用,支持原创性重大科技创新。

（二）培育壮大高质量发展的产业新动能

一方面,培育新产业的新动能。世界经济发展的历史经验表明,每次新旧动能转换都是基于科学新发现和技术新发明的新应用。科学技术发明会产生新产品,造就新商业模式,催生新的产业,形成新的生产力,形成发展的新动能。目前世界范围内新一轮科技革命催生着新产业、新业态、新模式经济的发展,新产业革命呈现技术更迭、产业融合、业态多元、组织网络化、发展个性化等新特征。新产业革命在移动互联网、大数据等新理论、新技术的驱动下,人工智能的应用对经济社会发展产生重大影响,新一代人工智能的发展受到了国家的高度重视。在我国高质量发展产业新动能的培育中要把握新一代人工智能发展的特点,加强人工智能和产业发展融合,为高质量发展提供新动能。另一方面,在高质量发展中激活传统产业旧动能。新兴产业不是无源之水,如果没有传统产业作支撑,新兴产业不可能发展起来。因此,培育产业发展新动能需要把传统产业和新兴产业结合起来,加快传统优势产业升级,通过利用新技术、新工艺、新模式改造传统产业,使传统产业走向数字化、智能化、绿色化、高端化发展之路,从而激活传统产业的动能。

（三）加快新动能培育的体制机制创新

习近平总书记指出:"实施创新驱动发展战略,最根本的是要增强自主创新能力,最紧迫的是要破除体制机制障碍"。[2] 新动能培育的关键在于体制机制创新。一方面要围绕制约新动能培育的体制机制障碍,深化改革,加

①　中共中央文献研究室编:《习近平关于科技创新论述摘编》,中央文献出版社 2016 年版,第 7 页。

②　《习近平在两院院士大会阐述创新驱动发展战略》,《人民日报(海外版)》2014 年 6 月 10 日。

强制度创新,让市场在新动能培育中起决定性作用;另一方面也要更好地发挥政府在高质量发展新动能培育中的作用,在环境建设方面为新动能培育和旧动能改造创造良好宏观环境。同时深化科技体制改革,建立以企业为主体、市场为导向、产学研深度融合的协同创新体系,打破阻碍企业家精神有效发挥的各种制约因素,鼓励更多社会主体创新和创业。

二、做强做优做大实体经济是高质量发展的基础

我国由经济大国走向经济强国,由数量追赶转向质量追赶,实现高质量发展需要把实体经济做强做优做大,释放经济转型升级的巨大潜力。实现高质量发展,建设现代化经济体系,最终的成果需要体现在实体经济的发展上,发展高水平的实体经济是实现高质量发展的基础。实体经济是地方财税的主渠道,是现代化产业体系的基本细胞,因此做强做优做大实体经济是高质量发展的基础。2018年3月5日,习近平总书记参加十三届全国人大一次会议内蒙古代表团审议时强调:"推动经济高质量发展,要把重点放在推动产业结构转型升级上,把实体经济做实做强做优。"[1]其中做实就是做实规模,做强就是做强实力,做优就是做优质量。

(一) 以供给侧结构性改革做大实体经济

实体经济是供给侧结构性改革的主战场,供给侧结构性改革可以提高实体经济供给体系的质量。在高质量发展中要把振兴实体经济作为深化供给侧结构性改革的重大任务。在推进高质量发展中努力解决实体经济面临的问题,更加注重深化供给侧结构性改革、释放实体经济企业的动力和活力。在坚定不移地降低实体经济发展的制度成本、减轻各类政策性负担、减少实体经济低端无效产能供给,更要着力促进实体经济转型升级。依据科技进步的趋势和消费升级的需要,在实体经济发展中推进战略性新兴产业发展和传统制造业技术改造,提高实体经济的供给质量,培育实体经济增长的新动能,进一步做大实体经济。

(二) 以创新引领做强实体经济

创新是实体经济高质量发展的引擎,是实体经济结构调整优化和转变发展方式的动力,是发展高水平实体经济的第一动力。习近平总书记在徐工集团视察时指出:"发展实体经济,就一定要把制造业搞好,当前特别要抓好创新驱动,掌握和运用好关键技术。"[2]要破解实体经济发展不强的困

---

① 《扎实推动经济高质量发展 扎实推进脱贫攻坚》,《人民日报》2018年3月6日。
② 《让实体经济壮筋骨 上台阶》,《人民日报》2017年12月14日。

局,必须坚定不移地抓住科技创新这个关键,围绕质量变革、效率变革和动力变革,深入实施创新驱动发展战略,把创新的主战场放在做强做优做大实体经济上,推动战略性新兴产业加快发展。通过创新解决实体经济有产品缺品牌、有速度缺质量、有制造缺创造的难题,以实现质量变革促进高质量发展。运用新技术、新业态全面改造提升传统产业,实现效率变革,促进新动能发展壮大,促进新旧动能转换,实现动力变革,创新供给能力全面提升,进一步做强实体经济。

(三) 抢抓智能制造这个制高点做优实体经济

无论是从技术和产业革命来看,还是从经济运行来看,全球正处于新技术、新产业快速涌现的时期。随着全球新工业革命的深化,信息化、服务化、绿色化、高端化、个性化成为实体经济中制造业发展的重要趋势,智能制造成为制造业转型升级的制高点。2015 年 11 月 20 日,习近平总书记在《致二〇一五世界机器人大会的贺信》中指出:"当前,世界正处在新科技革命和产业革命的交汇点上。科学技术在广泛交叉和深度融合中不断创新,特别是以信息、生命、纳米、材料等科技为基础的系统集成创新,以前所未有的力量驱动着经济社会发展。随着信息化、工业化不断融合,以机器人科技为代表的智能产业蓬勃兴起,成为现时代科技创新的一个重要标志。中国将机器人和智能制造纳入了国家科技创新的优先重点领域,我们愿加强同各国科技界、产业界的合作,推动机器人科技研发和产业化进程,使机器人科技及其产品更好为推动发展、造福人民服务。"[①]智能制造可以实现整个制造业价值链的智能化创新,进一步提升信息化与工业化的深度融合。我们要抓住新工业革命为实体经济和制造业带来的重要机遇,深入实施创新驱动战略,实现我国实体经济和制造业的跨越式发展,从而做优实体经济。

三、促进产业转型升级是高质量发展的核心

从高速增长阶段转变为高质量发展阶段,产业转型升级是核心,更是实现高质量发展的必由之路。必须全力推动产业发展从规模扩张为主向质量提升为主的转变,由加工制造向创新创造转变,由比较优势向竞争优势转变,加快构建现代化产业新体系,全面提升产业核心竞争力。以产业转型升级为核心推进高质量发展。

(一) 加快推进产业向高端化发展

我国目前的产业大都处在价值链的低端,研发、设计、核心技术、软件等

---

① 中共中央文献研究室编著:《习近平关于科技创新论述摘编》,中央文献出版社 2016 年版,第 85 页。

关键环节薄弱。在高质量发展中,围绕产业转型升级,进一步提升产业链,加快推进优势产业和重点企业的链条向深度和广度延伸,完善上、中、下游产品体系。以产业结构高级化为目标,推动传统产业以价值重构为核心的升级模式,加快突破制约产业升级的关键环节,促进工艺流程升级、产品升级、功能升级。

(二) 积极促进传统优势产业改造升级

传统优势产业改造升级是高质量发展的基础,高质量发展不仅要培育新产业,培育新动能,而且还要改造传统产业,使传统产业释放新动能。2014 年 5 月在河南考察时,习近平总书记提出,要"推动中国制造向中国创造转变、中国速度向中国质量转变、中国产品向中国品牌转变"①。传统优势产业是产业转型升级的短板和压力点,要通过采取技术工艺和产品升级发展、品牌提升、渠道拓展等各种方法,由粗放型向集约型转变,使传统产业沿着科技型、品牌化方向转型升级;引导传统产业以智能制造、网络制造、绿色制造、服务型制造为路径,以新一轮技术改造提升为抓手,推动传统产业向数字化、精细化、柔性化、绿色化转变。

(三) 以新动能的培育构筑产业体系的新支柱

新动能作用的发挥是通过产业体系中的新支柱产业发挥作用来实现的,因而高质量发展新动能的培育需要构筑新支柱产业。在高质量发展中,以新一代信息技术、高端装备制造、绿色低碳、生物医药、数字经济、新材料、海洋经济等战略性新兴产业发展为核心,构筑产业体系新支柱,培育经济发展新动能。研究新产业的特点和发展规律,制定完善新支柱产业的发展规划,营造支持新支柱产业发展的政策环境。瞄准信息技术、高端装备制造、新材料等新支柱产业前沿领域,加快搭建新支柱产业发展的载体建设。加强互联网、大数据、人工智能与传统产业的深度融合,促进信息技术在企业研发设计、生产制造、经营管理、销售服务等全流程和全产业链的集成应用,创造新支柱产业成长的产业结构环境。跟踪国际新产业发展的前沿进展,从技术链、价值链和产业链出发,全面推动新支柱产业的集聚发展。

(四) 以企业技术创新激活企业创新创造活力

企业是推动经济高质量发展中产业转型升级的主体,要引导企业加大研发投入。积极推进企业技术创新、制度创新和管理创新,推动企业走创新发展和可持续发展的路子。充分发挥财政资金的杠杆作用,重点对工业企

---

① 中共中央文献研究室编:《习近平关于科技创新论述摘编》,中央文献出版社 2016 年版,第 4 页。

业技术创新项目、新产品研发及产业化、创新平台建设、品牌培育和质量提升、校企合作等方面给予扶持,聚集一批科技型中小企业,建成一批重大产业技术创新平台。进一步优化企业创新环境,降低企业创新成本,增强科技创新引领作用,推动形成产学研用协同的创新格局,为经济高质量发展提供坚实保障。

四、壮大战略性新兴产业是高质量发展的重要产业支撑

影响经济高质量发展的因素有很多,从全球新一轮产业变革发展的趋势来看,壮大战略性新兴产业要靠数字化、网络化和智能化,加快经济转型,也就是壮大数字化、网络化和智能化等战略性新兴产业是经济高质量发展的产业支撑。战略性新兴产业是以重大前沿技术突破为核心,以重大发展需求为基础,对经济社会长远发展具有带动作用的新兴产业。目前来看,战略性新兴产业包括新一代信息技术、新能源汽车、高端装备制造、新材料等产业。培育壮大战略性新兴产业是高质量发展的重要内容,随着新一轮科技革命和产业变革的逐步兴起,发达国家都把壮大战略性新兴产业作为战略目标,加快布局新兴产业,抢占战略性新兴产业发展的制高点。在我国转向高质量发展的过程中,壮大战略性新兴产业是高质量发展的重要产业支撑,具体表现在以下几方面。

(一)通过创新发展促进战略性新兴产业的发展

壮大战略性新兴产业可以引领经济增长,形成新的经济增长点。可以引领供给升级,引导发展信息技术、生物技术、节能环保、新能源和数字创意等产业快速发展。可以引领企业转型,战略性新兴产业是企业升级发展的重要方向,基于创新的中小企业群体呈现出了快速发展的态势。通过创新发展促进战略性新兴产业发展,一方面要加快自主创新体系建设,为壮大战略性新兴产业提供技术创新支持,加大对战略性新兴产业重点技术的支持力度,掌握战略性新兴产业核心关键技术;另一方面构建产学研用协同创新的战略性新兴产业技术创新平台,加快战略性新兴产业的技术创新与推广。同时推进战略性新兴产业创新要素集聚,特别是加快壮大战略性新兴产业急需人才的培养与引进,形成壮大战略性新兴产业可持续的创新能力。充分发挥"互联网+"、人工智能等领域重点项目引领作用,带动壮大战略性新兴产业关键技术突破和产业规模化发展。

(二)在现代产业体系建设中推动战略性新兴产业发展

推动产业高质量发展是高质量发展的重中之重。根据新技术、新产品、新产业、新业态等"四新经济"的发展需要,加快构建壮大战略性新兴产业

的新规制。顺应消费升级趋势,加快培育战略性新兴产业先进生产供应能力,扩大战略性新兴产业产品和现代服务供给。以智能制造为主攻方向推动战略性新兴产业技术变革和优化升级,推动制造业产业模式和企业形态变革,提高战略性新兴产业供给体系质量和效率。在中高端消费、绿色低碳、现代供应链等领域培育更多战略性新兴产业新增长点。通过现代产业体系建设夯实战略性新兴产业发展基础、提高发展效率和发展效益、提高宏观调控和市场监管水平,推动战略性新兴产业高质量发展。

(三)培育战略性新兴产业发展的新动能、新增长极

战略性新兴产业作为我国产业体系中的新支柱、产业发展中的新动能,对实现高质量发展具有重大意义。一方面探索智能制造的新技术、新经济、新业态、新模式,加快发展现代服务业,坚持生产性服务业在与制造业融合发展中向专业化和价值链高端延伸,生活性服务业在与扩大居民消费的相互促进中向规范化、便利化、品牌化方向发展。另一方面构建战略性新兴产业开放新格局。发挥产业开放对壮大战略性新兴产业的促进作用,引进资金与引进国际先进技术、管理理念和高端人才相结合,促进外资结构由劳动密集型产业逐步向资本、技术密集型产业升级。推进重点战略性新兴产业领域国际化布局。扩大服务业和一般制造业开放,促进国际技术和产能合作,支持战略性新兴产业领域的企业更好融入全球产业分工体系。

五、支持民营经济高质量发展的重要保障

习近平总书记在主持召开民营企业座谈会时强调:"民营经济是社会主义市场经济发展的重要成果,是推动社会主义市场经济发展的重要力量,是推进供给侧结构性改革、推动高质量发展、建设现代化经济体系的重要主体"①。在我国经济的高质量发展阶段,支持民营经济高质量发展的重要保障,民营经济将在高质量发展中发挥重要作用。

(一)民营经济是推动高质量发展质量变革的重要主体

质量变革的核心就是要通过产业结构调整和新兴产业培育,不断提升供给体系质量,从而提高产品和服务的质量。民营企业数量占我国规模以上工业企业总量超过了80%,在普通制造业及制成品等行业已占绝对优势,在重大装备、高技术等高端制造及制成品等行业也占据绝对优势。在我国高质量发展提升供给质量、产品质量和服务质量的过程中,民营经济将是质量变革的重要主体。因此,需要引导民营企业贯彻新发展理念,抓住新一

---

① 习近平:《在民营企业座谈会上的讲话》,人民出版社 2018 年版,第 7 页。

轮科技革命和产业变革的重大机遇,以技术创新为核心,积极推进管理创新、机制创新和市场模式创新,进一步推动质量变革,努力实现中国产品向中国品牌转变。

(二)　民营经济是推动高质量发展效率变革的力量

效率变革的核心是实现要素资源的合理配置,提高资源配置的效率。民营经济具有经营机制灵活的特点,对内可以为经济发展不断提供新活力,对外能成为中国经济融入经济全球化的纽带。民营经济在技术进步和创新驱动发展中的作用也将会越来越大,进一步成为高质量发展中产业升级和经济增长效率提升的源泉。同时民营企业和民营企业家是我国市场配置效率提升的重要力量,也是未来我国经济高质量发展效率提升的重要加速器。因此在高质量发展中要着力破解民营企业发展面临的障碍,推动民营经济向产业价值链高端攀升、向创新驱动转换,使民营经济成为推动高质量发展效率变革的中坚力量。

(三)　民营经济是推动高质量发展动力变革的力量

动力变革更多依靠劳动者素质提高、技术进步和全要素生产率的改进。民营经济是在竞争中成长起来的,面向市场生存和发展的能力强。而且民营企业为了在市场上求得生存,对技术创新和创新成果市场化具有强烈的追求,民营企业在科技创新中的作用十分突出,已经成为我国企业创新的重要主体,实现高质量发展的主体之一。因此,民营经济在我国高质量发展动力转换过程中将起到极为重要的作用,将为我国经济高质量发展实现动力变革提供支撑。我们要支持、鼓励和引导民营企业加大技术创新、产品创新、模式创新和管理制度创新,以民营经济的创新发展推动我国高质量发展的动力变革。

六、增进人民福祉是高质量发展的出发点与落脚点

高质量发展意味着经济发展不再简单追求量的扩张,而是要追求量质齐升。推动高质量发展必须坚持以人民为中心,永远把人民对美好生活的向往作为奋斗目标。高质量发展具有丰富的内涵,但是核心的内涵在于人民生活的高质量,人民生活的高质量意味着人民福祉的增进,这是高质量发展的出发点与落脚点。

(一)　在高质量发展中更突出人民的获得感

促进经济高质量发展的措施最终都要落脚到提高保障和改善民生水平上来。增进民生福祉是我们发展经济的根本目的,让人民过上好日子是我们一切工作的出发点和落脚点,高质量发展是更加突出以人民为中心的发

展。以人民为中心包含着生活的幸福度、尊严感等多维度的提升和多方面的内容,是物质水平和精神水平全方位的高质量。因此,高质量发展要着眼于满足人民日益增长的美好生活需要,坚持在发展中保障和改善民生,以物质财富积累为人的全面发展、全体人民共同富裕创造条件,以高质量发展不断增强人民群众的获得感。要针对人民群众关心的问题精准施策,加大对教育、就业、收入分配、医疗、社会保障等民生领域的改革力度。把人民的获得感、幸福感作为检验高质量发展的重要尺度。

（二）　以人民生活高质量为核心推进高质量发展

人民生活的高质量是经济生活、政治生活、精神文化生活、社会保障、社会安全和生活劳动环境等方面的综合。在经济生活中的高质量应当是社会人均收入均等,各阶层收入水平和消费水平没有较大差距,全社会人人平等;在政治生活中的高质量应当是公民都享有并积极行使参与政治生活的权利,社会民主权利和自由程度较高,法律制度完善;在精神文化生活中的高质量应当是人们享有丰富多彩又休闲益智的闲暇生活;在社会保障、社会安全中的高质量应当表现在社保费用占国民收入的比重较高、就业率较高、每万人刑事案件发生率及离婚率较低;在生活劳动环境中的高质量表现在较高的城市绿化面积、人均环保费用和工业"三废"处理率等方面。

（三）　不断满足人民对美好生活的向往

习近平总书记指出:"我们的人民热爱生活,期盼有更好的教育、更稳定的工作、更满意的收入、更可靠的社会保障、更高水平的医疗卫生服务、更舒适的居住条件、更优美的环境。"[1]进入新时代,人民对美好生活的需要呈现多样化、多层次、多方面的特点,人民对美好生活的向往不仅对物质文化生活提出了更高要求,而且对社会生活和精神生活方面的要求日益增长。因此,高质量发展要不断满足人民对美好生活的向往。

（四）　以高质量的收入分配增进人民的福祉

高质量收入分配的目标是实现收入分配合理、社会公平正义、全体人民共同富裕。营造机会公平的竞争环境,维护劳动收入的主体地位,为收入的二次分配提供物质基础。建立以按劳分配为主体、多种分配方式并存的收入分配制度体系,完善以税收、社会保障、转移支付为手段的二次分配机制,提高公共资源配置效率,缩小城乡、区域、社会的收入分配差距,规范收入分配秩序。同时高质量分配要推动合理的初次分配和公平的再分配。初次分配环节要促进各种要素按照市场价值参与分配,促进居民收入持续增长。

---

① 《习近平谈治国理政》第一卷,外文出版社 2018 年版,第4页。

再分配环节要发挥好税收的调节作用,注意调节存量财富差距过大的问题。形成高收入有调节、中等收入有提升、低收入有保障的局面,提高社会流动性。

第三节　经济高质量发展的评判体系构建

高质量发展是中国经济发展到一定程度后的转型升级,这种转型升级是将经济从以外延型增长为驱动力转变为以内涵型增长为驱动力,同时也是一个将产业从以低劳动成本和低附加值为主向高附加值的知识密集型转化的过程。伴随着高质量发展,我国经济将从依靠投资拉动升级向依靠投资和消费的共同作用拉动转变,速度和效益也将完成有效的结合,资源利用率将大大提升,生态环境也会得到更好的保护。而要实现我国经济从高速增长向高质量发展的转变,就需要构建高质量发展的评判体系。

一、高质量发展的指标体系

推动高质量发展,首先要构建评价高质量发展的指标体系,只有这样才能更加科学地对经济发展水平进行多维度衡量,并找出我国当下经济高质量发展所存在的缺陷和面临的问题①。同时,不同的人对高质量发展的内涵与外延的理解不同,从而导致了学界缺少对高质量经济发展的一致性评估,这就需要我们建立一个统一的指标体系去评估测算经济发展的质量,并以此更好地发现问题、解决问题。过去的指标体系主要体现在速度指标体系、总量指标体系、财务指标体系方面,反映经济建设方面的指标偏多,反映社会发展、人与自然和谐发展的指标少,并且在衡量经济高速发展水平时多采用单一指标,只能反映出某一方面的数量特征,缺乏整体性与全局观。高质量发展则要求我们增加反映产业、行业、地区等各方面的结构协调性方面的指标、质量效益指标和新动能发展指标,多用质量效益指标去考核各类主体。特别是在加入质量指标时,要多从工业增加值率、企业杠杆率、有效投资率、产能利用率几个方面考核经济的发展状况,从而更好地反映价值链分工、经济发展结构、劳动者报酬及投入产出的比率。在评价时应更加重视民生事业发展和资源环境改善情况,并不断提升就业、收入、消费、生态环境等指标的重要性。从长期与短期、宏观与微观、总量与结构、全局与局部、经济发展与社会发展等多个维度探讨高质量发展指标体系的构建。

---

① 王薇、任保平:《我国经济增长数量与质量阶段性特征:1978—2014年》,《改革》2015年第8期。

二、高质量发展的政策体系

推动高质量发展要明确其政策体系,在宏观政策层面上要做到尊重市场、尊重规律、尊重趋势。当前我国市场还存在着低水平竞争、集中度不足的现象,部分中小企业发展质量还不高,同时部分行业存在着扭曲市场机制的垄断现象,这都需要通过政策体系的建立去规范和引导,从而实现高质量发展。高质量发展的政策体系就要把数量型政策与质量型政策相结合,长期政策与短期政策相结合,正向引导与负面约束相结合,运用负面清单制度来引导高质量发展。从完善宏观政策、产业政策、微观政策、改革政策、社会政策等多个方面健全更高质量发展的政策体系。在宏观政策中要把握好经济发展的基调与大方向,在发挥财政政策、金融政策等数量型政策的基础上,更加重视人力资本政策、技术创新政策等质量型政策的作用。在产业政策中落实对行业的指导与帮扶,积极引导战略性新兴产业的发展和传统产业的改造升级。在微观政策上加强对企业的激励并提升其竞争力,在社会政策上给予民生更多的关注。同时政策体系的核心在于有效地协调竞争政策与产业政策,即以竞争政策为基础,通过建立和维护竞争秩序来保护市场机制的有效运行,从而通过产业政策来促进产业结构的高级化。此外,高质量的政策体系要求政府更多地把政策重点倾注在培育科技创新上,以此促进战略性新兴产业发展与传统产业升级转型相结合,达到传统制造业与互联网的深度融合,以信息化为支撑促进经济高质量发展。同时高质量发展的政策体系还要求政府通过出台一系列政策文件去加强知识产权的保护和管理,抑制以降低质量为代价的恶性竞争。

三、高质量发展的标准体系

高质量发展应在宏观、中观和微观层面都有所表现,因此在这三个层面上都应建立合理的标准体系。首先,在宏观方面,高质量发展的标准体系表现为中高速合适的增长速度。近年来,虽然我国经济发展增速有所下降,但仍是世界上发展速度最快的经济体。而现今我们所需要做的是在稳定当前合理的经济增速的同时,加强经济发展新动能的培育,释放出经济发展的潜在增长率,为长期发展提供保障[①]。其次,在中观方面,高质量发展的标准体系表现为结构合理的产业结构和梯度合理的地区差异。合理的产业结构

---

① 向国成、李真子:《实现经济的高质量稳定发展:基于新兴古典经济学视角》,《社会科学》2016 年第 7 期。

是我们充分利用人力、物力、财力实现国民经济部门协调发展的前提,而尊重地区差异并发挥区域比较优势也是中观层面推动经济高质量发展的落脚点。在高质量发展的标准下要做到生产要素的跨区域有效流动,从而解决资源配置在区域间的不平衡、不协调等结构性矛盾问题。最后,在微观方面,高质量发展的标准体系表现为产品和服务的质量系统化和品牌系统化。系统化的质量标准是对市场进行监控、纠正与改进活动的重要途径。当前我国制造业领域关键零部件和中间品的国产配套水平较低,存在过分依赖进口的问题,同时我国产品的品牌、品质、品种都与世界先进水平有一定差距。因此,通过推进产品与服务的质量系统化,有助于其考核与衡量,并促进其在对比中实现升级赶超。而品牌系统化要求我们抓好品牌建设的工作,培育出能够代表民族形象的大品牌,形成自己的比较优势,带动企业及产业发展。

四、高质量发展的统计体系

数据是做决策的基础,统计工作有助于我们对经济社会发展的现状进行科学搜集、整理和分析,从而全面科学地反映经济高质量发展的状态与新进展。进入中国特色社会主义新时代,中国经济从高速增长阶段转向高质量发展阶段,这就要求加强统计制度的改革与创新,加快对经济发展中的新动能、新经济的统计制度以及统计方法的建立,对经济发展中的不平衡、不充分实施动态监测。同时,继续利用大数据、互联网、云计算等新兴技术来提高统计生产力,变革统计生产流程,提高统计效率,提高数据质量。同时在统计对象方面,高速增长的统计多以企业为主,高质量发展应更多关注人的统计,比如就业、失业、居民消费行为等方面。因为高质量的发展应该是经济效益、社会效益和生态效益的统一,传统统计体系下仅以 GDP 论"英雄",只关注经济效益的模式是不健全的。人民的幸福生活才是高质量发展所追求的终极目标,因而除去经济指标,生态环境、城市基建、医疗、教育与养老等问题也应当被纳入高质量发展的统计体系中。只有这样,高质量发展才能做到立体、多样和以人为本。此外,由于传统的统计信息难以突破部门的限制以进行多部门互联共享,容易形成信息孤岛。高质量发展统计体系的建立要重点解决这一局限,实现统计体系的共建共享,这有助于各部门对形势进行全面的了解并以此作出统一的科学的判断。

五、高质量发展的绩效评价体系

绩效评价是指通过量化指标和评价标准,采取一定的评价方法,对高质量发展目标的完成度和为实现这一目标所进行的项目措施成果所进行的一种科学的综合性评价。高质量发展下的绩效评价就是对其完成程度及投入与效益进行结果分析,追求这一效益意味着我们要在一定程度上淡化对经济增长速度和数量的追求,而更看重质量与效益的提升,更看重经济建设与社会建设、生态建设的协同发展。高质量发展绩效评价要从四个方面来考核:一是经济增长速度,这是高质量发展的基石,高质量发展下的经济增长速度需要靠效率提高来驱动,具体表现为资本产出效率、劳动生产率、全要素生产率等较高,这也是我们对经济增长速度进行科学评价的主要方向。二是经济结构,高质量发展阶段的知识技术密集型产业比重比高速增长阶段有显著提升,同时在这一阶段我国的产业与产品在国际分工中应处于较高分工地位等。三是创新成果质量,这是绩效评价的可信与关键。在科技创新水平的绩效评价上应重点关注代表高质量专利的三方专利所占比重,国际论文引用数等。四是经济可持续性,高质量的经济应当是健康可持续的,不能仅关注眼前的利益,即今天的使用不应减少未来的实际收入。从可持续性出发,我们应注重单位 GDP 能耗、污染物排放量、PM2.5 及城市优良空气比率等方面的绩效。

六、高质量发展的政绩考核体系

经济发展的高质量不能仅依靠市场的作用,还需依靠政策进行联动调节。而为了防止宏观调控所出现的寻租设租和政策失灵等问题,就需要建立一套合理的政绩考核体系来规范顶层设计。高质量发展的政绩考核指标要求我们弱化速度指标,坚持质量第一、效益优先,切实破除唯 GDP 论,完善干部考核评价体系,把质量提高、民生改善、社会进步、生态效益等指标和实绩作为重要考核内容。对于限制开发区域,不再一味地考核地区生产总值,减轻其总量压力,以防地方政府在经济建设时为追求经济总量而忽视经济发展的可持续。同时政策的不稳定也是抑制经济高质量发展的成因之一。因此在构建高质量发展的政绩考核体系时应引导地方政府和干部树立正确的政绩观,克服政策设计中的短视性,从长期出发进行经济社会发展规划,并建立政策决定的终身负责制,运用法律和政策制度进行监督,使得政策决定更加慎重,从而更有效地实现经济调控措施的软着陆,进一步发挥政策的理论前瞻性和现实指导性。此外,要明晰高质量发展的政绩考核体系关键在于落实,因而需要各地区各部门把思想统一到高质量发展要求上来,改进考核方式,完善考核结果运用,为经济发展提供有效机制和制度导向。总而言之,科学合理的政绩考核体系既要看发展又要看基础,既要看显绩又要看潜绩,特别是要把民生改善、社会进步、生态效益等指标和实绩作为高质量发展考核的重要内容。

第四节　从高速增长向高质量 发展转型的路径

高质量发展的关键是要解决发展不平衡、不充分问题。高质量发展就是能够很好满足人民日益增长的美好生活需要的发展,是体现新发展理念的发展,是创新成为第一动力、协调成为内生特点、绿色成为普遍形态、开放成为必由之路、共享成为根本目的的发展。目前我国经济虽然已开始向高质量发展转变,但仍有相当数量的资金、土地、劳动力等资源沉淀在严重过剩产能与高污染产业中,拖累了经济转型与效率的提高。同时绿色发展、创新发展、协调发展仍任重而道远。因此在未来进一步高质量发展的过程中我们应坚持以下路径。

一、构建现代化的经济体系,建立高质量的经济体系

经济的高质量发展首先需要建立高质量的经济体系,这是现阶段实现高质量发展和跨越转型关口的迫切需求。只有这样才能够提供更多质量上乘的产品和服务,才能打造更多先进适用、具有高附加值高效益的新技术、新产业、新业态及带动就业的新型劳动密集型产业和服务业,才能创造出环境友好的生产方式、生活方式、消费方式。具体来讲,需要从以下三个方面出发。

（一）构建高质量的增长体系

现阶段经济的发展需要从传统增长点转向新的增长点,而新增长点在于先进制造,还在于互联网、大数据与人工智能和实体经济的深度融合,还在于中高端消费、创新引领、绿色低碳、共享经济、现代供应链、人力资本服务等。我们需要切实提高制造行业的共性技术服务,以科技为落脚点,提升投入产出比。只有牢牢把握住新的增长点,有针对性地进行生产规划,才能更好地构建高质量的增长体系。

（二）构建高质量的业态和模式体系

高质量的经济体系应立足于生产和生活消费升级的需要,因此我们要通过加快培育和发展新业态、新模式、新技术、新产品,在中高端消费、创新引领、绿色低碳、共享经济、现代供应链、人力资本服务等领域培育新增长点。同时高质量的业态要求我们具有公平、统一、开放的市场,即要以完善

产权制度和要素市场化配置为重点,实现产权的有效配置,从而促进经济的良性发展。

（三）构建高质量的产业体系

高质量产业体系指工业化程度比较健康的、现代服务业发展比较充分的产业化,是实体经济、科技创新、现代金融、人力资本、制度创新协同发展的产业体系。依照这一标准,我国高质量的产业化仍有很长的路要走。我们需要从经济智能化、产业绿色化、发展高端化出发,来推进战略性新兴产业的升级进步和现代服务业的系统优化,最终实现产业体系从规模速度型粗放增长向质量效率集约型增长转化。同时加快制造业强国建设,促进先进制造业发展,实现我国产业迈向全球价值链的中高端。

二、实现三大变革,提高发展动力的质量

实现质量变革、效率变革、动力变革,提高全要素生产率,使经济发展动力从传统增长动能转向新的增长动能。从要素驱动、投资驱动尽快转换到创新驱动。要充分发挥创新引领作用,推动社会进入全面创新阶段,引领增长质态升级。

（一）推进质量变革

全面提升企业素质和产品质量,扩大有效和中高端供给。转向高质量发展阶段,必须高度重视经济质量,坚持质量第一的原则,强化和提高产品或服务质量标准,推进产品和服务质量升级,以满足人民日益增长的对高质量产品和服务的需求。

（二）推进效率变革

高质量来源于高效率,只有提高劳动生产率、资本生产率、全要素生产率,才能以较少的生产要素投入,提供高质量的产品或服务。同时效率变革可以通过促进优质要素向战略性新兴产业配置集聚,从而带动生产要素优化组合,激发创新活力与创造潜能。

（三）推进动力变革

经过四十多年的高速增长阶段,旧动力的作用在递减,过去的经济发展范式存在产业链条过短、就业弹性较低等一系列问题。因此我们必须推进动力变革,培育新动能,实现新旧动力的接续转换①。而新动能的培育就在于供给侧"三大发动机"——制度变革、结构优化和要素升级。不同的制度

---

①　任保平:《新常态要素禀赋结构变化背景下中国经济增长潜力开发的动力转换》,《经济学家》2015 年第 5 期。

安排将会带来不同的经济绩效,这也是进行制度变革的理论基点。供给侧
的制度变革就是要求我们在宏观政策层面简政放权,放松政府对经济的管
控,降低企业进入门槛,进一步发挥市场的作用,从而推动经济实现高质量
发展。同时结构优化作为供给侧结构性改革的核心也是在今后的经济发展
中需要重视的问题,对处于经济发展转型阶段的中国来说,结构调整将是一
个长期、紧迫、艰巨而又痛苦的过程。一方面,国内的发展环境与条件已经
不能支撑原有的经济结构,传统的发展方式必须加以转变;另一方面,世界
各经济体纷纷开始采取措施,加快自身经济结构调整,这也成为当今全球的
一个趋势。我国作为世界第二大经济体,结构调整并不是一蹴而就的,经济
运行惯性大,地区差距和贫富矛盾问题突出,使得结构优化之路更加困难。
在我国的经济结构优化上,应从结构性失衡的特征出发进行调节。此外,近
年来我国对要素投入的重视度有所增加,但要素升级的影响力却在不断下
降。要素升级就是将死资源变为活资源、黑资源变为绿资源、冷资源变为热
资源,即将推动经济发展的传统要素升级为创新要素。这是未来供给侧结
构性改革需要克服的问题,也是使我国跨越中等收入陷阱的出路。要素升
级要从几方面入手,分别是土地要素升级、人才要素升级、资金要素升级和
环境要素升级。土地要素升级是指要优化土地资源市场化配置,将其更多
地向优质企业和项目集聚,通过激活这一要素释放出更多的发展空间。人
才要素升级是指要加强对高素质劳动力的培育,创造出能够带动我国高质
量发展的人力资源。资金要素升级是指要提升金融环境,扩大间接融资规
模,提高金融发展活力。环境要素升级是指要在经济运行中关注发展的可
持续性,不能以牺牲环境来换取经济增长。

三、实现活力、效益与质量的有机结合,提高供给体系的质量

高质量发展不仅是指某一种产品或服务标准符合国际先进水平,而是
整个供给体系都要有活力、有效益与有质量。过去我们的经济增长模式是
通过大规模的资金与资源投入来拉动的,但若再像过去那样以要素投入为
主带动发展,既没有当初的条件,也会受到边际效应递减规律的制约。总而
言之,需求侧竞争优势的弱化,本质还是供给侧出现了问题,因此我们要从
供给侧发力,注重要素供给的质量。

(一) 关注劳动力供给质量的提升

人是高质量发展的重要支撑,也是动力变革的核心力量,因此在提高供
给体系质量时我们应以提升劳动力的素质和技能水平为基点,推动资本劳
动比的上升,推动劳动生产率的稳步上升。同时通过建立激励措施,引进人

才、留住人才,激发人才的主动性、积极性和创造性,使其为高质量发展提供动力。此外还应注重企业家精神和现代工匠精神的培养,只有拥有了具有创新精神、注重发展实体经济的企业家和大批精益求精、不断创新精进工业的现代产业工作者,才能提升供给体系的质量。

（二）注重供给主体的质量

从企业角度来讲,应提高其生产的技术水平和管理水平,提升企业产品的质量水平、技术水平和服务水平。要以提高企业的整体素质为目标,积极有效地处理"僵尸企业",努力培育出具有竞争力的世界一流企业,提升我国企业在世界 500 强企业中的占比,从而在关键的制造领域和行业中保持全球领先的综合实力与行业影响力。此外还应注重金融供给的质量,要坚决防范和化解新形势下的金融风险,严守不发生系统性金融风险的底线,防止单体局部风险演化为系统性全局风险,使宏观杠杆率得到有效的控制。同时将金融机构进行有效的整合,并建立健全资本管理政策,完善资本约束机制,在"虚实分离"的常态中坚守"实体经济决定论",从体制上扭转"脱实入虚"的趋势。此外还要努力提高经济体金融体系、产品和要素市场体系、基础设施体系、公共服务体系的效率和质量水平。最后要注重产品供给的质量。应加强产品设计、制造、配送、销售等环节的质量标准、行业监督,保持市场的公平竞争。

四、提升企业效率,培育高质量发展的微观主体

企业是最基本的市场供给主体,只有激发企业活力、提升企业效率,才能构建起高质量发展的微观基础,要想使经济发展达到一个高质量的层次就需要以企业为抓手,构建高质量发展的微观主体。目前我国企业无论是在国际市场还是在国内市场都存在竞争力不足的现象,因为我国企业的竞争对手均是在长期优胜劣汰的竞争性市场中成长起来的,其全球资源调动能力、技术和人员储备能力、企业管理与创新能力都有着明显的优势,因此我们必须要培育一批规模大、竞争力强的企业。基于此,我们应从以下几个方面出发。

（一）把质量和效益作为企业决策的出发点

回顾我国企业质量管理的发展道路会发现它存在很多问题,其一就是企业质量管理发展不协调。由于我国质量管理的发展不是随着生产力的发展逐步形成并不断进步的自然历史过程,而是同所有发展中国家一样通过向发达国家学习、引进形成的现有质量管理的框架,这就造成企业决策时对质量不够重视。与此同时,我国企业发展在效益方面也存在问题,潜在经济

效益、资源配置经济效益、规模经济效益和技术进步经济效益及管理经济效益都有着大大小小的缺陷。在高质量发展阶段，微观主体必须受到投入产出比的约束，因此我们要将质量和效益作为经济主体决策的基础和出发点，以此来推动产品质量的提升和企业生产方式的改变。这样一方面可以提高生产要素的利用率，另一方面又能通过创新带来的先进工具与技艺降低成本。

（二）构建以企业为主体的创新体系

企业作为国家创新力重要的载体，是微观层面实现经济高质量发展最重要的一环。因此我们要以提高自主创新能力为目标，以推进创新驱动核心战略为抓手，加快构建以企业为主体、以市场为导向、以产学研深度融合为支撑的产业科技创新体系。此外还需激发广大企业的创新积极性，通过普惠性的财政科技资金补贴和各种政策来支持其成长与发展。

（三）推进创新型企业的发展

伴随着科技的进步和信息技术革命的推进，创新型企业将是未来企业发展的趋势，未来我们应深入实施创新型企业培育计划、强化人才与服务两大保障、深化产学研三方协同创新，提高企业研发经费占主营业务收入的比重。同时要鼓励引导更多的企业投入到发展战略性新兴产业上来，提升高新技术企业的科技基础与原创能力，努力摆脱过去在技术上受制于人的问题。

（四）推进企业品牌建设

大品牌、大市场是企业品牌建设的中心与重点，也是提高企业核心竞争力的思路之一。当前我国产品市场还存在着品牌竞争力较低的问题，品牌建设作为提高地区形象，促进产业上下游共同发展的重要意义并未受到人们的充分重视。未来在高质量发展中，企业应重视品牌建设与规划，并将此提升到企业经营战略的高度，提升企业的传播影响能力。

五、发挥质量型政策的作用，建立高质量发展的宏观调控体系

高质量的发展需要发挥政府在体制机制中的作用，从高质量发展的本质出发将政策重心从高速增长转变到高质量发展上来，这就需要分两步走。

（一）第一步是发挥质量型政策的作用

财政政策、货币政策都是数量型政策，它们更侧重于通过调控税收、公共支出和货币的供应量等手段来刺激经济的增长，但这个推动力是外生的并可能造成排次效应。而人力资本政策、创新政策、结构升级政策才是质量型的经济政策，质量型政策更侧重于通过创造内生动力来促进经济发展，刺激人民群众的创造力和追逐生活提高个体经济发展的原始本能,从而达到一个自发的良性循环。同时从政策的制定到政策的落实要经历一个很长的阶段,这就给政策扭曲和执行效果的偏差创造了机会,为了消减这种偏差就需要通过质量型政策进行多维度的约束。

(二) 第二步是实施高质量的宏观调控

在高质量发展阶段,宏观调控目标更多地依赖于质量效益指标。针对高质量发展实施宏观调控,目标是把调控政策精准化,把调控手段下沉到中观层面,从部门经济、地区经济和集团经济的层面来提振经济增长。同时宏观调控不能再依赖数量指标,而要更多依靠质量效益性指标,重点调控就业、收入、企业利润的合理增长,物价的稳定,风险规避等方面。此外在宏观调控中要注重避免过度干预,而是应该为各类主体提供一个良性的市场竞争环境。在市场准入方面应当降低门槛,防止垄断的发生,为各类主体提供一个公平公正的参与市场竞争的机会。其次在调控时要通过建立质量型政策去保护知识产权,解决企业及科研团队在创新研发上的后顾之忧,将立法和政策相衔接,做到调控时有法可依、有法必依。通过科学的政策引导去倒逼企业进行科技创新,并加大对企业创新的政策支持、补偿与激励,实现微观、中观与宏观经济主体的共赢。

第五节　中国经济高质量发展需要
处理好的十大关系

党的十九大报告指出,我国经济已由高速增长阶段转向高质量发展阶段。高质量发展要求我国经济要从主要依靠增加物质资源消耗实现的粗放型高速增长,转变为依靠技术进步和提高劳动者素质实现的高质量发展。高质量发展的总体目标要求就是要打造新时代中国经济发展的升级版。与高质量发展的要求相适应必须处理好以下十个方面的关系。

一、正确处理数量增长和高质量发展的关系

数量增长仅指经济总量的扩张,多以总产出来衡量,常用的评价指标为国民生产总值、人均国民生产总值等;而高质量发展的格局与内涵都更为丰富,它以总量为基准但又不仅仅关注经济总量,还包含对经济的效率、结构、稳定性和可持续性等角度的多维衡量,是量与质相协调下的演进发展。在经济数量增长阶段,我们只强调经济效益,而忽略了经济的可持续性和健康发展。而高质量发展强调的是经济效益、社会效益和生态效益的结合,体现

的是人与经济社会相协调的一种包容性的增长。因此,在高质量发展的实现过程中,需要正确处理数量增长和高质量发展的关系,高质量发展必须通过转变发展方式、优化产业结构、转化发展动力,提高城镇化工业化水平,谋求区域经济新的增长,以质的提升促进量的增长,在向高质量发展的转型中找到并践行以质促量的途径。

二、正确处理旧动能转换与新动能培育之间的关系

在高速增长阶段,我们要求的是单一的经济总量与增速,忽略了经济发展的质量,而高质量发展阶段比高速增长阶段的要求更高。它要求我们依靠人才、技术、知识、信息等高级要素,由粗放型经济增长模式转向集约型经济增长模式,并通过创新驱动来消解我国传统增长红利不断下降的影响,培育高质量发展的新动能,做好新旧动能的转换,从而突破资源、能源、环境等要素的瓶颈制约,尽快实现新旧动能的转换。高质量发展新动能主要在创新发展,创新发展背后就是科教人才,而科教人才是高质量发展的重要推动能力。从开放空间看,创新驱动和科教人才的聚集又取决于要素报酬水平的高低和创新环境的好坏。因此,正确处理旧动能转换与新动能培育之间的关系,如何通过创新驱动、人才聚集、环境优化孕育和催发新的优势,补短培优,是推动高质量发展的关键。

三、正确处理好传统技术改造和新技术利用的关系

实现高质量发展的赶超,在传统技术代际内很难实现超越。同样高质量发展很难在现有的技术框架内实现,必须进行传统技术的改造和新技术的有效利用。可以说实现高质量发展的机遇在于引入新的变量,利用新的技术革命和工业革命形成技术代差。近几年国内保持较快增长的省份都是因为适应了新一轮科技革命的发展,在大数据、信息化和数字经济等方面取得了突破。我国近年来发展的良好表现也都是互联网和大数据等新技术的产品创新带来的。当前新一轮科技革命和工业革命正在兴起,以互联网和大数据为基础的第四次工业革命正在形成新的增长点。实现高质量发展,需要正确处理好传统技术改造和新技术利用的关系,在规模优势的基础上培植新技术革命的力量。

四、正确处理好传统产业升级与新兴产业培育之间的关系

改革开放以来我国在高速增长阶段在所有的产业领域攻城略地,形成了门类齐全的产业门类。由于投资的潮涌现象,目前在这些领域形成了拥

挤效应,造成产能过剩。新时代实现高质量发展必须在产业链的高端环节和核心技术领域开拓空间,这就需要正确处理好传统产业升级与新兴产业培育之间的关系。既要利用新技术规模的最新成果,加快培育发展高端产业、加快实现新旧主导产业的更替、加快形成现代化产业体系,又要利用庞大的传统产业基础,进行传统产业的技术改造,促进传统产业向产业链高端迈进。同时在传统产业和新兴产业之间找到连接点,要立足既有的产业基础,通过植入新技术、新理念和新创意,延续产业链条、提高产品质量和效能,衍生新的产品和新的产业,最终实现传统产业与现代产业之间的融合发展和协同发展。

五、正确处理好工业化与城市化的关系

经济发展的主体是结构性转变,结构性转变主要表现为两个方面:一是工业化;二是城市化。其中工业化是主体,城市化是工业化的结果。在高质量发展中需要正确处理好工业化与城市化的关系:一是以工业化的逻辑作为高质量发展的路径,高质量发展要以工业化的思维促进实体经济的发展,将传统产业的改造和新兴产业的发展有机结合,以制造业的发展和现代化为核心,以回归实体经济为思路,构建现代产业体系,在高质量发展中实现金融和科技创新服务实体经济。二是促进工业化与城市化在高质量发展中的协调,工业化和城市化之间具有一种螺旋式上升、互相促进的机制,并在相互影响的过程中推动城乡区域协调发展。在高质量发展中要深入推进以人为核心的新型城镇化,提升中心城市综合功能,培育发展中小城市,分类发展小城镇,加快农业转移人口市民化,走出一条符合我国新时代实际的高质量发展中工业化与城市化协调发展的道路。

六、正确处理好制造业与服务业的关系

制造业不仅是国民经济的主体,而且是高质量发展的基础。而制造业的发展离不开服务业的支撑。因为以互联网为代表的新技术的进步加速了制造业与服务业的融合,服务业与制造业高度融合是未来产业发展的新趋势。在我国高质量发展中需要实现制造业的转型,而我国制造业转型需要生产性服务业的发展,在高质量发展中服务业和制造业是相互促进的。制造业和服务业的融合是一个产业链由过去中低端向中高端转变的过程,也是产业附加价值不断提升的过程。因此,在高质量发展中,需要正确处理好制造业与服务业的关系:一是大力实施项目带动战略,通过大企业、大产业、大项目为高质量发展提供动能和支撑。二是促进生产性服务业的发展。发

达国家生产性服务业占整个服务业的比重一般在25%以上,而我国目前这一比重约为15%,实现高质量发展服务业空间最大的是生产服务业,其中核心是知识密集型服务业,围绕知识密集型服务业发展研发服务和营销服务,为高质量发展建立专业服务体系。三是促进我国制造业与互联网的融合。随着新产业革命的发展,信息技术不断进步,制造业的智能化成为新的趋势。要实现制造业与服务业的协调发展,就要努力促进制造业与互联网融合,通过"互联网+"使生产性服务业的不断发展来推进制造业的转型。

七、正确处理好区域均衡发展与非均衡发展之间的关系

区域均衡发展和非均衡发展是一个结构优化问题,也是高质量发展中需要正确处理的关系问题。在高质量发展的背景下谋划区域发展布局,面临着两难选择:一方面,中心城市首位度不高,城镇体系不健全,需要继续加快城镇化进程;另一方面,区域发展不平衡,区域差距呈现出不断拉大的趋势。推动高质量发展,必须正确处理好区域均衡发展与非均衡发展之间的关系:一是强化重点地区发展,在全球化市场化背景下,保持或提升区域的整体竞争力和优势;二是贯彻协调新发展理念,缩小区域差距,避免区域发展中可能出现的明显不均衡问题;三是将区域经济转型、产业升级、新产业发展、城市化和对接国家区域政策、应对区域竞争等发展要求体现在区域协调发展上。

八、正确处理好供给与需求的关系

高质量发展既有供给因素又有需求因素,随着中国经济进入新时代,在高质量发展中影响经济发展的因素从以需求因素为主,转向了以供给因素为主,在高质量发展中需要正确处理好供给与需求的关系。为实现经济运行中供给端与需求端相结合的高质量发展,需要正确处理好供给与需求的关系,把供给调控与需求调控相结合。一是要把供给侧的改革与需求侧的扩大需求相结合,就需要把供给侧的政策与需求侧的政策相结合,在供给侧和需求侧两端共同发力,通过推进结构性改革实现高质量发展。二是要协调好经济发展的长期与短期关系,更加重视长期发展问题,要实现供给结构的调整,改变产业结构与经济规模发展不相适应的状况,引导农业、工业向高质量方向发展。三是在供给端探索与新经济新业态相适应的管理来改善供给结构,建立公平的竞争环境。通过市场机制调整资源在不同产业之间的合理配置。改善要素供给,提高企业自主创新能力,促进科技成果向现实

生产力的转化。改善制度供给,加快制度创新,通过增强技术进步和人力资本的作用来提高全要素生产率,从而引导高质量发展。

九、正确处理好政府与市场的关系

在高质量发展中使市场在资源配置中起决定性作用和更好发挥政府作用,正确处理好政府和市场的关系,是推进高质量发展的重大原则,也是推动高质量发展的迫切需要。市场通过价格、竞争、供求等市场机制,发挥对社会资源的配置作用;政府通过经济、法律、行政等调节手段,对社会资源进行配置,政府和市场的关系决定着社会主义市场经济的运行质量。高质量发展背景下,正确处理好政府与市场的关系,就是不仅要让市场有为,也要让政府有为。一是要继续深化改革,让市场更好发挥作用,提高对市场规律的认识和驾驭能力,提高资源配置效率效能,推动资源向优质企业和产品集中,推动创新要素自由流动和聚集,使创新成为高质量发展的强大动能。二是发挥政府的作用,实行有针对性的产业政策,促进产业升级和动力转换。同时发挥政府作用,保持宏观经济稳定,加强和优化公共服务,保障公平竞争,弥补市场失灵,加强市场监管,维护市场秩序。

十、正确处理好短期与长期的关系

推进高质量发展,既是目标导向,也是问题导向;既涉及当前,又涉及长远。需要正确处理好短期与长期的关系。从长期来看,高质量发展要通过质量变革、效率变革、动力变革,提高全要素生产率,着力加快实体经济、科技创新、现代金融、人力资源协同发展的现代产业体系,实现社会主义现代化,建设现代化强国。从短期来看,推动高质量发展又面临着实体经济供需失衡、实体经济与虚拟经济失衡,环境污染严重、生态系统退化,人民群众对良好生态环境的需求不能满足,城乡、区域发展差距和居民收入分配差距仍然较大等问题。在向高质量发展的转型过程中又必然会带来新的风险。因此,在推进高质量发展过程中,必须正确处理好短期与长期的关系,保持区域经济重大关系协调、循环顺畅的发展,有针对性地解决突出问题,把当前防范化解金融风险、社会稳定风险放在首位,守住不发生系统性金融风险的底线,打好三大攻坚战,为高质量发展营造良好的经济社会秩序和环境。

第四章 新时代中国经济高质量
发展的综合评价

中国经济增长理论与问题,在近代以来成为经济学界广为关注的领域,随着我国经济的快速发展,数量型经济增长并未成为足以完成中华民族伟大复兴的原动力,对经济发展的长期研究也随之成为国内学者亟须探讨的新时代命题。无论是从纵向时间维度追溯我国经济发展兴衰的演进轨迹,还是从横向社会进程角度看待经济增长对阶段性层面互动的修复影响,长期经济发展都毋庸置疑成为挑战传统经济增长模式的新生力量,经济发展由"短期"向"长期"传递,意味着其内在认知从"高速增长"向"高质量发展"路径转化。党的十九大以来,我国进入经济新时代,高质量发展作为经济社会发展新阶段的新表述,遵循着经济增长和社会发展的演化逻辑,包容着中国特色社会主义发展新方向的深刻内涵,承载着前所未有的历史新高度和全部关注,成为新时代中国经济增长与转型发展的深切嘱托。因此,本书致力于高质量发展的理论体系构建与评价,从高质量发展的深刻内涵和基本价值判断入手,试图诠释高质量发展的形成逻辑、价值构建和动力调整,并从时间动态性和维度分割性双向互动深层次评价中国高质量发展的现状、特征及影响,通过修正各个环节之间的匹配效应,以规避传统经济增长思维惯性,消除僵化路径依赖,打破固化行为结构,推动新时代中国高质量发展的理论突破和实践探索的渐进式变革。

第一节 经济高质量发展综合评价
指标体系构建的理论框架

中国经济发展已进入新时代,经济行为特征已然从"高速增长"转向"高质量发展",这种发展阶段特征的转换,不仅是遵循基本的经济增长客观规律,还是建设中国特色社会主义道路的必然选择。因此,进入新时代意味着我们必须扬弃过去数量型的经济发展模式,探索高质量发展道路[1]。

---

[1] 任保平:《新时代中国经济从高速增长转向高质量发展:理论阐释与实践取向》,《学术月刊》2018年第3期。

中国高质量发展的提出,是基于现下中国经济发展的状态、特征及矛盾,将实践经验上升至理论新高度的历史性突破,要求我们在坚持习近平新时代中国特色社会主义思想的基础上,建设现代化的经济体系、社会体系以及生态体系。2017年中央经济工作会议指出,推动高质量发展,必须加快形成推动高质量发展的指标体系、政策体系、标准体系、统计体系、绩效评价、政绩考核,创建和完善制度环境。这意味着,高质量发展指标体系的构建和生成,是行为主体对既有的制度结构、策略调整、路径衍生影响的认知判断及激励导向,成为未来发展模式中选择行为和政策调整决策判断的基本依据,进而触发经济增长资本积累、社会发展秩序优化、生态财富价值偏好共同演进的机制响应。此时,梳理新时代中国高质量发展的理论内涵及其内在逻辑就成为指标体系构建的基本理性共识,而新时代高质量发展是在新发展理念引领下逐步实现的,也是基于深刻分析当前国际形势以及新时代中国经济发展新特点,在马克思主义发展观下对中国兴衰史的深刻归纳和剖析。

一、创新动力成为高质量发展路径生成的核心依托

习近平总书记曾说,"创新是引领发展的第一动力,是建设现代化经济体系的战略支撑"①。这意味着在经济新时代,在中国高质量发展的积极建设中,创新具有举足轻重的动力作用。经济增长结构及其生产模式的转变,需要遵循于原有制度架构的生成,而制度的初始安排和经济体的运行能力,使得当时特定的资源禀赋呈现出最优化的演进方式。然而,这种自增强式效果会在一段时间里呈现大范围的依赖,随着资源禀赋变化以及产业结构变迁,这种效果会逐步进入"锁定"模式,此时,经济发展方向会在持续依赖和另辟蹊径之间不断摇摆,这是经济发展到一定程度的必经阶段,也是大多数发展中国家长期挣扎于经济增长乏力、经济复苏举步维艰的根本原因。中国特色社会主义的高质量发展道路,正是要规避这种困境,在既有制度的适应性调节下,使用强大的创新动力加快我国经济大转型的发生,以高质量发展为根本变革方向,以技术层面的创新发展为第一动力,以实现特定经济质量加速演化的路径生成,实现从高速增长阶段向高质量发展阶段的转变。

二、协调平衡成为高质量发展路径稳定的内在要求

在马克思时代,社会协调就成为马克思"新社会"的基本构想,并且,马

---

① 习近平:《决胜全面建成小康社会　夺取新时代中国特色社会主义伟大胜利——在中国共产党第十九次全国代表大会上的报告》,人民出版社2017年版,第31页。

克思指出：社会协调必须使不同的利益冲突服从"共同福利的共同制度"。习近平总书记也明确提出，"协调既是发展手段又是发展目标，同时还是评价发展的标准和尺度"①。这充分意味着高质量发展的评价离不开协调的发展理念。协调发展，顾名思义，就是要解决各主体内部组织关系以及多元系统之间不平衡、不均衡以及不充分的矛盾问题，从政治经济学意义上来讲，协调发展还体现了生产力和生产关系、经济基础和上层建筑的协调和统一关系。协调平衡的发展，其本源属性是化解时空推送下经济体内部以及各方行为主体之间由于认知、诉求、利益等碰撞产生的冲突和矛盾，在经济体内部表现为城乡发展不均衡、区域发展不平衡、经济发展和社会发展不同步以及人与自然发展不和谐等现象，在各方行为主体之间则反映出国内发展与国际经济环境之间的关系权衡。协调发展充分体现了高质量发展的内在要求，在历史维度下，经济转型、经济结构变迁的运动促使其内在逻辑和理性共识具有多样、非均衡特性，这就使得各系统板块都是各自挑选适应性继承。由于区域、城乡之间不是完全的孤立和分裂，其差异化和非相似性也是在所难免，因此，协调平衡的发展理念会在高质量进程中推进上下联动、内外兼修的合力生成，以促进新时代我国高质量发展的实现。

三、绿色发展成为高质量发展路径规划的普遍形态

在党的十九大报告中，习近平总书记全面阐释了中国特色社会主义道路要加快生态文明体制改革，推进绿色发展，建设美丽中国的战略部署。中国特色的社会主义绿色发展理念，是在马克思主义绿色发展观形成的基础上，与中国的社会主义伟大实践相结合而形成，并且推动了马克思主义理论的深化和创新，是马克思主义绿色发展观的中国化表现。追溯中国绿色发展的历史渊源，早在古代儒家哲学思想、道家思想中，就充分体现了绿色发展的意识形态，如儒家主张天人合一，道家认为"道法自然""崇尚自然"，墨子提出"节俭则昌"②等。改革开放以来，中国也是大力倡导保护环境、节能减排，并以制度支撑、系统全面推进。然而，新时代中国特色的绿色发展，与传统意义上保护环境、治理污染不尽相同，即在初始概念架构上作出了突破性进展，认为绿色发展的内涵是继工业文明之后，以生态文明为基本价值取向，在改造客观物质世界的过程中，主动回应人与自然和谐共

---

① 《习近平谈治国理政》第二卷，外文出版社2017年版，第205页。
② 黄茂兴、叶琪：《马克思主义绿色发展观与当代中国的绿色发展——兼评环境与发展不相容论》，《经济研究》2017年第6期。

处的基本关系,推动了经济社会新形态的发展进程。因此,绿色发展,是以人与自然和谐共处为目标取向,通过绿色发展规划、标准、技术和体制、机制,可使社会经济活动实现绿色低碳循环。① 与此同时,是基于历史大趋势、现代文明大背景转换下,将生产力的发展调向保护,将财富理论扩容至生态财富与物质财富捆绑,伴随着绿色发展嵌入高质量发展过程,使多重价值身份交织汇集成高质量发展路径规划的普遍意识形态和行为形态。

四、开放合作成为高质量发展路径实现的必由之路

改革开放40多年以来,我国一直坚持奉行着对外开放的基本国策,开放理念根本性地体现了我国在世界经济潮流中的深度融合和交流。正如习近平总书记强调,各国要顺应时代潮流,"坚持开放共赢,勇于变革创新,向着构建人类命运共同体的目标不断迈进"②。早在15—18世纪近代经济全球化时期,马克思主义全球化重要思想就初具雏形,随着孤立封闭的国内市场逐渐走向国际市场,历史集聚也从民族扩容到世界,工业生产就不单单指向本国的群体受众,而是打破了地域隔阂,将生产力与世界市场和世界历史相联系。我国在新时代高质量发展阶段,市场经济的发展要求我们致力于更高质量的普遍性交往和世界性交流,生产要素、产品和服务、技术与能力都要流动到世界范围内进行更大的流动、循环、重组与竞争。因此,开放发展成为提高我国高质量发展能力不可或缺的组成部分,不仅需要我们充分提高对外合作的质量以及加强高层次开放发展的内外联动机能,更要积极参与全球经济治理和高质量公共产品供给,提高制度性话语权。开放发展理念,是推动经济全球化朝着更加开放、包容、普惠、平衡、共赢的方向发展的新理念。③ 将历史起点延伸,在国际市场的交纵融合中,我国高质量发展才能进行高层次的深化分工、优势比较和有效竞争,这是我国高质量发展路径实现的必由之路。

五、共享硕果成为高质量发展路径目标的价值导向

马克思认为,"生产是以所有人的富裕为目的",在以社会关系总和作为一般意义上社会的形成,无论是哪个历史发展特定时期,人与人之间、人

---

①　李周:《中国经济学如何研究绿色发展》,《改革》2016年第6期。
②　习近平:《开放共创繁荣　创新引领未来——在博鳌亚洲论坛2018年年会开幕式上的主旨演讲》,人民出版社2018年版,第14页。
③　裴长洪、刘洪愧:《习近平新时代对外开放思想的经济学分析》,《经济研究》2018年第2期。

与自然之间都存在着感性对象性的社会关系。在我国经济增长新时代高质量发展的具体语境中,当代实践行为以及当代马克思主义政治经济学理论创新却是基于对人与人之间、人与社会乃至人与自然之间行为关系的深刻剖析,将这一组关系建构放置于经济发展起点、经济发展过程以及经济发展结果的起承转合视角下,以效验判断高质量发展的实际价值成果。此时,社会共享就在阶段性演变中成为高质量发展价值判断的最终目标,是在由数量经济向质量经济大转型的视域下,对共同富裕思想的继承和转化。共享式发展作为社会人民的强势定力,促进高质量发展中动能的增强,全民团结的增进,激发全民的主动性、积极性和创造性,是以作出更为有效的制度安排,形成新时代要素成果互惠,供需双侧协调,经验认知趋同的核心价值目标。共享理念内嵌于高质量发展的基本理论框架,推动了我国特色社会主义政治经济学共同富裕理论的创新,更是对我国高质量发展价值导向的必然回应。

第二节　中国经济高质量发展评价 指标体系的构建及评价

在对新时代中国高质量发展理论框架的梳理和分析中,我们发现中国高质量的发展是以创新发展为第一动力,协调发展为内在要求,绿色发展为普遍形态,开放发展为必经之路,共享发展为根本价值归宿。这意味着,创新、协调、绿色、开放以及共享理念内嵌于高质量发展,并对高质量发展的经济运行过程、经济动力转换、经济形态演进以及经济结构调整等方面都有着较强的交互影响和比较优势激发。因此,从创新发展、协调发展、绿色发展、开放发展和共享发展五个维度构建新时代中国高质量发展的评价体系具有理论性、实践性、经验性和科学性,并使用主观赋权和客观赋权相结合的方法,对新时代中国高质量发展的状态进行合理性判断,以探索经济运行机制系统性转型和新旧动能换挡期的不规则冲击和矛盾阻力,有意识地回应新时代中国高质量发展的适宜性路径设计。

一、新时代中国高质量发展综合评价的指标体系构建

新时代中国高质量发展评价的指标体系,从创新发展、协调发展、绿色发展、开放发展以及共享发展五个维度构建。在创新发展维度中,我们选择科技成果、人力资本和创新能力三个分项指数九个基础指标进行测度;在协调发展维度中,从城乡协调、产业结构协调、供需结构协调和区域协调四个分项指数九个基础指标进行衡量;在绿色发展维度中,选择了资源消耗、环

境治理能力以及绿化建设三个分项指数,包含了九个基础指标;在开放发展维度中,选取了开放水平和开放效果两个分项指数,涉及了七个具体指标;在共享发展维度中,从脱贫攻坚、收入分配和福利水平三个分项指数,包括八个具体的指标来进行构建。因此,对新时代中国高质量发展评价的指标体系由五大方面维度中四十二个基础指标来构建(见表4-1)。

表4-1　中国高质量发展评价的指标体系

方面维度	分项指数	具体指标	计量单位	指标属性
创新发展	科技成果	科技成果登记数	项	正指标
		发明专利申请授权数	件	正指标
		技术合同成交额/GDP	—	正指标
	人力资本	研究生毕业生数	人	正指标
		R&D 人员	人	正指标
		平均每万名职工中专业技术人员	人	正指标
	创新能力	科技拨款占公共财政支出的比重	%	正指标
		R&D 经费内部支出/GDP	—	正指标
		高技术产业主营业务收入/GDP	—	正指标
协调发展	城乡协调	二元对比系数	—	正指标
		泰尔指数	—	正指标
		农村与城镇居民消费水平比	%	正指标
	产业结构协调	一产比较劳动生产率	—	正指标
		二产比较劳动生产率	—	正指标
		三产比较劳动生产率	—	正指标
	供需结构协调	规模以上工业企业产品销售率	%	正指标
		社会就业率	%	正指标
	区域协调	西部与东部地区人均地区生产总值比	%	正指标

方面维度	分项指数	具体指标	计量单位	指标属性
绿色发展	资源消耗	单位 GDP 能源消费量	吨标准煤/万元	逆指标
		单位 GDP 电力消费量	千瓦小时/元	逆指标
	环境治理能力	建设项目"三同时"环保投资总额/GDP	—	正指标
		工业污染治理总额/GDP	—	正指标
		能源加工转换效率	%	正指标
		一般工业固体废物综合利用率	%	正指标
	绿化建设	城市人均公园绿地面积	平方米/人	正指标
		城市建成区绿化覆盖率	%	正指标
		城市环境基础设施建设投资总额/GDP	—	正指标
开放发展	开放水平	货物和服务净出口对 GDP 的贡献率	%	正指标
		在外劳务人数占总人口比重	%	正指标
		进出口总额占 GDP 比重	%	正指标
	开放效果	高技术产品进出口贸易总额/GDP	—	正指标
		对外经济合作完成营业额/GDP	—	正指标
		对外经济合作新签合同数	份	正指标
		实际利用外资金额/GDP	—	正指标
共享发展	脱贫攻坚	最低保障居民占总人口比重	%	逆指标
		社会保险基金收入/GDP	—	正指标
	收入分配	劳动者报酬占 GDP 比重	%	正指标
		社会保障和就业支出/GDP	%	正指标
	福利水平	社会服务机构覆盖率	个	正指标
		人均公共图书馆总藏量	个	正指标
		群众文化服务机构数	%	正指标
		医疗卫生机构数	个	正指标

二、新时代中国高质量发展综合评价的方法选择及测算

在对以上指标的计算和处理中,首先,对所有指标进行去量纲化,对于逆向指标属性进行正向化处理,其次,选择主观赋权和客观赋权相结合的方法,对中国高质量发展的现状进行系统性的判断和评价。这里使用层次分析法(AHP)进行主观赋权,通过层次分析法,可以进行较为有效的定性和定量分析,得到具有严谨结构和思维的专家经验和专业知识,再使用 BP 神经网络算法进行客观赋权,通过输入具有专家知识的数据信息作为 BP 神经网络的训练集,运用多层网络正向传导和逆向推送的学习算法,不断调整权重赋值,能智能地解决非线性问题,已给出更加正确可靠的输出层反馈。使用层次分析法和 BP 神经网络相结合的方法,一方面使得评价结果具有专业评价知识和经验输入;另一方面能够对人为评价结果进行合理修正,减少误差水平,以弥补人为的过失和不足。因此,选择层次分析法和 BP 神经网络算法两者相结合对结果的准确获取体现出较强的适应性和优越性。

(一) 层次分析法初步识别

层次分析法,在面对复杂决策性问题时,能够深入分析影响因素和内在关系,通过构建层次结构模型,把决策的思维过程数学化,将具有专家思维的主观判断行为进行客观量化的过程,并以此进行定性分析和定量分析。而中国高质量发展的综合评价系统,是由相互关联、相互制约的子系统所构成且具有复杂因素的综合层次集聚系统,此时,使用层次分析法进行内部交互影响的初步识别,可以按照系统间的隶属关系进行分组整合以及层次判别,根据层次结构内部指标相对重要性以及相对优劣程度进行单排序权值。在操作过程中使用线性代数方法将人的思维逻辑进行数学处理和数学表达,不仅体现出人工的专业经验,还体现出数学方法的原理严谨性,使层次分析法在初步识别中国高质量发展的基本状态时呈现出独特的艺术气质和科学性质,是十分有效的系统化分析和科学决策方法。

基于此,首先使用层次分析法对中国高质量发展中五大发展维度下各层级指标进行专家打分,使其层次结构知识建立在具有深入全面认识和知识学习的决策专家的视角之上,通过引入适度的标尺进行数值表示,对每一层次的元素比较情况进行矩阵的构建和判断,并对矩阵一致性进行检验,最终得到各层次之间的总体排序结果,如表4-2所示。

表 4-2 层次分析法测算各指标权重结果

分项维度	指标名称	AHP 权重	指标名称	AHP 权重
创新发展 (0.2)	科技成果登记数	0.052	平均每万名职工中专业技术人员	0.094
	发明专利申请授权数	0.078	科技拨款占公共财政支出的比重	0.043
	技术合同成交额/GDP	0.030	R&D 经费内部支出/GDP	0.122
	研究生毕业生数	0.212	高技术产业主营业务收入/GDP	0.122
	R&D 人员	0.249		
协调发展 (0.2)	二元对比系数	0.090	三产比较劳动生产率	0.113
	泰尔指数	0.164	规模以上工业企业产品销售率	0.034
	农村与城镇居民消费水平比	0.046	社会就业率	0.132
	一产比较劳动生产率	0.084	西部与东部地区人均地区生产总值比	0.256
	二产比较劳动生产率	0.080		
绿色发展 (0.2)	单位 GDP 能源消费量	0.218	一般工业固体废物综合利用率	0.114
	单位 GDP 电力消费量	0.124	城市人均公园绿地面积	0.027
	建设项目"三同时"环保投资总额/GDP	0.096	城市建成区绿化覆盖率	0.050
	工业污染治理总额/GDP	0.063	城市环境基础设施建设投资总额/GDP	0.043
	能源加工转换效率	0.265		
开放发展 (0.2)	货物和服务净出口对 GDP 的贡献率	0.137	对外经济合作完成营业额/GDP	0.281
	在外劳务人数占总人口比重	0.039	对外经济合作新签合同数	0.074
	进出口总额占 GDP 比重	0.114	实际利用外资金额/GDP	0.123
	高技术产品进出口贸易总额/GDP	0.232		
共享发展 (0.2)	最低保障居民占总人口比重	0.271	社会服务机构覆盖率	0.069
	社会保险基金收入/GDP	0.163	人均公共图书馆总藏量	0.033
	劳动者报酬占 GDP 比重	0.228	群众文化服务机构数	0.040
	社会保障和就业支出/GDP	0.105	医疗卫生机构数	0.091

（二）BP 神经网络模拟优化

通过专家打分进行各指标权重的选择和判断,能够根据实际情况得到较为专业的知识和经验,可以解决客观赋权法中解释性较差的困境,也是具有普遍知识性和智慧性的决策。然而,主观赋权法存在主观随意性大的缺陷,参与人思维的不定性和知识的模糊性会使衍生结果与真实值无意识偏离。此时,针对层次分析法得到的结果,使用 BP 神经网络进行模拟和优化则可以有效地解决由人的主观行为带来的客观性低的矛盾。BP 神经网络是由多个并行运算的单元神经构成的一个非线性动力学系统,在信息的分布式存储和并行协调处理上具有较强的优势,其涉及多层神经元的训练方法,通过持续的正向传导和误差反向推送,使得网络误差平方和最小,以保证输出结果的高准度和强精度。将人工神经网络运用到模拟专家思想、经验以及记忆的智能化功能中,可以将专家知识进行有效的模拟和定量化的评价,以规避层次分析法评价指标权重时人为的失误,使得输出系统和生成结果具有良好的容错能力。

利用层次分析法得出的分项各维度权重值,计算 2000—2017 年我国高质量发展分项维度评价指数值及综合评价指数值,并作为 BP 神经网络的期望输出前置。使用 MATLAB 软件进行 BP 神经网络算法模拟,由于这一算法是典型的误差修正方法,理论上能有效地逼近非线性连续函数能力,采用梯度搜索技术,将实际输出值和期望输出值之间的误差均方值逐步负向反馈,以将误差进行最速下降寻优。这里我们运用自适应学习速率,并设置误差最小的循环算法寻找最优隐层数,表 4-3 所示为 BP 神经网络训练结果的最优结果,表 4-4 为分项维度的误差测算,经检验,实际训练值与期望输出值之间的拟合效果较好。因此,在层次分析法和 BP 神经网络算法两者的集成中,得到了最终的中国高质量发展的评价指数值,由于其具有较高的准确性和良好的适应性,因此输出结果能够合理地反映我国高质量发展的阶段性状态和发展变化情况。

表 4-3　BP 神经网络训练结果

项目 时间	创新发展维度		协调发展维度		绿色发展维度		开放发展维度		共享发展维度		高质量发展	
	训练 结果	期望 输出	训练 结果	期望 输出	训练 结果	期望 输出	训练 结果	期望 输出	训练 结果	期望 输出	训练 结果	期望 输出
2000	0.049	0.042	0.423	0.434	0.162	0.129	0.297	0.255	0.416	0.412	0.248	0.255
2001	0.077	0.072	0.403	0.451	0.126	0.139	0.258	0.212	0.406	0.399	0.255	0.255

续表

项目\时间	创新发展维度		协调发展维度		绿色发展维度		开放发展维度		共享发展维度		高质量发展	
	训练结果	期望输出	训练结果	期望输出	训练结果	期望输出	训练结果	期望输出	训练结果	期望输出	训练结果	期望输出
2002	0.121	0.116	0.404	0.424	0.153	0.155	0.343	0.333	0.390	0.389	0.270	0.283
2003	0.187	0.186	0.332	0.322	0.161	0.145	0.429	0.426	0.321	0.342	0.310	0.284
2004	0.250	0.247	0.373	0.378	0.244	0.226	0.547	0.538	0.327	0.340	0.309	0.346
2005	0.255	0.252	0.345	0.330	0.352	0.369	0.632	0.633	0.327	0.335	0.394	0.384
2006	0.365	0.365	0.325	0.309	0.351	0.350	0.708	0.723	0.232	0.251	0.401	0.400
2007	0.401	0.401	0.352	0.328	0.438	0.433	0.678	0.668	0.178	0.189	0.402	0.404
2008	0.426	0.426	0.325	0.332	0.506	0.531	0.614	0.616	0.182	0.188	0.424	0.418
2009	0.496	0.498	0.360	0.344	0.555	0.557	0.496	0.491	0.229	0.237	0.449	0.425
2010	0.543	0.550	0.389	0.374	0.701	0.706	0.621	0.622	0.225	0.224	0.471	0.495
2011	0.638	0.640	0.484	0.469	0.646	0.640	0.545	0.536	0.277	0.271	0.510	0.511
2012	0.726	0.726	0.542	0.530	0.663	0.659	0.545	0.536	0.360	0.359	0.562	0.562
2013	0.744	0.745	0.570	0.588	0.701	0.720	0.553	0.547	0.443	0.431	0.589	0.606
2014	0.781	0.780	0.606	0.628	0.739	0.767	0.529	0.513	0.483	0.469	0.646	0.631
2015	0.829	0.827	0.608	0.628	0.736	0.774	0.471	0.484	0.651	0.649	0.682	0.672
2016	0.880	0.880	0.614	0.622	0.761	0.801	0.486	0.482	0.694	0.706	0.696	0.698
2017	0.905	0.905	0.606	0.611	0.723	0.761	0.515	0.531	0.761	0.776	0.697	0.717
2018	0.946	0.946	0.617	0.629	0.751	0.774	0.418	0.399	0.807	0.836	0.721	0.717

表4-4 BP神经网络模拟分项维度误差

维度名称	创新维度	协调维度	绿色维度	开放维度	共享维度	高质量综合指数
网络误差值	0.0129	0.0795	0.0947	0.0754	0.0543	0.0669

三、新时代中国高质量发展的综合评价分析

利用 AHP 方法进行初步识别,再使用 BP 神经网络算法进行模拟优化,对我国高质量发展分析维度及综合指数进行综合评价,评价结果见图

4-1。从图 4-1 中可以清楚地看出各分项维度和综合指数在 2000—2018 年间的整体变化状态。创新发展维度中,2000—2018 年的 19 个年度中呈现显著的增长态势,从 2000 年创新发展指数为 0.045,到 2018 年增长为 0.946,增长了 19.75 倍,说明我国高质量发展在 21 世纪以来,创新水平在飞速发展,发展情况和发展速度均领先于各分项维度。协调发展维度中,整体上呈现波动性,2008 年之前协调发展指数呈现负向发展的状态,2006 年协调指数值最低,仅为 0.317,2010 年以后我国协调发展指数有所提升,2018 年协调发展指数值为 0.623,相较于 2006 年增长了 97 个百分点,说明在我国高质量发展的进程中,协调水平层次整体发展较低,且发展态势持续低迷,意味着我国经济增长过程中,产业结构协调、城乡区域协调等矛盾越发突出,亟待关注。绿色发展维度中,总体上呈现持续增长的状态,在短期内也表现出波动行为,绿色发展在 2004—2010 年间有较快的提高,2016 年我国绿色发展指数达到 19 个年度里的最大值,为 0.781。然而值得关注的是,虽然绿色发展水平在近年来处于增长的趋势,但是发展速度减缓,且发展动力不足,这意味着,高质量发展过程中,绿色发展的新动力需要重塑、转换及构建。开放发展维度中,2002—2006 年度里,开放发展水平快速提高,然而在 2006 年以后,呈现出衰退的特征,尤其是 2007—2011 年,开放效果快速走低,这意味着我国高质量发展易受全球经济危机的影响。而近年来,开放发展也呈现缓慢且持续低迷的状态,意味着我国高质量发展深入参与到世界经济和国际环境中,提高自适应性和开放能力也面临着较大的挑战。在共享发展维度中,我国共享发展表现为“V”字型的发展态势,2000—2007 年,共享发展水平持续下降,而 2008 年以后,共享发展开始明显提高,说明 2008 年以后,我国开始高度重视全民福利的增进,尤其近年来,脱贫攻坚、分配制度以及人民福祉的增进效果显著。2018 年共享发展分项指数值为 0.822,较 2007 年的谷底值 0.183,增长了 3.48 倍。最后,从我国高质量发展的综合评价指数走势看,高质量发展总体上呈现持续性稳定增长的基本态势,2018 年高质量发展综合评价指数值为 0.719,较 2000 年的 0.251 提高了 1.86 倍。这意味着,我国高质量发展水平在有效提高,但是由于部分分项维度的制约和增长阻力,且经济增长的新动能尚未完全构建,使得我国高质量发展水平增速较为缓慢。因此,为我国高质量发展的全面实现和有效增进,应当探索高质量发展的内生阻力,有效化解阶段性困境,打破高质量发展结构性桎梏,才能使我国经济增长新动能自我增强,以实现新时代中国朝向高质量发展的征程坚实而铿锵。

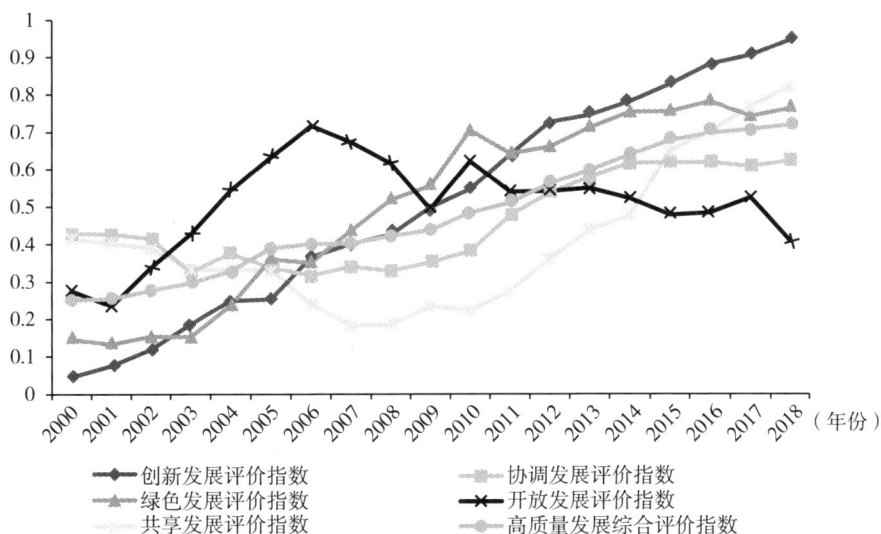

图 4-1 中国高质量发展分项维度及综合指数评价

第三节 新时代中国经济高质量发展的
制约因素分析

　　基于对 2000—2017 年中国高质量发展的维度分解和综合评价分析,深度剖析中国高质量发展的阶段性特征和现状,并且对中国高质量发展行为内部由多因素相互关联、相互作用且相互影响之间的深层次关系得以揭示,通过判断中国高质量发展的特征表现和运动轨迹,探寻新时代中国高质量发展过程中的矛盾因素和制约影响。要实现中国高质量发展的全面建设和普遍实现,不仅要对现下经济发展的优势进行充分激发,也必须要对过去发生的经验教训进行总结。中国高质量发展是由低层次向高层次跳跃,是由低水平向高水平迈进,更是由数量积累向质量提升转型,在从衰微向鼎盛的动态变迁过程中包含了高层次、多维度、全方位的分力博弈与合成,是一种涉及多变量的长期动态演进分析。因此,在长期历史视角下,对中国高质量发展的整体趋势和系统进程中存在的阻力进行归纳和整合,还原经济时期的不同表现模式,充分解释中国高质量发展的行为机制和动力机制,通过打破部分维度低迷或衰退的桎梏,以重新开启新时代中国高质量发展的复兴之路。

一、经济结构性失衡加剧,协调发展能力被禁锢

在上述对中国高质量发展的分项维度评价分析中,协调发展近年来呈现持续走低的基本态势,区别于较大的波动性和外部冲击影响,协调发展维度指数值这种从增长缓慢到增长停滞再到增长逆向化行为,是由经济结构矛盾诱致引发的。经济结构性问题是内生于经济要素禀赋结构差异,而经济增长却是一个在长期时间推送中连续性的动态演化的过程,且要素禀赋独特的稀缺性和不可逆性决定了每一时点下禀赋结构的变化,无论是空间视域下,抑或是历史时间继承时,每一横纵截面交织点的经济表现都反映出资源约束境况下经济个体以及经济组合在制度框架下携带个体偏好的最优集锦。制度变迁、资源紧俏、偏好改变都内生于经济结构层面,均会影响且关联经济结构的路径优化。然而,资源禀赋具有典型的历史遗留阻力,在改革开放初期,以粗放型经济发展模式带来的数量型经济增长,硕果突出,却使得资源优势急速衰微,比较优势的转变也出现较大转折。当然,长期来看,由数量型经济增长向质量型经济增长转型,是由经济、政治、文化、社会以及生态文明等多个领域不同层次、不同规模的比较优势集聚选择,在多变量内生行为的交织交错之间,却奇迹般地拥有共同指向。这意味着,我国高质量发展,在空间上的不协调和不平等,在时间下的不充分和不均衡,皆是由系统内部的结构失衡所致,在历史演进趋势中,这一结构性桎梏不仅无法得以消解,反倒在持续积累,使得经济发展优势变量被抑制,经济劣势变量持续放大,经济协调能力被长期禁锢。协调发展不仅是经济社会发展持续性的绝对表现,也开拓了发展结构理论新境界。由经济结构性矛盾加剧导致的协调发展能力受限,集中体现在产业结构低下、区域发展差距较大、城乡发展不均衡、产品供给与需求分层次失衡、劳动力供给错配等方面,这种结构性矛盾粘连了循环式低配衍生因素,成为高质量发展快速高效提升的负向黏合剂。因此,为构建新时代高质量发展的有效路径生成,需要利用已臻完善的技术嵌入和新制度变迁牵引,对不同主体在合理空间以及合适时点时的结构组成予以完善和优化,成为打破高质量发展中经济结构性桎梏的首要理性共识。

二、高质量发展动能弱化,绿色生产力尚未激发

对中长期中国高质量发展形成状态和构成机制的探索中,一个无法回避的现实状态是在现阶段这一特定时期里,中国经济增长质量的动力愈加弱化,无论是对中国高质量发展综合指数值的观测,还是对各分项维度指数

的趋势性分析,都显著地表现出各分力的萎靡和合力的衰弱。党的十九大报告指出,"要推进经济发展的质量变革、效率变革和动力变革",然而,由动力作用退化带来的经济增长效率降低、经济发展疲软已严重阻碍了中国高质量发展的全面建设。理论上来讲,高质量发展的动能效应是一个兼具包容性和规范性的概念,宏观层面,动能效应的转换与增强可以激发新一轮经济发展的活力与兴趣,催生新的产业链构建,创新发展方式变革,以增强经济发展向高质量发展进程中的新时代适应。微观层面,高质量发展动能,通过旧动能向新动能的转换以及动能衍生机制的重塑,跳出传统行为以资本、劳动、资源的规模性投入的思维惯性,引入科学技术、优化配置比例、高层次人才智慧为生产组合,以及将生产力的提高和发展扩展至绿色生产力行为,一方面能够提高生产过程的实现效率;另一方面通过绿色生产力的嵌入,能够决定经济发展的集约效果,维持经济发展与自然资源之间的平衡运动。然而,在现阶段高质量发展的过程中,由于比较优势的改变,传统经济增长动能已无力带动新时代经济发展向高质高效的方向持续运动,经济阶段性特征就表现为科技创新能力不能良好地转向技术生产力,产品优势、市场优势以及规模和质量优势没有完全形成,以至于传统动力的基础性依然稳固,整体产业竞争力不强,战略性新兴产业发展速度缓慢。同时绿色生产方式的嵌入深度不足,绿色发展型式停留于污染治理和环境保护,而尚未从源头实现,使得传统生产模式惯性存留,生产负向衍生效应依然较强,高质量发展路径受阻。此时,充足的发展新动能注入和接续就至关重要。新动能的输入,其一要平滑产学研机制形成,科研、教育以及生产虽然在社会功能上具有不同分工,但是通过资源优势上的协同和集成,可以有效地实现技术创新上游、中游以及下游之间的充分对接和有效耦合。其二需要深度培育绿色生产力发展,在不同的行为主体和利益集合中自内而外有序激发高质量发展的潜在动能和增强效果。

三、内外联动效应持续低迷,开放效果初显薄弱

在对现阶段中国高质量发展的综合评价中,我们发现中国开放发展的能力和效果分项维度指数在近年来呈现显著下滑的基本态势,排除2008—2010年度由外部环境冲击带来的不规则波动以外,自2006年至今,整体表现为下滑的趋势,虽然2012年以后,下滑行为放缓,近年来也有突破负增加值的期望,但是开放发展分项维度依然表现为持续低迷,这意味着,在中国高质量发展的积极建设中,开放发展问题成为阻碍中国高质量发展全面实现的一组分项阻力,这一矛盾也亟待破解。自21世纪以来,中国大力强调

要坚持改革开放战略,也致力于创造性地应对建设高质量开放政策,然而,现阶段在充分坚持主动开放、双向开放和共赢开放的科学内涵下,也因固化的矛盾和惯性僵局使得开放发展路径受阻。其一表现在,开放发展的外部经济环境形势较为严峻,多国之间的意识形态和社会制度差异普遍较大,所处的经济发展阶段以及经济结构也大相径庭,虽然世界大国之间保持着一部分相契合的利益共同点,也对全球基本秩序、安全的经济环境以及世界贸易参与制度有着最基本的认同,但是,这种博弈共生的关系是复杂且脆弱的。随着世界多极化趋势加速,旧的国际政治秩序不会轻易地被颠覆,世界格局变动的不确定性加剧,国际关系的矛盾和冲突尖锐。其二表现在,我国内部的发展不平衡性上,开放发展的水平和层次在区域之间差异较大,对外开放成果在地区之间分配不均,不仅如此,对内开放在东、中、西地区也存在不均衡现象。且由于我国现有的农业和服务业层次较低,工业供给低质且过剩,在新兴产业转型升级的压力和传统优势产业走向衰退的困境下,屹立于全球化经济大市场中竞争力初显薄弱,使得我国开放发展过程中内外联动效应持续低迷,高质量的开放发展征途步履维艰。要打破阶段性的矛盾,突破现有开放发展困境,一方面需要积极完善开放发展新战略,努力推动形成对外开放新体制,全面深入参与全球化经济治理,共同完善外部发展环境规则,承担国际义务和职责。另一方面则要重燃内外联动效应活力。通过加强地区之间的合作,打破地区和行业间各种形式的垄断割据,促进形成公平有序的竞争市场环境,推动资源的充分流动和自主配置,以激发我国高质量发展的开放潜力。

四、创新成果向生产力转化摩擦较大,高质量发展优势被锁定

基于对中国高质量发展的综合评价,创新发展维度指数近年来持续独占鳌头,意味着中国自 2010 年以来,着力发展创新动力优势,创新科技成果突出,创新发展的水平已呈现高层次、高水平状态。与此同时,在对高质量发展综合指标的观测和评价中发现,虽然中国高质量发展综合指数一直呈现增长的基本态势,但是高质量发展的增速水平和动力效果与创新发展分项维度还有一定的落差。尤其是近年来,创新成果的显著增强,似乎并没有对高质量发展综合指标给予同等水平的贡献度。毋庸置疑的是,创新发展是高质量发展的基本动力支撑与来源,这种动量增长背离的现象并不是与经济发展基本理论内生性相悖,而是经过经济运动与经济行为转化之间的调整路径发生偏移,在这种筛选共识的境遇下,就需要从创新路径的衍生层面进行剖析与解读。在既有强化科技创新实力的制度架构下,创新科技、创

新人才在区域空间范围内大规模地盛行开来,技术层面强大的制度支持与激发,高校、科研机构以及高技术行业之间的共生与博弈,使得科技成果持续吸收着能量更新,进而科技方式、创新效果在深度发展和改变。以人力资源能力、物质技术含量为载体的创造发明优势积蓄,然而,特定的技术方式是具有抵制效应和转化效应的,抵制效应在于初始应用于生产前沿面的成本较为高昂,社会普及化生产行为具有保守和排错性,新科技引入在短期内,势必会因成本投入带来收益率的降低,由于企业是以资本驱逐性为导向,而非科技向往性,这种基本属性会在短期内自动排他,是内源于行为主体在现有资源水平、预期利润下作出的综合判断和行为决策,当处于时间的延伸中,收益的逐渐回笼才会带动企业自发性的科技嵌入,反应时间滞后与错容就阻碍了科技优良成果向生产力优化的高效对接,给定时点下生产力能力的表现效果便与创新实力成果无法匹配。而技术成果的转化效应,体现在技术的应用与扩散路径中,以制度优势强力消解认知锁定和固化锁定,通过经济奖惩、科技补贴以及间接诱致调整朝向抵制效应的惯性偏倚,扩大科技生产力建构力量,强化创新生产力的资源配比,以有效地降低创新成果向生产力转化的摩擦阻力。因此,在新时代,中国创新实力渐强,而高质量发展优势锁定需要被打破之时,一方面,需要加快科技成果向生产力的转化效率和转化能力,创新动力的构建其终极目标是致力于生产力质量和效率的提高,而现阶段,在创新成果丰厚且突出的优势下,亟须关注创新动力被纳入生产方式的运动轨迹,以提高创新向生产前沿的流动速度和整合效率。另一方面,需要平滑产学研机制,完善从创新成果上游、企业中游以及生产下游的协同与链接,促进创新所需生产要素的有效组合,加快平台化、战略联盟化的合作模式形成,逐渐完善具有技术性、方向性和链条性的三方体系对接。

第四节　新时代中国经济高质量发展的路径选择

对中国高质量发展的制约因素分析,认为新时代中国高质量发展过程中依然存在着经济结构性失衡、区域城乡之间发展差距较大、高质量发展新动能缺失、绿色生产力嵌入程度不足、内外联动效应低下等问题,阻碍了新时代中国经济向高质量发展的路径。我国经济从衰微向复兴再向兴盛的动态变迁过程,是系统内部多层次结构、大规模运动以及系统外部的多因素整合的表现,而涉及经济增长行为,是以比较优势禀赋的甄别和因势利导政策的激励,在竞争市场机制下自力更生、自我发挥的能力展示。新时代的中国,具有优质的前置资本,也拥有庞大的智慧团队,并且在中国特色社会主义的引领下,已成为新时代独特且耀眼的璀璨之星。虽然如此,中国特色社会主义的伟大理论和实践经验,正是在不断探索、不断实践、不断积累中总结经验教训,并上升扩展至理论成果这种周而复始的运动。因此,试图打破影响中国高质量发展全面实现的矛盾和阻碍,设计新时代中国高质量发展的路径选择,不仅是高质量发展中国持续稳健向好的必然要求,更是新时代中国特色社会主义伟大复兴与繁荣昌盛的最终实现。

一、重构创新科技动力,有效甄别结构优势

经济发展的本真性实质上就是以追求一定经济质态条件下的更高质量目标为动机。而中国经济高质量的发展,是"阶梯攀登"相对艰难的跋涉期,涉及经济发展动力重塑和结构变迁的综合行为,正如现代经济发展的主要特征是持续性技术革新和结构变化。因此,中国高质量发展就亟须重构创新科技动力效应,以实现经济体在现下时点上最优的产业结构,即形成经济体在国内市场和国外市场总体上具有最强竞争力的产业配比和产业优势。随着分工行为的逐渐深化,资本资源的充分积累,经济要素禀赋结构在动态运动中持续演进,以此推动了产业结构优势偏离。此时,就需要提升科技创新能力,促进与新的偏离行为相一致、相匹配的产业技术革新,获得资源重组和更新性优化配置,激励潜在剩余价值发挥。重构创新科技动力,甄别结构性比较优势,就需要从以下四个方面具体切入。

(一)发挥科教优势,加快理论创新动力培育

科教资源在经济结构的融入和接洽中可以带动经济结构的优化升级,在完成教育、创新、科技、经济一体化的新机制下,使科教优势转化为经济优势,是通过科技进步、人力资本开发、公共研发体系平台打造,促进新产业的孕育和孵化,新主体的成长和发展,新产品的设计和制造,成为构建创新科技的基本动力。

(二)培育多层次创新人才,优化人力资本配置体系

创新型人力资本的培育,是创新动力合成的核心环节,尤其在现阶段我国人口红利消失,人口质量红利尚未有效激发的时期,更要致力于科技人才的培养、吸收、整合和配置体系,通过打破系统、地域等界限,吸引高层次创新创业人才,加强人才引流,整合多层次人才资源,拓展人才发展平台建设。

(三)强化科技创新实力,平滑产学研协调创新

创新型经济虽是以知识理论和人才培育为主要依托,却是以发展拥有自主知识产权新技术和新产品为着力点。这意味着,创新新动力的重塑,关

键是形成以科技创新引领的创新型产业。因此,要积极推进科技创新,强化科技创新实力,并且平滑产学研机制的顺利对接,协调高校、企业和政府配合,以推进创新资源和生产要素有效聚合的协同创新发展。

（四）完善制度体系创新优势,修补政策非均衡支撑

在科技创新、产业创新形成企业新增长点的基础上,还需完善制度体制创新优势。制度作为市场秩序和准则的框架构成,创新制度供给可以消除制约科技进步、科技与经济相结合的体制障碍,以提高科教资源、人力资源、科技资源对经济发展的贡献率。

二、充分供给制度设置,平衡增进人民福祉

在经济史学家中存在一个普遍且广泛的共识,即认为政府在促进经济发展结构变迁并维持变迁的可持续性方面发挥着重要的作用。政府这一特殊的作用,并不是期望对市场自发性行为进行过多的干预和指挥,而是需要有效地进行增长扶持和增长甄别,外部化则依赖于因势利导地对经济增长提供基础硬件、软件设施,内生性则是全面考量对制度设置的充分供给。在充分制度供给方面,既要规避出手过重的非侵犯性政策组合,又要权衡出于善意但是过于积极的政策,政策的设置是具有秩序性、严格性、规范性以及时间约束性的,不能事前模拟培育,也不能事后随时停滞,使其自身属性变得困难、不确定且高风险。因此,制度的供给既需要复核要素禀赋结构和时代发展水平,要适应阶段性比较优势或潜在比较优势产业。在新时代,中国的高质量发展是基于创新发展为第一动力,提高人民福祉为终极目标,在这一价值取向下,制度供给安排就需要从以下三个方面优化和完善。

（一）扩大技术变革制度选择集聚

制度对创新行为的保护和服务是具有双向互动特征的,一方面,正如马克思所认为,一个社会的制度结构根本上取决于这个社会的技术。这意味着,技术变革能改变特定制度安排的相对效率;另一方面,在制度的保驾护航中,科技创新、企业创新能带动经济增长新动力。所以,需要构建全链条式科技服务体系,补贴扶持创新主体,对优势产业有针对性地加大培育力度,形成主体多元、模式多样、服务专业的制度选择集聚。

（二）深化产权制度改革

由于城乡区域发展不平衡,市场活力不足等矛盾突出,更要不断完善产权制度深化和改革,以生产关系协调性和要素市场配置合理性为基准点,激活要素供给、激活市场活力、激活主体能动性,增强产权制度供给的系统性、整体性和协同性。

（三）注重公平，优化分配体系

发展的核心是人民，共同富裕的本质是共享，此时，制度的充分性和平衡性也体现在增强公平以调节社会矛盾，建设兼顾公平和效率的收入分配体系，要建立健全共享发展的"兜底"机制、保障机制、分享机制和动力机制，促进共享发展的实现，从而长效高质地平衡人民福祉水平。

三、深度嵌入绿色生产力，优化高效集约资源配置

基于人类社会发展进程中对人与环境问题的深刻反思，对经济增长与环境资源的充分实践，以及对改造自然的生产方式的深刻追问，提出了绿色发展的新概念，也是极具有创新性和时代性的新思路。由于生产要素具有固定的物理特性，资源禀赋具有特殊的稀缺性，资源的不可逆、环境的高污染充分表达了对粗放型生产模式的不满和怨怼。与此同时，修复式补偿机制即使得以构建，也在机制内表现得极度薄弱且无力。纵观中国特色社会主义的绿色化建设，是以意识主导、制度保障、系统推进和全面实现四个阶段递进式发展的，而现阶段，正是在避免经济增长模式的惯性延续以及经济增长的不合理冲动下，考量经济生产力与生态生产力的协调和统一，在经济起点和过程中进行治理。此时，在经济起点需要深度嵌入绿色生产力配合经济增长，强调了对生产力的更新和可持续，在经济过程中则着力于资源的高效集约、清洁循环。具体来说，包含以下三个方面。

（一）深度嵌入绿色生产力

绿色生产力的深度嵌入，是将绿色的理念、绿色的技术应用到社会生产与再生产的每一个过程之中，把绿色产业链贯穿于产品的全生命周期，包括绿色设计、绿色生产、绿色运行、绿色再生等全体系。从经济生产的源头进行绿色化整合以及绿色生产力的构建。

（二）系统推进绿色创新体系构建

传统产业不仅存在资源配置效率低下、资源整合能力薄弱，还因其粗放型生产模式造成环境污染加剧，资源浪费严重，因此，势必大力推进绿色创新体系构建，促进形成包含绿色管理创新、绿色科技创新、绿色制度创新、绿色供给创新等全方位的系统推进，以打造高端化、高质化、高层次的绿色产业集聚群。

（三）引入绿色技术

一方面，要将突破传统产业和低级制造业的限制，转向发展低污染的战略性新兴产业、高新技术产业以及高品质的服务业，提高产业结构绿色化转型。另一方面，推行绿色集约化的经济发展模式，推广生产方式的低碳化、

减量化和清洁化,并利用资源循环技术,实现绿色生产的高效集约配置,从而在全社会内形成绿色健康且优质供给,领航中国特色的绿色集约化经济伟大变革。

四、重点协调层次差别,提高内外联动组合效果

马克思认为,任何的发展,都是系统的发展,由系统内部要素之间的相互联系和相互制约构成,因而,体系内的分力方向和大小之间也应是相互平衡、相互协调的。尤其是,一国的经济发展,作为一个动态变化系统,内部的层次差别需要协同,各个要素之间的关系需要联动,系统内部的每个组成,都在牵引着整体变动方向,那些看似细枝末节可忽视的环节,也在以不同方式制约着主体的优势组成,所以,其完整性、平衡性以及协同性需要被充分重视且关注。与此同时,中国在新时代高质量发展时期,国内开放效果也显示出薄弱和低迷,需要在全球化趋势下,通过优化分工体系和科技配比,向全球高端价值链顶端迈进。因此,在面对内外联动效应持续低迷、区域城乡发展失衡等影响中国向高质量发展的具体矛盾和制约因素时,就需要通过协调层次差异,提高内外联动组合效果来进一步打破现有桎梏,以摆脱旧有经济增长轨道,谋求高质量发展新路径生成。

(一) 构建高密度经济发展极,协调发展区域差异

构建经济发展极意味着要由创新性行业在空间上的集聚效应推动该地区发展,并且辐射其他经济增长区域空间。通过在地区高质量发展水平较高的多个区域进行辐射和扩散,对外围周边地区生产行为、生产方式以及生产布局进行影响和促进,在高密集度经济发展极的打造下,可以进行高质量且较为集中的专业化生产和密切化交流,不仅能烘托地区优势,还能对非核心功能区进行有序疏导和二次布局。

(二) 促进要素流动,打破城乡分割

通过建立较为统一的大市场战略,在现代市场体系健全、开放、竞争且统一的基础上,彻底消除限制资源自由充分流动的体制障碍,打破城乡、区域分割壁垒,并着力解决农村贫困、地区发展落后的矛盾,根据城市、农村不同区位的功能特征进行合理分工、高效对接,使城乡、区域之间形成相互联系、相互依赖、相互支撑的共同体。深化供给侧结构性改革,增强内外联动开放效果。在全球化的大市场浪潮中,要把握开放新机遇,应对国际新挑战,建设高层次开放型经济,务必要关注国际化市场竞争新标准,提高中国供给体系质量和效益,加快以创新科技引领的新动能培育,以实现东西双向共济、内外联动组合的开放新格局。

第五章　新时代中国经济高质量发展的标准及其决定因素

主流的经济增长理论研究的是经济增长的数量和速度,这种增长理论导向在实践过程中产生了许多问题,包括环境污染、生态破坏、资源浪费、能源枯竭、气候异常等等,这些错综复杂的社会问题造成经济发展成本高、代价高,在这种背景下高质量发展被提上日程。党的十九大报告明确指出:"我国已从高速增长阶段转向高质量发展阶段",2017年中央经济工作会议进一步强调了高质量发展,2018年是中国质量元年,步入2018年中国经济开始转向高质量发展,这是新时代中国经济鲜明的特征。本章依据经济发展质量理论来研究新时代高质量发展的标准,分析新时代中国高质量发展的决定因素,从而提出新时代实现中国高质量发展的路径。

第一节　经济发展质量和经济高质量发展

在经济发展过程中,经济增长数量和质量是人们最初的研究重点,诸多古典经济学家把经济增长质量看作是经济发展质量。但是在追求经济增长的过程中出现了很多经济增长之外的问题,比如资源短缺、经济社会结构失衡、收入分配不公、环境恶化等,这些问题已经影响到经济增长的可持续性和人们生活质量的提高,于是有必要把经济增长和经济发展区别开来。维诺德·托马斯(Vinod Thomas,2001)认为经济增长质量是经济发展速度的补充,是经济发展质量的重要组成部分;认为发展质量指的是降低极端贫困、缩小结构性的不平等、保护环境。

一、经济发展质量

从内涵角度来看,韩士元(2005)将经济发展质量的内涵界定为各类生产要素的配置关系及它们共同作用的一切结果的总和。李永友认为"经济增长突出了经济发展的稳定性、可持续性和效率特征,结构则更突出了经济发展内部的协调性"。徐学敏认为经济发展质量实质上是一种效率的观念,主要体现在经济结构与经济增长方式之中,经济结构包括产业结构与区域经济结构。

从经济效益的角度来看,经济发展质量表现为一定投入产出比。于红英从时间上进行了分析,认为经济增长的目标在短期和长期都有可能实现;而经济发展的目标在短期内很难实现,它需要坚持科学发展观,走可持续发展道路。

从包含的内容上来看,罗伯特·J.巴罗(2004)认为经济发展质量除了包括经济增长,还包括政治制度、收入分配制度、健康状况、宗教信仰和犯罪等内容。郭克莎认为经济发展质量主要表现在综合要素生产率的增长及其贡献高低、产品和服务质量、通货膨胀状况、环境污染程度。何伟认为经济发展质量是指经济增长中国民经济在稳定性、协调性、有效性、创新性、分享性和可持续性等方面的优劣程度。

从衡量经济发展质量的标准上来看,毛海波把经济发展质量界定为经济发展过程中表现出来的国民经济有效性、稳定性、协调性、分享性、创新性及可持续性等方面的优劣程度。梁东黎提出经济发展质量和效益是否提高,根本标准是有没有实现以人为本,以人为本的一个重要方面就是居民收入在国民收入分配中的比重和提高劳动报酬在初次分配中的比重。

从上述研究成果可以看出,经济发展质量是一个内涵丰富的多维度概念。它是衡量一定时期经济发展的优劣程度和结构之间的协调状态。不仅表现为经济总量和物质财富数量的增加,而且是经济发展水平高低的价值判断,任何单一指标都无法对经济发展质量作出科学的评判。

经济增长的最终目的是增进国民福利,提高居民生活质量,经济发展质量反映经济增长的效率,也就是各种经济资源的配置关系及它们综合运用的一切结果的总和。自然资源、人力资源、资本、技术进步、对外开放、制度环境等资源是经济发展的主要源泉;经济资源运用效率决定经济质量高低,即资源之间的配置关系至关重要,包括配置比例、配置方式和配置结构等。与经济增长速度相比较,经济发展质量在强调数量的基础上更加强调质量。

从宏观上看,经济资源的配置及其相互作用的结果会影响经济发展质量的各个方面,如经济的持续稳定增长、经济结构的优化、给人类社会发展带来的影响等等。经济发展质量提高了,不仅意味着资源创造的物质财富增多,还表现为经济结构和产业结构的优化升级,以及在技术水平不变的条件下,等量的资源可以使用更长的年限,可以保证人类有足够的时间寻找到替代资源、新的经营方式和先进的技术,并且可以有足够的资金支持科学技术的发明创造、提高教育水平、发展医疗卫生事业,提高人民的生活质量,改善被恶化的生态环境,转变落后的价值观念乃至文化习俗。因此,经济发展质量的内涵不仅包括数量的增加,而且包括质量的改善,是数量和质量的有机统一。

二、高质量发展

经济发展质量是优劣程度的判断,而高质量发展是质量水平是否高的评判,可以说高质量发展是经济发展质量的高级状态和最优状态,是国民经济整体质量和效率高的经济发展,在高质量发展状态下生产要素投入少、资源消耗低、环境成本小、社会经济效益好的发展水平。在理论上高质量发展是以新发展理念为指导的经济发展质量状态,创新成为高质量发展的第一动力、协调成为高质量发展的内生特点、绿色成为高质量发展的普遍形态、开放成为高质量发展的必由之路、共享成为高质量发展的根本目标。

高质量发展是经济发展的有效性、充分性、协调性、创新性、可持续性、分享性和稳定性的综合,是生产要素投入低、资源配置效率高、资源环境成本低、经济社会效益好的质量型发展水平。在实践上,高质量的发展是中国经济发展的升级版,是通过质量变革、效率变革、动力变革来实现生产效率提升,以实体经济发展为核心,以科技创新、现代金融、人力资本协同发展的产业体系为基础,以市场机制有效、微观主体有活力、宏观调控有度的经济体制为基础,使中国经济进入高水平状态。

第二节　新时代中国经济高质量发展衡量标准的确立

国民生产总值是一个国家或地区在一定时期内新生产的产品和服务价值的总和。这一指标能够衡量经济增长速度的快慢,但是不能衡量经济发展质量的程度。早在20世纪70年代末,美国经济学家威廉·诺德豪斯和詹姆斯·托宾已经认识到GNP核算的缺陷,提出用经济福利尺度(NEW)来代替GNP指标衡量经济发展。他们把闲暇和无报酬的就业赋予积极的价值,考虑到衡量经济发展质量的标准中,但是他们没有把环境的成本考虑进去。随后,美国经济学家赫尔曼·戴利和约翰·科布建立可持续经济福利指数(ISEW)衡量经济发展质量,这个指数把经济活动成本从经济收益中扣除。萨缪尔森等也发展了经济福利尺度理论,经济学家柯利设计了新经济福利指数(NEWBI),这个指数把实际人均收入也包括进去,共有7个指标,反映不平等、失业、通货膨胀和利息率的水平及其变化,从而得出综合的福利指数衡量经济发展质量。哈根、尼维阿罗斯基等设计综合度量指标来衡量经济发展质量,包括5个指标:基本必需品的消费量、收入和分配的均等程度、识字率、健康水平、就业状况,指标采取加权方法进行合成。《联合国人文发展报告》利用各国人文发展指数（HDI）衡量各个国家的经济发展质量高低。但是这个指标的权重确定比较困难，主观性较强，为了避免这些缺点，需要研究更加全面的衡量经济发展质量的指标和指标体系。

一个国家或地区经济发展质量可以用投入产出效率高低、结构的合理性、经济发展的潜力、可持续发展的程度、经济增长成果的分享程度等方面来综合衡量，而经济发展不仅只是经济量的增长，还包含质的飞跃。参照目前学术界关于经济发展质量内涵的界定，我们认为衡量高质量发展的标准应包含经济发展的有效性、协调性、创新性、可持续性、平稳性和共享性等方面。

一、经济发展的有效性

经济发展的有效性通过效率的高低来体现，一般通过资源投入与产出的比例关系来表示。每一单位经济资源投入获得的产出越多，说明其经济资源的产出效率就越高，经济发展就比较有效，经济发展质量就越高。有效性是衡量高质量经济发展的尺度之一，同时也是判断经济持续增长的基本条件。经济资源配置比例、配置方式和配置效率决定了经济发展质量。如果经济发展质量依赖于资源数量投入的增加，那么经济发展就是数量型方式，经济发展的效率就较低；如果经济发展质量依赖于经济资源配置效率，那么经济发展就是质量型方式，经济发展就有效，经济发展质量就较高，因此高质量的发展就是高效率的发展。

二、经济发展的协调性

依据经济学原理，经济发展的结构包括产业结构、城乡结构、区域结构和贸易结构等，这些结构之间的比较关系要协调，任何一个结构与其他结构不协调，都会影响整个经济结构的整体协调，经济效益和经济发展质量就难以提高。经济结构的合理和协调程度可以作为评价经济发展质量高低的基本标准。产业结构在国民经济体系中占主导地位，包括供给结构、需求结构、国际贸易结构和国际投资结构，产业之间存在着投入与产出的关系，可以体现产业之间相互依赖和相互影响的关系，因此，如果产业之间能够相互服务和相互促进，产业之间就是协调的。城乡协调发展，优化城乡结构，提高城市化水平，通过工业化促进经济持续增长和经济发展质量的提高。在世界经济全球化的背景下，任何国家的经济发展总是与其他国家或地区之间经济相互联系的，因此，经济发展的协调性可以用产业结构的高级化和合理化、区域结构的合理化作为判断高质量发展的指标。

三、经济发展的创新性

创新性包含技术创新、产业创新、产品创新、管理创新、制度创新、战略创新等方面的协同创新。技术创新是高质量发展的动力,企业是高质量发展的主体,企业的创新水平、创新能力,不仅直接决定企业竞争力,而且对整个高质量发展有着重要的影响。从高质量发展的微观基础来说,企业采用新的生产方式和经营管理模式,开发新产品,提供新服务,提高产品质量,增加产品附加值,提高生产效率,从而推动整体经济向高质量方向发展。进入21世纪以来,科技创新已经成为世界各国经济发展的新动能。同时知识经济的兴起使各类创新成为推动经济发展的第一动力。因此,创新能力是高质量发展的手段,也成为我国新时代衡量高质量发展的重要标准。

四、经济发展的可持续性

经济发展的过程是在资源、环境、制度等因素的基础之上资源与环境、制度等有机整合实现的发展过程,经济持续发展取决于资源的利用程度,如果能把稀缺的资源充分利用,转化为生产力,资源不会出现缺口或者浪费,经济就会充分地发展。高质量发展在注重经济发展速度的同时,需要重视经济发展给自然生态系统带来的损害。经济要得到持续发展,前提是必须有效地利用自然资源,避免过度开发,并对生态环境进行有效保护。粗放式经济发展必然付出巨大的资源和环境被破坏的代价,这会导致经济低质量的发展,人民生活水平质量下降。因此,高质量发展的标准必须把资源利用和环境代价考虑进去。

五、国民经济运行的平稳性

经济发展的稳定性是指国民经济平稳运行的情况。国民经济平稳运行是经济健康发展的基础,是高质量发展的重要保障。经济发展的稳定性是国民经济发展速度在一个适度范围内波动,但不出现较大的波动,使资源优化配置并得以充分利用。如果经济发展出现过热现象,总需求过度高涨,经济发展速度过快,通常会导致通货膨胀;而如果经济发展速度过慢,总需求不足,企业对未来发展预期持有悲观态度,投资急剧下降,失业率增加。因此,国民经济平稳运行,经济发展的稳定性就越好,资源就会有效配置和利用,经济发展质量就越高。这一指标可以用经济增长波动、价格波动、就业波动等来衡量。

六、经济发展成果的共享性

经济发展的目的是为了满足国民不断增加的物质和文化生活的需要，减少贫困，提高居民生活质量，实现发展成果的共享也是判断高质量发展的基本标准。高质量的经济发展应是人民生活的高质量，使更多的人民群众从经济发展中得到好处。如果只注重经济发展的速度，而忽视人的发展，居民的消费水平较低，储蓄水平较高，城乡之间、区域之间、产业之间居民收入差距较大，收入分配不合理，这样的经济发展是低质量的。因此，应该把发展成果的共享性、居民生活质量的提高作为衡量高质量发展的标准之一。居民生活质量的提高可以用居民收入增长率、恩格尔系数、基尼系数、泰尔指数等来衡量。经济发展成果的共享性要求各个行业、各个阶层、各个地区、各个民族的全体人民要共享发展成果，发展成果包括经济、政治、文化、社会和生态在内的所有发展成果，发展成果共享的依据是人人参与、人人尽力的共建。同时要在保障和改善民生、实施脱贫攻坚和推进基本公共服务均等化方面，为发展成果共享提供政策路径。

第三节　新时代中国经济高质量发展的决定因素分析

发展经济学家分析了经济发展的决定因素。索洛把技术进步引入经济增长理论之中，认为技术进步产出贡献率越高，经济增长质量也就越高。托马斯的研究报告通过一个包含人力资本、物质资本和自然资本在内的研究框架，研究结论认为在资源总量一定的条件下，三类资本的综合作用就能引发较高的发展质量。

国内学者对此也进行了相关研究。一是厉以宁从知识产权、资源消耗和环境破坏三个角度对经济发展质量进行评价，指出经济发展方式的转变是提高经济增长质量的根本途径。二是刘伟教授通过投入产出比、技术进步、资源环境三个维度对中国经济增长质量进行了评判，认为这三个因素影响到经济增长质量的提升。三是罗序斌把利用生产率、经济结构、技术进步、人力资源开发看作是影响经济发展的主要因素，并通过这些指标研究中国中部地区经济发展质量的高低。四是郑伟腾、庄惠民利用经济增长、经济结构的调整、资源与环境支持、科技创新支持、经济效益等指标研究和比较浙江、上海、广东、福建及全国的经济发展方式。五是董正信、耿晓玉、杨晶晶认为社会总需求、产业结构、科技进步、资源环境、民生改善都可以影响经济发展质量的高低。

以上研究大致包含了决定高质量发展的主要因素:经济增长、经济结构优化、技术进步、人力资本、资源配置状况、收入分配状况等。这些因素不是相互作用、相互影响的。但是研究高质量发展,还需要考虑环境因素、制度因素、市场的开放性等等。本书把相关因素进行综合分析,结合新时代的实际,认为决定新时代高质量发展的因素包括以下内容。

一、人口的质量与结构

人是高质量发展的核心要素,在人口红利逐步消退的同时,要从人口红利转向人力资本红利,在高质量发展中提高劳动生产率。人口质量就是人的思想品质、文化教育、科技以及自身的身体状况的水平。人口质量尤其是劳动力质量的状况对经济发展质量起着至关重要的作用。人口质量和劳动力质量的变化对经济发展质量有很大的影响。当人口质量和劳动力质量提升时,就会促进经济发展质量的提升;当人口质量和劳动力质量普遍低的情况下,就会降低经济发展质量。劳动力具有较高的身体素质和文化科技素质,劳动生产效率就高,经济发展质量提高得就越快。人口结构包含人口的性别结构、年龄结构、城乡结构、产业结构和地域结构等几个方面,每一个方面涉及很多细分的人口结构某一方面特征的指标。人口的性别结构、年龄结构、城乡结构、区域结构对经济发展有重要影响。

二、资源环境的质量

自然资源是指在一定时间和技术条件下,能够产生经济价值,提高人类福利的自然环境因素的总称。自然资源是物质生产活动的必要投入品,也是高质量发展的重要基础条件。但资源是具有稀缺性的,随着经济社会的发展,不可再生资源已经无法满足人类社会的长期需要,必然面临枯竭的状况,因此资源的利用必须和经济发展相辅相成,不能过度开发和利用,同时利用技术创新的力量开发新能源、新资源是高质量发展的重要途径。生态环境是经济系统运行的基础,也是高质量发展的生态环境基础。经济发展只是手段,不是目的,其目的只是为了满足人民群众对美好生态环境的需求。人民群众需要美好的环境,高质量的空气、纯净的水、没有污染的食品等。生态环境问题是人类长期的生产和生活对生态环境破坏的累积效应反作用于人类而产生的结果。因此,经济发展与环境保护、人与自然协调发展是高质量发展的基础保障。

三、资本积累的质量

资本积累是一个国家从农业国家变为工业化社会的重要要素,发达国家在经济发展中都经历了资本持续积累的过程。资本积累包括物质资本积累、人力资本积累和社会资本积累。物质资本形态种类繁多,既包括道路、供水、供电等能够直接增进国民福利的设施,又包括厂房、设备、机器、生产工具等投资所形成的物质资本。人力资本是指通过规教和培训形成的体现在劳动者身体中的能力和素质的综合,人力资本积累指的是对劳动的现实量和劳动的潜在量进行积累,人力资本积累可能发生在学校、研究单位、生产过程中以及贸易过程中。社会资本积累是指对社会有秩序的调控,包括社会有序性的增强、社会欺诈的减少等。提高资本积累质量就是通过资本积累促进创新,采用更先进的生产技术、管理水平和更好的机器设备,提高资本的有机构成,提高劳动生产效率,调整产业结构,实现经济增长方式的转型,从数量型的经济发展转变为高质量发展。

四、技术创新的质量

技术创新是高质量发展的重要因素。资本积累是经济增长的源泉,但是当资本积累到一定数量后,资本折旧随着资本数量的增长而增加,当投资等于折旧时,资本存量就会保持一个动态的稳定值,这时经济增长不再继续,国民收入也就不再增加,因此,资本积累带来的经济发展是有极限的。经济发展的依赖因素需要转变到技术创新上来,技术创新在经济增长中的贡献率很大程度上体现了一个国家或地区的经济发展质量的高低。技术进步不仅有数量,而且有质量,技术创新的数量和质量对经济发展都有影响,但是在中国经济进入新时代的背景下,技术创新的质量对高质量发展更具影响作用。在高质量发展中我们不仅要重视创新驱动,而且要重视创新的质量,创新的质量决定发展的质量,要把技术创新建立在高质量水平上。

五、对外开放的质量

高质量发展包括高质量的对外开放,随着经济全球化的发展,对外开放对经济发展的重要作用日益显现。对外开放为经济发展的生产要素在区域间的流动、集聚提供了一条通道,为各种生产要素在全球范围内的合理配置和有机结合搭建了平台,通过对外开放不但可以使国际市场中的生产要素成为中国高质量发展的现实生产力,而且也部分弥补了中国经济发展要素禀赋的非均衡分布,提高中国经济发展要素配置效率。因此,对外开放对于经济发展要素的积累和效率提高起着积极的促进作用,并通过经济发展要素的作用机制推动经济发展。在中国进入新时代的背景下,在实现高质量发展的过程中,更加强调对外开放的质量,高质量对外开放对高质量发展作用机制的有效发挥还取决于合理的经济政策、市场经济体制、国际收支状况、市场结构、贸易条件等条件。

六、制度安排的有效性

制度是用于约束人们行为的一系列规则,涉及政治、经济、文化等行为规范,通过一系列规则来约束人们之间的相互关系,以减少交易成本、机会主义,保护产权,促进社会的发展。经济学家道格拉斯·C.诺思把制度安排分为正式制度安排、非正式制度安排和制度环境。正式制度安排是以正式方式确定的制度安排。而非正式制度安排是指人们在长期社会生活中逐步形成的生活习俗、伦理道德、价值观念、文化传统、意识形态等对人们的行为产生非正式约束的规则。诺思在《经济史中的结构与变迁》中指出,市场制度、产权制度、政治法律制度等是制约社会经济发展的根本原因,教育、科技、资本积累、基础设施等是经济发展的前提条件,这些前提因素只有在一定制度条件下才能对经济发展发挥作用。有效的制度结构决定了经济发展的质量。有效的制度安排能够使人们行为的责、权、利有机统一起来,人们能够通过稳定的预期计算自己行为的收益,把外部性风险和交易成本降到最低限度,从而促使人们进行积极的生产投入和提高效率,促进经济发展。在人类的行为约束体系中,非正式制度在经济社会发展中具有十分重要的地位,即便在最发达的经济体系中,正式制度仅仅决定人们行为选择的总体约束中的一小部分,大部分行为选择主要受非正式制度约束。因此,非正式制度对高质量发展的提高起着至关重要的作用。

第四节 新时代实现中国经济高质量发展的途径

实现高质量发展要在创新上下功夫,必须把立足点放在提高经济发展质量和效益上来,重视资源的开发、利用和保护,同时更加重视经济社会全面发展。发展经济学把经济发展驱动力划分为要素驱动、投资驱动、创新驱动和财富驱动,其中创新驱动阶段是国家或区域经济转型发展的必经阶段。创新驱动是高质量发展的第一动力,在创新驱动过程中,企业依赖自主创新获得竞争优势,并会带动一系列相关企业的发展,形成比较完善的产业集群,形成高质量发展的新动力,推动高质量发展的实现。总体来看,新时代实现中国高质量发展的途径在于以下几方面。

一、以科技创新为高质量发展提供技术创新体系

高质量发展要解决创新能力和人力资本不足的问题,要把创新作为第一动力,依靠科技创新不断增强经济的创新力和竞争力,进一步提高供给体系的质量。在高质量发展的技术创新体系中,以提高自主创新能力为目标,逐步建立起以企业为主体、协同创新为方式,市场为导向、产学研融合的高质量技术创新体系。在高质量发展的宏观科技创新层面,要以科技创新形成高质量发展的技术创新支持体系,让更多科技活力成为高质量发展的动力。通过科技创新为高质量发展建立起适应未来30年经济发展所需要的供给体系,围绕新供给体系的形成突破重大关键技术,搭建高水平的技术创新平台,打造高质量发展的科技创新引擎,促进科技创新与高质量发展的深度融合,通过提升经济发展的创新贡献和技术含量实现高质量的发展。在高质量发展的微观科技创新层面,企业成为创新主体,实现企业创新链、资金链、产业链和政策链的有机结合,促进企业开发新产品、采用新材料,扩大新品种、新花色,加速老产品的更新换代,不断提高企业管理水平和技术含量,通过开发新产品和提高技术含量推动高质量发展。

二、以产业创新为高质量发展构建现代化的产业体系

高质量发展中的创新是技术创新、产品创新、产业创新、管理创新、战略创新、模式创新、市场创新的集成创新,产业创新处于重要地位,需要以产业创新为高质量发展构建现代化的产业体系。一是着力提升产业价值链,推动产业迈向中高端水平。构建现代化产业体系需要在产业结构上实现合理化和高级化。目前在全球第三次产业革命的推动下,以信息化和智能制造为核心的第三次工业革命将使全球要素的配置方式发生深刻变化。在实现高质量发展的过程中,需要依据全球第三次产业革命的发展趋势加快产业创新,构建现代化产业体系,促进产业结构向全球价值链的高端攀升。二是加强产业转换能力的提升。由于产业升级转型的能力体现了创新的能力,在高质量发展的现代化产业体系构建中要充分重视产业转换能力的提升。因此,高质量发展中现代化的产业体系的构建要重视产业转换能力的培养,以高端制造和低碳发展为目标构建高质量发展的现代化产业体系和创新链。三是通过科技投入与人力资源的结合大力发展战略性新兴产业、信息数字产业、高新技术产业、先进制造业,增加高质量产业部门的供给。同时推进人工智能、大数据、互联网与实体经济的深度融合,在融合基础上促进

传统产业改造。

三、以制度创新为高质量发展提供激励导向

新制度经济学学派认为,良好的制度安排是经济发展的首要保证。影响经济发展的因素很多,制度是决定经济发展质量提高的最根本性因素。只有在制度安排能够促进生产力发展时,才会出现经济发展。制度经济学认为制度是经济发展的重要内生变量,而且制度对经济效率和发展质量有决定性的影响。制度的功能在于激励和约束经济快速、有序和健康地发展,因此,在实现高质量发展的过程中,首先,需要尊重市场规律,依照市场规则、市场价格和市场竞争配置资源,减少政府对资源配置的直接干预,打破要素市场的行政性垄断和区域行业部门的市场分割格局,实现资源最优化配置和效率最大化,从而实现高质量发展。其次,市场和政府要相辅相成、优势互补、有机结合。深化产权制度改革,明晰企业的权责利关系,通过产权的激励效用协调好各种利益关系,建立质量效益型激励,为高质量发展提供有利的激励导向。最后,促进企业制度创新。促进企业发展模式从规模扩张转向以质量作为第一增长动力。提高企业的创新水平和管理质量,以企业制度创新促进管理方式升级、研发升级、人力资本升级、产品升级。

四、以战略创新为高质量发展形成战略支持体系

高质量发展在战略上首先要从追赶战略转向质量效益战略,重视战略创新。过去我们往往重视技术创新、制度创新与产业创新,而忽视了战略创新,高质量发展的关键是要进行战略创新。一是宏观上进行战略创新。通过宏观上的战略创新引导经济发展从数量追赶转向质量追赶,从速度追赶转向效率追赶,推进产业结构优化,建立系统的高质量发展的增长体系。通过质量效益战略来统筹各方面资源,促进经济发展从要素驱动转向创新驱动,从规模扩张转向效率提升。高质量发展的战略创新就是要突出质量效益战略,在宏观上推进质量强国战略,推动中国制造向中国创造、中国速度向中国质量、中国产品向中国品牌转变。二是微观上强调企业战略创新。由于现代企业发展受到环境变化的影响越来越大,企业面临的风险也越来越大,企业间的竞争越来越激烈,这种情况更加需要加强企业战略创新。微观战略创新要突出企业在质量强国中的核心地位,强化企业质量主体责任,完善企业质量管理体系,加大企业知名品牌的培育,进一步提高企业产品质量。引导创新要素向企业聚集,在企业中引入高素质的人力资本,建立先进

的质量管理体系,建立覆盖企业全链条、全领域、全阶段、全过程的质量创新,激发企业质量发展的新动能,实现企业内生的高质量发展。

五、以人的全面发展为高质量发展提供持续动力

提高人民群众的生活水平和生活质量是经济发展的终极目标,在高质量发展中把资源开发与利用、经济发展同提高居民生活水平有机联系,以人的全面发展为高质量发展提供持续动力。一是实现发展成果的共享性。把经济发展的成果更大程度地惠及广大人民群众。进一步深化在就业、收入分配、教育和医疗等领域的体制改革,增强经济发展的共享性、公平性、公正性和可持续性,使发展成果更多地惠及全体人民,以提高劳动者的生活水平。二是进行分配制度改革。完善收入分配制度,调整收入分配格局,改善收入分配差距,维护社会公平正义,为实现人的全面发展创造条件。完善以税收、社会保障等为主要内容的再分配调节机制,逐步缩小收入差距,使经济发展成果更公平地惠及全体人民。增加就业规模和劳动者薪酬水平。降低人们生病的概率,延长人们的预期寿命,提高人们的健康水平,为经济发展质量的提高提供持续的动力。三是调动人们高质量发展的积极性。在高质量发展中尊重劳动、尊重知识、尊重人才、尊重创造,把人的发展放在高质量发展的核心位置。同时要鼓励创新、激励探索,推动大众创业、万众创新,在高质量发展中最大限度调动人民群众的积极性、主动性、创造性,激发人的创造潜能,依靠人的全面发展激发人们高质量发展的积极性。

六、市场与政府有机结合,建立高质量发展的资源环境基础

高质量的生态环境和高质量的资源环境条件是高质量发展的重要内容,在高质量发展中要把市场与政府结合起来,建立高质量发展的生态环境基础。一是发挥市场机制的作用。实现高质量要发挥市场配置资源的决定性作用,理顺价格机制,打破资源由低效部门向高效部门配置的障碍,提高资源配置效率。把市场的自发调节机制和政府的宏观调控有机结合,充分发挥市场机制优化配置资源的基础作用,实现节能、减排、绿色能源,加快经济发展方式的转变。二是完善资源环境保护制度。健全和落实资源有偿使用制度、生态环境补偿机制和严格的环境保护目标责任制。大力发展节能和环保产业,开发节约能源、循环利用、减少污染的先进技术,提高能源利用效率。实施自然资源的资产化制度,做好重点流域水污染处理,加强生态环境建设,推行绿色发展,实现生态效益和经济效益的结合,提高经济发展质量。三是加快资源节约型社会建设。进入新时代,中国经济发展进入新的

阶段,经济发展规模将不断扩大,信息化、现代化、工业化和城市化进程也会进一步加快。随着经济发展水平的提高和人民收入的增长,居民消费结构将不断升级。与此同时,资源供需矛盾和环境压力也会越来越大。面对这一严峻挑战,高质量发展要加快资源节约型社会建设,形成有利于节约资源和保护环境的生产方式和生活方式,以最少的资源消耗、最小的环境代价来实现高质量发展。

第六章　新时代中国经济向
高质量发展的转型

新时代的基本特征是我国经济已由高速增长阶段转向高质量发展阶段,本章从中国特色社会主义政治经济学的角度来研究我国高速增长阶段的形成机制和特征、新时代中国经济增长态势的变化,并进一步分析新时代中国经济转向高质量发展的优势,在此基础上研究新时代中国经济转向高质量发展的生产力方面的创新和生产关系方面的改革。

第一节　改革开放以来中国经济
高速增长的解释

发展中国家在经济发展的初级阶段,一般来说为了迅速摆脱贫穷落后的局面,往往需要追求一定程度的高速增长来实现经济起飞。中国在 2008 年全球金融危机之前的 30 年间,保持着年均 10% 以上的高速增长率,形成了中国经济增长的奇迹,引起了世界关注。党的十九大报告指出,我国经济已由高速增长阶段转向高质量发展阶段,对我国高速经济增长阶段的解释对新时代实现高质量发展具有重要意义。

一、改革开放以来中国经济持续高速增长的事实

经济增长速度是反映社会经济增长程度的相对指标,这一指标是报告期增长量与基期发展水平之比,通常用经济增长率来衡量。它不仅能够反映一定时期内一国经济发展水平变化程度的动态变化,还能反映出一个国家经济是否具有活力。同时其数值大小衡量着经济增长速度的快慢,也反映了人民生活水平提高所需的时间长短。

改革开放以来到金融危机之前我国经济增长率一直保持在 10% 左右,创造了"中国奇迹",2016 年我国 GDP 总量增加到 744127 亿元,成为世界第二大经济体。人均 GDP 增加到 53980 元,进入中等收入国家行列。1978—2016 年中国 GDP 增长率的变化如图 6-1 所示。

中国这种高增长率在当今世界上也是独一无二的,图 6-2 反映了1978—2016 年间中国与世界上其他主要国家 GDP 增长率的大致对比情

（单位：%）

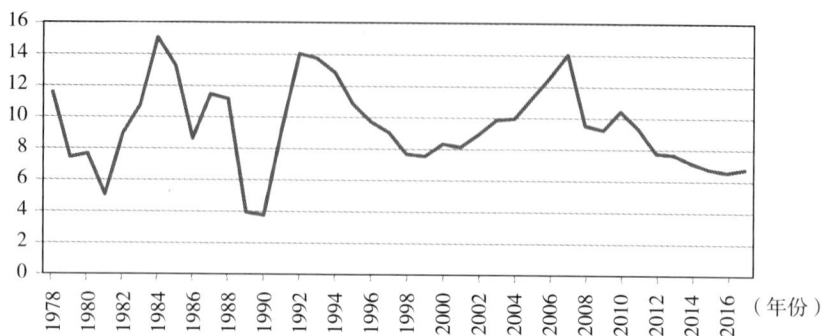

图 6-1　1978—2016 年中国 GDP 增长率的变化

资料来源：《中国统计年鉴 2017》。

（单位：%）

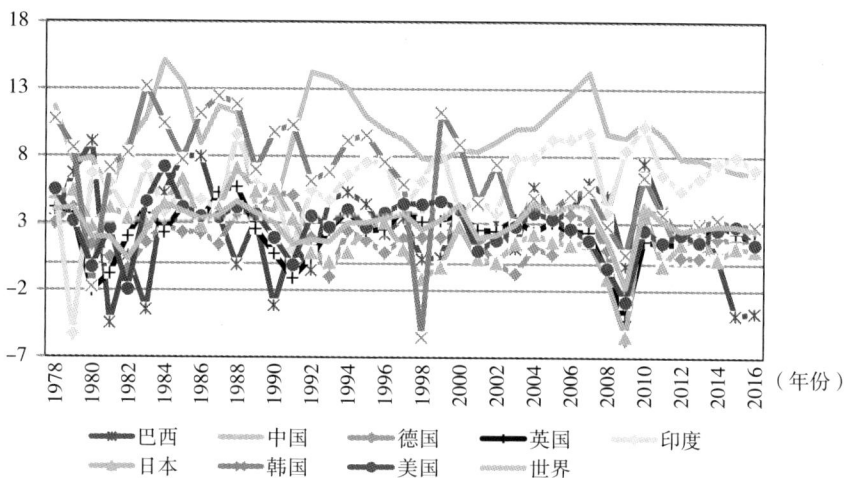

| 巴西 | 中国 | 德国 | 英国 | 印度 |
| 日本 | 韩国 | 美国 | 世界 | |

图 6-2　1978—2016 年中国与世界主要国家 GDP 增长率

况，从图中可以清楚看出，在绝大多数年份中，中国的 GDP 增长率都是最高的。

二、改革开放以来中国经济高速增长的形成因素分析

中国改革开放到 2008 年全球金融危机之前 30 年的高速增长引起了国内外的广泛关注，针对高速增长的原因学术界形成了不同的理论解释。这些理论中，有些从西方经济学理论来解释，认为中国经济的高速增长是经济自由化的结果。有些从发展经济学角度解释，认为中国经济的高速增长得

益于后发优势和体制的可改革性,劳动力结构转换推动经济实现了持久的高速增长。有些从国际贸易角度解释,认为出口是造成高速增长的主要因素。有些虽然从政治经济学中生产力进步的角度来分析,认为高速增长是要素投入数量和质量的增加以及充分利用后发优势所形成的技术进步的结果;却忽视了对生产关系和对我国特殊国情的分析。结合学术界对中国经济高速增长奇迹的各种理论解释,我们认为对中国高速增长的原因需要从中国特色社会主义政治经济学角度来解释。从中国特色社会主义政治经济学角度来看,中国经济高速增长阶段是由一些特殊因素造成的。

（一）特殊的增长因素

改革开放40年来的高速增长阶段,我国经济高速增长依赖于一些特殊增长因素的推动来实现:一是社会主义初级阶段基本经济制度的确立,调动了各方面的积极性。我国社会主义初级阶段以公有制为主体、多种所有制经济共同发展,以按劳分配为主体、多种分配方式并存的基本经济制度。适应了社会主义初级阶段生产力发展不平衡的状况,促进了生产力的发展,提高了人民的生活水平。以一主多元的所有制结构和分配方式,调动了各方面的积极性,实现了高速增长。二是中国特色社会主义市场经济体制的确立。中国特色社会主义市场经济体制的确立使得资源配置的效率得以改善。市场经济体制的确立和加入世贸组织,实现了体制改革的突破性进展,计划经济体制转变为中国特色社会主义市场经济体制,使得经济体制向着有利于效率提高的方向推进,使得被传统体制压抑的生产力活力得以释放。市场配置资源的范围日益扩大,层次逐渐加深,从市场最初的基础性作用逐渐转向决定性作用,使经济发展中的资源配置效率和全要素生产率不断提高。三是社会主义工业化奠定的坚实工业化初始条件。这就是计划经济时期奠定的坚实社会主义工业化基础,使得改革开放初期的工业化从比较高的初始条件开始,这种坚实的工业化初始条件为改革开放以后高速增长奠定了基础。四是中国特色社会主义工业化道路。中国特色社会主义工业化道路主要是国家工业化与民间工业化相结合,这种特殊的工业化道路,促进了劳动力从农业部门向工业部门、从农村向城市的大规模转移,工业化带动的劳动力快速持续转移推进了我国的工业化进程,在实体经济结构从单一向多元化发展的同时推动了经济的高速增长。

（二）特殊的增长道路

中国改革开放40年来的高速增长走了一条特殊的增长道路,在体制改革与经济增长的相互推进中实现了高速增长,既要实现体制的转轨,又要实现经济的增长。体制的转轨为经济的增长提供了体制基础。在这种体制基础上,经济的发展通过特殊的民间工业化道路,发展了乡镇企业,通过乡镇企业既转移了劳动力,又提高了农民收入水平。由于收入水平的提高,促进了耐用消费品的增长,进一步带动了消费,消费又引发投资,消费和投资相结合带动总需求增长。总需求的增长又通过深化分工和学习效应提升工业部门自身的生产率,形成了生产与消费、工业与整体经济相互促进的增长道路,这种特殊的增长道路实现了改革开放 40 年来的高速增长。

（三）特殊的增长动力

中国改革开放到 2008 年全球金融危机前 30 年,作为一个转型发展的国家,经历着从计划经济向社会主义市场经济的转变,从农业大国向工业化、城市化和现代化逐步转型的历史过程。在这一历史过程中,体制改革及制度创新为经济高速增长提供了制度和体制动力;需求的持续增长、投资效率的提高为经济高速增长增添了内在驱动力;市场化作用的发挥,竞争机制的作用为高速增长提供了外在压力;外资、外贸为经济高速增长提供了外部市场的推动力;社会的开放、技术进步、教育发展、人力资本作用的发挥形成的新激励结构提供了创新驱动力,各种动力相结合形成了一种特殊的增长合力,推动了中国改革开放前 30 年的高速增长。

（四）特殊的增长机制

我国改革开放前 30 年经济的高速增长得益于一种特殊的增长机制。这种特殊机制就是渐进式改革造就的增量扩张的增长机制,也可以表述为效率型的增量增长机制,这种机制是通过增量的效率提升实现经济增长速度的提高。由于渐进式的改革特点是先不取消效率低的旧体制,而是大力发展效率高的新体制,在存量不动的前提下通过大力发展效率高的增量,通过效率型的增量增长机制带动实现高速增长。

（五）特殊的增长空间

中国作为一个社会主义大国,幅员辽阔、区域差异大、经济体系完整,由此产生了独特的空间增长优势,主要表现在:一是空间规模经济优势。生产要素从农村向城市的空间转移,导致生产要素大规模集聚产生的规模经济,促进了改革开放 40 年高速增长的实现。二是空间范围经济优势。经济空间的不断扩展,生产分工不断细化而产生的范围经济,在空间范围经济下社会分工的深化和专业化经济的发展使得经济增长的空间不断扩大。三是区域空间梯度优势,改革开放、外资引进和技术引进首先在东南沿海进行,然后通过梯度转移的方式向中西部地区转移,区域空间梯度优势作用的发挥造就了改革开放到 2008 年全球金融危机前 30 年高速增长的态势。

第二节　新时代中国经济转向高质量
发展阶段的优势

进入中国特色社会主义新时代,特殊的国情依然存在,经济持续增长的基础和条件没有变。正如 2015 年 11 月 18 日习近平主席在亚太经合组织工商领导人峰会上的主旨演讲中所指出的,"经济发展长期向好的基本面没有变,经济韧性好、潜力足、回旋余地大的基本特征没有变,经济持续增长的良好支撑基础和条件没有变,经济结构调整优化的前进态势没有变"[①]。进入新时代,经济由高速增长转向了中高速增长,并且正在向高质量发展发展阶段转变,中国经济向高质量发展阶段转变具有以下优势。

一、阶 段 优 势

按照经济发展的原理和规律,经济快速增长一般会出现在工业化、城市化和现代化快速进程中,在这一进程中工业化和城市化会促进生产要素由生产率较低的部门向生产率较高的部门转移,在转移中提高要素使用效率,从而形成结构性增长。结构的转变不仅会导致资源配置效率得到提高,而且经济结构转变和效率提升又会促进技术、产品和产业创新,最终促进社会全面发展。从日本、韩国和中国台湾等后发达经济体的发展经验来看,在推进工业化、城市化的进程中,它们都经历了 20—30 年的高速经济增长阶段,年均增长率均达到 9% 以上。我国改革开放前 30 年的发展中,工业化、城市化和现代化都得到了巨大发展。进入中国特色社会主义新时代,虽然我国工业化已经进入了世界工业化的中后期阶段,但现代化过程还远未完成,工业化的潜力还远没有释放完毕。转向高质量发展的阶段优势体现在:一是从我国工业化发展程度来看,一般认为,目前正处于工业化中后期的阶段,正在从重化工业化阶段向高加工度化阶段挺进。在这个阶段,整个社会的生产方式将变得更加迂回,产业链条将大幅延长,工业部门对上下游的带动能力将大大强化。现阶段中国的工业化是与信息化相互结合、相互促进的,是一种新型的工业化道路,其发展的潜力和能量远超过传统工业化。二是从城市化发展程度来看,我国仍处于城市化快速发展时期。根据《国家新型城镇化规划(2014—2020 年)》制定的目标,到 2020 年常住人口城镇化率达到 60% 左右,2030 年达到 70% 左右,基本实现城镇化,目前仍有较大的提

[①] 《习近平谈治国理政》第二卷,外文出版社 2017 年版,第 249 页。

升空间。现阶段中国的城镇化是城乡统筹、城乡互动、城乡一体、布局合理、节约土地、功能完善的新型城镇化,其发展的潜力和能量也是大大超过传统城市化的。三是从现代化进程来看,2016年我国已处在中高收入国家行列,与高收入国家的门槛还有近5000美元的差距。按照近年来我国人均GDP年均增长速度以及高收入国家的门槛逐年提高程度估算,我国至少将在2026年左右才能进入高收入国家行列。在这一过程中,中国仍有巨大的发展空间。进入中国特色社会主义新时代,我国正进入新型工业化、信息化、城镇化、农业现代化同步协调发展的新阶段,在经济中高速增长的同时,还将伴随着经济结构的转型升级和合理化,推动经济实现高质量发展。

二、大 国 优 势

转向高质量发展具有大国优势,主要表现在:一是劳动力质量优势。在劳动投入数量不断增加的同时,劳动力质量不断提高。在改革开放以后,教育水平有了长足的发展,学龄儿童入学率和各级普通学校毕业生升学率逐年提高,人力资源的平均水平得到提高。科教兴国战略的深入实施以及户籍制度、生育政策的改革,将会促进劳动力的解放,进一步提高劳动力的质量,大国劳动力质量的提升将会为未来经济增长提供新的增长优势。二是空间优势。我国土地面积辽阔、区域发展不平衡,经济发展的空间大,具有独特的空间优势。这种空间优势使得我国经济发展具有巨大的发展韧性、增长潜力和空间回旋余地。目前大多数经济总量主要集聚在东南沿海地区,广大中西部地区还没有发展起来,经济增长还有巨大的增长空间。同时经济也主要集中在大城市中,农村地区、中小城市和小城镇还有很大的增长空间。三是内需优势。幅员辽阔的国土面积和13亿多的人口规模,形成了潜在巨大的内部市场需求。近年来随着城乡居民收入增长加快,消费潜力进一步释放,消费对经济增长的拉动作用在不断增强,2017年全社会消费品零售总额36.6万亿元,较2016年增长10.2%,最终消费需求对我国经济增长的贡献率已经提高到58.8%。近年来,医疗、养老、住房、教育、保险、文化体育等民生事业发展,收入水平所导致的居民消费结构升级,内需对经济增长的带动能力在不断提高。

三、制 度 优 势

进入新时代,我国经济的持续增长还具有独特的制度优势。我国计划经济时期和改革开放初期的主要任务是建立社会主义基本制度,中国特色社会主义新时代要完善和进一步发展中国特色的社会主义制度,在制度完善的基础上实现国家治理体系和治理能力现代化。在新时代的经济制度方面，坚持把以公有制为主体与促进多种所有制经济发展相结合，形成了中国特色社会主义基本经济制度。同时把社会主义制度与市场经济有机结合在一起，建立了社会主义市场经济体制。社会主义市场经济体制的不断完善，市场作用的发挥，调动了企业、个人等经济主体的积极性。竞争作用的不断发挥，推动了技术、产品、市场和管理方式的创新，推动了经济增长向创新驱动方向发展。在分配制度方面，把"全面小康社会建设"与"共同富裕"结合起来，最终实现全体人民的共同富裕目标。在开放制度方面，坚持独立自主同参与经济全球化相结合，从积极融入全球化到主导全球化，开辟了对外开放的新格局。多种制度的优势相融合，使资源利用效率得到提高，促进了社会生产力的解放和发展。

作为一个发展中的社会主义大国，上述阶段优势、大国优势和制度优势三方面的作用叠加，为新时代中国经济持续增长提供了优势。这种三重叠加的优势是新时代中国仍处于发展战略机遇期和经济发展总体向好的基本格局，现在转向高质量发展的关键在于技术创新、经济结构的转型升级、新动能的培育、要素活力的释放和发展方式的创新。

第三节　进入新时代中国经济增长的新变化

中国特色社会主义进入了新时代，我国经济出现了速度变化、结构优化、动力转换等一系列新的特点。新时代中国经济增长发生了如下变化。

一、新时代中国经济向中高速增长的转变

新时代是指由过去的状态向一种新的相对稳定的常态的转变，新时代的实质是我国经济发展已经进入高效率、低成本、可持续发展的中高速增长阶段。从速度层面看，经济增长速度从高速增长转为中高速增长，经济增长的质量和内涵发生质的变化；从结构层面看，经济结构不断优化升级；从动力层面看，经济发展从要素驱动、投资驱动转向创新驱动。经济新时代既是经济规律、经济周期自身运行、国内环境与国际大环境变化的客观结果，也是政府对经济运行主观认识变化的结果。世界各国经济运行中都有新时代，新时代是中国经济迈向更高水平的阶段，是迈向现代化强国建设的新时代。新时代中国经济具备一般国家经济增长和发展的规律，但也存在自身的特殊表现。由于中国是一个大国，涉及面广，尽管经济总量已经很大，但是人均水平低，长期积累的矛盾未能及时化解，长期的需求管理导致经济发

展逼近生产的最大可能性边界。再加上新时代下出现的种种问题不只受外部因素影响,根本上还是由内在因素决定的。

我国经济增长从高速转向中高速"换挡",经济增速逐渐放缓是经济新时代最直观的特征。经历了 30 年的高速增长以后,自 2008 年以来中国经济增速逐渐放缓,2003—2007 年,我国经济年均增长率为 11.7%,2008—2011 年年均增长率为 9.7%,2012 年、2013 年均为 7.7%,2015 年经济增长率跌破 7% 降至 6.9%,2016 年增速为 6.7%,2017 年增速为 6.9%、2018 年增速为 6.6%、2019 年增速为 6.1%。从增长率变化情况中能够清楚地看到,我国经济增速已经由高速转入中高速。经济增长从高速转入中高速是由潜在增长率的"换挡"决定的,也是由中国经济总需求结构变化所决定的。在总需求的各个构成中,最终消费对经济增长的贡献逐步上升,投资与净出口的贡献下降。

二、支撑经济增长的客观条件发生变化

新时代下我国经济增长速度发生变化的原因是多种多样的,我们要客观科学地认识这种变化,既是由于长期以来支撑我国经济快速发展的客观条件发生变化,也是因为我国对宏观政策进行了调整,这也是历史发展的必经阶段。从经济运行的客观趋势看,世界经济增长持续乏力,国际市场需求持续疲软,我国投资和消费需求增长放缓,产能过剩问题突出。随着资源生态环境约束加大、劳动力等要素成本上升,高速增长的空间越来越小。

(一) 全球经济复苏缓慢,国际需求疲软

依靠廉价的劳动力和资源供给的"低价工业化增长模式"是中国贸易长期增长的主要推动因素,这些因素导致了改革开放初期出口导向型的经济增长模式。改革开放初期的高速经济增长依赖于外部经济,2008 年全球金融危机后国际市场复苏缓慢、经济持续低迷,近年来我国出口需求明显减少。2008 年以来我国进出口总额和外商直接投资的增速明显下降,其对增长的贡献逐步下降,新时代中国经济很难达到全球化初期的增长水平。

(二) 国内投资和消费需求增长放缓

从 2014 年开始,企业固定资产投资、房地产投资以及基础设施投资增速都开始下降,国内投资需求不足的原因主要在于投资主体、投资结构以及投资方式的不合理。市场经济条件下,增长的长期动力应来源于民间投资,但我国目前经济增长出现了投资主体结构失衡的现象,政府主导投资热,而民间投资冷,使得市场竞争中最具活力的中小企业缺乏投资支持。并且在现有投资结构中经济的脱实向虚,导致实体经济缺乏资金支持,大量过剩资

金涌向资本市场,实体经济与虚拟经济失衡。同时,消费对经济的贡献在上升,家庭消费总量有所增加,但是由于收入差距扩大等因素,其作用还没有完全发挥。2019年我国最终消费率虽突破57.8%,但远远低于发达国家80%的平均水平。

（三）人口红利的消退

过去40多年我们主要处在人口红利的前期阶段,充足的劳动力供给和高储蓄率导致了我国改革开放初期的工业化和城市化的快速发展。在工业化进程中大规模的劳动力从农村迁移到城市,造就了中国"世界工厂"的地位。在近十年以来,我国进入了"人口新时代",人口增长率降低、老龄化加速、劳动人口减少、人口素质提高,人口红利的前期优势逐渐式微,中国目前人口红利逐渐消退,已经到达从劳动力无限供给转向有限供给的转折点。随着劳动人口占总人口比重的下降,改革开放初期单纯依靠劳动力规模而带来的分工效应也在减弱。未来依靠劳动力质量提高的红利的局面还没有形成的条件下,经济增长遭受到了人口红利消退的制约。

（四）自然资源供给约束趋紧

过去40多年间要素驱动型的经济增长使得自然资源稀缺性对中国经济增长的制约逐渐加强。进入新时代,随着中国产业结构的优化升级,支撑经济发展的能源供给与需求不相适应。受国际能源价格波动的影响,我国能源生产和消费结构出现了失衡局面。其次,随着城市化和城镇化进程的推进,城市建筑用地不断增多,导致了耕地面积的减少,促进了土地价格的上涨。耕地面积的减少和土地价格的上涨造成了城市化与工业化进一步发展的新制约。再次,在城镇化、工业化进程不断加快的过程中,对水资源的需求日益增大。但我国水资源人均占有量小,且分布不均。同时,由于地方政府单纯追求GDP增长,经济增长以资源环境为代价,导致了生态环境问题日益严重,更是加重了资源供给的负担。

（五）技术创新的约束

改革开放以来,不完善的制度与不健全的体制机制下形成的模仿式技术进步,使得我国长期处于技术的改进和模仿阶段,具有自主知识产权的技术缺乏,经济增长的技术含量低,技术进步对经济增长的贡献率低,造成全要素生产率水平较低、产品结构不合理、新产品发展不足,产品的附加值低、供给与需求不对接,形成过剩与短缺共存的市场格局。再加上国内技术要素发展不平衡,东南沿海地区的创新贡献率逐渐提高,而广大中西部地区技术创新贡献率依然不足,造成了不合理的技术要素空间分布格局,导致了生产力发展的不平衡和不充分局面。

三、对经济增长政策进行了主观调整

为应对上述客观条件发生的变化,我国对经济增长政策进行了主动调整。2011年以来,我国经济工作一直坚持"稳"中求"进"的总基调。"稳"的重点在于稳定宏观经济运行,"进"则指通过调整经济结构和深化改革开放来转变经济发展方式,通过"稳"与"进"的相互作用,保持经济社会平稳与健康发展。这一总基调不仅反映了经济发展中客观存在的问题,也意味着我国宏观经济政策取向发生的变化,即不同于以往侧重于经济增长的数量和速度,而更加注重通过调整结构与转变发展方式提升经济增长的质量和效益。

2015年年末,中央提出大力推进供给侧结构性改革,以破解新时代中凸显的结构性矛盾和长期增长因素的制约。针对我国经济发展中严重的结构性矛盾,党的十九大把供给侧结构性改革作为建立现代化经济体系的六大任务之首,供给侧结构性改革的核心是结构调整与优化,其主要内容是在适度扩大总需求的同时,通过"三去一降一补"的供给侧结构性改革调整供求结构,提高供给体系的质量。在以供给侧结构性改革为核心的宏观经济政策下,长期结构调整与短期需求减弱交互叠加,经济增长速度放缓。从短期需求的角度看,外部需求显著减弱,企业盈利预期不佳,市场去库存压力大;从中期结构调整的角度看,经济发展处于动力转化阶段,传统要素驱动作用明显减弱而创新驱动能力有待培育,同时,在去产能背景下,新兴产业的增长尚难以平衡传统产业下降的影响。但需要强调的是,供给侧结构性改革下出现的经济增速放缓,既符合经济发展规律,也是我国主动进行结构调整和优化的必然结果。

党的十八届五中全会提出应树立"创新、协调、绿色、开放、共享"的发展理念,党的十九大提出继续落实新发展理念,这是关系我国发展全局的深刻理念变革。新的发展理念,体现了生产力发展以人民为中心的价值取向,这也要求我国经济必须由高速增长阶段转向高质量发展阶段。

第四节　中国经济转向高质量发展的生产力创新和生产关系改革

党的十九大提出新时代我国社会主要矛盾已经转化为人民日益增长的美好生活需要和不平衡不充分的发展之间的矛盾。同时指出我国经济发展已由高速增长阶段转向高质量发展阶段。高质量发展是中国经济发展的升

级版,内容包括经济增长动力重塑、产业结构优化升级、高新技术产业发展、人民生活水平改善、生态环境保护等方面。高质量发展要通过效率提高、结构优化、动力转换来实现。效率提高、结构优化、动力转换需要从生产力和生产关系两个方面进行全面创新,从而为高质量发展提供动力。在生产力方面要进行全面创新,在生产关系方面要深化改革,从而形成高质量发展的新动力。

一、在生产力层面,以科技创新、产业创新和产品创新推动高质量发展

中国特色社会主义新时代主要矛盾变化说明,我国经济发展需要通过提高生产力质量的方式来解决这一矛盾,而生产力质量提高的关键在于全面创新,以全面创新为动力提高生产力质量,构建高质量发展的生产力体系。

(一) 以完备的技术创新体系促进高质量发展

从世界经济发展的趋势来看,现代创新型经济已经开始由技术创新转向科技创新。改革开放以来,我国科技发展取得了积极的创新成果;但自主创新能力弱,总体上经济发展技术贡献率低,先导性、战略性高技术领域科技创新能力薄弱,制约自主创新的体制机制障碍依然存在。进入新时代,通过科技创新形成完备的技术创新体系是实现高质量经济发展的第一动力,正如习近平总书记在党的十八届五中全会第二次全体会议上的讲话中所指出的,"我们必须把创新作为引领发展的第一动力,把人才作为支撑发展的第一资源,把创新摆在国家发展全局的核心位置,不断推进理论创新、制度创新、科技创新、文化创新等各方面创新,让创新贯穿党和国家一切工作,让创新在全社会蔚然成风"。[①] 通过推动自主创新,形成完备的技术创新体系,为高质量的经济发展提供技术支撑。

(二) 以现代化产业体系的建设加快高质量发展

新时代高质量的经济发展,需要加快构建以现代农业为基础、新型工业为支撑、现代服务业为主导的现代化产业体系,培育产业竞争新优势,提高产业竞争力。一是构建现代化的农业产业体系。用先进科技改造传统农业,用现代经营方式推进农业,用农业信息化水平改变农业发展的业态,构建现代化农业产业体系。二是构建现代工业体系。在工业中推广以信息技术和智能技术为代表的高新技术,发展战略性新兴工业产业,促进工业化与

[①] 《习近平谈治国理政》第二卷,外文出版社 2017 年版,第 198 页。

信息化的融合,走新型工业化道路。三是构建现代化的服务业体系。目前世界经济进入到后增长时代,从生产本位向消费本位转变,一些发达国家产业结构开始由"工业型经济"向"服务型经济"转变。进入新时代,在我国向高质量发展的转变中,需要不断提升服务业的产业层次和产业能力,逐步构建起现代化的服务业产业体系。

（三） 以协同创新体系的建立带动高质量发展

在过去的经济发展中,我们常常关注技术创新、制度创新、产业创新和战略创新的各自创新,而忽视这些创新之间的协同作用。创新实质上需要通过调整来统筹各方面资源,进而达到协同创新,最终形成协同创新体系,从而产生全面创新,通过各种创新之间的相互作用带动我国经济的实现高质量的发展。高质量发展的协同创新目标是,提高国家创新能力,以增强我国经济发展的质量竞争力。

二、在生产关系层面,通过制度创新、管理创新的协同作用推动高质量的发展

转向高质量发展不仅要适应新时代社会生产力发展的要求,而且更重要的是要调整完善生产关系和上层建筑,以深化改革为引擎,通过新发展理念实现思想创新,以深化改革促进制度创新加快发展方式转变,以深化改革推进政府与市场关系的正确处埋实现环境创新。以深化改革促进管理创新,提高效率和供给体系质量,建立与高质量发展相适应的生产关系。

（一） 以五大发展理念为高质量发展提供思想引领

"创新、协调、绿色、开放、共享"五大发展理念为高质量发展提供了新的思想理念。创新发展理念是中国特色社会主义政治经济学发展动力理论的创新,解决了高质量发展的动力问题。协调发展理念是中国特色社会主义政治经济学结构理论的创新,解决了高质量发展的不平衡问题。绿色发展理念是中国特色社会主义政治经济学生产力理论的创新,解决了高质量发展中人与自然和谐基础上的绿色生产力问题。开放发展理念是中国特色社会主义政治经济学全球化理论的创新,解决了高质量发展的发展空间问题。共享发展理念是中国特色社会主义政治经济学分配理论的创新,解决了高质量发展的公平正义问题。因此,必须梳理并践行五大发展理念,为高质量发展提供思想引领。

（二） 以深化改革促进制度创新为高质量发展提供保障

制度创新是高质量发展的前提和保证。在中国特色社会主义新时代背景下,由于一些生产要素和资源市场机制仍不完善,要素市场的垄断和市场

分割仍然严重,竞争机制难以有效发挥作用。制度创新的滞后导致要素价格扭曲,形成了经济发展中严重的路径依赖,导致地方经济和企业的发展路径锁定于高消耗、高投入、高成本的发展模式。习近平总书记指出,"世界经济长远发展的动力源自创新。总结历史经验,我们会发现,体制机制变革释放出的活力和创造力,科技进步造就的新产业和新产品,是历次重大危机后世界经济走出困境、实现复苏的根本"[1]。因此,新时代高质量发展需要制度创新来提供保障,通过进一步进行新时代的制度创新,为高质量发展提供有利的制度环境和制度保障。

（三）以政府与市场关系的正确处理为高质量发展创造环境

政府和市场的作用在不同的经济发展阶段下,它们之间的性质、地位、相互关系也都随之变化。经济新时代下,经济增长是以居民福利水平的提升为目标,通过协调推进经济体制改革与政治体制改革,提高经济增长的质量来实现可持续性的内生增长。这就要求我们要辩证认识和正确处理政府与市场的关系,统筹政府和市场的作用,确保政府既不缺位放纵市场,又不越位干预市场,也不错位扰乱市场,将市场在资源配置中起决定性作用这一要求落到实处。一是要围绕着新时代市场规律和市场的活力增强的任务进行行政体制改革,转变政府职能。二是要围绕在高质量的发展中更好地发挥政府作用推进改革,促进宏观调控目标、宏观调控模式、政策手段和宏观调控政策的改革,提高宏观调控的有效性和科学性。在新时代高质量的发展中把政府和市场更好地结合起来,发挥社会主义市场经济的制度优势,以政府与市场关系的正确处理推动高质量发展。

（四）以深化改革促进管理创新为高质量发展提供管理支持

包括社会管理创新、经济管理创新和企业管理创新在内的管理创新可以为高质量的发展提供效率支持。在社会管理创新方面,进入新时代的我国正处在矛盾凸显期,存在着一系列社会问题。社会管理创新可以激发社会管理效率,为高质量发展提供社会服务。在企业管理创新方面,企业管理创新可以提高企业对市场的适应能力和应变能力,通过企业商业模式创新、战略创新、产品创新、技术创新提高企业的核心竞争力,能够提升企业运行中的各类创新绩效,为高质量的经济发展提供具有活力的经济主体。在宏观经济管理创新方面,一方面,要通过转变政府职能,改善高质量发展的公共决策系统和公共服务系统,提高公共政策质量,为高质量的经济发展

---

①　习近平:《创新增长路径　共享发展成果——在二十国集团领导人第十次峰会第一阶段会议上关于世界经济形势的发言》,人民出版社2015年版,第5页。

提供有效的政策引导;另一方面,宏观经济管理创新可以实现宏观经济管理手段的现代化,将现代化的技术因素融合到宏观经济管理体制中,加强宏观经济信息体系的建设,建立宏观经济依据经济环境的变化而不断调整的机制。

第七章 新时代中国经济高质量发展中的质量变革

党的十九大报告作出了我国进入社会主义新时代的重大判断,并明确指出我国社会主要矛盾已经转化为人民日益增长的美好生活需要和不平衡不充分的发展之间的矛盾,原有的对我国生产力水平低下的判断已不符合我国现实。新时代背景下,我国经济由追求数量的高速增长阶段向追求效益的高质量发展阶段转变;增长方式由依靠要素投入规模扩张的粗放型增长向依靠全要素生产率提升的集约型发展转变;经济结构在多样化基础上努力向合理化、高级化方向迈进,打破经济结构的低端锁定。党的十九大报告进一步指出,我国应通过质量、效率与动力三方面的变革提升全要素生产率来实现高质量发展。在三大变革中,动力变革是基础,在传统的经济增长动力逐渐削弱的情况下,通过创新培育经济增长新动能,促进我国经济持续稳定健康发展;效率变革是主线,改变原来的依靠要素投入拉动的经济增长方式,不断提升资源的投入产出效率,提升全要素生产率,促进经济增长效益提升;质量变革是核心与主体,是动力变革与效率变革的最终目的。本章将从宏观、中观和微观三个层次来分析新时代我国高质量发展中的质量变革。

第一节 质量变革影响经济高质量发展的逻辑机理

一、质量变革影响高质量发展的作用机理

质量变革是以质量提升为核心对发展理念、发展目标、发展路径进行全方位变革,要实现经济发展质量在经济内部、经济与社会、经济与环境之间处于协调状态,这意味着要立足于在创新驱动的实现、经济结构的优化、生产效率的提升、居民生活的提高、居民分配的合理、资源环境的改善上下功夫,而这取决于发展理念、发展目标和发展路径是否发生根本性变化。若发展理念不转变、发展目标不转变、发展路径不转变,经济发展整体、综合与长远的效益提升就不可能真正实现。因此,质量变革是有效推动经济高质量发展的前提。

　　从发展理念上看,质量变革是指从数量理念转向五大发展理念的思想理念变革。发展理念不仅指导发展行动,也是决定发展目标、政策举措的根本方向。在中等收入阶段,我国原有的基于数量扩张理念对土地、劳动、资本等要素高度依赖的粗放型经济发展方式造成的一系列经济代价迫切需要调整与完善。但要实现经济发展方式的根本改变,仅依靠调节手段和政策设计的调整是不足的,还必须对发展理念进行变革,而以创新、协调、绿色、开放、共享为主的五大新发展理念主要解决增长动力问题、发展不平衡问题、生态环境问题、发展内外联动问题以及公平与正义问题,这能更科学地指导新阶段下我国的经济发展,增强发展的"质",利于发展方式的转变,实现经济、人民生活与生态环境有质量地提升,推动经济高质量发展。

　　从发展目标上看,质量变革是指从基本实现小康向实现社会主义全面现代化的目标的变革。解决人民温饱问题,使人民总体上实现小康是对经济发展的数量要求,主要解决"有没有"问题;而全面现代化是对经济发展的质量要求,主要解决"好不好"问题,它要求以全面建成小康社会为前提,实现社会主义全面现代化。从经济发展阶段来看,罗斯托认为各国经济发展主要划分为传统社会、为起飞创造前提、起飞、成熟、大众消费、追求生活质量6个阶段。根据我国实践,全面建设小康社会实际上属于经济起飞的阶段,是现代化的起点;而全面现代化是经济发展转向到成熟推进之后的阶段,是现代化的推进。社会主义现代化体现为创新、人与绿色的现代化,创新的现代化能提高要素的配置效率,提供更多优质产品以实现经济发展的高质量;人的现代化能满足人民对文娱、健康等多方面的现代化需求实现人民生活的高质量;绿色的现代化能降低自然资源的损耗实现资源环境的高质量。三者相互融合共同推动经济高质量发展。

　　从发展路径上看,质量变革是指从偏重需求管理转向强调供给结构性管理的行为路径变革。在现代市场经济下,产品和货币的发展关系可分为供给侧和需求侧。供给侧是以实体经济体系为主,是主要提供产品和服务所进行的活动,需求侧是以货币经济体系为主,是主要为形成购买力所进行的活动。需求侧的管理能带来经济短期内的高速增长,但经济长期持续健康的发展仍需要从供给侧着力,以产品和服务质量提升为核心,对实体经济层面进行调整与管理,完善市场机制。我国以往依靠需求侧的投资、消费和出口拉动经济增长的方式导致无效产能、供给不足、过剩等问题,导致"有需求、无供给"的矛盾日渐突出,制约了经济进一步地持续健康发展。因此,新时代下我国经济发展应注重要素供给质量和配置效率的全面提升,进一步发挥高端要素的作用,保证供给的有效,提高供给体系的质量,并通过供给体系不断配合适应需求结构,提升人民满足感与幸福感,推动经济高质量发展。

二、以质量变革推动经济高质量发展的内在要求

经济高质量发展是在经济内部、经济与社会、经济与环境之间实现协调、有质量发展,在宏观、中观、微观层面表现为:宏观层面上是指整个国民经济运行的优劣程度,中观层面上是指产业结构变化的优劣程度,而微观层面上是指企业发展的优劣程度。因此,我国要通过深化质量变革推动经济高质量发展也应对质量变革的宏观、中观以及微观层面提出不同的要求。

(一) 从宏观层面来看,质量变革要求提升全要素生产率以实现经济发展的代价最小化

当一国或地区经济的边际增长率接近限值,特别是在资源环境约束增加的条件下,必须破除资本、劳动等生产要素对经济发展的阻碍现象,优化资源配置效率,以抵消资本边际报酬递减的不利影响,但仅依靠提高资本产出比来改善劳动生产率并不能完全实现经济的可持续发展(蔡昉,2013),其实现还需要借助于全要素生产率的提升。全要素生产率是指在生产过程中各种既定投入要素向最终产出转变时达到的额外产出效率,是解放和发展生产力的基础,是经济长期健康发展的核心引擎,是经济有质量发展的重要保障。而全要素生产率主要由技术变化和结构变化引起,一般由技术进步、技术效率与配置效率等构成,其中,全要素生产率的提升很大程度上取决于技术进步效应的作用,技术进步的直接效应通过改变生产要素的使用方式影响全要素生产率,而技术进步的间接效应通过改变要素产出弹性与要素投入结构对全要素生产率产生影响(马洪福、郝寿义,2018)。因此,要推动经济高质量发展,应注重全要素生产率的提升,特别是与技术进步有关的生产效率的提升。

(二) 从中观层面来看,质量变革要求优化产业结构以实现经济发展的代价最小化

产业结构的调整与优化不仅是一国或地区经济发展的结果,还是经济发展的前提。从工业化发展阶段来看,在前工业化时期三次产业中主要是以第一产业为主导,到工业化初期第一产业比重渐渐缩小,第二产业逐渐发展并且其重心逐渐从轻工业转向基础工业,再到工业化中期以第二产业为主导且其重心转向高加工度工业,而在工业化后期,第三产业迅速发展并逐渐成为主导,产业知识化成为该时期的主要特征。总体来看,产业结构是一

个由低附加值产业向高附加值产业变化,且产业的优势也从初级产品转化为向中间产品、最终产品的从低级到高级的演变过程,是遵循由单一化到多元化再到产业结构高级化的一般规律。因此,要实现经济的"质量提升",产业结构应在多元化的前提下具备高级化的特征,通过产业间的更迭来实现有效的资源配置,从而实现经济效益最大化。

(三)从微观层面来看,质量变革要求提高企业质量以实现单个经济单位生产成本的最小化

企业作为质量变革的微观主体,企业质量在一定程度上决定中观产业结构的优化与宏观全要素生产率的提升。企业质量主要由管理质量、服务质量和产品质量三个层面构成。管理质量反映微观经济管理能力的优劣程度,它是指通过技术和管理对企业改善质量、减本增效实施的各种管理措施。企业内部组织建设、功能发挥与管理方式影响产品和服务质量的优劣,只有通过有效的科学管理才能提高产品和服务的质量,促进企业发展效益的提升。服务质量反映微观经济的无形产品的优劣程度,它是指以满足顾客的需求和期望为依据,采用非物质手段来增加企业产出的附加值。服务质量既包含服务过程中消费者能体验到服务水平,也包含消费者的服务结果。产品质量反映微观经济的有形产品的优劣程度,它是指物质技术特征满足实际需求。产品质量是产品使用价值和外观的具体体现。总体而言,三者共同反映企业的质量投入,企业质量的提高对推动企业经营绩效、带动行业以及整个经济发展质量的长期稳步提升都有重要作用。

第二节　新时代中国经济高质量发展中宏观维度的质量变革

宏观维度的质量变革是国民经济整体意义上的变革,是指通过改革引导经济发展从数量转向质量,从速度转向效率,推进结构优化、建立全面系统、高质量、高效益的社会主义经济增长体系。

一、宏观发展理念的变革

唯物辩证法指出实践是理论的基础,理论需要随着实践的变化而不断发展,同时理论对实践具有反作用,科学的理论对实践具有积极的指导作用,错误的理论则会阻碍实践的发展。改革开放之初,我国在全国范围内对真理的判断标准进行了大规模讨论,最终得出"实践是检验真理的唯一标准",并在此基础上确立了"以经济建设为中心"的发展理念。在这一理念

的指导下,我国先后经历了从计划经济体制向市场经济体制的转变,从闭门造车到加入世贸组织,积极参与到经济全球化中去,实现从全球贸易规则的被动接受者到更加公正的国际规则的积极倡导者的转变,在此过程中生产力水平快速提升,经济实现了高速增长,积累了庞大的 GDP 总量,最终超越日本成为 GDP 总量仅次于美国的世界第二大国。但在我国经济发展取得举世瞩目的成就的同时,也不得不承认在"以经济建设为中心"的发展理念的指导下,长期以来我国过于强调经济增长而忽视了社会发展的其他方面,过于关注经济规模的数量增加而相对忽视了质量的提升,导致了我国目前所面临的增长方式粗放,环境污染严重;生产效率低,资源浪费严重;产业结构低端锁定,低端产能过剩;自主创新能力弱,技术水平不高;增长动力削弱,经济增速下降等一系列问题。

　　新时代背景下,我国社会经济发展的基本矛盾以及所面临的内外部环境均发生了根本性变化,虽然经济建设仍是我国当前发展的中心任务,但原有的过于强调经济增长而忽视社会发展的其他方面,过于注重数量而忽视质量的发展理念已经无法满足我国未来发展的需求,社会经济发展亟须新的指导理念。2015 年在党的第十八届中央委员会第五次全体会议上,习近平总书记在对我国发展历史回顾与总结以及准确把握未来发展趋势的基础上,提出了创新、协调、绿色、开放、共享的五大发展理念,是新时代背景下引领我国经济实现高质量发展的关键指导理念之一。五大发展理念之间相互联系、相互促进,是有机统一的整体。坚持创新发展理念,以国际前沿水平为目标,不断提升技术水平,从模仿创新向自主创新转变,从技术创新向综合创新转变。坚持协调发展理念,培育地方经济发展新动力,解决区域经济发展不平衡问题;统筹城乡发展,深化细化精准扶贫工作,缩小城乡发展差距,改善城乡二元化问题;进一步完善市场经济体制,减少政府干预,促进要素自由流动,摆正要素配置扭曲,促进行业协调发展。坚持绿色发展理念,转变经济发展方式,加快产业结构调整升级,促进生产效率与经济效益的提升,走出一条资源节约、环境友好、人与自然和谐发展的绿色发展道路。坚持开放发展理念,坚持"一带一路"倡议,不断深化向西开放,加强与亚洲国家之间的合作,促进过剩产能与低端产业转移,为高新技术产业的发展创造空间,发展更高层次的开放型经济。坚持共享发展理念,不断完善按劳分配为主体的收入分配制度,提升劳动在收入分配中的占比,缩小贫富差距;加快促进基本公共服务均等化,健全养老与医疗保障机制,在不断做大"蛋糕"的同时,实现发展成果人民共享,促进社会公平。

二、宏观发展目标的变革

经济发展以满足人们的需求为最终目的,新时代背景下,高质量发展的目标从满足人民群众的基本需要转向满足更高层次的美好需要。人民群众的需求可以分为三个层次:第一个层次是物质性需求,也就是人们对日常的衣食住行的需求;第二个层次是社会性需求,包括对社会安全、社会保障与社会公正的需求;第三个层次是心理性需求,也就是对精神文化的需求。从三个层次之间的关系来看,经济基础决定上层建筑,物质性需求是最基本的需求,社会性需求与心理性需求是建立在物质性需求基础上的更高层次的需求。改革开放以来,我国生产水平大幅提升,人民生活水平有了很大改善,物质性需求基本得到满足。新时代背景下,高质量发展的目标应重点关注满足人民群众的社会性需求与精神文化需求,在促进经济建设的同时,促进社会建设、政治建设、生态建设、文化建设协同发展,将社会建设、政治建设、生态建设与满足人们的社会性需求相结合,将文化建设与满足人们的心理性需求相结合,不断增强满足人民美好生活需要的能力。

三个层次需求内部,不同发展阶段所针对的目标也有所不同。就物质性需求而言,当前我国已基本解决了人民的温饱问题,高质量发展阶段需要加快调整产业结构,解决低端供给与高端需求之间的矛盾所导致的供需失衡与产销失衡问题,消耗过剩产能,进一步提升生产力水平,满足人民群众对更好的居住条件、更便捷舒适的出行方式、更安全更高品质的饮食条件等更高层次的物质享受需求。社会性需求内部,基本需求在于满足人们对社会安全,尤其是生命安全的需求,而未来的发展需要不断加强对财产权利的保护,满足财产安全需求;加强食品药品监督,保障食品药品安全;转变经济发展方式,加强环境保护,治理环境污染,满足人民群众对清洁的空气及水源、优美的自然环境的需求。对于社会保障需求,增加就业机会,解决就业市场的结构性失衡问题,减少失业,创造"人尽其才,物尽其用,地尽其利"的社会环境,满足人们的工作需求;加大教育投入,促进教育资源的公平分配,提升教育质量,满足教育需求;完善医疗卫生保障,实现"老有所养、病有所医",满足健康需求。对社会公正需求,完善收入分配制度,缩小贫富差距,实现分配公正;坚持依法治国,不断完善各项法律法规,做到有法可依、有法必依、执法必严、违法必究,创建公平正义的社会秩序;强化政府的服务职能,增加政府工作透明度,建设清正廉洁、阳光透明的政府部门;加强基层民主建设,保证人民群众的知情权、参与权、表达权和监督权。

三、宏观发展路径的变革

新时代我国经济高质量发展的关键在于以创新驱动为基础,以供给侧结构性改革为主线,促进结构调整,培育经济发展新动能。古典经济增长理论主要讨论了土地、资本、劳动力等要素投入对经济增长的作用,几乎没有提及技术进步对经济增长的影响;新古典经济增长理论认为,经济增长来源于资本投入规模的扩张,但由于边际生产率递减规律与规模报酬递减规律的存在,当劳动力供给不再增加时,资本的边际收益率将不断下降,经济增长必将向稳定状态逐渐收敛,长期经济增长的终极源泉在于不受经济系统内部因素影响的外生变量——技术进步所带来的全要素生产率的提升。内生增长理论将技术进步视为经济系统的内生变量引入生产函数,并指出经济可以不依赖外部因素而实现增长,技术进步是决定长期持续经济增长的关键因素。内生增长理论进一步指出,技术与知识均存在外溢性,技术生产的社会效益大于私人效益而导致的正外部性是技术供给不足的关键原因,政府宏观调控可以通过补贴、更合理的制度设计等手段消除这种正外部性来鼓励技术生产。

新时代背景下,我国经济发展的要素禀赋发生了根本性改变,人口红利逐渐消失,资本边际收益不断下降,资源的稀缺性不断增强,我国经济逐渐向新古典状态逼近,增强创新能力、促进技术进步、提升全要素生产率成为促进我国经济长期增长、提升发展质量的关键所在。加大科研投入,大力推动以市场为导向、以国际前沿水平为标准、产学研相结合的国家创新体系建设;增强自主创新能力,由以节约成本为目标的过程创新向附加值更高、竞争力更强的产品创新转变;大力培育新产业、新业态、新产品、新模式,准确把握互联网与知识经济时代的发展趋势,促进互联网经济与数字经济的发展;健全产权制度,加强产权保护,实现技术创新私人效益与社会效益趋近,从而提升技术创新的积极性。

长期以来,我国的宏观调控以建立在凯恩斯主义理论基础上的需求管理手段为主。凯恩斯主义的推演逻辑是从批判萨伊的"供给能够创造自己的需求,从而长期来看,市场将自动向充分就业状态调整"理论开始的,凯恩斯指出,现实中由于边际消费递减倾向、资本边际效率递减倾向以及流动性偏好"三大规律"的存在,社会的有效需求往往低于社会总供给水平,由此导致了非自愿失业及经济的非自然律均衡,由于社会总供给在短期内不会改变,国家应当从需求侧着手,通过政府补贴、减税、降低利率等积极财政政策与货币政策刺激投资,鼓励消费,增加有效需求,从而实现市场的供求平衡,促进经济向充分就业的状态趋近。

供给是经济系统的根本,只有生产形成的供给才能创造财富,单纯刺激消费的手段是不可持续的,经济发展的困难在于创造财富,而不是刺激消费欲望。长期以来,我国依靠需求管理手段促进了经济发展水平的大幅提升,但在此过程中也积累了产能过剩、产业结构低端锁定、经济增长方式粗放、增长效益低等一系列问题。进入新时代,我国人口红利逐渐消失,资源环境压力加大,要素成本不断攀升,外需疲软,投资的边际收益不断下降,原有的通过刺激消费与投资需求拉动经济增长的方式弊端重重,供需结构失衡的问题日益严峻。新时代背景下,转变原有的需求管理手段,更加注重供给侧结构性改革,从生产端入手,提升生产力质量,加快调整产业结构,大力发展高新技术产业与现代服务业,提升供给体系质量;提高自主创新能力与技术水平,提升全要素生产率,促进实际经济增长率向潜在经济增长率的回归;加快经济结构调整,消耗过剩产能,淘汰僵尸企业,促进资源整合,促进实现"三去一降一补"目标的实现。

第三节　新时代中国经济高质量发展中
中观维度的质量变革

中观经济是介于宏观经济和微观经济之间的经济部门,中观经济包括部门经济、区域经济,它是连接宏观和微观的纽带,也是社会主义市场经济运行机制的关键环节。中观维度的质量变革是指产业和区域维度的质量变革。

一、在产业方面主要是促进产业迈向中高端

改革开放以来,经过近半世纪的发展,我国经济总量已位居世界第二,新时代背景下,经济发展的主要矛盾由总量问题转变为结构性问题。结构性问题最显著的表现是供需矛盾,人民群众日益增长的中高端、多样化消费需求与大众化生产之间的矛盾,这导致了大量消费需求外流,没能形成对我国经济增长的现实拉动力。究其本质,供需矛盾的根源在于产业结构的不合理。改革开放以来,我国基本实现了产业结构的合理化,建立起了比较完整的产业体系,但产业结构的高级化进程却较为缓慢,形成了我国目前产业结构低端锁定的局面,传统优势产业主要集中在科技含量低的劳动、资本及资源密集型行业,产业结构调整升级缓慢,导致产能过剩,资源浪费严重;自主创新及研发能力不足,大量高科技产品及关键零部件长期依赖进口,严重

阻碍了我国高新技术产业的发展。

新时代背景下,加快产业结构调整升级,促进产业结构向中高端迈进,是提升我国经济发展质量的关键途径之一。我国产业发展目前面临的阻碍主要来自三个方面:一是供给端要素成本上升,资源环境约束增强;二是需求端消费升级,对产业结构升级的倒逼压力增强;三是虚拟经济过度发展,资源配置扭曲,实体经济发展不足。针对这些问题,我国应当主要从以下方面着手,促进产业结构向中高端迈进。一是增强自主创新能力,提升科技水平,提高生产效率,促进高新技术产业、战略新兴产业等高端产业的发展,提升产业结构高级化水平,向全球产业价值链的中高端迈进;同时促进三次产业内部结构升级,大力发展高端制造,促进实体经济发展,明确虚拟经济发展应为实体经济服务。二是大力发展信息经济、知识经济,促进以互联网、物联网、大数据以及云计算为基础的数字经济与互联网产业的发展,积极培育新产业、新业态、新模式,同时坚持供给侧结构性改革,促进传统产业内部升级整合,及时淘汰僵尸企业,加快消耗过剩产能,提升传统产业生产效率。三是加强品牌建设,促进产品创新,提高产品质量,立足消费升级的现实,以市场为导向,生产能够满足消费者高端消费需求的产品。

二、在区域方面主要是实现区域协调发展

新时代背景下,生产力发展不平衡成为我国经济社会发展的主要矛盾之一。进入新常态以来,我国经济增速总体上呈下降趋势,地方经济分化,总体上呈现出现有增速东高西低、潜在增速东升西降的态势。东部地区一直以来都是我国改革开放的"排头兵",在自身的区位优势及优惠政策条件的支持下,积极承接发达国家产业转移,经济发展水平迅速提升,积累了庞大的经济总量。但随着东部地区土地、劳动力等要素价格的上涨,以及劳动力向中西部回流趋势的增强,几十年来促进东部地区高速增长的传统动力逐渐消失。与此同时,随着东部地区技术水平的不断提升,与发达国家技术差距逐渐缩小,通过引进国外技术进行模仿创新的空间不断压缩,对自主创新的要求不断增强,创新难度加大、增速下降是经济规律作用下的必然结果。反观中西部地区,虽然历史原因以及相对劣势的区位环境导致其发展水平较低,但新常态以来,劳动力向中西部回流,原本属于东部地区的劳动力数量优势向中西部地区转移,加之低廉的土地价格及丰富的能源资源,为其承接东部地区的产业转移奠定了基础。此外,随着"一带一路"倡议的实施以及向西开放战略的进一步推进,西部地区凭借其得天独厚的区位条件,成为加强与亚洲国家的经济交流合作、提升开放水平、发展更高层次开放型

经济的"桥头堡",经济增长潜力进一步提升。

新时代背景下实现高质量发展的重要一环是解决好生产力发展不平衡的问题,着力促进区域协调发展。首先,持续推进"一带一路"建设、京津冀协同发展以及建设长江经济带三大发展战略,更加注重城市群在促进区域协调发展中的重要作用,充分发挥中心城市的辐射带动作用,努力实现东中西部地区基本公共服务均等化,基础设施通达程度比较均衡,人民生活水平大体相当。其次,进一步完善市场经济体制,加快全国统一市场建设,消除地区分割,促进市场配置资源的基础性作用的充分发挥,消除地方保护主义,促进资源在地区间的自由流动,摆正资源扭曲配置。再次,鼓励地方基于地方自身优势发展特色产业,进一步深化区域分工,加强优势互补,避免重复建设与区域间同质化竞争。最后,坚持五大发展理念,加强政府宏观调控,加强对东部地区技术创新以及高新技术、互联网产业发展的政策支持,增加对中西部地区的转移支付力度以及财税政策优惠力度,促进中西部地区工业制造业及服务业发展,促进东中西部绿色、协调、可持续发展。

第四节　新时代中国经济高质量发展中微观维度的质量变革

微观维度的质量变革是指企业发展的高质量。具体包括企业发展的高质量、企业管理的高质量、产品的高质量和服务的高质量。

一、企业发展的高质量

把企业作为高质量发展的主体,激发企业内部质量管理的新动能,引导企业内生增长。首先,在企业引入高素质的人力资本,采用先进的管理体系,加大科研投入,增强企业全链条、全阶段、全领域的自主创新能力,准确把握产品生命周期与产业生命周期,以市场需求为导向,提高新产品的研发力度与效率,精准定位本行业的发展阶段以及企业自身的行业地位,制定正确的发展战略,实现新兴行业企业的快速成长与夕阳行业企业的战略转型。其次,提升产品质量,树立品牌意识。进入新常态以来,我国经济发展过程中最突出的矛盾是结构性问题,最显著的表现形式是供需结构失衡,新时代人民的美好生活需要,实际上就是对高品质的产品与服务的需求。因此企业生产应立足需求端消费升级的现实状况,改变原有的以低廉的价格获取竞争优势的战略,转向提升产品质量,推动企业更多依靠研发设计、标准品牌、供应链管理来提高产品质量,以高质量产品树立品牌形象,通过广告宣传提升品牌知名度,通过特色产品形成品牌优势,提升客户黏性,从而掌握定价主动权,提升利润空间。最后,企业应增强社会意识,积极承担社会责任。以往很多企业在追求利润最大化的过程中,形成了"唯利是图"的生产方式,不惜以牺牲职工的身体健康、闲暇生活为代价,忽视对生态环境保护以及社会秩序稳定的责任,单纯追求利润增加。新时代背景下,随着我国社会主要矛盾的转化,企业的这种经营管理方式已经难以为消费者所接受,因此,企业应加快建立一种利润空间、员工福利、社会效益"三位一体"协调发展的经营管理方式。

二、企业管理的高质量

企业管理是指对企业的生产、经营、销售等活动进行有组织的计划、协调和指挥,促进企业内部的人力、物力、财力等各项资源通力协作,最大化地发挥作用,提高企业的投入产出效率,获取最大化利润的一系列活动的统称。改革开放以来,在立足我国实际情况的基础上,通过引进、消化和吸收国外的先进管理经验,我国逐步建立起了现代企业制度,企业的生产经营方式与管理理念取得了飞跃性进展,现代化程度不断提升,效率不断改善,但与发达国家相比仍有较大差距。企业作为经济发展的微观主体,提升企业管理质量、促进企业高质量发展成为实现我国经济高质量发展的重要微观基础。新时代背景下,提升企业管理质量应主要从以下方面着手。

一是准确把握"互联网+"时代的信息化趋势,提高企业管理的信息化、数字化、自动化水平。互联网时代,市场已经由"卖方市场"转变为"买方市场",企业生产与消费者之间的关系由大众化生产时代的"企业生产决定用户消费"转变为高端个性化需求主导下的"消费需要主导企业生产"。因此,企业应不断提升经营管理的信息化水平,增强对大数据的获取与分析能力,深度挖掘用户信息,精准定位用户需求,努力提升用户体验,有针对性地组织研发、生产与经营等各项活动。二是增强管理创新能力。在企业的生产经营环境发生改变的情况下,企业应不断与时俱进,相应改变其管理方式与管理理念。首先,促进管理理念的创新,互联网信息化时代,企业应尽快树立互联网营销理念,充分利用各种网络媒体进行广告宣传,推广品牌形象,提升品牌知名度,增强现有顾客的品牌忠诚度,创造更多潜在顾客。其次,促进组织创新,精简企业组织机构,减少指令传达层级,降低传播过程中的信息与指令扭曲,减少部门之间相互掣肘的现象,提升企业运行效率。再次,制度创新也是企业管理创新中极为重要的一环,完善企业的激励制度,建立合理的人事管理制度,在追求利润的同时兼顾员工福利,最大程度地增强员工的工作积极性,提升员工对企业的忠诚度,降低离职率,减少人才流失。最后,进一步完善委托—代理机制,减少由于信息不对称而导致的道德风险与逆向选择风险,促进企业长期可持续发展。

三、产品的高质量

产品是企业的生命,没有高质量的产品,就没有高质量的企业发展。企业在提升产品质量的过程中,需要建立严格的高质量标准,明确标准对提升产品质量的重要作用,并加强对标准执行的监督管理,促使企业各相关部门严格按照标准进行生产、检验等各项活动,从材料采购、生产加工、质量检验,乃至最终的包装出库等各个环节严把质量关。此外,提升技术水平,提高生产能力是提升产品质量的关键所在,没有成熟的技术与工艺,提升产品质量只能是空谈。因此,企业应加大科研投入,积极引进高素质人才,提升技术水平,增强高质量产品的生产能力;同时,建立以市场为导向的科研体系,增强对新产品、新工艺的研发能力,提高科研成果向现实生产力转化效率,从而提升研发活动的投入产出效率,提高研发积极性。

四、服务的高质量

萨伊认为,生产活动的结果所对应的不是物质,而是效用。那么,消费者购买的最终目的也是享受产品所能够提供的效用。按照这一理论,企业的责任不再终止于产品出售的那一刻,而是在产品生命周期中延伸,直至产品的实体形态消亡,消费者在购买产品的同时,也在为与产品相伴随的服务付费。对于服务型企业而言,提供给用户的服务就是其产品,企业首先需要设法明确顾客期望,可以通过设置多种可供选择的不同等级的服务类型来定位顾客类型与需求,从而按照顾客的意愿与需求提供具有明确针对性的服务。此外,在企业内部树立质量理念,营造"质量第一"的企业文化,增强全体职工的服务质量意识;创新服务方式、增强服务特色,从而形成企业自身独特的竞争优势。

对于制造业企业而言,现代市场环境下,单纯的产品质量已经不再是取得竞争优势的唯一手段,企业需要不断提升相应的服务质量,提升用户体验来吸引或者留住顾客。首先要提升物流效率,现代快节奏的生活方式下,长时间的等待无疑会降低顾客从产品中所得到的效用水平,是导致顾客流失的一个重要原因。其次要创新服务手段,充分利用现代技术及网络通信,为客户提供实时的全方位服务,及时解决客户遇到的问题,提升客户满意度;建立企业内部竞争及监督机制,通过各项奖励手段鼓励员工积极主动地为客户提供高质量服务;坚持诚信原则,提高产品的售后服务质量,严格履行售后承诺,高效率地解决产品售出后出现的各种问题,能够极大地增强客户的品牌忠诚度。

第五节　新时代中国经济高质量发展中
三维质量变革的协调

从系统论的思维来看,整体国民经济分为宏观、中观和微观三个子系统。宏观经济是指总量经济活动,微观经济是指个量经济活动,介于宏观、微观经济之间的是中观经济。因此,高质量发展的质量变革应当从三个维度来实现,由于国民经济是一个系统,在三个维度质量变革的基础上,还需要进行协调。三维质量变革的协调需要从以下四个方面展开。

一、协调总量与质量的关系

改革开放以来,我国经济发展水平迅速提升,积累了庞大的经济总量,成为 GDP 仅次于美国的世界第二大国,但在数十年的增长过程中严重忽视了经济发展质量的提升。全要素生产率是指当资本、劳动力等各项生产要素的投入均不增加时,产出仍然增长的部分,通常是指由技术进步或效率改善导致的增长,是学术界长期以来用来衡量经济增长效益的常用指标,可以近似地用来衡量经济发展质量状况。众多学者的研究发现,改革开放之初,我国经济增长由投资、消费、出口"三驾马车"协同拉动。在 20 世纪 80 年代,全要素生产率得到了大幅提升,但自 20 世纪 80 年代末 90 年代初开始,全要素生产率提升对经济增长的贡献度逐渐降低,在某些年份甚至出现的严重的负增长,对经济增长形成反向拉动,到 21 世纪初期,全要素生产率持续负增长,资本规模扩张成为经济增长的主导力量,全要素生产率与资本投入对经济增长拉动呈现出反向角力态势,经济总量快速积累的同时,质量不升反降,这种增长方式最终导致了我国目前面临的产能过剩、增长效益低、经济结构失衡以及环境污染严重等各种问题。

新时代背景下,我国经济在未来的发展进程中需要重点协调好总量与数量的关系,在促进经济稳定增长的同时,提升经济发展质量。首先,转变经济增长的衡量标准。长期以来,我国始终采用 GDP 作为经济增长情况的衡量指标,GDP 既不包含效率的内容,也无法反映与人民生活质量、社会秩序以及生态环境保护相关的内容,是一种单纯衡量数量增长的指标,很容易让我们忽视更为重要的发展质量的问题。因此,新时代背景下,我国应加快建立经济发展质量的衡量指标体系,准确反映经济发展的方方面面,在促进数量增长的同时,提升质量。此外,坚持供给侧结构性改革,提高自主创新能力与技术水平,加快产业结构调整升级,提升供给体系质量,提高产品与服务质量,加快消耗过剩产能,及时淘汰僵尸企业,转变高污染、高耗能的粗放发展方式,鼓励高科技产业与战略新兴产业,走生产效益高、环境污染小、人民群众共享发展成果的可持续发展道路。

二、协调稳增长与调结构的关系

稳增长是调结构的基础,能够为调结构创造更大的空间。经济增长是保证就业、提升人民生活水平的基础,只有将经济增速保持在一个合理的区间内,才能为社会创造出新的就业岗位,避免大规模失业的发生,维持稳定的社会秩序,人民才能增加收入,形成改善生活水平的手段。在没有增长的情况下进行结构调整,或者因为结构调整而严重阻碍经济增长,只能导致经济秩序混乱,降低人民生活水平,甚至危害社会稳定。调结构是稳增长的保障,能够保证经济增长长期的可持续性。我国经济发展的主要矛盾已经由总量问题转变为结构性问题,经济发展已经到了只有通过结构调整才能实现长期增长的关键阶段,因此,加快产业结构优化升级,大力培育新产业、新业态、新模式;消除城乡二元结构,促进城乡协调发展;重塑地方经济增长动力,优化经济空间布局,促进区域协调发展,是我国调整经济结构,提升经济质量,加快跨越中等收入陷阱,实现经济在长期内稳定、持续、高质增长的关键所在。

三、协调好提高供给质量与淘汰落后产能的关系

要协调好提高供给质量与淘汰落后产能的关系,关键在于加快产业结构优化升级。一方面,淘汰落后产能是提高供给体系质量的必然要求。在社会资源一定的情况下,落后产能生产占用的资源越多,高质量的先进生产所能得到的资源也就越少,因此提高供给体系质量必然要求政府尽快关闭高污染、高耗能以及一批僵尸企业,缩小产能过剩行业的生产规模,使原本被这些行业占用的资本、劳动力等资源重新释放出来,同时出台各项优惠政策,引导资源向新兴产业的流动,促进高端制造业、数字经济与互联网产业等高科技产业与战略新兴产业的发展,增加高质量、高品质的产品与服务的生产。另一方面,淘汰落后产能是提高供给体系质量的必然结果。只要市场竞争机制完善且能够不受阻碍地发挥作用,在消费升级的情况下,效率低下的生产方式以及落后产能,在供求机制与价格机制的共同作用下,必将在

与更加先进的生产方式,更高质量的产品与服务的竞争中处于劣势,利润空间的不断缩小将倒逼企业减少生产,直至其最终退出市场。

四、协调好政府与市场的关系

改革开放以来,我国逐步建立起并不断完善社会主义市场经济制度,经济的市场化程度不断提高,新时代背景下,在促进经济进一步发展的进程中,处理好市场与政府的关系,仍是通过体制改革实现高质量发展的关键所在。一方面坚持市场在资源配置中的决定性作用。进一步完善社会主义市场经济体制,准确把握市场规律,服从价格机制、供求机制以及竞争机制的作用,实现各类要素的自由流通,充分发挥各类要素的生产积极性。另一方面要发挥好政府宏观调控的作用。政府宏观调控的关键在于促进市场机制作用的充分发挥,而不是直接干预资源配置,政府应当通过完善各项法律法规、加强产权保护等,促使不断规范市场秩序,净化市场环境,促进公平竞争;通过简政放权、简化行政审批手续,消除对市场机制的阻碍。严格讲,政府的调控范围应限制在诸如提供公共产品、调节收入分配等市场管不到、管不好的领域。

五、协调好高质量经济发展与高质量环境的关系

高质量经济发展是实现高质量环境的必然条件。高质量经济发展是资源投入少、产出效率高、环境成本低、社会效益好的发展模式,是我国经济由粗放型增长方式向高效益、高质量发展模式转变的结构。只有坚持高质量的经济发展模式,加快调整产业结构,淘汰高污染、高耗能、低效益的生产方式,才能实现资源节约与环境保护,最终促进生态环境质量的提升。高质量环境是高质量经济发展的应有之义。高质量经济发展是在五大发展理念指导下的发展,绿色发展理念提出了"生态环境就是生产力"的论断,主张通过发展绿色经济、循环经济,促进人与资源和谐共生,经济发展与生态环境保护协同发展,因此坚持高质量的经济发展道路必然带来高质量的生态环境。

六、协调好经济发展与人民生活水平提高的关系

经济发展的最终目的是提高人民生活质量,促进高质量发展的目的在于满足人民日益增长的美好生活需要,只有经济增长而没有人民生活的改善被称为"无情的增长"。改革开放以来,我国 GDP 高速增长,经济总量位居世界第二,但与此同时,反映人民生活状况的城乡居民人均可支配收入却

增长缓慢,经济增长的结果未能全面地惠及人民群众,逐渐形成了"藏富于国"的局面,贫富差距逐年扩大,"国富而民穷"的趋势逐渐加强。新时代背景下,实现发展成果人民共享的关键在于完善收入分配制度,坚持以按劳分配为主体、多种分配方式并存的分配制度,提高劳动收入在收入分配中的比例,提高分配效率,缩小收入差距;规范市场竞争秩序,健全相关法律法规,依法保护合法收入,惩治违法所得;加快税制改革,合理分配税负,充分发挥税收缩小收入差距,促进社会公平的重要作用;不断完善各项基础设施建设,促进基本公共服务均等化,逐步建立完善的医疗保障制度与养老保险制度等各项社会保障制度,通过政府转移支付缩小贫富差距,实现经济发展与人民生活水平提高的协调发展。

第八章　新时代中国经济高质量发展中的效率变革

经济效率指经济系统达到帕累托最优状态,强调在总生产要素投入保持不变的情况下社会、经济产出的提升。经济效率包括宏观经济层面的生产要素配置效率、规模效率、全要素生产率,微观经济层面的劳动效率、投资效率、能源使用效率等。因此本章从经济学原理角度分析效率变革的科学内涵、我国经济增长变化的效率特征、影响效率变革的因素等,进而探讨新时代我国经济高质量发展的效率变革路径。

第一节　效率变革理论内涵的演进及估算方法变化

一、效率变革理论内涵的演进

效率反映经济系统中产出与投入的关系。20世纪初,意大利经济学家帕累托在其著作《政治经济学讲义》中给出效率的定义为:对某种资源的配置,若不存在其他生产可能的配置来使经济体中所有人至少和他们的初始情况一样好且至少有一个人比初始时更好,那么资源配置就是最优的,这一状态被称为帕累托有效,又称为帕累托效率。美国制度经济学家康芒斯对效率的定义为:效率是使用价值出量与劳动工时入量的比例。这一观点仅重视人的单位时间劳动投入,而不考虑例如机器损耗等其他投入因素。萨缪尔森认为:效率就是不存在浪费,即在一定投入和技术条件下,如果对经济资源进行了能带来最大可能满足程度的利用,那么就称经济运行是有效率的。我国经济学家樊纲教授在《公有制宏观经济理论大纲》一书中将经济效率定义为:社会利用现有资源进行生产所提供的效用满足程度,是资源的利用效率。它是需要的满足程度与所耗费成本的对比关系,是效用概念或社会福利概念,而不是单纯地生产多少产品的简单物量概念。将经济效率概念用于企业时,"高效率"指的是企业在投入一定生产要素条件下使产出最大,或者在产出一定时成本最小,也就是"微观效率";当效率被用于经济系统时,"高效率"指各种资源在不同生产领域得到合理的配置,能最大限度地满足社会和人们的需求,是"宏观效率"。

综上可以看出效率概念涉及两个层面:一个是宏观层面或经济总量层面,经济效率强调经济系统的全局最优;另一个是微观层面,效率是投入和产出能力的度量,是描述资源利用的最大程度。"有效率"意味着产出一定前提下的成本最小化,或支出一定条件下产出能力最大。

关于生产效率估算的研究是经济学中一个重要的研究问题。在古希腊时期,柏拉图的劳动分工理论和亚里士多德关于使用价值和交换价值理论都是对劳动生产率的讨论。经济学界认为在18世纪后期,魁奈首先提出劳动生产率概念,但是认为在魁奈的"劳动"概念中仅限于农业生产领域。亚当·斯密将劳动生产率中的"劳动"从局部拓展到整个生产领域,他在《国富论》中指出,劳动生产率的提高是由劳动分工引起的,劳动生产率提高是国民财富增长的主要源泉。到了20世纪30年代边际理论的诞生,美国经济学家克拉克建立了要素边际生产率分配理论,认为按照要素边际生产率确定收入及其变化的原因分析,英国经济学家弗雷德·马歇尔也开展了这方面研究。

第三次工业革命(大约在1950年)后,计算机新技术的广泛应用,科学技术和新技能等无形生产要素促进世界各国经济快速增长,劳动生产率、资本生产率等单因素生产率的提高对经济增长的贡献难以解释经济增长率,而且从理论上经济学家更加一致认为对经济增长起促进作用的是所有生产要素量的积累和相互作用的共同结果。于是经济学家转向全要素生产率(Total Factor Productivity,TFP)的研究,20世纪20年代道格拉斯和柯布在研究美国制造业中劳动力和物质资本的边际生产率产出时,建立了美国制造业的产出量和劳动力、物质资本之间的关系,即柯布—道格拉斯生产函数。这一函数为TFP的经济学理论和如何计算TFP提供了分析工具,基于此生产函数,荷兰诺贝尔经济学家丁伯根在1942年提出了"全要素生产率"一词,并且将时间因素引入其中。之后斯蒂格勒、阿布拉莫维茨、索洛等人对全要素生产率理论和计算都作出过创新性贡献,但最具经济学理论意义的是索洛新古典增长模型及著名的"索洛余值"。1957年索洛在柯布—道格拉斯生产函数基础上提出 $\dfrac{\mathrm{d}Y_t}{Y_t} = \dfrac{\mathrm{d}A}{A} + \alpha \dfrac{\mathrm{d}K_t}{K_t} + \beta \dfrac{\mathrm{d}L_t}{L_t}$。

根据索洛模型,经济增长率可分解为资本增长率、劳动增长率和"其他因素(索洛余值)增长率"三部分,其中"其他因素"增长率就是TFP增长率,主要体现为科学知识、工程技术、先进管理组织等无形生产要素的增长率。索洛认为,经济增长率的来源由两部分组成,投入要素增长率和全要素生产率,而且由于生产要素的稀缺性,所以投入要素增长率是有限的且有趋于零的趋势,因此全要素生产率是经济增长率持续增加的唯一来源。显然索洛的全要素生产率理论有模糊之处,就是没有论述清楚 TFP 的产生机理,即 TFP 是如何实现的。缺乏对全要素生产率的结构分解,科学知识、工程技术、先进管理组织不能独立作用于经济增长率,只能通过将物质资本和劳动力作为载体,实现物质资本生产率和劳动力生产率的效率提高,从而实现经济系统效率提升,促进经济增长,所以 TFP 是一个不仅体现了投入要素的单要素生产率的变化,也体现了通过科学知识、工程技术、先进管理组织影响投入要素的效率来提升生产效率的综合指标。因此,我国经济高质量发展的宏观效率变革就是提高总量全要素生产率,应该加强科技创新投入、人力资本投入以提高劳动生产率,加强物质资本的科学配置,以提高物质资本生产率,最终达到全要素生产率提升。

二、全要素生产率的估算方法

索洛提出全要素生产率理论后,经济学界关于如何准确计算全要素生产率开展了大量研究,代表人物乔根森(Dale W.Jorgenson)和格瑞里奇斯(Zvi Griliches)等先后将经济理论与指数理论相结合计算 TFP 增长率,最终形成了一套完善严谨的增长核算框架。乔根森增长核算框架将宏观增长来源分解与国民统计核算体系有效对接。对全要素生产率的估算方法主要有两种:(1)参数方法:潜在产出法、索洛残差法、代数指数法、随机前沿分析法、隐藏变量法等;(2)非参数方法:DEA 数据包络分析法、Malmqusist 指数法、Malmqusist 指数和数据包络分析结合的方法等。

微观层面 TFP 增长率估算主要遵循以生产前沿面为基准的相对效率测算思路,它最早源于法雷尔(Farrell)的创新性工作。法雷尔从厂商"多投入、多产出"的特点出发,利用生产前沿面衡量不同厂商相对投入的生产效率。全要素生产率(TFP)定义为投入与产出之比,技术效率是指一个行业中的厂商在给定技术条件和投入约束下,生产过程逼近生产前沿面的程度。如果位于生产边界上,那么厂商为技术有效(如图 8-1 中 B 点所示);如果位于生产前沿面之下,那么厂商是技术无效的(如图 8-1 中 A 点所示)。如果一个厂商从 A 点移动到 B 点,说明厂商通过技术效率改进提高 TFP。C点是全要素生产率的最大点,是技术有效又是规模最优的点;如果从 B 点移动到 C 点,这是由规模效率变化引起的全要素生产率的提升,如果时期 1 的生产边界 F_1 上升到时期 2 的生产边界 F_2,所有厂商的全要素生产率都有提升,称此提升为技术进步导致的。如果知道生产要素的价格信息,则产出一定条件下的最低成本投入要素组合就是配置效率。所以,从微观层面进行的效率变革,即提高全要素生产率就是探寻技术进步,提高企业技术效率改进或者生产向更有效率的企业转移,寻求生产中的成本节约(配置效率和规模效率)。

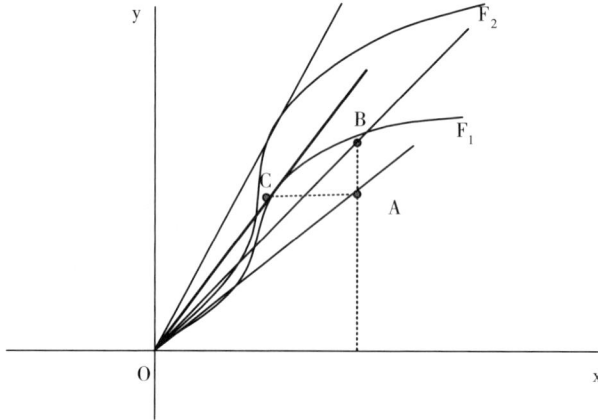

图 8-1　生产率、规模效率、技术效率和技术进步

　　由以上分析可以看出,无论是单要素生产率还是全要素生产率,都是从供给端出发关于工业生产能力的度量。然而我们正在经历着网络经济,网络经济引起了经济结构、经济运行机制、经济主体的协同作用等一系列变化,已成为新经济形态。人们普遍认为,网络技术对于经济系统的革命作用在某种程度上可以与蒸汽机和电力发动机对于经济系统的革命作用相提并论。但是"索洛悖论"提出:"我们到处都能看见计算机,唯独在生产率统计方面看不见它。"在乔根森教授的实证研究中也发现 2005—2010 年期间美国经济增长中的 TFP 对产出增长的贡献比较之前呈现出大幅下降趋势。因此在 20 世纪 90 年代开展了对"索洛悖论"的热烈讨论,即网络经济下的全要素生产率的讨论,讨论的观点主要有两种:第一种观点认为,以工业生产为特征的方法来解释服务业的生产效率,而忽视服务业经济活动中衡量定量附加价值是非常困难的,即将 TFP 这个工业概念原原本本地套用到服务业经济活动中是不可行的。因为全要素生产率这个概念被用来描述投入与产出的关系,而服务业的产出却难以度量,例如教育的产出难度量,因此很难将这一概念运用到服务业中,但提高"全要素生产率"的指示却是越来越多。第二种观点认为,根据采用不同数据和计算公式得到的结果也不同,如"在 2002 年到 2004 年之间,如果根据工资成本指数来计算定量的附加价值,在计算机服务领域的生产力年均降低 0.5%;相反地,若是根据新收集的价格指数来计算,生产力则年均增长 4%"①。在服务业占 GDP 比重不断增大的情况下,需要我们不断探索全要素生产率的概念、理论和估算方法。

第二节　中国经济发展效率的现状分析

1978 年改革开放以来,中国经济保持了近 30 年 10% 的高速增长,然而 2008 年以来,增长速度开始不断下降,2013—2017 年 GDP 增长速度更是跌破 7.9% 的增速。我国经济增长速度持续下降的原因与趋势引起了学界的深入讨论,主要有两种观点:一是认为这是一种周期性下降,是投资型的短期趋势;二是认为这是一种由于潜在经济增长率下降引起的效率型长期趋势。2014 年习近平总书记首次提出"新常态",认识到我国经济由高速增长转向中高速增长,经济增速下降是一种长期趋势。党的十九大报告中也指出"我国经济已由高速增长阶段转向高质量发展阶段",并认识到效率的不足,提出不断填平各种低效率洼地,实现高质量发展的效率与竞争力的稳固基础。因此,通过分析我国当前发展效率的优势与短板,找到高质量发展的低效率洼地是实现效率变革的重中之重。

一、高速增长阶段发展效率得到改善

（一）宏观效率

改革开放以来,凭借丰富的劳动力资源,运用高投资和出口导向型发展模式,经济取得了显著增长,增长速度也一度远远超过其他大国。

1. 劳动生产率快速提升

改革开放的提出不断推动我国物质资本的积累,促进先进技术的不断引进,以及教育水平的不断提升,劳动生产率得到了大幅提高。全员劳动生产率从 1978 年的 0.09 万元/人跃升至 2016 年的 9.37 万元/人,年均增长率达到 13%,东中西部地区的劳动生产率也得到显著提高,东部地区更是异军突起远超中西部地区,但三大地区劳动生产率相较于改革开放初期均有质的飞跃,在 2016 年劳动生产率分别达到 12.05 万元/人、7.24 万元/人和 6.93 万元/人。改革开放初期劳动生产率差距保持近似不变的趋势,进入 20 世纪 90 年代之后,东部地区与中西部地区之间的差距呈现扩大趋势,

① Jorgenson D. W. , Grilichesz. , The Explanation of Productivity Change, *Review of Economic Studies*, 1967, 34(3).

这与改革开放实施的优先发展东部沿海地区战略密切相关,并带动全员劳动生产率不断提高,随着地区间差距的不断拉大,进入 21 世纪国家提出代表性的西部大开发战略应对地区发展差距。战略实施之后,中西部地区劳动生产率增长率不断提升,与东部地区的差距也随之出现转变,东西部地区劳动生产率变动由 2002 年的峰值 2.40,下降到 2016 年的 1.66。东中西部的不断发展,带动全员劳动生产率也得到不断提升,并在 1992 年、2002 年出现增长率的提升,其中全员劳动生产率 2002—2016 年年均提高 0.54 万元/人,显著优于 1992—2015 年年均 0.12 万元/人的提高幅度(见图 8-2)。

（单位：%）

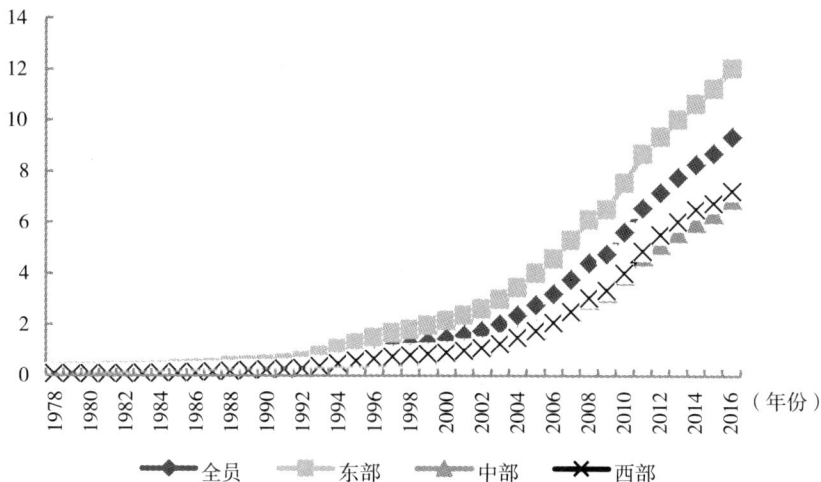

图 8-2　1978—2016 年全员与东中西部劳动生产率

2. 全要素生产率稳步提高

改革开放以来,随着我国市场经济体制的建立完善、对外开放全面推进以及经济的优化调整,全要素生产率呈上升趋势,对经济增长的贡献也显著提升。据测算,改革开放初期,我国全要素生产率快速提升,表现出东部高、西部低、中部居中的特点,三大地区全要素生产率以近似的差距共同上升。20 世纪 90 年代中后期增长放缓,并呈现三大地区差距不断缩小的趋势,90 年代西部大开发战略的提出,为西部地区全要素生产率提高带来动力,并带动全国全要素生产率短时间实现上升。然而 90 年代中后期至今,中西部地区全要素生产率不断下降,东部地区在 2008 年以后同样缓慢下降,但现阶段全要素生产率仍然高于改革开放初期(见图 8-3),全要素生产率更是贡献了经济增长的 43%(肖宏伟、王庆华,2017)。

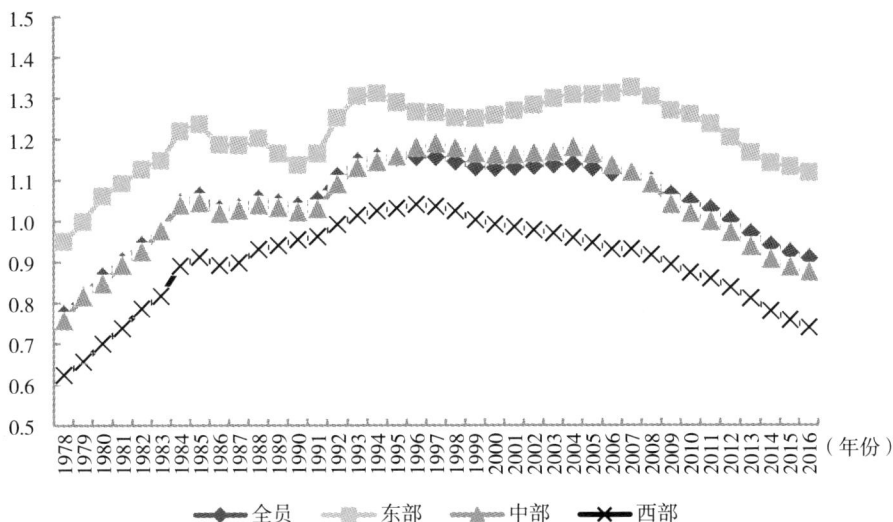

图 8-3　1978—2016 年全员与东中西部全要素生产率

（二）中观效率

改革开放 40 年,我国快速跃升为世界第二大经济体和第一大货物贸易国,这些举世瞩目的伟大成就与我国产业发展密切相关。尤其是对不同行业的快速发展,我国由一个农业大国转变为世界第一工业大国、第一制造大国,并触发世界竞争格局和全球分工体系的深刻变革。

1. 产业结构明显优化

改革开放对我国社会主义市场经济体制的确定,解除了我国长期以来的产业发展禁锢,全社会生产力与产业发展活力得到了极大的释放,经济快速发展,产业结构明显优化。1978 年三次产业结构占比为 0.28：0.48：0.24,第三产业落后于第一产业与第二产业,随着改革开放带来的工业化快速发展,2000 年三次产业结构占比调整到 14：46：40。其中改革开放初期,家庭联产承包责任制为农业发展带来了红利效应,农业劳动生产率从1978 年的 359 元/人快速增长到 1985 年的 816 元/人,在 1982 年达到农业占比峰值 32.8%,此后,随着工业化的不断深入,农业占比逐步下降,2000年降至 14%。第三产业则随着市场的不断开放得到快速发展,公有制为主体、多种所有制共同发展的定位,促进以第三产业中商业、餐饮、居民服务、交通运输等为核心的私营企业遍地开花,大型连锁经营等新业态得到快速发展。2001 年中国加入 WTO 为产业发展带来了全球化红利,世界大门的打开使中国快速变身世界工厂,加速工业化与服务业的共同发展,服务业就业人数在 2011 年首次超过第一产业,而产业占比在 2012 年首次超过第二产业,成为经济增长的助推器、吸纳就业的稳定器。

（单位：%）

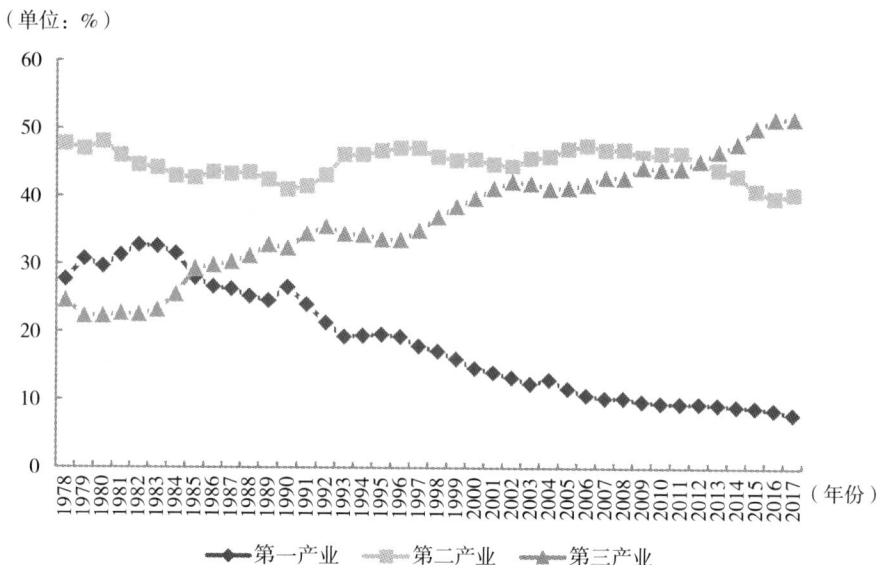

图 8-4　1978—2017 年三次产业结构变动

2. 各行业效率齐头并进

1978 年改革开放在小岗村拉开序幕,以农业改革为起点,之后城市改革全面展开,经过土地改革、国企改革、科技体制改革,逐步放开金融市场、劳动力市场、房地产市场、技术市场、信息市场,带动各个行业遍地开花。2001 年我国加入 WTO,不断融入全球市场,不仅快速成为世界工厂,高科技产品甚至比肩美国,行业发展也与国际接轨,行业效率不断提升。如图 8-5 所示,2003 年以来各个行业全要素生产率不断攀升,其中凭借我国生物科技的不断进步与国际金融行业的高度融合,农业与金融业效率实现高速提升,金融业全要素生产率年均涨幅达到 11.7%,远超其他行业;批发和零售业与工业全要素生产率紧随其后,服务行业中的住宿和餐饮业以及交通运输业全要素生产率相对较低,但各个行业全要素生产率均呈现上升趋势。

（三）微观效率

改革开放 40 年来,中国的企业在经济社会地位、所有制结构、管理水平、经营机制、管理观念、企业组织结构以及企业制度等方面都发生了根本变化。国有企业不断变革,并在关系国家安全、民生的关键行业和领域发挥重要作用;股份制企业、私营企业、外商投资企业由无到有、由小到大、由弱

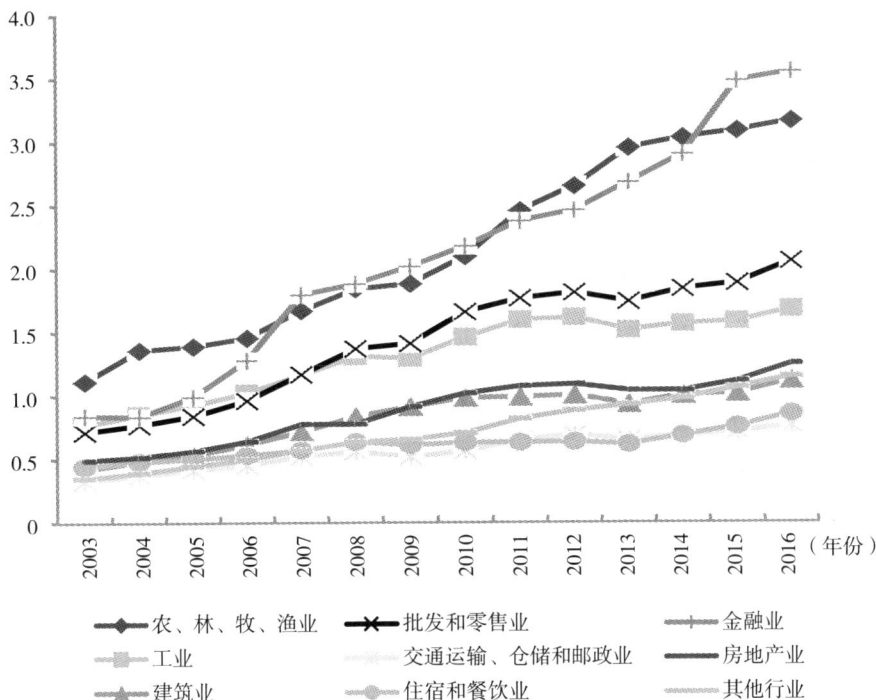

图 8-5　2003—2016 年各行业全要素生产率变动

资料来源:根据国家统计局数据测算绘制。

到强,迅速成长,已经成为推动中国经济发展的核心力量,这些企业的竞争力不断增强,对国际市场产生了重要的影响。

1. 各类企业高速发展

改革开放后社会主义市场经济体制的确立打开了我国经济发展的大门,经济市场不仅有国有企业,而且多种所有制不断涌现共同发展,实现了我国经济的高速发展。国有企业不仅是计划经济时期的"宠儿",更是改革开放时期我国经济体制改革、结构调整、市场化改革的主要承担者,也正是由于国有企业承担了巨大的改革成本,各种非国有经济成分才得以迅速发展。(1)我国股份制企业萌发于改革开放的热潮中,1986 年国务院明确提出"各地可以选择少数有条件的全民所有制大中型企业进行股份制试点",由此开启了我国股份制企业的发展浪潮。1990 年 11 月和 1990 年 12 月先后批准上交所与深交所成立,股份制企业在中国迅速发展,尤其在 1997—2001 年,我国股份制企业从 7.2 万家发展到 30 多万家,增长了 3.2 倍,年均增长达到 33.1%,到 2001 年年底,上市公司达到 1213 家,其中境内上市公司(A 股、B 股)1154 家,境外上市公司(H 股)59 家。截至 2017 年年底,我国上市公司数量达到 3739 家,其中境内上市公司达到 3485 家,境外上市公司(H 股)达到 254 家(见图 8-6)。(2)吸引外商投资也是我国对外开放政策的重要组成部分,从改革开放初期 1983 年实际利用外商直接投资 9.2 亿美元,到 2017 年上升至 1310.35 亿美元,实现 15.70% 的年均增长率。2014年我国首次超过美国成为全球最大的外资流入国,成为最吸引外商投资的国家,外资企业遍布我国东中西部地区,对我国经济发展起到了良好的带动作用。(3)1987 年党的十三大报告明确私营经济是公有制经济必要和有益的补充,此后我国的私营企业进入了迅猛发展的阶段,1989 年我国私营企业户数为 9 万户,到 2017 年达到 2726.3 万户,实现 22.63% 的年均增长率。我国私营经济的发展速度远超全国经济增长速度,成为经济增长的主要推动力量,私营企业在创造就业机会、吸纳下岗人员再就业、出口创汇、缴纳税费等方面都发挥了重要作用,为我国经济发展作出了重大贡献。

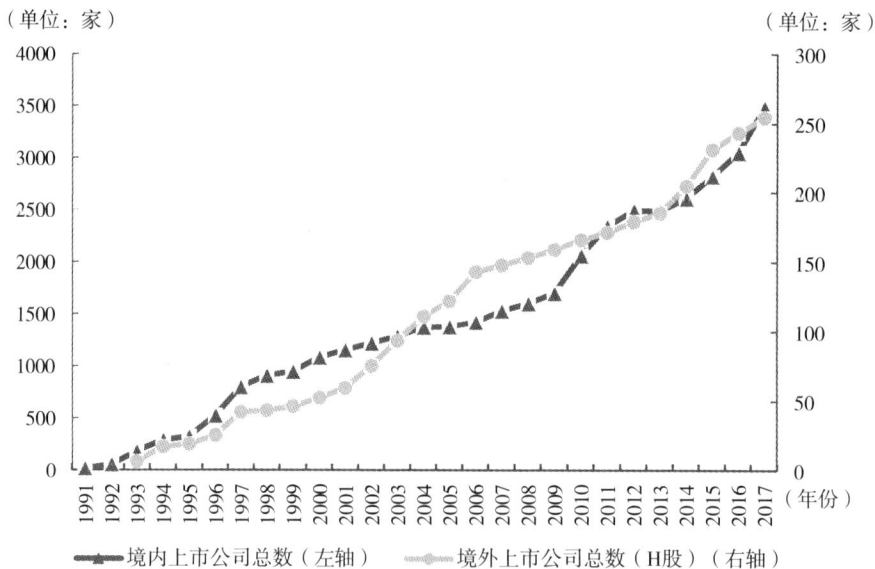

图 8-6　1991—2017 年我国境内、境外上市公司总数

2. 企业生产率不断提高

改革开放打开了国家发展的大门,我国企业凭借快速的学习能力,追赶国际先进生产技术,不断实现自身生产率的快速变革,全面挤占国际产品市场,凭借我国企业的高速发展,我国在 2017 年再次成为世界第一贸易大国(见图 8-7)。当前进入知识经济时代,传统的、基于强边界的单元型企业

与资源配置方式严重影响了资源配置的效能与效率,滞后了创新与发展的步伐,然而我国企业凭借敏锐的技术嗅觉,运用新科技革命和产业变革催生了经济社会发展的新动力,以互联网、物联网、大数据、云计算、人工智能为代表的新技术、新产业、新业态、新模式逐步取代了以资源和政府为导向的传统经济发展模式,为企业实施新的组织方式提供了新的可能,更加带动企业生产率不断提高。我国企业自觉以国家战略指导自身发展,不断探索新动能、打造新动能,实践以新要素市场化配置资源、培育新产业,同时,新动能处于世界领先地位,不仅为国家和产业的创新发展探索出了具有中国特色的新路,而且实现了我国在国际市场地位的质的飞跃。

（单位：亿元）

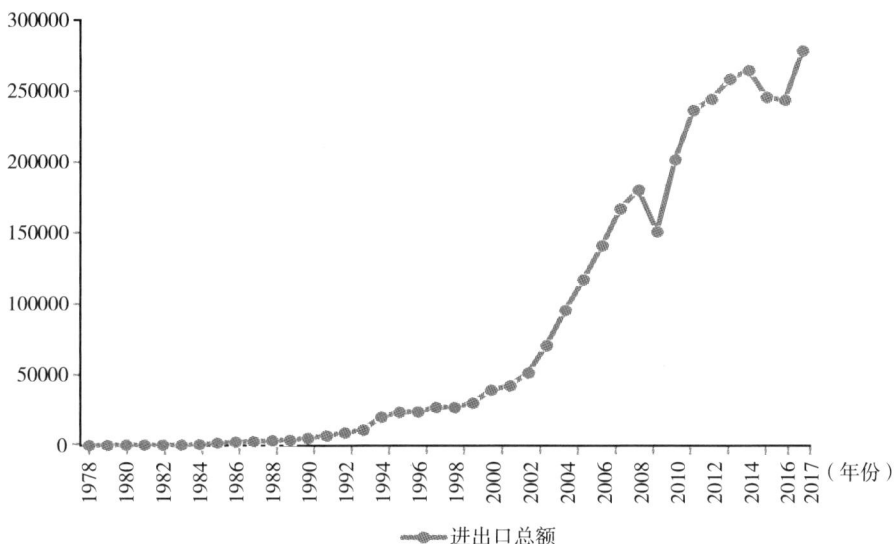

图 8-7　1978—2017 年我国进出口总额

二、高质量发展阶段发展效率仍存短板

（一）宏观效率仍存短板

1. 劳动生产率远低于发达国家

伴随我国经济高速增长,我国与世界发达国家的差距在不断缩小;但我国当前生产技术总体水平较低,劳动力素质与发达国家差距仍然较大,因此我国劳动生产率仍远低于发达国家。2016 年我国劳动生产率为 12075.18美元/人, 仅为美国的 11.63%（103835.35 美元/人）、日本的 13.35%（90477.59 美元/人）、德国的 13.88%（87011.53 美元/人）、法国的 13.03%

（92645.55 美元/人）、加拿大的 13.21%（91418.24 美元/人）、英国的
14.78%（81678.88 美元/人）、韩国的 25.66%（47066.58 美元/人）（见表
8-1）。但是,也能看到 21 世纪以来,我国与其他国家的差距正在不断缩
小。2000—2016 年,我国劳动生产率不断提升,相当于美国的比率从
3.51%上升到 11.63%,年均增长率达到 7.51%,远超其他国家。

表 8-1　我国与其他国家劳动生产率（2010 年不变价购买力平价）

国　　家	2000 年劳动生产率（美元/人）	2016 年劳动生产率（美元/人）	2000 年中国相当于其他国家的比重	2016 年中国相当于其他国家的比重	年均增长率
中　　国	3044.26	12075.18			8.99%
美　　国	86620.31	103835.35	3.51%	11.63%	1.14%
日　　本	79043.83	90477.59	3.85%	13.35%	0.85%
德　　国	77607.93	87011.53	3.92%	13.88%	0.72%
法　　国	85390.13	92645.55	3.57%	13.03%	0.51%
加拿大	82704.63	91418.24	3.68%	13.21%	0.63%
英　　国	71519.12	81678.88	4.26%	14.78%	0.83%
韩　　国	31127.12	47066.58	9.78%	25.66%	2.62%

资料来源:世界银行 WDI 数据库。

2.资本产出率持续下降

改革开放带动我国经济持续高速增长,其间不断吸引国内外大量资本
投入其中。改革开放初期东中部地区的优先发展使得资本产出率有较大提
高,这也与资本的快速增长息息相关,然而由于普遍存在的投资建设管理的
粗放化、大量国有单位融资约束不足、企业产能利用不足等问题,造成资本
产出率在 1995 年达到峰值后不断下降,西部地区发展滞后于东中部地区,
但也于 1998 年后出现不断下降的趋势(见图 8-8)。同时,我国资本产出率
虽然不断提高,但与世界发达国家的差距仍然很大,根据世界银行数据,
2016 年我国增量资本产出率为 1.2,远低于发达国家的资本产出率,其中德
国为 4.1、英国为 3.8、美国为 3.5、法国为 2。资本产出率的不足,将会严重
影响我国社会投资质量、效益和效率的全面提高。

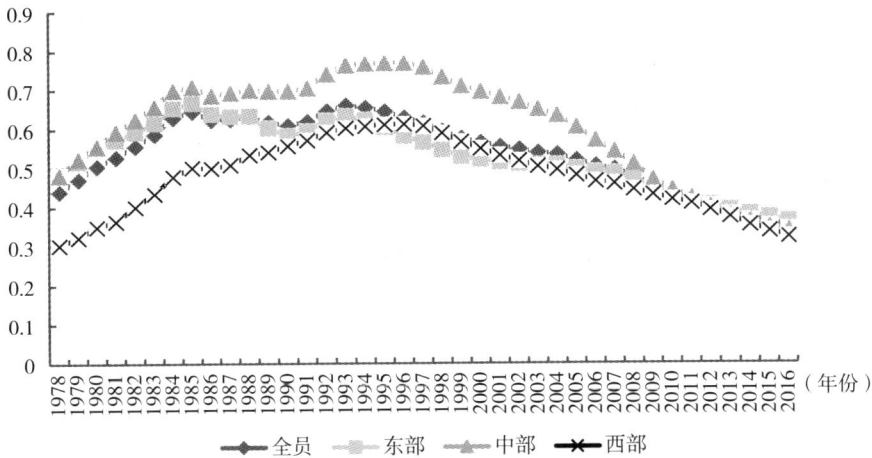

图 8-8　1978—2016 年全员与东中西部资本产出率

3. 全要素生产率增长率不断下降

改革开放带动我国全要素生产率有所提升，但全要素生产率的增长率却持续走低（见图 8-9），归根结底是由于我国研发效率、科技成果产业转化率较低等问题造成的。同时我国与发达国家在全要素生产率上的差距也较大，参考美国宾州大学国际比较项目发布的数据，2014 年我国全要素生产率仅为世界平均水平的 53.1%，G7 集团的 52%、美国的 43%、德国的 46%、英国的 60%。The Conference Board 数据显示，2016 年我国全要素生产率增长率为−1.6%，低于主要发达经济体的增速，如日本的−0.2%、韩国的 0.6%、美国的−0.4%、法国的 0、德国的 0.8% 和英国的 0.2% 等。

图 8-9　1979—2016 年全要素生产率增长率变动趋势

（二）中观效率提升不足

1. 产业结构现代化水平较低

改革开放带动二、三产业高速发展，但我国产业结构现代化水平与发达经济体还存在较大差距，优化升级面临困难和瓶颈。据中国民生银行研究院采用产业结构演变系数 DCIS 作为评价指标的测算，中国工业化发展水平远低于美国、日本、韩国和德国。此外用产业结构演变系数上升一个单位的速度来衡量工业化发展速度，日本需用时 31 年，德国需用时 18 年，美国、韩国均需用时 11 年，然而我国却尚处于工业化发展中后期，产业结构演变系数尚未出现一个单位的变动，明显落后于其他国家。即使采用第三产业和第二产业的比重来衡量产业结构的高级化程度，我国的产业结构高级化程度也远远落后于美国、韩国、日本和德国。

2. 三次产业全要素生产率提高动力不足

纵观 40 多年来的产业发展演变，我国产业结构总体呈现由"二一三"向"二三一"，再向"三二一"转变的趋势，第一产业与第三产业呈现"剪刀式"对称消长态势，第三产业逐渐取代了第二产业在国民经济中的主导地位。第一产业占比总体下降；第二产业占比总体变化幅度较小，基本在40%—50%的区间内震荡；第三产业占比总体呈现持续上升态势，经历了三次较快的上行周期。然而三次产业的全要素生产率变动方向却不同，第一产业由于生产技术的不断进步，全要素生产率不断上升；由于产业体系现代化程度不高、劳动生产率较低、产能利用率总体偏低、资源与生态约束依然严峻等问题，第二、第三产业全要素生产率却出现不断下降的趋势（见图 8-10）。

（三）微观效率呈现下降趋势

1. 企业利润率不断下降

近年来，全国经济保持持续增长，然而规模以上工业企业的利润率却总体呈下降趋势，由 2010 年的 7.6%下降至 2015 年的 6%，2016 年仅小幅回升到 6.2%（见图 8-11）。2018 年 8 月长江商学院发布的"中国企业经营状况指数"表明，我国企业当前经营状况明显下滑，企业销售前瞻指数、企业利润前瞻指数、企业融资环境指数和企业库存前瞻指数四大指数全部出现下滑，值得注意的是，伴随着销售和利润的下滑，企业用工成本却不降反增，由此可见，企业现阶段面临着巨大的结构性成本压力。

2. 资产负债率仍然较高

从企业的资产负债率水平看，近年来，我国工业企业的资产负债率有所回落，如根据国家统计局公布的数据，2017 年 3 月规模以上工业企业

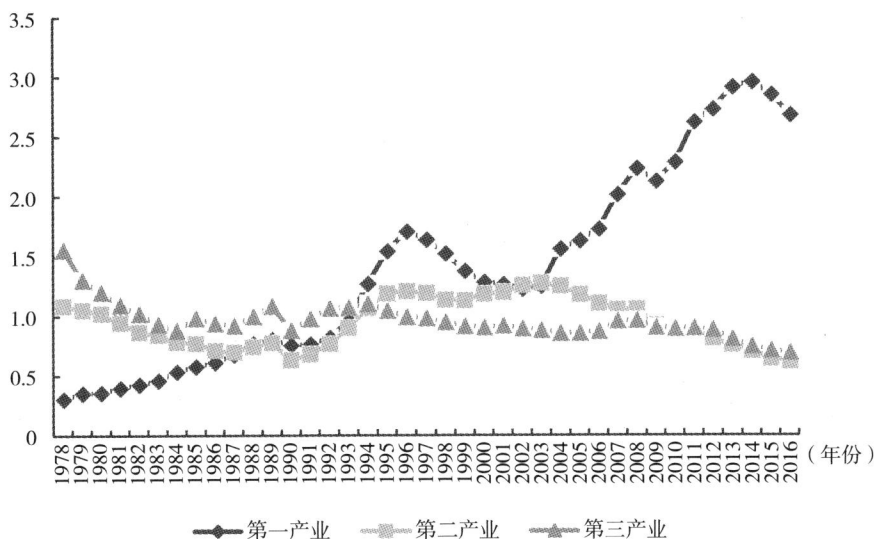

图 8-10 1978—2016 年三次产业全要素生产率变动趋势

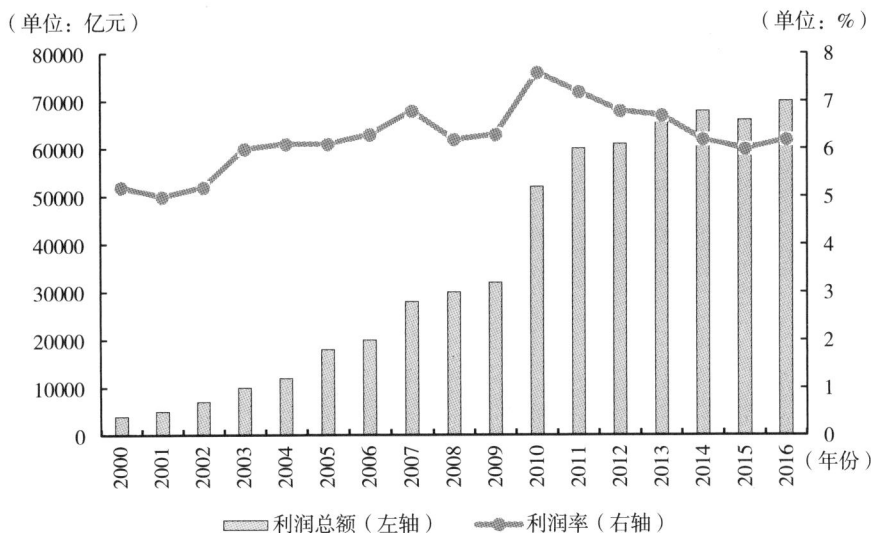

图 8-11 2000—2016 年规模以上工业企业利润总额和利润率

的资产负债率是 56.2%,同比下降了 0.7 个百分点,但基建和房地产行业 2016 年的资产负债率超过 65%,依然居高不下(见图 8-12)。从所有制性质分类来看,民企资产负债率在下降,国企及国有控股企业资产负债率仍居高不下,2016 年达到了 66%,比工业企业的平均水平高出 10 个百分点。此外,尽管我国非金融企业的资产负债率总体呈下行势头,但总杠杆率水平却仍在上升。

（单位：%）

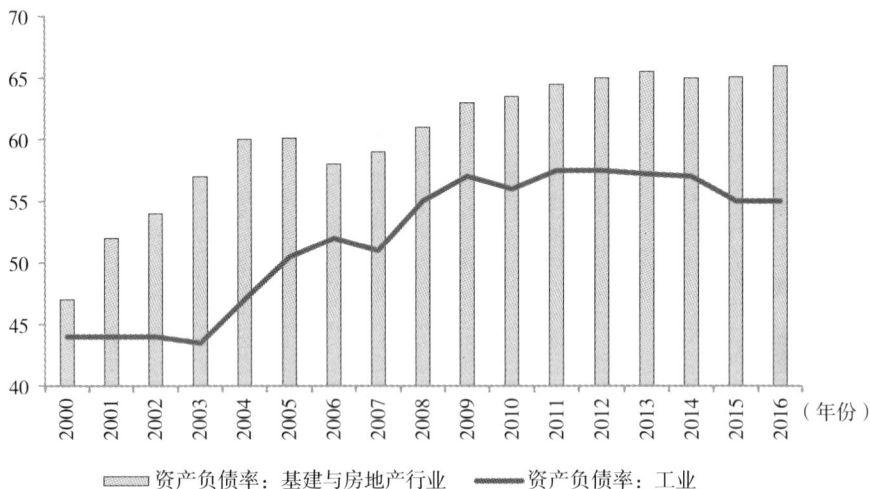

图8-12　2000—2016年工业、基建与房地产行业资产负债率

资料来源：Wind资讯，中泰证券研究所。

第三节　制约经济高质量发展效率变革的因素分析

一、宏观效率

（一）要素配置效率是影响我国宏观效率提升的关键因素

全要素生产率本质上是一种资源配置效率（蔡昉，2018），因此经济增长中要素配置效率的不足是影响宏观全要素生产率的关键因素。我国当前经济转轨过程中，一个相当突出的现象就是要素市场扭曲造成的要素配置效率的低下。具体来看，各级地方政府出于促进地方经济发展的战略目标，普遍存在对资本、劳动力和土地等关键生产要素资源的管制，并且拥有这些关键要素的管制权与定价权，进一步造成要素流动障碍、要素价格刚性、要素价格的差别化以及要素价格低估等一系列要素市场扭曲效应（张杰等，2011）。钱雪亚和缪仁余（2014）对我国TFP分析证实要素配置效率是阻碍我国全要素生产率提升的最大约束，简泽（2011）对制造业TFP进行分析发现，市场不完全引起的产业内要素配置扭曲使得全要素生产率年损失达到40%以上。因此，在当前我国经济竞争力逐步下降和经济潜在增长率逐步下滑的双重压力下,必须通过继续推进要素市场化的全面改革,从而全面促进要素配置效率对生产率增长的贡献率,对维持我国经济的可持续发展显得尤为重要。

（二）人力资本投资是影响我国宏观效率提升的长期因素

舒尔茨(1990)最早指出人力资本是凝结在劳动者身上的、以体力劳动者和脑力劳动者的数量和质量表示的资本,并认为人的知识、能力、健康等人力资本的提高对地区经济增长的贡献远大于物质资本与劳动力数量的增长。人力资本的不断积累可以有效提高劳动力质量,在提升劳动力生产效率的同时,也能促进全要素生产率的提高。改革开放以来教育发展迅速,1999 年我国实施大众化发展战略,高等教育入学率一路攀升。然而我国劳动力整体受教育水平和国家教育投资数量仍然偏低,教育投资占 GDP 比重仍偏低;我国还存在教育结构不平衡问题,表现在职业技术教育的发展滞后、地区间教育投资水平不均衡,而且教育提供的劳动力供给与实际的劳动力需求存在脱节现象,影响了我国劳动力生产率的提升。因此,我国当前需要改善人力资本投资的不足与结构性问题,从而促进我国经济全要素生产率的提升。

二、中观效率

（一）产业结构优化升级是促进我国中观效率提升的核心因素

产业结构升级是影响中观效率——产业全要素生产率的核心因素。产业结构升级可以促进生产要素在产业之间的转移和重新配置,可以提升产业要素的配置效率;产业结构升级的内涵是保证高附加值、高技术产业比重的不断上升,这些产业拥有较强的技术溢出效应以及与其他产业较高的关联作用,可以有效促进产业技术效率的提升;产业结构升级本质上是分工深化引起的生产环节裂变的外在表现,而分工是促进经济增长的重要来源,分工的细化加强生产的专业化,从而提高产业的规模效率。配置效率、技术效率、规模效率共同作用于产业的全要素生产率,因此产业结构的优化升级能从根本上促进产业全要素生产率的提升。改革开放 40 年来我国产业结构有效保证了经济快速增长;但在新旧增长动力转换中,制度性交易成本的高低成为影响动力转换速度的关键因素,并不断制约产业的转型升级与结构优化调整,从而影响产业生产效率的不断提升。

（二）供给结构有效是促进我国中观效率提升的基础因素

经过 40 年的改革开放,我国产业发展到一定阶段之后,一方面,土地、劳动力、资本、技术、管理等生产要素质量与效率出现了边际效用递减的趋势,资本报酬效应逐渐消失;另一方面,投入各类生产要素后的产出不能完全满足社会需求,造成了供需失衡与错位。在这种条件下,需要提高全要素生产率,通过产业要素优化导向实现从数量增加转向效率和质量提升。一是在劳动力方面,建设知识型、技能型、创新型劳动者大军,弘扬劳模精神和工匠精神,加快促进高端人才的培育与集聚,提高单位劳动的产出效率和产品质量,实现从人口红利向人才红利的转变。二是在土地等自然资源方面,建立权责明确、监管到位的自然资源管理制度,健全土地等自然资源集约利用制度,实现土地等自然资源从粗放供给转向集约利用。三是在生产资本投入方面,需要提高资本运作效率,吸引社会投资,发挥社会动能,建立政府与社会收益共享、风险共担的长期合作关系,实现资本投入从政府主导转向社会主导。

（三）提高产能利用率是促进我国中观效率提升的关键因素

中国的产能利用率具有明显的时代特征:第一阶段,以"短缺"著称的计划经济时代,供需结构以行政指令为指导在全社会范围内实现相互配置,当时国内消费需求远超市场生产能力,虽然存在产能利用率及产能过剩问题,但在当时的经济发展过程中并不突出。第二阶段,社会主义市场经济体制逐步确立,由于生产设施的落后,产能利用率不足逐渐成为经济发展过程中的常态并愈演愈烈。尤其是在 2008 年全球金融危机之后,中国政府为了应对实体经济的疲软现象,推出了一系列振兴和刺激经济的政策,这些措施在客观方面有利于挖掘市场需求潜力,但也导致了国内部分行业的盲目投资和重复建设,进一步造成中国的产能过剩问题,由此工业产能利用率已成为影响经济增长的主要"顽疾"和国家宏观调控的重点。耿强等(2011)指出,产能过剩不但会导致产业组织恶化、企业亏损增加,还会带来更大的经济波动。林毅夫等(2010)认为,产能过剩已经成为影响发展中国家经济乃至重构发展中国家宏观经济理论的重要问题,严重影响我国产业全要素生产率的提升。

三、微 观 效 率

（一）提高 R&D 投入是促进我国微观效率提升的基础因素

企业的 R&D 能力可以充分体现一个国家的科技研发能力,企业的 R&D 水平能够影响企业在市场上的竞争能力,企业 R&D 投入的增加可以带动企业技术进步,直接促进企业全要素生产率的提升。国外大企业普遍把 R&D 视为企业的生命之源,发达国家 R&D 经费来源与经费执行主体均为企业本身,科学家与工程师的就业主要部门也是企业,在这三个方面我国企业与发达国家企业就形成了较大差距。我国 R&D 投入的主体是政府、企业和金融机构,其中政府财政的 R&D 资本投入在国家研究开发总资本投入中所占的比重较高。因此鼓励企业增加 R&D 投入有利于提高企业技术竞争力,并促进企业全要素生产率的提升。

（二）改善营商环境是促进我国微观效率提升的核心因素

企业家才能对企业全要素生产率的重要作用不可忽视,同时,对于当前处于经济和社会转型期的中国而言,企业家在设立和运营企业的过程中显而易见地需要和地方政府及相关职能部门频繁打交道,进行各种要件准备及报备等审批和监管手续。从宏观经济层面看,地方政府对于辖区内的企业发展甚至发挥着"点头不算摇头算"的作用。因此,地方政府主导下的营商环境建设自然也受到越来越多的关注,国务院总理李克强在 2017 年 6 月召开的全国深化"放管服"改革电视电话会议上更是提出了"营商环境就是生产力"这一新理念,强调了营商环境对企业运营的决定性作用。从微观企业层面看,营商环境是企业创立和发展的前提和基础,良好的营商环境将有益于企业的设立、运营、融资和绩效,企业运作的全过程都离不开营商环境的渗透作用。正是由于营商环境对企业家才能是否发挥作用具有巨大的影响,企业家才能在对企业全要素生产率发挥积极作用时是否会受到当地营商环境的制约则受到很多学者的关注。薄文广等(2018)通过使用 2016 年 35 个城市的上市公司微观数据,并匹配相应的营商环境指标和企业家才能指标数据,定量分析了企业家才能、营商环境对企业全要素生产率的影响。结果表明,企业家才能对企业全要素生产率影响存在着营商环境"门槛效应",即企业家才能只有与一定的营商环境相结合,才会对企业全要素生产率提升产生积极作用。谢海东(2006)建立起投资经营环境和民营企业绩效的直接联系,认为在利润增长机制和投资诱导的两重作用下,营商环境与民营企业绩效显著正相关。通过以上理论分析和实证研究可以得出,提高营商环境对企业全要素生产率有显著的正向促进作用。

第四节　实现新时代经济高质量发展效率变革的路径

一、宏观效率改善路径

（一）发挥市场机制作用,提高宏观生产要素配置效率

全要素生产率的提高涉及多方面作用,技术进步、人力资本投资、规模

经济等,但所有这些因素起作用的前提条件是要素市场化配置。首先,要建设完备的要素市场,需要补充要素市场建设的短板;建设多层次的资本市场,完善金融体系建设,保证资本的自由流动;规范土地市场,构建充分竞争的土地流通市场,并设立防止过度投机的监管机制;发展技术市场,有利于实现科技创新成果到生产力的快速转化。其次,保证所有要素进入市场,对各种要素市场充分开放,无论是劳动力市场,还是大数据市场等,都要促进要素的自由流动。最后,需要确保要素价格的市场化,必须由市场确定要素价格,不仅是物质性生产要素,而且资本、劳动力、技术、管理等要素均做到要素价格的市场化。要素市场化配置效率的提升,核心要求市场整体实现有效性,因此需要推进市场秩序、规范建设,加快完善要素市场机制。

（二）提高教育水平与人力资本质量,为提高宏观效率提供根本保障

提高人力资本质量与教育水平的改进息息相关,提升人力资本水平,一方面要加大人力资本投资,另一方面要提高人力资本投资效率,优化发展教育事业。首先,要注重教育机会的公平,强化政府促进教育公平的主体责任,推动城乡义务教育的一体化,加大对贫困落后地区的基础教育投资,逐步缩小城乡、区域、校际差距。其次,注重各阶段教育的平衡发展,统筹学前教育、义务教育、高中阶段教育、职业教育以及高等教育的共同发展,注重新时代不同教育需求的特点,补齐以往教育短板,实现不同阶段教育的平衡发展。最后,实现人力资本投资和劳动力市场更加紧密的结合,面对新的发展阶段,经济结构变迁频繁,技术进步迅猛,知识创新更加多样化,为人力资本投资带来更大的挑战,因此需要把握经济社会发展形势以及劳动力市场信号的变化,提高人力资本投资、培养的针对性,实现产教融合,顺应新时期经济社会发展需要。

二、中观效率改善路径

（一）全面构建三次产业协同合作体系,促进产业结构优化提高中观效率

三次产业之间的合作是增强产业发展潜力、推动产业成长的有效途径。重新定位三次产业的地位与功能,构建三次产业协同合作新体系,既要重视工业,走新型工业化道路,也要重视农业,实现农业现代化,还要发展现代服务业和高新技术产业,实现三次产业协调发展。一是推动产业融合发展。要发挥第三产业的引领功能,大力发展加工制造业,尤其是农产品加工制造业和装备制造业,通过延伸产业链、培育产业簇群、推动政府间纵向与横向协作等方式,形成产业链、创新链、资金链、人才链分工,促进三次产业之间

的互动与合作。二是建立产业间的强强联合。通过产业之间的互动以及各种联系,发挥各次产业增长与发展的地域环境优势,形成三次产业之间的双向溢出效应。三是搭建产业体系协同发展机制和平台。建立健全当前产学研制度机制,成立产学研深度融合机构,搭建产融深层次合作平台,形成产业与要素之间的无缝对接,形成产业与要素之间的联动发展,协同协调共建现代产业体系。

（二）　转变政府职能加深市场化进程,改善产能过剩提升中观效率

通过市场化改革化解产能过剩问题有利于实现经济又好又快的发展,但在保证市场化改革时需要肯定政府的"辅助作用"。首先,需要转变政府职能,发挥政府的宏观经济的掌控和调节作用,优化政府的公共服务,出台投资指导信息,遏制不同行业的投资泛滥,规范市场行为。其次,不同省份工业部门应采取差异化产能过剩治理政策,由于不同省份产能过剩的产业有所不同,而且产能过剩的程度也有巨大差异,对于产能过剩严重的中西部地区,应重点进行技术引进,提升产品品质和市场需求水平,而产能利用率相对较高的东部地区,应鼓励企业开拓新的消费市场,扩大消费需求。

三、微观效率改善路径

（一）　加大并优化 R&D 投入,提高技术创新水平和技术进步效率

创新是构建竞争优势的关键因素,是企业持续发展的根本动力所在,我国企业应积极采取措施,加快实现核心技术与关键技术领域的突破。首先,充分发挥大企业的技术创新引领示范作用,核心技术和关键技术的突破,关键需要依靠拥有较好技术积累的大企业,因此促进形成大企业聚焦基础技术研究与创新研发,小企业致力于应用型技术与改良型技术研发的技术创新格局。其次,推进构造开放式创新平台,与当前"互联网+"互相结合,致力于集聚创新资源,提高企业整体创新能力,并有效整合和利用全球创新资源,建立完善的研发机制。最后,深化产学研合作,企业加大技术研发投入的同时,有效实现与高校、科研机构的紧密联系,利用科学实验室实现与生产技术创新的高度结合,提高科技成果的生产转化率,并保证企业生产的先进性。

（二）　提升营商环境,促进企业效率提高

在提升地方政府营商环境上,首先,地方政府应自上而下地构建"亲""清"的政商关系,营造一个透明化、公平化、便利化和法制化的营商环境。政府作为营商环境的主要营造方,应努力提高办事效率,进行机制体制创

新,制定优化营商环境的相关合理性政策,并让相关企业有长期和稳定的预期,以此来打造优胜劣汰的公平竞争的市场环境。其次,地方政府应深入推进"放管服"改革,实行"不见面"审批、"承诺制"无审批等简化企业办事流程、"让企业家只跑一次"等节约时间和经济成本的举措,并听取更多自下而上的企业诉求,协同企业、高校等科研机构以及社会组织等,找到相关行业发展的痛点或难点(应更多集中于非企业家可以控制的一些制度或政策壁垒),以先行先试的名义去除一些制度和政策壁垒,更好地激发企业活力。最后,从营商环境的内涵出发,虽然政企相关的办事程序和市场环境是营商环境的重要组成成分,但随着百姓收入水平的提升以及对美好生活的向往,之前的"人随产动"日益转向"产随人走",且越是高端人才对单纯工资之外的软环境愈发看重,优美的生态环境以及高水平的教育、卫生等社会精英配套产业对于营商环境的提升以及高层次人才的吸引正发挥着日益重要的作用。因此,在提升营商环境的过程中,优美的生态环境和配套完善的社会公共服务业也是题中应有之义。

第九章 新时代中国经济高质量发展中的动力变革

党的十九大报告指出,我国经济已由高速增长阶段转向高质量发展阶段,当前我们正处在转变发展方式、优化经济结构、转换增长动力的攻关期,而建设现代化经济体系正是跨越关口的迫切要求和我国发展的战略目标。在这一背景下,培育新动能是新时代经济高质量发展的根本支撑,也是我国经济长远发展的改革内容。新时代下的中国经济正在进入新的发展阶段,经济的进一步发展需要寻找和培育新动能,并通过新动能的培育推进新常态经济持续稳定发展。

第一节 中国经济发展的阶段性及其动能转换

随着我国经济发展进入新时代,增速放缓、结构优化、动能转换成为当前经济运行的基本特征,与此同时高质量的发展也成为中国经济发展的主题。这样的变化对我们的经济工作提出了新的要求,在当前的经济状态下"新动能培育"的概念开始被提出和推广。

一、经济发展动能的概念界定

动能原本是物理学中的一个概念,特指因为运动而使物体产生的能量,其大小与质量和速度呈正相关关系。将这一概念沿用到经济学中则是指驱动经济增长的动力与能量。2016年2月,在G20财长和央行行长上海会议的视频讲话中,李克强总理首次提出了新动能,他将新动能归纳为通过结构性改革等举措以及新一代信息技术革命来培育经济社会发展的新动力。以此为起点,新动能培育的问题开始走进人们的视线。在之后的《政府工作报告》中李克强总理还指出,经济发展必然会有新旧动能的迭代更替,当传统动能由强变弱时,就需要新动能异军突起和传统动能转型,形成新的双引擎,只有这样才能推动经济持续发展,跃上新的台阶。2017年1月,国务院办公厅印发了《关于创新管理优化服务培育壮大经济发展新动能加快新旧动能接续转换的意见》,这是第一份有关我国新动能培育以及新旧动能间接续转换的正式文件。同年《政府工作报告》中提出做好政府工作要"依靠创新推动新旧动能转换和结构优化升级",并提出"双创"是推动新旧动能转换和经济结构升级的重要力量。综上我们不难看出,新动能是在新时代下推进高质量发展的一种新的驱动力,它有别于传统的动能,是实现高质量发展的新活力、新动力及新能量。

二、经济发展阶段的动能转换

经济发展是有阶段的,不同阶段经济增长的动能也有所不同。正是经济发展阶段的演进更替推动了我国新旧动能的转换。改革开放以来,我国经济发展取得了卓越的成就,完成了从农业国家向现代化工业国家的转变,但在发展的过程中还是稍有波动并呈现出了阶段性的特征。其阶段性及其动能转换如下。

首先是初级阶段,在这一阶段我国的经济处在费雪和克拉克的部门理论中的初级状态,第一产业产值在国民经济中占比较高,农业劳动力比重较大,1978 年我国城镇人口仅占总人口的 17%,此外生产率较低,生产方式偏向于粗放式的低级生产。1981 年,我国第一产业占 GDP 比重甚至达到了40.5%,第一产业就业人员比重占比超过总就业人口的 50%。这一时期我国经济的发展是基本符合短缺经济的特点,总需求远远超过了总供给,生产资料、工业消费品等也处于短缺的状态。整体经济都处在恢复和调整的状态。但不得不承认,在初级状态下我国通过改革开放等系列政策实现了经济的重新起步,家庭联产承包责任制使得农业得到了迅速的发展并为我国后续的经济起飞积蓄了能量。此外,在发展东部的同时实行西部大开发战略,均衡了区域不平衡,缩小了地区间的差异,同时鼓励民营、私营企业的发展并初步建立了社会主义经济体制。1976 年时我国经济还处于负增长阶段,伴随着改革开放,1978 年我国的 GDP 增速就达到了 11.7%。在初级状态下我国经济虽有波动但仍迎来了几个增长峰值。

之后我国进入了起飞阶段,政府主导的工业化及乡镇企业的崛起解决了大量剩余劳动力,劳动力开始从农业向非农业转移。在这一阶段,我国利用广大劳动力所创造出的人口红利实现了经济的起飞,大量的廉价劳动力充分供给从而推动了经济的增长。此外,工业化带动了城镇化,虽然我国的城镇化水平较之发达国家(70%的城镇化率)相差甚远,但起飞阶段下的城镇化的推进对当时的中国经济起到了重要的促进作用,人口的集聚反向促进了产业的进一步分工细化,从而推动了经济体系的复杂化与产业的转型升级。同时,资源开始逐步向制造业转移,工业部门不断扩大,工业产值逐年攀升。在这样的背景下,经济结构的变动与经济总量的增长之间相互影响,我国整体进入小康水平并实现了初步的工业化。而加入 WTO 等一系列开放措施使得中国越来越多地参与到了世界经济大环境中,外需拉动也成为这一阶段经济增长的动力之一。

在起飞阶段后我国迎来了小型的"L 型"增长阶段。政府的干预不断减少,国家指令性计划比重下降,二元经济结构开始发生重大转化,特别是第二产业内部结构变动加快,逐渐开始摆脱制造业低端锁定的风险。经济发展的重心开始向集约型的新兴工业与具有高收入弹性的服务业转移。在持续高速增长阶段中,人力资本的重要性开始被人们所重视,而在消费模式上从模仿型排浪式消费阶段进入了个性化消费。同时市场中的价格变化呈现出以结构性价格上涨为主的特征,价格上涨的推动作用明显超过了需求的拉动作用。虽然经济开始在小波动中实现平稳增长,但在这样的增长中仍存在着潜在增长率下降的隐患,自主创新能力的不足使得产业升级转型遇到瓶颈,自 2012 年起我国经济增长率开始下降,经济面临着新环境与新挑战。

而目前我国经济进入到新的阶段,即我们所说的"新常态"。在这一阶段下老龄化开始显现,截至 2015 年,60 岁及以上人口达到 2.22 亿,占总人口的 16.15%。此外生育意愿仍在降低,尽管国家已全面开放二胎,但 2016 年全年出生人口仅比 2015 年增加 131 万人。这些问题堆积的后果就是我国适龄劳动人口增长率不断下降及劳动生产流程降低的隐患。与此同时自然资源不断减少,环境承载力到达临界值等一系列问题引起轰动,房地产泡沫化问题引发关注,金融等非实体经济的隐性风险也逐步显性化,这些都在一定程度上制约了经济的增长。但同时中国的经济也逐渐从高速增长放缓到中高速增长,从数量型增长向质量型增长迈进,之前的经济增长多是依赖投资等驱动力拉动,而今后的增长将更多地依托消费、服务业和内需的带动。伴随着这种经济新时代,我国的经济结构也发生了新的变化,2016 年中国三次产业比重为 8.56∶39.81∶51.63,第三产业增加值增长了 7.8%,这些变化昭示着我们应继续遵循通过创新和技术进步来提振生产率的思路,培育出经济发展的新动能,从而形成新的总供给曲线,实现生产可能性边界的外移,将经济转型的阵痛期尽可能地缩短。

第二节　新时代培育经济高质量发展新动能的动力

传统的经济增长潜力主要在要素层面,大多是依靠投资驱动的,但伴随着要素禀赋结构的变化,传统的增长动力已经走到了尽头。当前在世界范围内均兴起了新产业革命,新时代下高质量发展新动能的培育就是要适应这一趋势。新产业革命在我国就是指培育和壮大战略性新兴产业,而这一计划自2002年起就开始施行并发展至今,也是高质量发展新动能的基础所在。战略性新兴产业由两部分构成:一是反映新工业革命标志的高端产业。如智能制造、机器人、新能源、新材料、环保产业、生物技术等。二是体现新科技革命的互联网经济和数字经济。而要培育新动能,推动建立新型产业的动力在于创新驱动,特别是在与科技创新和产业创新方面。换而言之,培育经济发展新动能的动力在于创新,可以说创新本身就是新动能,它是追赶超越的根本引擎,也是培育高质量发展新动能的动力所在。沿循发展创新型经济路径是新时代下我国经济发展的根本出路,也是实现高质量发展新动能培育的内在要求和现实要求,培育创新这一新动能的动力要求我们做到以下几个方面。

一、全力实施创新驱动的发展战略

经过改革开放以来40年的发展,经济增长的要素禀赋结构相应地发生了变化,传统的增长动力不再适应新时代下经济增长的需要。因此我们应该引入创新等技术进步要素作为新的驱动力,并从中长期入手来解决当前经济的结构性矛盾。虽然新时代下的经济结构伴随着转型的阵痛,但只有这样才能通过生产率的改进来实现规模报酬递增,只有将创新作为驱动力提高全要素生产率才能更好地将经济由过去的要素驱动型、资源依赖型发展模式转向创新驱动发展模式。

创新驱动也是提高社会生产力和综合国力的战略支撑。而全力实施创新驱动发展战略要求我们打造出适应创新驱动力的制度环境与法律环境,为创新战略提供有力的保障,同时这样的保障又能反向激励创新,从而促进经济发展。此外,金融创新也是创新驱动战略的重要内容,通过变更现有的金融体制和增加新的金融工具来获取潜在利润,在促进我国金融体系完善的同时进一步深化创新驱动力。其次我们还应将"走出去"和"引进来"相结合,通过开放创新来与国际接轨,推动前沿技术的开发与应用。政策支持也是创新发展战略中不可或缺的一部分,我们可以通过创新政策来统筹协调发展,建立一系列的政策激励措施,引导人才将科研创新研究进行成果转化,变成可以投入生产使用的技术。与此同时还可以建立技术创新市场导向机制,引导企业根据市场的需求进行生产创新。最后要做好创新人才培养机制,通过人才计划留住人才,从而为整个创新战略源源不断地注入新鲜血液。

二、进行创新型国家建设

创新型国家就是以科技创新为基石,具有自主创新能力和强大竞争优势的国家。而建设创新型国家的关键就是以科技创新作为经济社会发展的核心驱动力。因此在今后的高质量发展中我们应以创新型国家建设为契机,全面创新改革试验区。首先要提高科技进步贡献率,截至2016年年底,我国科学技术进步贡献率为56.2%,虽较之前已取得可喜的进步,但与70%的目标还相差甚远,这是在今后一段时间内我们应重点努力的方向。与此同时,政府应加大创新投入,从财政上对创新项目给予支持,以此带动创新创业者的积极性。同时,提高自主创新能力也是建设创新型国家的重心与重点,我们应在学习借鉴国际先进技术的同时提升自主创新能力,打造出具有中国特色的技术创新产品与产业。

此外"大众创业、万众创新"作为新时代下经济发展的双引擎也是建设创新型国家的重要一环。据伦敦咨询公司UHY国际报告称,自2010年以来,中国双创企业数量每年以将近100%的速度增长,这说明在一系列关于支持"双创"政策陆续出台的背景下,创业创新在我国已经取得了一定的成果。因此我们要推动市场改革,由市场来引领投资,以市场为导向激发大众的创新创业活力,打造好创新创业业孵化基地,为"双创"的发展提供支持。但在释放政府红利的同时还要做好顶层设计与长期规划,通过宏观引导更好地发挥出政策的杠杆作用。

三、提升科教对经济发展的智力支持

人才是创新活力的源泉,也是高质量发展新动能培育的关键。当前伴随着传统人口红利的逐渐消失,我们要做的就是提高知识技能型劳动力的供应,通过科学教育培育出适应经济与社会发展的创新型人才,依托人力资本来带动新一轮的经济发展。2016年我国研发人员总量居世界第一位,达24余万之众,同时全社会R&D支出达到15440亿元,占GDP比重为2.1%,企业占比78%以上;全国技术合同成交额达11407亿元,科技进步贡献率增至56.2%。同年高校毕业生人数达到765万人,这些高素质劳动力都为我国的前沿自主创新提供了智力支持,推动了经济发展由旧动能向新动能转换。

首先我们应健全人才的引进、培养和使用机制,以人才为本,尊重人才、重视人才,继续坚持科教兴国与人才强国战略,通过高素质劳动者带来的"新人口红利"推动我国从制造大国向智造大国迈进。此外还应做好知识产权保护工作,通过立法与打造知识产权交易市场等手段保护人才的科技创新成果,解决其科研创新的后顾之忧。其次还应建立灵活的人才管理机制,促进人才的流动与交流,使其在企业、高校和科研机构中流动起来,从而带动更多领域和更多区域的创新发展。最后我们还应鼓励扶持青年创新型人才,摒弃门户之见和论资排辈,为青年创新型人才的发展铺路搭桥,使他们勇于创新、大胆创新。

四、构建和完善协同创新体系

高质量发展新动能培育需要政府、企业各方面的协同创新。其重点是发挥出企业主体、高校科研机构以及政府之间的合作协同作用。这不仅是将生产要素和创新型资源之间进行有效的聚合,也是科技和经济之间的一种联动,通过这样的协同发展可以更好地解决新动能培育中的创新驱动问题。在企业方面可以通过与高校和科研机构的对接与合作将前沿技术引入到企业生产中来。同时这种协同效应可以有效地降低摊薄企业的创新成本及风险,并对企业的创新形成正向的内部激励作用,使其更好地对研发团队和科研机构的产出成果进行生产应用。在政府层面上要通过政策将科技创新渗透到经济社会发展的各个层面和各个角落,做好科技创新政策、经济政策与产业政策之间的相互衔接,并使政策落实到具体规划、具体部署、具体政策、具体行动中。同时通过产业政策对市场的导向功能并督促竞争,将产业政策聚焦到创新上来,构建以支持创新为重点的产业政策体系。其次还可以将创新类指标加入政绩考核体系中去,例如科学技术贡献率、高新技术企业数、科技型中小企业数、研发投入占 GDP 比重等创新类指标都可以列入,从而在政策层面加大对创新的关注。此外政府要通过创新政策支持多部门、多领域的要素与资源整合,在宏观上进行优化配置。

通过完善协同创新机制,社会在生产的每一个环节都能发生革命性的变化,在原有的基础上我们可以协同发展智能制造、柔性化生产、分布式生产及个性化定制。同时不断优化创新创业生态环境,构建技术创新的容错机制和激励机制,提高技术创新和管理创新的平台支持,并通过治理体系和治理能力进一步走现代化发展创新型经济的路径。只有这样才能重塑产业链、供应链、价值链,从而推动高质量发展新动能的培育。

五、推动发展模式创新

真正的创新绝不仅限于伟大的技术发明,而是要把技术与商业相结合从而从产业、区域、企业等多主体多层次来发展模式创新,助推产业组织和商业模式创新,为新时代下高质量发展发挥模式引领的作用。

　　首先在产业方面要着重建立新产业、新业态和新商业模式的"三新经济",着重发展新能源、新材料、新生物等新兴现代化产业,并通过主导产业的带动作用延长产业链,更好地促进上下游产业的发展。利用工业化和信息化的"两化融合"来推动传统产业的转型升级。同时面向国际扩大开放,利用后发优势,通过技术合作等方式促进产业创新发展。在区域方面要因地制宜,依据区域特色来规划发展路径,发挥好各地区的比较优势,真正做到多层次的差异化发展。其次还应立足区域优势,在补齐地区经济发展短板后开发出新的地区增长潜能。此外还应打破地方保护,把握好大城市的中心辐射作用,通过城市群的效应做好产城融合,使创新机制在城市群的土壤上得到更好的发展。在企业方面,发展模式创新要多关注高新企业,加大 R&D 人员的投入以及在政策上进行帮扶。在企业内部也要创新组织方式,通过内生动能的驱动使之成为新一轮经济增长的潜在动力。

第三节　新时代培育经济高质量发展新动能的路径

　　高质量发展新动能的培育与增强是我国制造业能否迈向中高端的关键因素,而若想在全球价值链上实现新旧动能的转换,我们就要在科技与产业创新层面做大做强,使中国制造业在全球市场上有立足之地。可以想见,伴随新理论新技术的创新浪潮到来,引领我国经济新一轮增长的主要产业将聚焦到新能源、新材料、新一代信息技术等领域。而创新正是当前我国新时代下经济发展的"金钥匙",也是加快产业升级、扩大就业、提高人民福祉的根本推动力。培育经济发展新动能的路径要求我们转变旧的思维方式,适应经济发展新形式,增强创新能力,打造新兴产业集群,创造出新的增长极。基于此,培育高质量发展新动能应从以下几个方面入手。

一、培育有竞争力的创新型主体

　　熊彼特在创造其创新理论时,将企业家定义为创新主体,但显然在当下这一范围过于狭窄。创新的领域是多元的,其范围是广泛的,而创新型主体也包含着丰富的层次。我们可以将创新型主体定义为个人主体、组织主体与国家主体。党的十九大报告中就明确提出要"深化科技体制改革,建立以企业为主体、市场为导向、产学研深度融合的技术创新体系,加强对中小企业创新的支持,促进科技成果转化"。① 这也正是我们打造有竞争力的创新型主体需要坚持的思路与方向。

　　在高质量发展新动能培育中我们应努力打造创新型领军企业、创新型个人、创新型区域、创新型科研院所和高等院校、创新型国家平台、创新型政府等新的经济主体。在个人主体方面,随着经济发展水平的提高,我们不再具有发展低级劳动密集型产业的优势,但我们有越来越丰富的人力资本。2016 年我国高校毕业生规模达到 765 万人,这些高素质人才都是我国未来发展的"金矿"。我们的核心任务就是通过政府职能改革、宏观调控创新和微观经济体制改革,将这座"金山宝库"变为新的生产力,促进高质量、高效益的创新型主体打造。同时在组织主体上,我们要在打造个人创新型主体的基础上实施企业研发机构培育建设工程,支持建立一批集技术研发、人才集聚、成果转化为一体的综合性企业创新型主体。这里的企业是指现代企业制度上的企业,我们不光要扶持大企业做大做强,还应关注科技型小企业在创新浪潮中的作用。而在国家主体上,制度创新是关键,我们要把政府作为制度创新的主体,通过政策改革协调好创新型主体的各个方面,使之发挥出联动作用。

二、培育战略性新兴产业

　　美国的"再工业化"战略和德国的工业 4.0 计划都将视线投放到了新兴产业,并希望以此作为新的增长点带动经济的再次腾飞。而我国也意识到了新技术与新产业在新一轮经济浪潮中的重要作用。2010 年 9 月 8 日,国务院召开常务会议,审议并通过了《国务院关于加快培育和发展战略性新兴产业的决定》,从而确定了战略性新兴产业的范围。战略性新兴产业囊括了新一代信息技术、节能环保、生物、高端装备、新材料、新能源、新能源汽车七大产业,同时该决定指出,到 2020 年,战略性新兴产业增加值占国内生产总值的比重力争达到 15% 左右,节能环保、新一代信息技术、生物、高端装备制造产业成为国民经济的支柱产业,新能源、新材料、新能源汽车产业成为国民经济的先导产业。在这一大背景下,我们既要推进传统优势产业转型升级,又要乘着信息化、新技术的春风,努力培育战略性新兴产业。

　　国家统计局数据显示,2017 年上半年,战略性新兴产业工业部分和高技术制造业增加值同比分别增长 10.8% 和 13.1%,增速分别高于规模以上

---

① 习近平:《决胜全面建成小康社会　夺取新时代中国特色社会主义伟大胜利——在中国共产党第十九次全国代表大会上的报告》,人民出版社 2017 年版,第 31 页。

工业3.9个和6.2个百分点。工业机器人、民用无人机、新能源汽车、集成电路、锂离子电池、太阳能电池、光电子器件等新兴工业产品均保持了快速增长,而新兴服务业对经济增长的拉动作用也日益凸显。因此在今后的新动能培育中我们要沿袭这一路径,以高新产业技术的创新需求和转型升级为发展目标,依托新兴技术产业链条整合资源,带动上下游产业的发展,从而形成各类产业的技术创新联盟。同时在创新2.0计划下推进"互联网+"战略对其他领域的带动作用,发展新的共享经济模式,打造出适应经济新时代下的新型互联网业态。此外还要推进工业化与信息化的"两化"深度融合,使品牌与产业向更高端的方向发展,从而形成自己的核心竞争力。同时还要为战略性新兴产业打造良好的外部环境,通过完善市场准入机制降低进入门槛,使更多的企业能够参与进来。此外还应改善金融政策扶持力度,在税收政策上予以倾斜和激励,同时要鼓励金融机构加大信贷力度,从而支持战略性新兴产业的发展。

三、培育具有大市场、高附加值和竞争力的名牌产品

长期以来,品牌建设和品牌管理一直是困扰我国本土企业的一个问题。品牌产品的建设代表着一个地方产业、产品的主体形象,对经济发展起着举足轻重的作用。而品牌效应也对当地的市场有着带动及拉大作用,市场也将会对名牌产品的效应及其放大的产业链集聚作出反馈。大市场是跨越了一系列不同行业的服务和产品,有与其密切的互补关系而构成的一个产业链。因此名牌产品若想具有大市场就要在上下游产业互补上下足功夫,延长产业链条,通过一个名牌产品发散带动从而形成多个名牌产品。高附加值则是说我们在生产过程中应在原有的价值基础上发展有效劳动创造出新的价值,基于此需要提高投入产出比,在产品上倾注技术、文化等投入,使名牌产品的内涵更加立体化。通过建立具有大市场、高附加值和竞争力的名牌产品,相当于为我国的企业建立了一个国家形象平台。伴随名牌产品的形成与推广,中国商品和服务形象也可以得到良好的传播,从而走出国门打开国际市场。国内名牌产品还能使企业间获得协同效应,并形成共同进化机制。

在高质量发展中我们要加快经济从对产品的侧重向对品牌侧重转化,在供给侧改革过程中对品牌建设予以关注,积极探索政府、社会、企业协同推进品牌经济发展的道路,逐步构建城市品牌、产业品牌、企业品牌等多层次品牌经济发展架构。同时在新动能培育中继续坚持树立"中国制造""中国创造"新形象,培育特色名牌产品,并加大宣传力度,使中国品牌走向世

界。此外,我们还要增加产品的种类,鼓励企业加快研发出新的产品以满足经济结构转型的需求,并紧抓产品质量,建立对产品质量的审核考察监督体系以及对产品质量问题的后续监管惩罚机制。最后还应当引导企业树立品牌意识,打造企业品牌制定与管理构架,从而提升附加值和软实力,树立中国制造的良好形象。

四、构建创新激励机制

创新激励机制分为宏观层面的国家激励措施和微观层面的企业内部激励。首先在宏观层面,新动能培育要在充分发挥市场机制作用的同时加强政府的激励和引导,因此我们要进一步转变政府职能,完善政策措施和激励措施,不断优化营商环境,强化要素资源保障,为企业加快新动能培育和发展壮大提供良好的环境,从而激发各类主体的创新活力和动力。此外我们还要鼓励各项优惠政策对自主创新的激励帮扶,主要包括在财政上对高新技术企业进行税收优惠、对企业研发费用在征税上进行加抵扣除,同时建立科技企业孵化器等措施,为企业的创新发展营造良好的大环境,从而激发其自主创新潜能,牢固主体地位。通过产业基金、创业基金等新工具,让政策更多地向新产业、新业态倾斜,引导企业和投资者积极转型。而除了各种优惠政策的激励,对产权的保护也是激励机制的另一个重要方面。现今产权保护领域存在各种各样的问题。首先公权力对产权的保护不稳定,政府违约和政策不稳定,侵害了企业特别是民营企业以及个人的合法产权和权益。其次,对非公有制产权的保护弱于对公有制产权的保护,不同所有制下产权保护的不平等将不利于创新激励。再次,侵犯知识产权的行为易发多发,侵权违法成本低、维权成本高的问题长期存在。我们可以进一步打造知识产权交易市场,从而为科技创新开拓新的途径。

而在企业内部也应建立人性化的创新激励机制,鼓励员工创新和团队创新从而激发企业活力,提高其创新能力,只有这样才能在新常态浪潮下屹立不倒。企业内部的创新激励机制要从三方面做起,首先要鼓励产品创新,产品是企业生产经营的核心与关键,通过激励研发工具与技术的更新实现产品升级。其次应激励企业内部经营营销创新,做好产品营销模式和供应链采购模式的创新是关键。最后要激励管理模式创新,现代化的企业应当有先进的管理理念和科学的发展战略,这也是企业新动能培育的立足点。只有结合好宏、微观两方面,才能全方位地培育好创新这一激励机制。

第十章　新时代中国经济高质量 发展的发展方式转变

党的十九大报告指出,"我国经济已由高速增长阶段转向高质量发展阶段,正处在转变发展方式、优化经济结构、转换增长动力的攻关期"。[①] 这既是新时代我国经济发展的鲜明特征,也是未来我国经济发展的战略指向。因此,新时代我国经济发展必须按照新阶段新特征的变化,围绕高质量发展的要求,进行经济发展理论导向和实践取向的变革,推动经济发展从中国速度向中国质量转变。

第一节　新时代中国经济发展新变化

中国特色社会主义进入新时代,是我国经济发展阶段性特征的体现,呈现出速度变化、结构优化、动力转换等诸多新的特征。总体来看,进入中国特色社会主义新时代,我国经济发展呈现出了如下阶段性变化。

一、由低收入阶段转向中等收入发展阶段

经济发展是有阶段的,在不同的发展阶段,经济发展依赖的资源禀赋条件不同、目标不同、任务不同,进而呈现出了不同的发展特征。2018 年我国 GDP 达到 90.0309 亿元,排名世界第 2 位,远超日本。人均 GDP 为 64600 元人民币(9780 美元),已经超过了中等收入国家人均 5000 美元的标准,人均收入进入中等收入国家行列。在这个新的发展阶段,我国部分发达省市的经济总量和人均 GDP 已经超过世界上中等发达国家的水平。进入新的发展阶段,经济发展面临着一些新的问题和新的发展任务。一方面,从 2011 年开始我国成为世界第二大经济体。虽然成为世界经济大国,但是人均收入仍然偏低。目前整体经济素质不高、科技创新能力不足、产业结构层次低、城市化发展滞后、金融体系不发达,还不是经济强国。步入中等收入国家行列之后,也面临着"中等收入陷阱"的风险。另一方面,过去较长时

———————
① 习近平:《决胜全面建成小康社会　夺取新时代中国特色社会主义伟大胜利——在中国共产党第十九次全国代表大会上的报告》,人民出版社 2017 年版,第 30 页。

间经济快速发展过程中所积累的矛盾集中暴露出来,过去的增长路径、增长机制和增长模式已经变得无法持续,这个阶段经济增长容易出现波动或陷入停滞状态,面临着跨越关口的考验。

因此,进入中等收入发展阶段以后,我们需要从追求经济增长的数量向追求经济发展的质量转变。一方面要加强自主创新,加大教育和研发投入,提高国民受教育程度和劳动力素质,提高自主创新能力,进而大幅提高劳动生产率。另一方面要深化改革,消除资源有效配置的障碍。通过体制改革和制度创新,消除市场分割的体制障碍,推动生产要素从效率较低的部门向效率较高的部门转变,打破经济结构的低端锁定,促进经济结构升级,实现从要素驱动向创新驱动的转型。通过经济结构升级和创新驱动促进中高级生产要素开发和利用,全面提升人力资本质量,从而促进我国经济由数量追赶向质量追赶全面转型。

二、资源和环境条件的约束

经济增长的实质是财富的增长,而财富要用资源生产出来。因此经济增长过程中,资源环境代价越高表明增长的质量就越低。持续多年的追赶战略,使得经济发展的人口、资源和环境条件发生了巨大的变化。

从人口增长来看,改革开放后的 30 多年中,实行独生子女的计划生育政策,同时工业化和城市化促进了大量农村剩余劳动力从农村流入城市,形成了经济增长的人口红利,人口红利的释放促进了经济增长,也促进了我国工业化和城市化进程快速发展。按照经济学的基本原理来看,人口红利是经济发展的短期红利,随着我国人口结构的新变化,劳动力成本不断提升,人口红利逐渐消退,经济发展过程中的人力成本不断上升,造成了对长期经济增长的约束。

从自然资源供给来看,在我国经济增长的起飞初期,丰裕而且廉价的自然资源为工业化和城市化的发展提供了自然优势基础,但是资源的大量消耗在促进经济实现快速增长的同时,也导致了经济增长出现了严重的高投入、高能耗、高产出、高污染、低收入和低效率的状况。新时代我国经济发展进入新的发展阶段,自然资源的稀缺性构成了对长期经济增长的约束,许多资源开采过度出现枯竭,资源约束成为经济进一步增长的硬约束。同时生态环境的破坏,使得资源和要素驱动型经济已经变得不可持续。

我国正处在工业化中期,由于过去导致高耗能、高污染、高投入的重化工业在第二产业中的比例相对较高,轻重工业比例不合理,不仅限制了战略性新兴产业的发展,也加剧了温室气体的排放,导致了生态环境恶化。经济增长过程中出现了严重的环境污染和生态破坏,这种情况表明,以不断耗竭资源为代价的经济增长模式必将不可持续,人口、资源和环境的变化所造成的经济增长的局限也显现出来。

人口、资源和环境的变化所造成的经济增长的局限说明,我国现有的资源环境条件已经构成了对经济持续增长的制约,依靠物质要素投入的经济增长已经变得不可持续。进入新时代要实现高质量的经济发展,必须要培育经济增长的新动能。从高质量的经济发展要求出发,需要控制环境污染,减少碳排放,以及进行生态整治,需要依靠科技创新开发绿色技术和清洁技术,发展绿色经济,走生态经济道路,发展体现绿色发展理念的环保产业和生态产业。人口、资源和环境的变化倒逼我国的经济发展要从数量转型质量,实施创新驱动战略,创新经济发展方式。以知识创新和技术创新来提升和改造物质资本,通过技术创新、产业创新、管理创新来提高全要素生产率,运用新技术节省和替代物质资源,实现资源的可持续利用。

三、向质量效益型增长转型

长期以来,我国经济增长主要依靠外需和投资拉动,不仅造成资源的极大浪费和环境的严重污染,而且极易受到国际市场波动的影响。这就要求我们必须由数量型高速增长转向质量效益型高质量发展。

世界银行于2000年出版的题为《增长质量》(托马斯,2001)的研究报告认为,经济增长的质量和速度同样重要,经济增长的来源和模式影响着发展的效果。报告指出经济增长质量要求将促进经济增长的政策与普及教育、加强环保、增加公民自由、强化反腐败措施相结合,使人民生活水平得到显著提高。

党的十九大报告在作出我国进入中国特色社会主义新时代的重大判断的基础上,指出新时代我国经济已经开始由高速增长阶段转向高质量发展阶段。新时代背景下的经济发展与过去的发展模式的最大区别就是要建立在质量效益的基础上。新的发展模式要实现经济结构在诸多领域的全面升级,同时经济发展方式逐步由粗放的发展模式向集约的发展模式转变,最终提高经济发展的质量和效益。在这一转变过程中,经济结构将逐步改善,消费的贡献率将逐步上升,环境规制强度会逐步增强,发展将从单纯的速度提升变为速度与质量效益的同步提升。新时代下经济增长不能单纯以GDP为标准,而是要特别重视提高居民的生活质量,调节收入分配结构,让全体人民共享经济发展的成果,实现共享发展,努力减少贫富差距、地区差距和城乡差距。

转变发展方式的着力点在于摒弃单纯以数量指标衡量增长,而是要更加强调具有质量指标的经济发展,从高速经济增长向更高质量的发展转变。一是促进我国经济结构的转型升级,通过信息化以及技术进步等方式来实现我国经济结构的高级化和合理化。促进资本、劳动力、土地和技术等生产要素从低附加值、低效率和高消耗的生产部门或产业链环节进入到高附加值、高效率和低消耗的生产部门或产业链环节。大力推动制造业朝信息化、智能化、绿色化和服务化方向升级。二要注重经济的稳定性。经济稳定是一个国家乃至全球经济社会发展的必要前提,也是经济增长质量的表现。没有稳定,发展就不会稳固,也不会持久。熨平经济周期,避免经济增长的大起大落,保持经济社会发展在合理区间内运行,更要将政策重点落在调结构和促改革上。三是追求经济可持续发展。积极进行技术创新,促进人与自然的和谐共生。实现绿色发展,降低能耗,保护生态环境,提高资源利用效率,降低经济发展的生态成本、资源成本和环境成本。同时,提高各种经济资源的使用效率,建立资源节约型和环境友好型的国民经济体系,减轻经济增长对资源和环境的压力。

四、转向实现现代化

处于低收入发展阶段时,经济发展的主要任务是摆脱贫困,因此经济发展过程中把全部的资源集中配置到经济建设上来,以追赶战略为导向,以经济的数量型增长为目标,努力摆脱贫困。进入中等收入国家行列以后,经济发展的目标就要由摆脱贫困转向基本实现现代化。

基本实现现代化的内容包括:人民幸福、高科技化、人的现代化、经济结构现代化和社会发展水平现代化。一是人民幸福。基本实现现代化突出满足人民的幸福感,强调人民的生活质量,涉及提高营养水平、健康水平和受教育程度。人民的幸福感不仅仅要看收入,还有文化、精神、健康等多方面的需求,包括人民收入水平的提高;居民家庭财富明显增加;居民的财产性收入随之增加;公民享有的公共财富明显增加,城乡公共服务均等化。二是高科技化。现代化不是简单的数据,而是要有现代化的企业和产业。要形成现代化的新科技企业和现代化的产业体系,特别是要形成最新的技术,以及能代表世界先进方向的新兴产业。三是人的现代化。现代化的核心是人的现代化,如果没有人的现代化就不可能实现真正意义上的现代化。人的现代化就是推进人从传统向现代的转型,人的现代化内涵丰富,但是核心内容包括人的思想意识、知识素质、综合能力、行为方式、经济关系和社会关系等方面的现代转型。一方面要推进思想解放、促进人的观念意识现代化,以思想意识的现代化为全面深化改革提供新的精神动力;另一方面要坚持把人的全面发展摆在首要地位,在全面推进人的思想意识、知识素质、综合能力等方面的现代化的基础上,进一步促进人的全面发展。四是经济结构现代化。经济结构现代化是指要克服我国经济发展过程中出现的二元结构现象,包括区域二元经济结构、城乡二元结构、市场经济的二元结构、工农业二元结构。解决二元结构的起步阶段路径是工业化和城市化,降低农业和农民比重。进一步是城市现代化,即在发展城市现代服务业的基础上,提升城市功能;在此基础上推进城乡一体化,促进城市发展要素进入农村,实现城市现代化。五是社会发展水平现代化。包括生态现代化、文化、教育和医疗卫生发展水平的现代化等。在生态现代化方面,现代化社会形态是资源节约型、环境友好型社会。环境和生态的国际标准就成为率先基本实现现代化的主要评价指标。文化、教育和医疗卫生发展水平的现代化,反映了一个国家的软实力,也是人民幸福的主要标志,也是现代化的重要领域。

第二节　新时代经济高质量发展的新要求

从一般意义上来看,衡量经济发展质量的标准应当包含经济发展的有效性、充分性、协调性、创新性、持续性、分享性和稳定性。进入新时代意味着我们必须扬弃过去数量型的经济发展模式,探索高质量经济发展路径。新时代下质量型的经济发展路径必须以高质量经济发展为核心,把质量当成基础性和关键性的变量。把转方式、调结构、创新发展放到更加重要位置,把中国经济发展引入提高经济发展质量的轨道之中。经济发展质量与经济增长质量是不同的,经济发展质量是对一国经济发展优劣状态的综合评价,其内涵要比经济增长质量宽泛得多,不仅包括经济因素,还包括社会、环境等方面的因素。因此,新时代高质量发展的理论导向体现在以下几个方面。

一、提高供给的有效性

供给是否有效是对需求而言的。满足人民群众对美好生活的需求是社会主义条件下对供给有效性的基本要求。在低收入阶段,满足需求主要是数量问题。而进入中等收入阶段后,满足需求的供给主要是结构和质量问题。现实中存在的供给问题突出表现在有效供给不足和无效产能过剩。

有效供给不足,是供给侧的结构性问题,结构性问题是发展中国家的通病。进入中等收入阶段后,解决了温饱问题的居民需求更为多元化、个性化,需求层次更高。而供给仍然采取低收入阶段的方式,只是追求数量,不追求质量,不注重技术进步,为生产而生产,势必造成有效供给不足和无效产能过剩。显然,提高经济增长质量的关键是解决供给的有效性问题。中国经济增长要通过供给的改善来追求更加有质量的经济增长。主要有以下路径。

（一）加快产业和产品结构调整,改善产品供给

从社会供求角度来看,当经济发展到一定程度,社会需求结构就会随着收入的提高而升级,这就需要供给结构与需求结构相适应,来提高供给的有效性,促进供给结构升级。而供给结构的升级就需要对产业结构进行有效调整,实现社会资源在生产各部门、各行业之间的重新配置,从而提高经济增长的质量和效益。除了产业结构调整外,特别要重视产品结构的调整。实践中适应需求多元化和个性化而创造的定制生产、体验性服务就能很好地解决供给的有效性问题。当然,供给结构不是被动地适应消费结构,供给也能创造消费、引领消费结构的升级。

（二）推进科技和产业创新,改善技术供给

有效供给不足的一个重要原因是供给侧由于技术水平的限制不能适应进入中等收入阶段以后消费需求的新变化:解决了温饱问题后居民的消费需求开始转型升级,更为关注供给的产品和服务的档次、质量、健康、安全、卫生等。要满足这些方面转型升级的消费需求,就需要推进科技和产业创新。科技和产业的创新要求:一要提高企业自主创新能力,完善企业的创新机制,加强企业研发投入,形成产学研相结合的自主创新体系,在企业创新体系建设中重视企业人力资本积累,发挥知识、技术和人力资本等高端要素在经济增长中的主导作用,提高全要素生产率;二要加快推进传统产业部门的现代化转型,通过企业技术创新和人力资本要素作用的发挥促进传统产业部门结构的转型升级,实现经济增长驱动力从要素驱动向创新驱动转变,产业结构从低端向高端升级;三要促进科技和教育制度创新,为科技和产业的创新提供高端要素支持,为高质量的发展提供知识、技术和人才支持。通过科技制度创新,促进从增长激励向创新激励转变,在关键技术和前沿核心技术领域实现创新突破,努力形成具有自主知识产权的创新型技术。通过教育制度创新,优化教育结构,推行素质教育,扩大教育资源,培养高素质的人才,加快新时代创新人才的培养。

（三）发挥民间投资的作用,改善供给主体结构

民间投资是重要的供给主体结构,民间投资的发展可以促进供给主体结构的优化,增强民间投资对经济增长的拉动力。民间投资的进一步发展

需要重点解决以下问题：一要进一步向民间投资开放更多的投资领域。按照产业结构升级的需要，通过制度激励和政策引导，释放民间投资的活力，放宽对民间投资的限制，破解制约民间投资的体制障碍，为民间投资创造更多的转型空间和发展机遇，改善供给主体结构。二要优化对民间投资的服务。优化民间投资的环境，加强对民间投资的政策引导，引导和支持社会中介组织，包括信息服务中心、技术创新中心、投资咨询中心等为民间投资提供服务。三要为民间投资创造良好的环境。加强优质、高效、良好的投资环境建设，降低民间投资的成本，在人才培养、劳动、保险等方面为民间投资提供服务，优化民间投资的运行环境。

二、实现公平的发展

发展在本质上是一个效率不断提高、社会公平程度不断提高的过程。在低收入阶段强调效率优先，进入中等收入阶段后，发展的首要问题是促进公平正义。按照公平发展的要求，我国新阶段的经济发展突出需要推进公平发展和共享发展。改善收入分配，加强对收入分配的调节，缩小收入差距；进一步规范收入分配秩序，有效调节垄断性行业的过高收入。在扩大中等收入者比重的基础上，不断提高低收入者收入能力和水平，保障贫困人口的基本生活，使人民共享经济发展的成果。具体涉及以下三个方面。

（一）在初次分配领域建立提高劳动报酬比重的机制

我们的收入分配调节不能够只任由市场调节，也需要多种调节方式的配合，包括国家的宏观税收调节、维护劳动权益的法律调节、企业内部工资集体协商机制调节等等。收入分配的调节需要在初次分配领域建立提高劳动报酬比重的机制：一是坚持劳动者报酬增长与劳动生产率同步的分配原则。与劳动生产率的提高相适应，逐步提高劳动者的报酬。在经济发展过程中，如果没有劳动生产率的提高，劳动报酬的增长就没有来源；而劳动报酬如果不能与劳动生产率同步增长，最终也会影响劳动者的积极性，最终也会影响企业创新力和竞争力。但是劳动力市场本身并不能解决要素之间合理分配的问题，劳动者报酬增长与劳动生产率两者之间并非自然而然地保持同步，需要建立以政府为主导坚持和落实劳动者报酬增长与劳动生产率提高同步的原则。二是健全扩大就业、增加劳动收入的发展环境和制度条件，特别要注意提高一线劳动者的报酬。完善劳动者报酬的调节机制，推动工资集体协商，形成劳动者工资正常增长机制，建立和谐的劳资关系。

（二）在再分配领域强化公平分配的机制，建立先富帮后富的机制

共同富裕是我国社会主义的根本原则，实现共同富裕是实现全面建设

小康社会的基础。因此,国家鼓励一部分人、一部分地区通过诚实合法劳动先富起来的同时,还要通过先富者带动后富者,逐步实现共同富裕。为此,要加强政府再分配调节。政府要通过税收调节收入分配的机制,完善社会保障制度,提高基本公共服务均等化,逐步缩小社会成员之间的收入差距。一方面积极推进东西部扶贫协作。不仅贫困地区要加大投入,东部地区也要加大对西部地区的投入。另一方面积极落实精准扶贫。精准扶贫思想是我国脱贫攻坚阶段实现脱贫的指导性思想,精准扶贫的理论基础是"共同富裕"原则,现实基础是"全面建成小康社会"的目标,是落实公平发展的重要方面。精准扶贫包括了精准识别、精准帮扶、精准管理和精准考核,其核心要义就是精准化理念,要求将精准化理念作为扶贫工作的基本理念,贯穿于扶贫工作的全过程。在精准扶贫中,要坚持开发式扶贫方针,在发展中实现扶贫,把发展作为解决贫困的基本实现路径,通过调动扶贫对象的积极性、主动性和创造性,提高扶贫对象的自我发展能力,通过能力扶贫实现富裕道路。

（三）解决好财富公平的问题

目前我国收入分配不公平主要表现为财富占有的不公平。进入新时代,财产性收入得到承认,这是我国体制改革的进步。新时代的收入分配改革要重视解决财富公平。一是在体制上提供增加居民财产收入,从而增加居民财产性收入的途径。在城市要积极鼓励私人创业,保护知识产权及其收入,在完善企业股权结构的基础上,允许员工持股、企业家持股和科技入股。在振兴乡村战略的实施中,允许农民通过土地流转来获取收入。在此基础上扩大中等收入群体。二是加快完善生产要素市场,包括资本市场、信息市场、技术市场、土地市场、房产市场和人力资本市场等,并保障这类市场的规范化。三是多渠道增加居民财产性收入,依法加强对公民财产权的保护,确保公民财产权利和财富增值权利不受侵犯。

三、走生态文明道路

生产力不仅包括人及其创造力、生产工具,而且包括生态环境。生态文明和绿色发展意味着财富观的创新,现代财富观明确了生态环境也是财富。"绿水青山"也是"金山银山"。这就是习近平总书记指出的:"我们既要绿水青山,也要金山银山。宁要绿水青山,不要金山银山,而且绿水青山就是金山银山。"[①]因此,生态环境也是生产力,坚持绿色发展也能提高生产力水

---

① 习近平:《宁可要绿水青山,不要金山银山》,《人民日报》2013年9月7日。

平。生态环境也是财富,提高经济发展质量,必须进行生态文明建设,构建生态经济发展新模式,走出一条经济发展与生态文明建设相协调的发展道路。具体包括以下内容。

（一）优化国土空间开发格局

按照人与自然和谐共生的原则,实现经济效益、社会效益和生态效益的协调,统筹人与自然的协调,实现各类自然资源的有效利用,通过资源合理利用、生态环境有效保护,以生态文明指导生产空间、生活空间、生态空间的合理布局,在以人与自然和谐共生的基础上,通过绿色发展达到优化国土空间开发格局的目标。

（二）积极推进主体功能区战略

按照党的十九大报告提出的,在生态文明建设中要加快完善主体功能区政策体系,以全国主体功能区规划为依据,按照绿色发展的原则,在环境功能区划的基础上分区整治,形成符合绿色发展要求的经济发展新格局,强化生态服务功能,推动各类主体功能区环境质量监测与评估考核体系建设,加强对各类主体功能区环境质量的监测预警。

（三）积极推进绿色发展

以绿色发展观和循环利用的资源观为指导,完善绿色发展的经济体系、产业体系、制度体系和政策体系,积极推动经济发展方式和资源利用方式的转变,加强技术创新,提高资源利用效率,加强不可再生资源的科学有效利用,推进资源的资产化管理,努力提高资源综合利用的效率。

（四）建立科学的绿色发展的制度体系

以效率、和谐、持续为发展目标,构建产权清晰、制度约束、激励导向、系统完整的绿色经济体系。同时构建绿色发展的制度体系来为绿色发展的经济体系提供制度支撑。建立科学的生态环境保护制度,把绿色发展纳入制度化轨道。

（五）深度参与全球气候治理

在推进国内绿色发展的基础上,要深度参与全球气候治理,积极参与应对全球气候变化的谈判。从全球视野出发加快推进绿色发展,把绿色发展转化为我国新时代经济发展的竞争新优势,不仅实现我国自身的绿色发展,而且深度参与全球气候治理,为推动世界绿色发展、维护全球生态安全作出积极贡献。

四、强调人的现代化

提高发展质量不仅仅表现为经济发展水平的进一步提升和人民生活

水平的进一步提高,还更加强调经济社会的协调发展,更加体现以人为本,强调人的现代化。人的现代化是促进国家发展的精神动力,高质量的发展也突出强调人的现代化,把促进人的全面发展作为高质量发展的主要内容。

人的现代化有一系列衡量指数,联合国开发计划署在《1990 年人文发展报告》中提出了人类发展指数(HDI)。此后联合国开发计划署每年都发布世界各国的人类发展指数,并在《人类发展报告》中使用它来衡量各个国家人类发展水平。实现人的现代化,就是推进人从传统向现代的转型。因此,在新时代提高经济发展质量的过程中,要重视人的现代化。

在提高经济发展质量的过程中,人的现代化包括:(1)人的思想观念的现代化。思想观念的现代化是指人的思想观念从传统向现代的转化,其内容包括人的价值观念、思想意识、思维方式以及精神状态等方面的现代化。要通过树立科学的世界观、人生观、价值观,培育改革创新精神,培育人的竞争意识、责任意识、法治意识等来实现人的思想观念的现代化转型,为中国特色社会主义新时代的经济发展提供精神动力和精神源泉。(2)人的素质能力的现代化。经济社会发展的终极关怀是人的全面发展,促进人的全面发展也是马克思主义的重要思想和目标追求。人的素质能力主要包括品质、体质、智能和潜能。通过发展各类教育,提高受教育年限,加强人力资源开放等多种方式提高人的素质,努力使我国由传统的人口大国转化为人才资源强国,把人口压力转化为人才优势,从人口红利向人力资本红利转变,实现人的素质能力的现代化。(3)以制度创新为保证实现人的现代化。制度创新是人的现代化的保证。人的观念更新,人的能力提高,只有在现代制度条件下和制度创新过程中才能真正实现。只有制度创新才能有效消解旧的传统制度的强大惯性对人的发展阻抗,才能规范人在新的经济、政治、文化生活领域的发展行为。以制度创新为人的现代化提供保证,以人的发展为中心的系统,外接社会的经济、政治、文化制度,内连人的发展的各种行为来构建促进人的发展制度体系。

第三节　新时代中国经济高质量发展的
目标要求及其战略重点

高质量发展就是要打造新时代中国经济发展的升级版,推动中国经济发展从数量版向质量版升级。因此,作为中国经济发展升级版的高质量发展需要明确其目标要求、战略思路与战略重点。

一、新时代我国高质量发展的目标要求

高质量发展要求我国经济要从主要依靠增加物质资源消耗实现的粗放型高速增长,转变为依靠技术进步和提高劳动者素质实现的高质量发展。高质量发展的总体目标要求就是要打造新时代中国经济发展的升级版,围绕这一总体目标的具体要求是:

(一) 经济发展目标的升级版

高质量发展在经济发展目标上的升级版就是要不断满足人民对美好生活的需要和不断增进人民获得感。经济发展的终极目的是实现人的发展,从我国现实来看是提高人民生活质量,进一步满足新时代人民的物质生活、文化生活和美好生活的需要。高质量的经济发展要努力实现人民生活水平的高质量,使更多的人民分享经济发展的好处。如果只注重经济发展的速度,居民的消费水平较低,储蓄水平较高,城乡之间、区域之间、产业之间居民收入差距较大,收入分配不合理,这样的经济发展是不可持续性的、低质量的。因此,应该把居民是否能够分享经济发展成果、居民生活质量是否得到提升作为高质量发展的目标要求。

(二) 发展方式的升级版

高质量发展在发展方式上的升级版就是要从数量追赶转向质量追赶。改革开放后我国经济发展的初始条件是短缺,那一时期经济发展的主要任务就是通过数量追赶弥补短缺。经过改革开放近40年的数量追赶,很多领域都出现了产能过剩。在高质量发展阶段,经济发展的初始条件是数量过剩,而质量不足,增强发展的质量优势成为新时代经济发展的关键。因此高质量发展在发展方式上的升级版就是要从数量追赶转向质量追赶。一是形成质量追赶的新要求。劳动生产率、投资回报率、全要素生产率成为衡量高质量发展的新指标,因此质量追赶要求产品质量、品质、品牌实现大幅度的提升,研发、设计、标准、人力资本在高质量发展中的地位需要提升,企业要从追求速度效益转向追求质量效益。二是构建质量追赶的产业体系。在高质量发展中形成智能化、数字化、网络化的制造体系,提升制造业在产业价值链中的地位,努力构建核心技术、战略产品和配套系统创新价值链,提高我国产业的国际竞争力和品牌影响力。三是形成有利于质量追赶的体制生态,营造激励创新的环境,积极为高质量发展提供金融创新支持,进一步完善吸引人才的机制和体制。

(三) 产业发展的升级版

高质量发展的产业升级版就是加快实现由要素密集型产业为主的产业

体系转向以技术和知识密集型产业为主的产业体系,以产业结构的高级化和合理化为目标加快产业转型升级,促进我国产业向国际价值链的中高端迈进。产业价值链攀升高端的关键在创新,包括技术创新、制度创新和管理创新,核心是技术创新。要瞄准制约我国产业价值链攀升的核心关键技术,整合各类科技创新资源,创新研发投入体制机制,建设一批新型产业技术研发机构,集成实施对制造业价值链攀升具有重大影响的战略性创新项目,引导各类资本加大对高新技术产业和传统产业高端环节的投入,实现重点产业高端突破,加快传统产业的改造和战略性新兴产业成长,在产业结构高级化的基础上提高自主创新能力,培育我国产业价值链攀升的动力,推动产业逐渐向国际产业价值链高端迈进。

（四）产品结构的升级版

高质量发展在产品结构上的升级版就是要由目前低技术含量、低附加值产品为主的产品体系转向高技术含量、高附加值产品为主的产品体系。以高技术、高附加值等为特征的生产性服务业把专业化的人力资本、知识资本和技术资本引进制造业,推动制造业价值链由低端的加工环节向高端的研发、设计环节攀升,从而成为制造业价值链攀升的重要动力源泉。在新时代的高质量发展中应积极调整产业政策,改变制造业的传统结构,突出生产性服务业的重要地位,要从资金、技术、人才配置政策等方面采取综合措施,加入对科学研究、技术服务、信息传输等生产性服务业的扶持力度,使生产性服务业的发展成为我国产业价值链攀升的原动力。

（五）经济发展生态环境基础的升级版

高质量发展在生态环境基础上的升级版就是由高排放、高污染转向循环经济和环境友好型经济。经济发展的过程是经济资源与环境、制度等有机整合的过程,在资源、环境、制度等因素的承载基础之上,经济持续发展依赖于稀缺资源的利用程度,如果能把稀缺的资源充分利用,转化为生产力,资源不会出现缺口或者浪费,经济就会充分地发展。在注重经济发展速度的同时,需要加强生态环境保护,有效地利用自然资源,避免过度开发。在对生态环境进行有效保护的基础上,走绿色发展道路。高速增长阶段的发展方式是粗放的,粗放式经济发展必然会造成对资源和环境的破坏,降低经济发展的质量。高质量发展阶段的经济发展方式是集约化的,集约化的生产方式必须建立在环境友好型的经济发展基础上,必须把资源利用和环境代价考虑进去。

二、新时代我国高质量发展的战略思路

习近平总书记强调,现阶段我国经济发展的基本特征就是由高速增长阶段转向高质量发展阶段。随着从高速增长向高质量发展迈进,中国经济正在开启新的时代。在高质量发展中,提高商品与服务质量是高质量发展的基础,技术创新是高质量发展的核心,可持续性是高质量发展的最高层次,实现人的发展是高质量发展的终极关怀。紧扣高质量发展要求,高质量发展要走新道路、取新红利、用新动力,据此高质量发展的战略思路具体包括以下方面。

(一) 走提高效率的道路来实现高质量发展

高速增长是通过扩大要素投入,以规模经济的道路来实现的。而高质量发展则需要通过创新,走提高效率的道路来实现。通过增强自主创新能力,不断提高劳动生产率、增量资本产出率、全要素生产率。效率提高的道路主要包括三个方面:一是要提高要素配置效率。在要素市场化不断提高的基础上,促进要素配置结构进一步优化,使要素和资源配置到生产效率较高的领域和环节,以提高投入产出效率。二是要提高生产创新效率。也就是通过科技创新和模式创新的方式,提升全要素生产率,使生产体系产出效率更高、生产模式更新、成本控制更好。三是要提高市场组织效率。搭建良好的交易平台,形成有效的市场机制,优化制度体系和管理体制,使市场的资源配置能力更强、交易空间更大、竞争效率更高,从而促进市场组织效率的提升和收益增加。

(二) 取经济结构优化的红利来实现高质量发展

我国经济高速增长阶段以来的红利是人口红利、资源红利、投资红利和体制改革红利。高质量发展阶段的红利应该是创新基础上的结构优化红利。经济结构优化是转变经济发展方式的核心问题,也是高质量发展的主攻方向。实现高质量发展要从总量扩张转向结构优化,经济结构要向高端化、智能化方向发展。经济结构转型升级是高质量发展的重要标志,也是高质量发展的战略思路。高质量发展要取经济结构优化的红利,使我国新时代的产业结构、需求结构、城乡区域结构等不断优化。一是要取优化产业结构的红利促进高质量发展。深化供给侧结构性改革,在坚持优化存量和扩大增量并重的基础上实现经济结构升级,发展先进制造业和壮大现代服务业并举,培育战略性新兴产业和改造提升传统产业并行,推动中国制造向中国创造转变、中国速度向中国质量转变、中国产品向中国品牌转变,积极发展新产业、新产品、新业态、新模式,增强高质量发展的新动能。二是要取优

化区域结构的红利促进高质量发展。按照主体功能区的建设思路,优化区域经济结构,对于优化开发区要强化对经济结构、资源消耗、环境保护、科技创新等方面的考核。限制开发区要走绿色发展的道路,以生态环境建设为核心,强化生态功能的保护和对提供生态产品能力的考核。对于重点开发区域实行工业化、城镇化发展水平优先的绩效考核。传统农区要培育壮大主导产业,加快推进工业化、城镇化进程。发展基础好的城市区域,要加快提升创新能力,增强辐射带动力和区域竞争力。三是要取优化城乡结构的红利促进高质量发展。遵循城市发展规律,高标准规划、高起点建设、高水平管理。构建以城市群为主体、大中小城市和小城镇协调发展的现代城镇体系。实施乡村振兴战略,走农业现代化道路,培育新型农业主体。在此基础上,走城乡一体化道路,把城市和乡村融合起来,形成城乡融合发展的新格局。

（三）用培育新动力的办法来实现高质量发展

加快新动能的培育既是新时代中国经济高质量发展的内在驱动力,也是高质量发展的战略思路,因此要用培育新动力的办法来实现新时代高质量发展。在高质量发展中新动能的培育包括三层含义:一是经济发展由依靠要素驱动转向依靠创新驱动。科技创新是高质量发展的第一动力,随着大数据、人工智能等为标志的新一轮技术革命的加快推进,创新在经济发展中的地位日益凸显。创新不仅成为推动新时代经济创新发展的新动能,也日益成为引领我国经济转型升级与产业变革的重要推动力。二是要从旧制造模式转到新制造上来。新制造是以智能化、大数据、互联网为代表的新技术所促成的智能化大规模个性化定制生产与服务,能够满足消费者全新的个性化需求。高质量发展新动能的培育需要在新的技术应用、新的制造模式、新的商务服务上实现新的发展。三是由投资拉动为主向消费拉动为主转变。新时代拥有大的消费市场是我国高质量发展的最大潜力,因此由投资拉动为主向消费拉动为主转变。以消费驱动投资转型,以消费来调整经济结构,使消费结构升级成为高质量发展的内生动力。四是由工业主导向服务业主导转变。由工业主导向服务业主导转变是进入工业化后期的普遍客观规律。随着我国居民收入水平不断提高,服务型消费需求正在快速增长,服务型消费将成为经济增长的新引擎。在高质量发展新动能的培育中,由工业主导向服务业主导转变,以生产型服务业引领制造业的转型升级,使工业发展从主要依靠低成本竞争优势向创新驱动转变。

三、新时代我国高质量发展的战略重点

推动高质量发展是新时代保持经济持续健康发展的必然要求,其核心

是要培育形成经济发展的新动能,围绕着高质量发展的目标要求和战略思路,我国新时代高质量发展的战略重点包括以下方面。

（一）培育新时代高质量发展的新动能

实现质量变革、效率变革、动力变革,提高全要素生产率,使经济发展动力从传统增长动能转向新的增长动能是我国高质量发展的战略重点之一。在高质量发展中需要从要素驱动、投资驱动的数量型动能尽快转换到创新驱动的质量型动能上来。要充分发挥创新引领作用,推动社会进入全面创新阶段,引领高质量发展状态的升级。

1. 推进高质量发展的质量变革

转向高质量发展阶段,必须高度重视质量的提升,坚持质量是第一生产力的原则,强化和提高产品或服务质量标准,推进产品和服务质量升级,以满足人民日益增长的对高质量产品或服务的需求。高质量发展的质量变革需要从宏观、中观和微观三个层面上来发力,在宏观维度上,我国应通过发展理念、发展目标与发展路径三大变革来促进质量变革;在中观维度上的质量变革则主要通过促进产业结构向中高端迈进与促进区域协调发展来实现;从微观维度上的质量变革来看,高质量的企业发展、企业管理、产品与服务是实现高质量变革的关键所在。

2. 推进高质量发展的效率变革

高质量发展的效率变革强调在总生产要素投入保持不变的情况下产出的提升,经济效率包括宏观经济层面上的生产要素配置效率、规模效率、全要素生产率,微观层面的劳动效率、投资效率、能源使用效率等。高质量发展来源于高效率,只有提高劳动生产率、资本生产率、全要素生产率,才能以较少的生产要素投入,提供高质量的产品或服务。同时效率变革可以带动生产要素优化组合,激发创新活力与创造潜能。

3. 推进高质量发展的动力变革

实现高质量发展的动力变革,培育经济发展的新动能是新时代经济高质量发展的根本支撑,也是我国经济长远发展的改革内容。经多年的高速增长,我国经济发展中的旧动力作用在递减,面对高质量发展的新要求,我们必须推进动力变革,培育新动能,实现新旧动力的接续转换。而新动能的培育就在于供给侧"三大发动机"——制度变革、结构优化和要素升级。高质量发展的动力变革的核心在于创新驱动,创新驱动要求我们把拉动经济发展的旧三驾马车转移到制度变革、结构优化和要素升级新三驾马车上来,进一步发挥市场的作用和更好地发挥政府的作用,从而推动我国经济实现高质量发展。

（二）建立新时代高质量发展的经济体系

实现高质量发展首先必须建立高质量发展的经济体系,建立高质量的经济体系是实现高质量发展的关键环节。高质量发展的经济体系需要从以下方面建立。

1. 构建高质量的产业体系

高质量产业体系是指工业化程度比较健康的、现代服务业发展比较充分的产业化,是实体经济、科技创新、现代金融、人力资本、制度创新协同发展的产业体系。依照这一标准我国高质量的产业化道路仍有很长的路要走。我们需要从经济智能化、产业绿色化、发展高端化出发,来推进战略性新兴产业的升级进步和现代服务业的系统优化,最终实现产业体系从规模速度粗放型增长向质量效率集约型增长转化。同时加快制造业强国建设,促进先进制造业发展,实现我国产业迈向全球价值链的中高端。在这一过程中,特别是要加快数字产业的发展,数字经济对产业发展的带动和渗透作用是战略性的,一方面可发展大量成长性好的数字产业,另一方面数字技术对各行各业的渗透应用,对整个经济能起到极其强大的提升作用。

2. 构建高质量的增长体系

现阶段经济的发展需要从传统增长点转向新的增长点,而新增长点在于先进制造,在于互联网、大数据与人工智能和实体经济的深度融合,还在于中高端消费、创新引领、绿色低碳、共享经济、现代供应链、人力资本服务等。我们需要切实提高制造行业的共性技术服务,以科技为落脚点,提升投入产出比。只有牢牢把握新的增长点,有针对性地进行生产规划,才能更好地构建高质量的增长体系。

3. 构建高质量的业态模式体系

高质量的经济体系应立足于生产和生活消费升级的需要,因此我们要通过加快培育和发展新业态、新模式、新技术、新产品,在中高端消费、创新引领、绿色低碳、共享经济、现代供应链、人力资本服务等领域培育新增长点。同时高质量的业态要求我们具有公平、统一、开放的市场,即要以完善产权制度和要素市场化配置为重点,实现产权的有效配置,从而促进经济的良性发展。

（三）培育新时代高质量发展的微观主体

企业是市场供给主体,也是高质量发展的微观主体。只有培育起具有生机与活力的企业主体,高质量才能有效实现。构建高质量发展的微观主体的内容包括以下方面。

1. 构建高质量发展中以企业为主体的创新体系

企业作为国家创新力重要的载体,是在微观层面上实现经济高质量发展最重要的一环。因此我们要以提高自主创新能力为目标,以推进创新驱动核心战略为抓手,加快构建以企业为主体、以市场为导向、以产学研深度融合为支撑的产业科技创新体系。此外还需激发广大企业的创新积极性,通过普惠性的财政科技资金补贴和各种政策来支持其成长与发展。

2. 在高质量发展中促进企业发展方式的转变

高质量发展首先要推动企业发展方式的转变,要将质量和效益作为经济主体决策的基础和出发点,以此来推动产品质量的提升和企业生产方式的改变。把质量和效益作为企业决策的出发点不仅可以提高生产要素的利用率,又能将通过创新带来的先进工具与技艺运用产品生产中。

3. 在高质量发展中推进创新型企业的发展

伴随着科技的进步和信息技术革命的推进,创新型企业将是未来企业发展的趋势,我们应深入实施创新型企业培育计划、强化人才与服务两大保障、深化产学研三方协同创新,提高企业研发经费占主营业务收入的比重。同时要鼓励引导更多的企业投入到发展战略性新兴产业上来,提升高新技术企业的科技基础与原创能力,努力提升企业的创新能力,推进创新型企业的发展。

4. 在高质量发展中推进企业品牌建设

品牌影响力是带来溢价、产生价值增值的无形资产,是品牌拥有者提供的产品或服务得到消费者认可的载体。在高质量发展中,企业应将品牌建设与规划提升到企业经营战略的高度,提升企业品牌的影响能力。而且在高质量发展中引导企业实施品牌战略,鼓励企业加快产品升级换代、加强品牌保护,引导企业实施品质提升工程,鼓励企业加强全球品牌影响力的提升。

（四）提高新时代我国经济发展供给体系的质量

高质量发展不是指某一种产品或服务标准符合国际先进水平,而是整个供给体系都要有质量。因此提高经济发展供给体系的质量也是新时代我国高质量发展的战略重点。

1. 劳动力供给质量的提升

人是高质量发展的重要支撑,也是高质量发展动力变革的核心力量,因此在提高供给体系质量时我们应以提升劳动力的供给质量为出发点,促进资本劳动比的上升,推动经济发展中劳动生产率的稳步上升。中国是人力资源大国,拥有9亿多劳动力、1亿多受过高等教育和有专业技能的人才,他们是中国高质量发展最大的资源和优势,因此在高质量发展中需要注重提高劳动力的供给质量,实现对劳动力资源的有效利用:一是要建立与高质量发展相适应的人才激励机制,完善人才的激励措施,激发人才的主动性、积极性和创造性,为高质量发展提供动力。二是在高质量发展中注重企业家精神和现代工匠精神的培养,只有拥有了具有创新精神、注重发展实体经济的企业家和大批精益求精、不断创新的现代工匠,才能为提升供给体系的质量提供具有能动性的因素。

2. 要注重供给主体的质量

企业是经济发展的运行主体,提高供给主体的质量就是提高企业的质量,从企业角度来讲高质量发展就是提升企业产品的质量水平、技术水平和服务水平。培育一批规模优势明显、具备产业链整合能力的,自主创新能力、品牌知名度、资源整合能力达到世界级的龙头企业。同时要以提高企业的整体素质为目标,努力培育出具有竞争力的世界一流企业,从而在关键的制造领域和行业中保持全球领先的综合实力与行业影响力。

3. 要注重产品供给的质量

标准化是提高产品质量的关键,在提高产品供给质量过程中,需要加强标准化建设、提高标准化水平。同时进一步加强产品设计、制造、配送、销售等环节的质量标准,而且要加强行业监督,为产品质量的提高创造公平竞争的市场坏境。在此基础上,进一步完善认证认可机制,提升我国产品质量标准,认证认可、检验检测是提升产品质量、保护消费者权益、促进高质量发展的有效措施。

4. 要加快数字新技术的供给

聚焦数字化加快数字新技术的供给,新一轮技术革命的核心是数字技术革命,数字新技术体系由大数据技术、云计算技术、物联网技术、区块链技术、人工智能技术五大数字技术组成。五大数字技术支撑数字化生产方式,其中大数据为数字资源,云计算为数字平台,物联网为数字传输,区块链为数字信任,人工智能为数字智能,五大新技术相互融合,共同推动数字新经济快速发展。

(五) 构建新时代我国高质量发展的宏观调控体系

过去宏观调控是围绕着高速增长的要求建立起来的,主要是以总量调控、速度调控、短期调控为主。高质量发展的宏观调控需要转向结构调控、效率调控和长期调控,从而建立起与高质量发展相适应的宏观调控体系。

1. 宏观调控的目标需要转变

从总量调控转向结构调控,对经济发展质量的宏观调控应与结构升级相匹配,从引导总量增长转向引导结构转型升级为主,通过经济结构的升级进一步推动经济实现高质量发展。从速度调控转向效率调控,调控的重点集中在能够提高生产效率的领域,重视生产过程创新作用的发挥,重视要素创新作用的发挥,从而来提高经济发展中的全要素增长率。

2.发挥质量型政策的作用

财政政策、货币政策都是数量型政策,数量型政策通过调控税收、公共支出和货币的供应量等手段来刺激经济的数量增长。而人力资本政策、创新政策、结构升级政策是质量型的经济政策,质量型政策更侧重于通过创造内生动力来促进经济发展的质量,从数量激励转向质量激励,从增长激励转向质量激励。

3.以质量为导向实施宏观调控

高质量发展的宏观调控不能再依赖数量指标,而要更多依靠质量效益性指标,重点调控就业、收入以及企业利润的合理增长、物价的稳定、风险规避等方面。

4.高质量调控要促进创新

高质量的宏观调控要解决企业在创新研发上的困难,通过科学的政策引导企业进行科技创新,加大对企业创新的政策支持、激励、补偿,实现微观、中观与宏观经济主体在高质量发展方面的共赢。

（六）发展更高层次的开放型经济

高质量发展必须发展更高层次的开放型经济,全面提升我国在全球产业链、价值链、信息链中的地位,以高质量的开放推动高质量的发展。发展更高层次的开放型经济的基本要求是由比较优势转向竞争优势。在新的发展阶段,要依靠技术、质量、标准、管理等方面的竞争优势参与国际竞争,并嵌入全球价值链。尤其是依靠创新驱动形成具有自主知识产权的核心技术和关键技术,攀升全球价值链中高端。

1.拓展对外开放产业领域

改革开放之初,我国对外开放主要以制造业吸收外商直接投资为主,通过发展加工贸易、吸引跨国公司投资,带动国内制造业技术水平、管理水平的提高。目前全球制造业大规模转移的热潮在降温,服务业的全球转移和全球配置正在兴起。服务业的开放和承接全球服务业的转移,将成为中国对外开放新的产业重点,发展更高层次的开放型经济就需要拓展对外开放产业领域。

2.以设立自由贸易试验区为标志打造开放型经济区域升级版

自由贸易试验区是指在国境内关外设立的,以优惠税收和海关特殊监管政策为主要手段,以贸易自由化、便利化为主要目的的多功能经济性特区。自由贸易试验区是我国进一步融入经济全球化的重要载体,是打造新型开放性区域的载体,也成为拉动区域开放发展的增长极。

3. 打造更高水平的开放型经济新高地

充分利用中国自由贸易试验区、综合保税区等开放发展平台,持续提升开放平台的支撑能力。高度重视新技术、新产业、新模式、新业态、新动向,在更大范围、更高层次、更广领域参与国际经济技术合作与竞争,打造更高水平的开放型经济新高地。

第四节　新时代中国经济高质量
发展的发展方式转变

从理论上来说,经济发展的质量取决于经济发展的实践取向。随着我国的经济发展由数量速度型转向质量效益型,经济发展的实践取向也需要相应改变。改革开放以来,我国按照提高经济发展质量的思路,先后经历了从经济增长方式转变,到经济发展方式转变,再到创新经济发展方式转变。在这些思路的转变过程中,通过创新发展来提高经济发展的质量的思路被突出出来了。高质量发展的实践取向主要体现在以下几个方面。

一、创新成为第一驱动力

改革开放以来,我们试图通过经济体制改革来解决经济发展的质量问题,虽有明显的效果,但不能完全解决。1995年党的十四届五中全会提出,提高经济发展质量就建立在两个转变的基础上,一是经济体制的转变,二是经济增长方式的转变。2007年党的十七大明确把转变经济增长方式改为转变经济发展方式,从转变发展方式的主要目标来看,转变经济发展方式强调经济增长的长期性、生态性和可持续性,加快实现经济、社会、人、自然的和谐共生。2012年召开的党的十八大在坚持经济发展方式转变的同时,进一步提出了创新驱动战略。2013年召开的党的十八届三中全会把"加快转变经济发展方式"扩展到创新驱动战略,把创新驱动战略作为加快转变经济发展方式的途径。

现代经济增长理论认为,内生性经济增长的决定性因素是知识资本和人力资本。现在,创新作为第一动力已经成为世界性趋势,创新已经成为新时代下我国提高经济发展质量的第一动力。这是中国化的马克思主义政治经济学的最新发展成果,对中国的发展具有重大而深远的指导意义。习近平总书记指出,从世界范围内来看,第三次科技革命带来的新兴科学技术已经成为推动世界经济发展的主要驱动力,进入新时代从要素驱动转向创新驱动是高质量发展的必然要求。习近平总书记强调,"科技创新是提高社会生产力和综合国力的战略支撑,必须把科技创新摆在国家发展全局的核心位置,坚持走中国特色自主创新道路,敢于走别人没有走过的路,不断在攻坚克难中追求卓越,加快向创新驱动发展转变"①。我国过去的经济增长主要依靠物质资源的投入,现在物质资源供给不足成为经济增长的瓶颈。在此背景下,经济发展需要由要素和投资驱动转向创新驱动,创新就成为高质量发展的第一动力。

二、实现遵循规律的科学发展

习近平总书记指出,发展必须是遵循经济规律的科学发展,必须是遵循自然规律的可持续发展,必须是遵循社会规律的包容性发展。② 这是对中国特色社会主义新时代背景下推动高质量发展的理论指导,是新时代高质量发展的实践取向。

（一）遵循经济规律,实现科学发展

习近平总书记指出:"我们不再简单以国内生产总值增长率论英雄,而是强调以提高经济增长质量和效益为立足点。"③发展中国家在经济增长的初期都实施赶超战略,随着经济发展的全面推进,经济发展整体水平的提高,在新时代要实现高质量的经济发展,就要强调培育经济发展的新动能,提高经济发展的质量和效益。一方面,要由过去的投资带动向消费带动转变,更加强调消费对经济发展的带动作用;另一方面,通过技术创新、产业创新、管理创新等方面的协同作用,使经济发展方式由过去规模扩张向提高效率的方式转变,以产业结构的优化升级提高发展的质量和效益。遵循经济规律,走创新驱动之路,实现创新发展和科学发展。

（二）遵循自然规律,实现可持续发展

传统发展方式中,人类征服自然和改造自然的发展观,造成了人与自然的冲突,带来了一系列掠夺和破坏自然的行为。特别是在进入工业化时代以后,科学技术的进步促进了人类利用自然的效率,但是加速了人类对大自然的索取和掠夺,产生了严重的生态环境问题,制约了经济的长期可持续发

---

① 中共中央文献研究室编:《习近平关于科技创新论述摘编》,中央文献出版社2016年版,第25—26页。
② 《习近平主持召开经济形势专家座谈会》,《人民日报》2014年7月9日。
③ 《习近平谈治国理政》第一卷,外文出版社2018年版,第345页。

展。在新时代背景下,我国的现代化更加重视环境、资源和生态问题的解决。新时代是绿色发展和生态文明的新时代,在现代化建设中要求实现人与自然的和谐。

（三）遵循社会规律,实现包容性发展

过去强调经济发展,而社会发展相对滞后,使得经济发展与社会发展不协调。实现高质量的发展是新发展新理念的体现,经济、社会协调发展既是高质量发展的内在要求,也是社会文明进步的标志。经济发展和社会发展是发展这枚硬币的两个方面,经济发展和社会发展具有相互促进、相互制约的关系,经济发展是社会发展的基础,社会发展反过来又进一步影响经济发展。和谐的社会能够调动劳动者积极性,从而促进经济发展,反之社会矛盾的尖锐就会制约经济发展。社会发展要遵循社会规律,最为重要的是公平性、全民参与共享发展成果的包容性发展。

三、转向中高速增长

进入新的发展阶段,过去支撑中国经济发展的红利都正在逐渐消退,资源禀赋结构发生了变化。由于这些原因,我国经济增长速度放缓是不可避免的。但是仍然能够保持中高速增长则是可能的。中高速增长是新时代经济发展目标的新变化,中高速增长是高质量经济发展的要求,长期可持续的中高速增长需要培育经济发展的新动能。而且中高速增长不是降低发展的要求,而是要求增长的速度不是建立在规模扩大的基础上,而是建立在提高质量和效益的基础上。中高速增长必须是可持续的,不仅要求增长速度在长期中稳定,防止大起大落,还要求与人口资源环境相协调,实现可持续发展,所有这些都涉及经济发展方式的转变。在高质量发展阶段转向中高速增长以后,着重要做好三个方面的工作。

（一）推进供给侧结构性改革

按照高质量发展的要求,坚持以供给侧结构性改革为主线,推动中国制造向中国创造转变,中国速度向中国质量转变,由制造大国向制造强国转变,进一步提高供给体系的质量,开启质量效益提高、稳定性和可持续性增强的经济发展新局面。

（二）培育经济发展的新动能

通过质量变革、效率变革、动力变革三大变革提高全要素生产率,加强科技创新,加快传统产业转型升级,培育起新时代经济发展的新动能。

（三）激发市场活力

充满活力的市场主体是实现高质量发展的根基,进入中高速增长阶段,在正确处理政府与市场关系的基础上,破除歧视性限制和各种隐性障碍,充分激发国有企业和民营企业的活力。

四、迈向中高端结构

长期以来反映低收入阶段和发展中大国的特征,我国的产业结构处于中低端。中国制造的部分处于价值链低端,由此产生高产值、高成本、高消耗、低附加值等问题。而且在我们的经济结构中,高消耗、高污染的传统产业偏多,产业绿色化和生态化程度低。我国在进入中等收入阶段后,产业水准必须实现中高端。其方向除了提高服务业尤其是现代服务业比重外,在制造业领域的中高端方向突出在以下三个方面。

(一) 前瞻性地培育战略性新兴产业

实际上是培育国际竞争中的产业优势。战略性新兴产业一要体现新兴,二要体现战略性,它代表着科技创新的新趋势,同样也代表着产业发展的新方向,战略性新兴产业是科技创新和产业创新的深度融合。在第三次科技革命的推动下,目前世界范围内建立的以互联网、新材料、新能源相结合为特征的新产业革命正在逐步兴起。自国际金融危机爆发以来,许多国家纷纷着手进行规划,把新能源、新材料、信息技术等作为未来发展的重点,纷纷积极培育新的新兴产业,力争在第三次产业革命获得优势。依据世界产业发展的趋势,在新时代下我们要前瞻性地培育战略性新兴产业,加快新兴产业体系的培育。战略性新兴产业的一般特征是:以重大技术突破和重大发展需求为基础,对经济社会发展具有重大引领作用。同时,从战略性新兴产业的投入要素结构来看,主要表现为知识技术密集、物质资源消耗少。因此,基于战略性新兴产业的特征,立足于我国现有的科技基础和产业基础,新时代的高质量发展应当以信息技术、生物技术、新能源、新材料等为支撑的战略性新兴产业作为支柱产业,并坚持科技创新与实现产业化相结合。切实完善体制机制,大幅度提升自主创新能力,着力推进原始创新,大力增强集成创新和联合攻关,促进战略性新兴产业快速成长。

(二) 有效推进传统制造业的改造

改造的方向是促进传统制造业向新兴产业转型。传统产业向创新产业的转型是最为有效的:一方面技术转型方便;另一方面市场转型的阻力小。因此,传统制造业向新兴产业转型的总体成本小,市场风险低,在新时代下我们要重视传统制造业向新兴产业转型。要积极引导传统产业采用现代最新技术,如"互联网+"、"智能化+"、绿色化等进入中高端,改变高消耗、高污染、高产值、低收益的窘境。

（三）全球价值链分工进入中高端

经济全球化背景下,国际竞争是全球价值链的竞争。目前我国参与全球价值链的分工现状是:中国制造的许多产品处于国际价值链低端,产品缺乏核心技术和关键技术。进入新时代我们必须依靠创新驱动来攀升全球价值链中高端,高科技产品进入全球价值链中高端,向微笑曲线的两端攀升。一方面在已有的全球价值链上攀登价值链中高端,通过低端转移,转向高端制造;另一方面建立以我国为主导的价值链。原创性的有自主知识产权的核心技术和关键技术在我国,品牌也是中国的,生产环节走出去。

五、走文明发展道路

高质量的经济发展要求走文明发展道路,实现速度和结构、质量、效益相统一,自然系统、社会系统和经济系统有机协调,通过生态文明建设满足人民群众对美好生态环境的需求,建设美好中国,遵循生态规律,实现经济社会长期可持续发展。因此,文明发展的道路需要把生产、生活和生态联系起来,是人类社会发展规律的要求,也是人类文明进步的要求。具体地说,文明发展道路包括如下内容。

（一）走物质文明道路

物质文明是指人类物质生活的进步状况,在经济领域中创造的财富和成果,反映了物质文明进步。物质文明的实现途径包括社会生产力的发展、技术进步、生产能力改进、生产规模的扩大、人的物质生活水平的改善、生活方式的变化等。其中生产力因素是核心关键因素,生态文明与社会生产力发展水平相适应,并受一定时期内的社会生产关系、自然条件、制度条件和人口因素的影响,在这些诸多因素中科学技术的发展对物质文明的实现起决定作用。

（二）走精神文明道路

精神文明是人类发展过程中表现出来的人类智慧、道德的进步状态。精神文明主要表现为两个方面:科学文化方面的精神文明和思想道德方面的精神文明,两个方面的精神文明是新时代中国特色社会主义现代化的重要内容。新时代的精神文明作用是为物质文明的发展提供思想源泉、精神动力和智力支持,因此,新时代我国要走精神文明之路,通过高层次的经济文明建设为新时代中国特色社会主义现代化强国建设提供思想动力和精神源泉。

（三）走政治文明道路

政治文明是指政治制度和政治生活的进步水平和状态。在政治制度层面的文明道路,表现为国家治理能力、国家治理水平、国家管理形式、结构形式的演化发展;在政治观念层面的文明道路,表现为政治价值观、政治信念和政治情感的进步的状态和水平。

（四）走生态文明道路

生态文明是协调人与自然关系的文明,生态文明是新时代经济社会发展的新指向,体现了我国进入新时代后社会主要矛盾的变化,体现了人民对美好生态环境的迫切需求。生态文明建设是物质文明的自然基础,生态文明建设的高度发展,会转变人对生态环境的态度,让人承认自然界的权利与价值,提高人们对环境保护和建设的认识。

（五）走社会文明发展道路

走社会文明发展道路是我国新时代社会主义现代化发展的客观要求,是实现以人民为中心的发展的现实需要,社会文明发展道路的目标是人民安居乐业、社会安定有序、国家长治久安。一方面完善政府主导、社会协同、公众参与、法治保障的社会治理体制,运用法治思维构建社会行为有预期、管理过程公开、责任界定明晰的社会治理制度体系,推进国家治理体系和治理能力现代化;另一方面健全利益表达、协调和保护机制,正确处理好当前利益和长远利益、局部利益和整体利益、个体利益和集体利益的关系。

第十一章　新时代中国经济高质量发展中现代化经济体系的构建

党的十九大报告指出,新时代中国特色社会主义的总体任务是实现社会主义现代化和中华民族伟大复兴,在全面建成小康社会的基础上,分两步走在本世纪中叶建成富强、民主、文明、和谐、美丽的社会主义现代化强国。改革开放以来我国经济保持了三十多年的快速增长,然而传统的经济增长红利趋于衰退乃至消失,与此同时居民收入水平上升带动了消费升级,这些在客观上都要求我国经济要从高速增长转向高质量发展。现阶段是"两个一百年"交汇的历史时刻,高质量发展是实现我国经济社会从小康社会"富起来"到社会主义现代化强国"强起来"转变的关键。国家强,经济体系必须强。现代化经济体系作为社会经济活动各个环节、各个层面、各个领域的相互关系和内在联系构成的一个有机整体,是支撑高质量发展的现实基础。本章从高质量发展和现代化经济体系的关系分析入手,围绕培育现代化动力体系、构建现代化产业体系、发展现代化供给体系和完善现代化制度体系等四个层面,探讨以现代化经济体系助推新时代高质量发展的可行选择。

第一节　经济高质量发展和现代化经济体系的关系分析

一、高质量发展的理论内涵

我国经济正在经历由高速增长向高质量发展的转变,二者间既有内在关联也有本质区别。高速增长和高质量发展都是基于经济发展的视角,为提升人民生活水平、实现国家富强而采取的发展模式。然而,二者间的区别十分显著。首先,高速增长是在经济发展水平较低、产业结构体系还不完善的阶段,为在尽可能短的时间内解决人民日益增长的物质文化需要同落后的社会生产之间的矛盾,而采取的相对粗放型的发展方式。高质量发展则是在经济发展水平相对较高、产业结构体系基本完善阶段,为解决人民日益增长的美好生活需要和不平衡不充分的发展之间的矛盾,通过质量变革、效率变革和动力变革而推行的集约型发展方式。其次,高速增长的原则是效率优先、兼顾公平,而高质量发展则需要遵循创新、协调、绿色、开放和共享的新发展理念,高质量发展涉及面更为广泛。最后,高速增长属于研究国民收入决定的宏观经济范畴,而高质量发展涵盖了微观、中观和宏观层面的经济特征。

经济增长质量相较于高速增长更接近高质量发展,然而经济增长质量与高质量发展之间仍然存在区别。经济增长质量仍然属于宏观经济范畴,而高质量发展则涵盖了更广泛的经济维度。任保平阐释了高质量发展的政治经济学逻辑,分析了劳动价值论、使用价值以及价值和质量的关系。他提出高质量发展包括:微观维度的要素质量、产品质量和企业质量;中观维度的产业发展质量、城市化质量和生活质量等;宏观维度的经济增长质量、公共服务质量和对外贸易质量等。本书认为,结合创新、协调、绿色、开放、共享新发展理念,高质量发展的内涵体现在,具有增速稳定和结构合理的经济增长基础,并能产生社会友好型和生态友好型的发展成果,最终服务于富强、民主、文明、和谐、美丽的社会主义现代化强国和人的全面发展。在此基础上,可以将高质量发展描述为三个维度:发展的基本面,包括经济增长的强度、稳定性以及与协调发展理念相关的经济结构合理性、与开放发展理念相联的经济外向性;发展的社会成果,这与共享发展和创新发展理念相衔接,具体体现社会成员通过人力资本积累而充分分享到经济发展的成果,人力资本作为创新的载体能够进一步推动创新驱动和创新型国家建设;发展的生态成果,从绿色发展理念出发衡量经济发展对生态环境的保护力度。通过上述三个维度界定高质量发展,能够使其涵盖宏观层面的经济运行质量、中观层面的产业发展质量以及微观层面的要素质量,为形成高质量发展的政策体系、标准体系、统计体系、绩效评价、政绩考核以及创建和完善制度环境提供借鉴。

二、现代化经济体系的内涵

党的十九大报告指出"我国经济已由高速增长阶段转向高质量发展阶段,正处在转变发展方式、优化经济结构、转换增长动力的攻关期,建设现代化经济体系是跨越关口的迫切要求和我国发展的战略目标"[①],因此经济的高质量发展离不开现代化经济体系的支撑。对于现代化经济体系的内涵,学者们从不同的视角进行了理论和政策解读。从现代化经济体系涵盖内容

---

① 习近平:《决胜全面建成小康社会　夺取新时代中国特色社会主义伟大胜利——在中国共产党第十九次全国代表大会上的报告》,人民出版社 2017 年版,第 30 页。

来看,刘伟认为现代化经济体系包含两个方面:一是协同发展的现代化产业体系,二是市场机制有效、微观主体有活力、宏观调控有度的现代化的经济体制。刘志彪指出,现代化经济体系融合了"经济现代化"和"现代产业体系"的内涵,是指整个国家的相互联系、相互影响的经济系统,在发展总量和速度、发展水平和质量、发展结构和要素、空间布局的性状、体制机制运行、开放发展程度等诸多方面的现代化水平和状态。洪银兴从社会主义现代化分析入手,阐述了现代化经济体系应包括现代化动力体系、现代化产业体系、现代化供给体系和现代化制度体系。从现代化经济体系的特征来看,韩保江分析现代化经济体系具有创新驱动发展、协调平衡发展、绿色低碳发展、开放共赢发展和共享共富发展的特点。从建设过程看,黄群慧提出现代化经济体系是以人民为中心的经济体系,是以新发展理念为指导,以完善社会主义市场经济体制为前提,以提高实体经济供给质量为着力点进行建设。

我们认为,现代化经济体系作为一个服务高质量发展的有机整体,不应当仅停留在产业体系层面对其解读,而需要从贯彻新发展理念出发,系统整合驱动、支撑、引领和保障高质量发展的动力体系、产业体系、供给体系和制度体系。最终,在不断完善现代化经济体系的过程中,以供给侧结构性改革为主线,推动质量变革、效率变革和动力变革。

三、高质量发展与现代化经济体系的关系

无论在理论内涵还是政策实践层面分析,高质量发展和现代化经济体系包含的内容都十分丰富,并且与新时代社会主义初级阶段的特征相协调。在新时代社会主义现代化建设进程中,现代化经济体系是一个建设过程,而高质量发展则是建设社会主义现代化强国的目标,高质量发展离不开现代化经济体系的支撑和助力。两者的关系表现在:一是现代化经济体系是高质量发展的动力体系,以构建国家创新体系释放创新活力、强化协同创新机制、培育高水平创新团队,并通过完善科技创新和经济社会发展深度融合机制落实创新驱动。二是现代化经济体系是高质量发展的产业支撑体系,以实体经济、科技创新、现代金融和人力资源协同发展为基础,实现以实体经济为核心的三次产业充分、协调发展。三是现代化经济体系是高质量发展的供给引领体系,以优化公共产品供给体系与完善政策供给体系,来培育高质量发展条件和稳定高质量发展环境。四是现代化经济体系是高质量发展的制度保障体系,建设竞争有序的市场体系是推进效率变革的保障,建设促进公平的收入分配体系是共享发展的保障,建设协调联动的城乡区域发展体系是协调发展的保障,建设环境友好的发展体系是绿色发展的保障,建设

安全高效的全面开放体系是开放发展的保障。

第二节　培育现代化动力体系驱动高质量发展

我国在进入新常态前,要素投入驱动了经济高速增长,但同时也引发了收入差距拉大、生态环境污染以及创新乏力等弊病。创新作为五大发展理念之首是引领发展的第一动力,是建设现代化经济体系的战略支撑,是破解要素驱动增长模式衍生的各种弊端的必然选择。新时代我国需要培育现代化动力体系、助推高质量发展,核心是加强国家创新体系建设,在此基础上推动科技创新和经济社会发展的深度融合,最终形成全面化、系统性的创新驱动型发展模式。

一、加强国家创新体系建设

党的十九大报告提出加快建设创新型国家。"要瞄准世界科技前沿,强化基础研究,实现前瞻性基础研究、引领性原创成果重大突破""加强国家创新体系建设,强化战略科技力量"。[①] 国家创新体系的理论研究始于弗里曼(C.Freeman),他在分析日本经济增长和技术追赶获得成功的经验时提出国家创新体系的概念。国家创新体系是一国为了促进技术创新而设定的一组制度或机构,提高国家创新体系运行效率的关键在于改进制度和机构设置,通过制度设计或一系列的机构组成调整其社会经济范式以适应技术经济范式的要求。2012 年我国经济进入新常态,政府和企业对创新的重视程度与日俱增,但创新质量相对较低:一是,2016 年三种专利中质量最高的发明专利仅占国内专利总授权量的 23%;二是,2016 年中国向欧洲专利局提交的专利申请中,获得授权率仅为 35%,远低于日本的 75%和德国的74%。我国创新体系质量不高的原因在于政府对创新活动的过度干预,引发了专利泡沫、研发寻租和政策扭曲等低效率创新行为。因此,新时代我国加强国家创新体系建设需要构建以企业为主体、市场为导向、产学研深度融合为依托、高水平创新团队为支撑的国家创新体系。

首先,熊彼特认为创新就是建立一种新的生产函数,将原始生产要素重新排列组合为新的生产方式,以求提高效率、降低成本的经济过程,并且创新的主要动力来自企业家精神。不难发现,创新附属于企业的生产活动,是

---

① 习近平:《决胜全面建成小康社会　夺取新时代中国特色社会主义伟大胜利——在中国共产党第十九次全国代表大会上的报告》,人民出版社 2017 年版,第 31 页。

由企业利润最大化行为所引发。因此新时代背景下加强国家创新体系建设、助推高质量发展,应明确企业才是创新活动的主体。一方面在倡导创新文化的同时不断完善知识产权保护制度,另一方面强化对侵权行为的惩治力度,保证具备创新能力的企业拥有创新决策权,能够承担创新活动的责任和风险,并获取创新活动收益的权利。其次,我国传统的国家创新体系强调通过政府的产业政策、创新补贴和信贷优惠来引导创新投入,然而干预政策却扭曲了创新活动导致低质量创新。建设新时代国家创新体系要以市场为导向,弱化政府对创新活动的直接干预,不断完善市场竞争机制,鼓励企业通过创造性打破市场垄断,追求利润最大化。通过营造积极的创新竞争环境和氛围,激发各类市场主体的创新活力。再次,亚当·斯密指出分工能够提高效率,以企业为主体的创新活动需要依托产学研深度融合,打破体制和机制分割,将科研院所的科研能力与企业的市场竞争能力有机结合,汇聚和整合各类创新资源、促进协同创新、提升创新效率。健全产学研各方的交流互动和收益分配机制,发挥市场机制在配置创新资源方面的决定作用,有效推动协同创新。最后,创新的具体实施是由创新团队来完成的,新时代国家创新体系需要以高水平科研团队建设为支撑。培养既具有国际化视野、能够紧跟国际科技前沿,又具备创新精神和能力的团队力量,通过持续不断的创新积累,实现颠覆性创新突破,引领科技浪潮。

二、完善科技创新和经济社会发展深度融合机制

强大的国家创新体系是培育现代化动力体系的基础,只有进一步实现科技创新和经济社会发展的深度融合,才能使创新在实质上推动经济社会高质量发展。完善科技创新和经济社会发展深度融合机制,需要统筹协调基础性研究和应用性研究,推动科技创新和产业创新相协调。一是在数学、物理以及科技哲学等基础科学研究领域增加公共投入,打破"短平快"的传统发展思维,加大基础理论研究领域的人才培养力度,优化基础理论研究领域的评价机制,引导具有重大意义的理论研究取得突破,为应用性研究创新和建设科技强国奠定基础。二是在应用研究领域瞄准世界科技前沿,大力发展数字技术、人工智能技术、基因技术、航天技术等关键性技术、前沿引领技术、现代工程技术,通过扎实的基础科学研究和前瞻性的应用领域研究实现颠覆性技术创新。三是将基础性研究和应用性研究的创新成果与产业创新相结合,用科技创新激发新产品、催生新产业。在此基础上结合互联网、大数据和人工智能等新技术产生的新思维,发展新的商业模式和新业态,实现新技术、新产品、新产业与市场的无缝衔接。以基础性研究为支撑、以应用

性研究为引领、以新产业和新商业模式为平台,完善科技创新和经济社会发展深度融合机制,是培育现代化动力体系驱动高质量发展的"最后一公里"。

第三节　构建现代化产业体系支撑经济高质量发展

我国传统产业体系制约高质量发展的主要因素,在于刘易斯的发展经济学理论所阐述的传统经济与现代经济并存的二元结构问题。一方面以小生产为主的第一产业和以社会化大生产为核心的二、三产业间缺乏有机互动,导致城乡发展的不平衡;另一方面,大规模农村剩余劳动力向城市二、三产业转移的过程中,相对较低的劳动力工资引发了实体经济的低成本、数量型扩展,进而诱发科技创新投入不足和劳动力要素的知识、技能和经验提升缓慢等问题。构建现代化产业体系支撑高质量发展,核心在于促进实体经济、科技创新、现代金融和人力资源的协同发展,以强化实体经济发展为导向,推动三次产业的充分、协调发展,推动"汗水型"产业体系转变为"智慧型"产业体系。

一、四要素协同发展

建设实体经济、科技创新、现代金融和人力资源四要素协同发展的产业体系,是党的十九大报告提出的建设现代化经济体系的物质基础。要素投入驱动型增长方式下,资产价格泡沫间接抑制了制造业的研发投入,造成近年来我国经济出现"脱实向虚"的趋势。我国制造业目前总体处于全球价值链的低端,产品的技术含量、质量、种类以及品牌知名度偏低,在一定程度上抑制了制造强国的建设和高质量发展。实体经济是财富创造的根本源泉,在四要素协同发展的现代产业体系中,要以提高实体经济质量为着力点,以科技创新为引领,以发展现代金融为媒介,以优质人力资源为支撑,加快制造强国建设。

提高实体经济质量,首先要深化供给侧结构性改革,通过"三去一降一补",以淘汰落后产能和"僵尸企业"优化实体经济的存量资源配置,以去杠杆优化金融环境引导创新资源进入实体经济,以降成本和补短板为扩大实体经济的优质增量供给创造条件。通过供给侧结构性改革,推动实体经济的生产边界扩张、全要素生产率提升。其次,加快发展先进制造业,推动互联网、大数据、人工智能同实体经济深度融合。在新一轮科技革命和产业变革中以创新思维发展先进制造业,产业发展和新技术相结合,实现弯道超车。最后,充分发挥市场和政府在资源配置中的互补作用,"两手互济"推动资源要素向实体经济集聚、政策措施向实体经济倾斜。

在其他三要素与实体经济协同发展的过程中,需要做到兼容并济:第一,以科技创新为引领,提升实体经济发展中科技创新的贡献率,以实体经济发展带动科技创新投入。企业家精神是创新的驱动力,是实体经济发展的灵魂,是实现科技创新和实体经济深度融合的关键。激发和保护企业家精神,在法律上要保护企业家的财产权和自主经营权,在社会信用体系中加强对企业家诚信经营约束,在薪酬体系中尊重企业家的创新权益。第二,以发展现代金融为媒介,增强虚体经济对实体经济的服务能力,实现"虚实共生"。深化金融改革创新,推动多层次金融市场建设,增加优质资产供给、平抑资产价格,引导资金流向实体经济和创新领域。将促进实体发展政策和宏观审慎政策相结合,防范和化解金融风险,为现代金融等现代服务业持续健康发展提供保障。第三,以优质人力资源为支撑,加快制造强国建设,以实体经济发展优化人力资源培育环境。建设知识型、技能型、创新型劳动者大军,以优质人力资源为支撑提升产品质量和产业质量,重塑制造业的全球竞争力。以实体经济发展和科技进步为载体,借助"干中学"增进劳动者的知识、技能和经验,弘扬劳模精神和工匠精神。

二、三次产业充分、协调发展

目前我国三次产业发展的不充分、不协调主要体现在:首先,第一产业的劳动生产率较低、现代化水平不高,第二产业国际竞争力不足、产能过剩严重、高耗能产业过多,第三产业中现代服务业占比较低;其次,工业未能有效反哺农业,服务业也没有实现与制造业的深度融合。洪银兴和任保平认为三次产业发展不充分、不协调的原因在于资源错配,长期以来人力资本、知识、技术等现代生产要素的重要性被忽视,导致产业结构被低端锁定,产业间的联系也多为传统生产要素的单向流动。

建立现代产业体系,需要在产业转型升级中实现三次产业的充分、协调发展。一是大力发展农业现代化。利用新技术构建现代农业产业体系,完善以保障粮食安全为核心的农产品产业体系,发展生态保护、旅游观光的多功能产业体系,健全农业科技和信息咨询等农业社会化服务体系。依托大机械化构建现代农业生产体系,通过规模化生产提升第一产业劳动生产率,同时因地制宜兼顾小农生产模式,充分保障农业、农村和农民利益。完善农业制度构建现代农业经营体系,培育新型规模化农业经营主体和服务主体,加快构建职业农民队伍。二是推动制造业高级化、集群化发展。利用物联网、新能源和新材料等前沿技术,做强高端装备制造业,通过精细化生产、智能制造和个性化定制推动制造业整体向全球价值链中高端攀升。不断完善基础设施配套,优化营商环境,围绕通信产业、交通运输制造业和航天设备产业等高端制造业,打造世界级先进制造业集群。三是大力发展现代服务业。加快与新技术的融合,发展新的服务领域,适应现代城市和现代产业的发展要求,开拓新型消费服务、生产性服务、智能服务和公共服务新领域,通过分工提高社会生产效率。探索新服务模式,以提高服务技术含量、文化品位和附加值为核心,发展网络化、体验化和智能化的新型服务模式。

第四节　发展现代化供给体系引领经济高质量发展

建设现代化供给体系的核心是推动经济发展质量变革、效率变革、动力变革,提高全要素生产率,将提高供给体系质量作为主攻方向,显著增强我国经济质量优势。现代化的供给体系应包括微观、中观和宏观三个维度,微观层面有要素、产品和企业供给,中观层面为产业供给,宏观层面包括公共产品和政策供给。宏观层面的供给决定着中微观供给体系的方向和质量,本书着重从宏观层面分析现代化供给体系的发展。

一、优化公共产品供给体系,培育高质量发展条件

（一）加大非生产性公共产品供给、升级要素禀赋,改变比较优势基础

在新常态结构性减速之前,我国主要依靠劳动力、资本等生产要素的大规模、低成本投入驱动了高速增长。在经济高质量发展阶段,则需要依靠高端的人力资本投入驱动经济发展。人力资本的形成和积累,主要依靠教育和医疗卫生等非生产性公共供给的数量提升和质量优化。推进公平教育,农村及落后地区加大教育资源投入数量和提升质量,通过最广泛地提供公平而有质量的教育服务,提升全民素质。加大投入力度、优化管理体制,推动高等教育的内涵式发展,推动高校的人才培养和科学研究由数量导向型转向质量导向型发展模式。大规模开展职业技能培训,提高基层劳动力素质。在医疗卫生领域,以实施健康中国战略为导向,为人民群众提供全方位、全周期健康服务。通过教育和医疗领域的持续公共投入,提高各年龄段和层次的人力资本积累水平,将我国要素禀赋特征由劳动力富集型升级为人力资本富集型。在此基础上以人力资本为依托,发展技术密集型和知识

密集型生产者服务业,进而通过要素禀赋升级、改变比较优势,引导产业由重入轻,由以化工、金属冶炼、大型设备为代表的资产密集的"重资产行业",向技术密集、知识密集的生产性服务业与功能性产业相配合的"轻资产行业"发展。

（二）提升基础设施供给效率,促进技术进步外溢和先进制造业的产业集群发展

一是加强水利、铁路、公路、水运、航空、管道、电网、信息、物流等基础设施网络建设,一方面扫清建立全国统一市场的硬件障碍、优化要素整体配置效率,另一方面充分释放公共产品的正外部性、提升经济发展的公平性。而且,在基础设施建设过程中以投资的"干中学"效应提升高端装备制造业技术水平,以基础设施的网络化发展促进技术外溢,为先进制造业的产业集群发展创造外部条件。二是改革投融资体制,提升基础设施供给效率。建立多元化基础设施投融资体系,在吸引社会资本进入基础设施等公共产品供给领域的同时,提升投资、招标和施工等环节的信息透明化和公开化,加大监督力度,减少寻租和道德风险等低效率投资行为。

二、完善政策供给体系,稳定高质量发展环境

（一）完善高质量发展的宏观调控体系

一是建立与高质量发展相符合的宏观调控目标体系。传统的宏观调控是以经济增长、充分就业、物价稳定和国际收支平衡为目标,这一目标体系相对易于评价和考核,但却遗漏了新时代中国宏观经济运行的一些重要问题,如环境治理、风险防控和精准脱贫等。要实现高质量发展,相应地宏观调控目标就应转变为以质量型发展为导向、充分就业为先导、物价稳定为基础、化解重大风险为核心和污染防治为根本。二是按照优化调控原则,建立调控有度、引领创新和政策成本可控的高质量宏观调控体系。以间接引导性调控为主,重在通过制度建设自发引导资源的合理配置,同时辅以直接干预性调控,保证就业和物价稳定。以固定规则性调控为主,坚持推动创新驱动型的发展模式和绿色发展理念,同时辅以相机抉择新调控,用以防范和化解重大的经济和金融风险。以存量调控为主,促进人力资本、物质资本、文化资本、社会资本以及生态资本等各类财富的积累,同时辅以流量调控,建立与新时代经济发展水平相协调的需求结构。三是以供给侧结构性改革为主线,推动宏观调控方式转型。推动数量型宏观调控向质量型调控转型,由总量调控向结构调控转型,由需求调控向供给与需求综合调控转型。

（二）建立高质量发展的政策协同体系

一是加快建立现代财政制度。在财政关系上,以合理界定政府和市场边界为基础,厘清中央和地方政府的事权和支出责任,按照体现基本公共服务受益范围、兼顾政府职能和行政效率、实现权责利相统一、激励地方政府主动作为等原则,协调好中央和地方财政关系的同时保证区域财力均衡。在财政预算绩效管理方面,建立全面规范透明、标准科学、约束有力的预算制度,强化政府提供公共服务的质量和成本意识,实现中央和地方财政的协调平衡发展。二是健全货币政策和宏观审慎双支柱调控框架。实施货币政策的目标在于优化货币政策传导机制、保持物价稳定和充分就业,为高质量发展营造稳定的经济环境。宏观审慎政策则直接并集中作用于金融体系本身,通过抑制杠杆过度扩张和顺周期行为,建立起涵盖风险计量、财务报告、资本监管、风险集中度限制以及保险机制等一整套宏观审慎政策工具箱。进而防范系统性风险、维护金融稳定,最终避免或减少由于金融不稳定造成的宏观经济成本。

第五节　完善现代化制度体系保障经济高质量发展

新时代中国经济发展面临着全新的内部发展条件和外部环境,宏观经济运行的不确定性逐渐增强,现代化经济体系需要进一步完善市场体系、收入分配体系、城乡区域发展体系、绿色发展体系和全面开放体系,为经济高质量发展提供制度保障。

一、建设统一开放、竞争有序的市场体系

福利经济学第一定理表明竞争市场所达到的均衡配置必定是帕累托有效配置,建立统一开放、竞争有序的市场体系,是推进效率变革的制度保障。首先,在全面实施市场准入负面清单制度的基础上,完善市场监管制度,实现国有企业、民营企业和混合所有制企业的平等畅通准入。废除妨碍统一市场和公平竞争的各种垄断规定和做法,避免因垄断造成社会福利损失。其次,破除各类市场分割和地方保护主义,加快要素价格的市场改革。在产品和要素市场均建立起开放透明、秩序规范的市场机制,以充分竞争激发各类市场主体的活力,以充分竞争倒逼产品和要素供给质量的提升。最后,以规范政府行为为核心,加快形成企业自主经营公平竞争、消费者自由选择自主消费,以发展现代流通方式和技术市场为平台,推进商品和要素自由流动平等交换的现代市场体系。

二、建设体现效率、促进公平的收入分配体系

建设体现效率、促进公平的收入分配体系,构建和谐劳动关系,是实现共享发展理念,在经济增长的同时实现居民收入同步增长、在劳动率提高的同时实现劳动报酬同步提高的保障。一是坚持按劳分配,完善按要素分配的原则,兼顾公平与效率,实现收入分配合理化。不断推进社会公平正义,平抑财富分化,推进全体人民共同富裕,最广泛地实现人的全面发展。二是推进基本公共服务均等化,保障居民获得公平的发展机会,引导预期,构建公平和谐的社会关系。三是加快税制改革,优化个人所得税起征点、增加财产税税率,扩大中等收入群体,增加低收入者收入,调节过高收入,逐步缩小收入分配差距。

三、建设彰显优势、协调联动的城乡区域发展体系

建设彰显优势、协调联动的城乡区域发展体系,是实现协调发展理念的保障。缪尔达尔的累积因果理论认为,在发展的过程中经济和社会的力量的不均衡导致地区间发展趋势的不均衡,发达地区的经济增长对落后地区的发展会产生两种效应,通过技术扩散产生积极的涓滴效应和吸引要素流入引发消极的回波效应。涓滴效应的作用要比回波效应的作用弱,缩小地区发展差距必须依靠政府干预和政策设计。一是深化西部大开发、推进中部崛起、创新引领东部高质量发展,实现区域良性互动,加强区域优势互补。以区域间统一市场建设,引导生产要素与知识技术在区域间的流动和扩散,促进涓滴效应,加大财政转移支付力度,强化对口支援,抑制回波效应。二是以国家级中心城市建设为引领,以城市群建设为核心,推进农村工业化和城镇化。加快农业转移人口市民化,以人口和资金的城乡双向流动,加大农村基础设施投资力度,实现城乡融合发展。

四、建设资源节约、环境友好的绿色发展体系

波特假说认为,适当的环境规制可以促使企业进行更多的创新活动,而这些创新将提高企业的生产力,从而抵消由环境保护带来的成本并且提升企业在市场上的盈利能力,提高产品质量,这样有可能使国内企业在国际市场上获得竞争优势,同时有可能提高产业生产率。因此资源节约、环境友好的绿色发展体系,不仅有利于人与自然的和谐共生,而且能进一步通过促进创新、提升全要素生产率而助力高质量发展。构建绿色发展体系,首先要牢固树立和践行"绿水青山就是金山银山"的理念,强化绿色发展的法制建

设,加大环境规制力度。其次,以市场为导向、以科技创新为引领,大力发展节能环保、绿色金融和清洁能源等绿色产业,建设低碳循环经济体系。最后,推进能源革命和消费革命,构建清洁低碳、安全高效的能源体系。

五、建设多元平衡、安全高效的全面开放体系

　　建设多元平衡、安全高效的全面开放体系是践行开放发展理念的保障。改革开放40年来我国经济发展取得的成就表明,中国经济的高质量发展需要在全球经济一体化的格局下推行,离不开全面开放体系和多层次互利共赢的支撑。建设多元平衡、安全高效的全面开放体系,第一,要以"一带一路"建设为重点,充分利用沿线国家资源禀赋各异、经济互补性强、合作潜力巨大的优势,深入推进政策沟通、设施联通、贸易畅通、资金融通和民心相通。以"一带一路"沿线国家多元平衡的贸易合作,分散国际市场的风险。第二,以创新提升我国外贸产品的服务效率。以互联网技术培育贸易新业态、新模式为依托,以保障经济安全为根本,大力推进贸易和投资便利化制度建设,发展高层次开放型经济。

第十二章　新时代中国经济高质量
发展中有效供给的形成

党的十九大报告中强调新时代中国经济发展要"以供给侧结构性改革为主线",并进一步明确指出:"深化供给侧结构性改革。建设现代化经济体系,必须把发展经济的着力点放在实体经济上,把提高供给体系质量作为主攻方向,显著增强我国经济质量优势。"在这一表述中,"供给侧"进一步延伸为"供给体系",这说明在中国特色社会主义进入新时代的大背景下,供给侧结构性改革不再简单等同于"三去一降一补",而是具有深刻的系统性特征。在这一系统性改革中,提高和改善供给体系质量和效率,其核心方向在于促进有效供给的形成。

因此,在中国经济发展进入新时代的大背景下,应当立足于供给侧结构性改革的系统性特征,从供给主体、产品供给、要素供给等方面积极探索有效供给形成机制的战略选择和实现路径,进而提高供给体系质量,使得新时代的经济发展更加平衡和充分。

第一节　有效供给形成机制的理论机理分析

在中国经济发展进入新时代的背景下,高质量发展是经济发展的目标,推进供给侧结构性改革是实现高质量发展的必由之路,促进有效供给形成是供给侧结构性改革的目标。因此,实现高质量发展需要进一步研究有效供给的形成机制。

一、供求平衡机制

马克思主义政治经济学认为,作为商品按交换价值在市场上出售并实现市场平衡的前提,商品产量必须与社会对该商品的实际需求相适应,然而现实状态下社会需求的不断变化将导致某些商品产量大于或小于社会需求的情况出现,这就需要通过市场机制引导供求关系趋于平衡。其内在机理在于,虽然由社会必要劳动时间决定的商品价值层面没有差异,但是在决定商品有用性的使用价值层面却存在差异。当社会对商品使用价值的实际需求随着经济发展阶段变化而改变时,如果产品结构不能及时调整或者产品使用价值存在缺陷而不能被消费者接受,那么其交换价值就失去了基础,其价值就无法在市场中得到实现。此时就有可能出现商品使用价值与社会需求结构不适应的情况,从而产生有效供给不足的问题,最终使得市场无法实现供求平衡。因此,要解决上述问题,必须从供给侧出发,调整供给结构以适应需求结构的变化。

二、分工专业机制

马克思主义政治经济学认为,分工一方面作为推动生产力发展的基本动力之一,能够有效降低生产成本,扩大市场规模;另一方面,分工程度越高则具体劳动种类越丰富,投入交换的商品种类数量越多,即分工通过实现专业化促进经济结构转型升级。而当前我国进行供给侧结构性改革的主要目的在于化解结构性矛盾,而结构性矛盾的重要体现之一就在于社会分工体系的僵化、扭曲,表现为旧分工体系未打破而新分工体系未形成。因此,改善社会分工,促进新分工体系形成就成为消除无效供给、形成有效供给的机制之一。具体包括:一是通过改善企业内分工,提高企业潜力,减轻企业压力,清理僵尸企业,从而激发供给主体创新、创业、创造的活力,以促进有效供给形成;二是通过协调国内国际分工改善生产结构,实现产业结构升级,从而保障国内产品迈向全球产业价值链中高端,以形成产品有效供给;三是通过社会分工的深化,以新领域、新产品、新业态促进新型分工体系形成,最终实现生产要素从低效率部门流向高效率部门,以形成要素有效供给。

三、数量和质量互动机制

马克思主义政治经济学认为,社会再生产过程是数量再生产和质量再生产的有机统一,社会再生产既是数量再生产也是质量再生产。这种统一表明生产过程中产品质量的提高是由再生产过程中数量和质量循环实现的。"废料的减少,部分地要取决于所使用的机器的质量","在生产过程中究竟有多大一部分原料变为废料,这要取决于所使用的机器和工具的质量。最后,还要取决于原料本身的质量。而原料的质量又部分地取决于生产原料的采掘工业和农业的发展(即本来意义上的文明的进步),部分地取决于原料在进入制造厂以前所经历的过程的发达程度"。[①] 因此,产品质量取决于该产品的生产条件,而生产条件又进一步取决于生产条件所处的产业。在社会再生产过程中,产品质量不仅取决于生产该产品的企业、部门,还受

---

① 《马克思恩格斯全集》第25卷,人民出版社1974年版,第118—119页。

到其他相关企业、部门的影响,这种企业、部门在数量、质量循环过程中的相互影响决定了提高产品质量、促进产品有效供给不能仅仅考虑单一产品的生产过程,必须着眼于整个社会的再生产过程,以保证有效供给形成的连续性。

四、经济结构再平衡机制

经济结构失衡衍生出供需错配、产能过剩以及经济结构的低端锁定等问题,这些问题将阻碍经济持续增长。一方面,资源误配置会使资源过多低配置到供大于求的行业,造成产能过剩。而供不应求的行业则会因为缺少资源而造成产品供给不足,使得供需结构出现严重不平衡。另一方面,经济结构的低端锁定造成中低端产品过多,高端产品供给不足,形成市场供求不匹配。因此,促进有效供给形成,必须从供给主体、产品供给、要素供给等方面调整供给结构。而调整供给结构的路径在于进行体制机制改革,努力通过有效供给形成促进经济结构再平衡机制。在供给侧结构性改革中,通过结构升级、技术创新、制度创新等长期因素推动供给曲线右移,扩大生产可能性边界,实现经济结构的再平衡,从而开发经济的潜在增长率。

第二节 当前中国供给体系的现状分析

进入新时代中国宏观经济运行的主要矛盾已经不是总量矛盾,而是结构性矛盾,而且这些结构性矛盾主要表现在供给侧,具体包括:一是需求结构变化与有效供给不足的矛盾。随着人民收入水平提高和生活水平改善,居民的需求从一般物质生活需要转向了追求美好生活需要,消费倾向逐渐从数量型转向质量型,高端化、多样化消费需求日益增长。与需求结构变化相比,供给结构没有适应需求结构进行及时调整,导致无效供给过多,一些行业出现产能严重过剩和产能利用率过低等问题。二是低端供给过多与高端供给不足的矛盾。在产品供给方面,中低端产品供给严重过剩,而需求旺盛的高端产品供给不足;在要素供给方面,土地、资本等低端要素供给过多,人力资本、技术、制度等高端要素供给不足,低端要素供给过多而高端要素供给不足的现象导致产业结构研究扭曲。上述这些宏观经济运行的结构性矛盾造成了当前有效供给不足的问题。这些问题主要表现在以下几个方面。

一、无效供给过多造成大量产能过剩

供给结构与需求结构变化的不适应,导致出现大量具备供给能力却不

能满足有效需求、不能与有效需求结构相匹配的无效供给,突出表现为供给效率、供给质量低下问题。造成有效供给不足、无效供给过多的原因在于:一是高质量产品供给不足,中低质量产品供给过剩,从而表现出结构性短缺。一方面,缺乏科技含量、品牌效应以及国际影响力的产品,难以满足与消费者收入水平同步提升的消费需求,表现为产品有效供给不足;另一方面,中低端产品在不能及时出清、造成大量积压库存的同时,其生产还占用大量资源,表现为无效产能、过剩产能。这方面的典型案例包括中国消费者大量抢购日本生产的马桶盖和电饭锅等产品、大量购买国外奶粉而国产奶粉因过剩被倒入河中,等等。二是要素市场化改革滞后,要素价格形成机制不健全。要素价格是市场价格体系的核心,扭曲的要素价格必然导致资源配置的无效率。在要素端,市场经济体制不健全、政府对于要素价格形成过程干预过多使得要素价格无法反映要素稀缺性和真实市场供求。具体表现为:要素价格在政府干预下整体偏低,使得企业生产成本偏低,带来资源浪费性配置和产能严重过剩,产生大量无效供给。政府关于自由进入某些行业的准入限制阻碍了生产要素在行业内和行业间的自由流动,表明以市场为导向的资源配置机制在要素市场中仍未完全形成。三是政府对企业生产的监管松懈,产生大量落后产能和污染产能。某些企业为追求自身经济利益最大化,只考虑生产成本而忽视社会成本,为实现较低的生产成本而使用大量落后产能、污染产能的行为广泛存在。这些落后产能、污染产能在当前中央所倡导的绿色经济发展理念下无疑是无效供给的重要组成部分。而地方政府为了追求经济指标,可能对企业生产放松监管,甚至为追求短期政绩继续鼓励对这些落后产能、污染产能进行投资。政府监管的松懈使得企业负外部性管制放松,不能正确评估自身生产能力以及由生产带来的社会成本,这种激励使得企业倾向于更多使用成本较低的低端要素,产生无效供给的同时阻碍有效供给的形成。

二、依靠低端要素的规模投入造成要素生产率低

低端供给过多与高端供给不足的矛盾,使得当前中国的经济增长更多依靠低成本劳动力、土地、资本等低端要素投入数量和规模的扩大作为主要动力。低端要素无法实现无限供给,其数量、规模无法实现无限扩张,潜在增长率在长期仍然取决于创新驱动而非规模驱动。当前,物质资源和低成本劳动力的红利日益消退,而人力资本、技术、制度等高端要素供给严重不足,进一步使得经济下行压力加大。从劳动力要素的角度看,中国长期实施的计划生育政策使得人口出生率逐年降低,到2011年中国适龄劳动人口比

重为 74.4%,十年来首次出现下降,与之相应的社会抚养比则在 2010 年达到最高点,与此同时,第六次人口普查数据表明人口老龄率为 8.9%,到 2050 年将达到 30% 左右。从土地要素的角度看,国土资源部的数据显示我国土地出让面积由 2013 年的 36.7 万公顷降至 2016 年的 20.82 万公顷,这在一定程度上反映了可供开发土地已接近枯竭。再加上国家近年来连续出台的关于坚守 18 亿亩耕地红线、划定永久基本农田、严控新增建设用地供应规模、城市开发边界划定等一系列政策,使得地方政府长期以来所依赖的土地财政将难以为继。从经济增长率的角度看,已从 2010 年以前的高于年均 10% 下跌至目前低于年均 7% 的水平,经济下行压力不断加大。这些数据都表明要素禀赋变化使得人口、土地等红利逐渐消退,中国经济增长过去长期依靠的低端要素投入已不能继续持续带动经济增长。而要素驱动的数量型经济增长表现为全要素生产率低下。按照索洛对全要素生产率的定义是各要素集合产生的生产率与各要素单独投入产生的生产率之和的差值,用来表示要素质量和资源配置效率提高、技术进步以及规模经济增长等。全要素生产率偏低使得要素配置效率低下、配置成本过高,具体表现为:一是房地产行业吸收过多投资,使得用于促进新兴产业发展的物质资本和技术创新要素投资严重不足;二是忽视对人力资本的投资,过度重视物质资本,使得经济的创新能力不足。当经济增长受到要素供给数量的限制时,偏低的全要素生产率抑制有效供给形成,阻碍经济增长潜力提升。

第三节　中国经济高质量发展中有效供给形成的约束因素

供给体系的质量主要是针对供给体系中低端要素、低端生产、低劣产品、低效供给等问题,围绕高质量供给主体、高质量要素供给、高质量产品供给等关键环节,提升质量的目标和措施。从我国供给体系的现实状况来看,有效供给形成的约束条件主要表现在以下几个方面。

一、供给主体约束

供给侧结构性改革的最终目的是通过市场化取向的改革实现市场机制配置资源,这就要求在供给侧结构性改革和有效供给形成过程中,必须坚持以企业作为供给主体。目前,供给主体存在的主体错位、缺乏活力等问题阻碍了有效供给形成。

（一）政府投资和企业投资存在失衡，供给主体错位

在市场经济体制下，政府投资的作用在于启动经济增长，而企业投资的跟进才是经济持续增长的动力。当前我国在扩大基础设施建设投资过程中，受到市场准入壁垒和政府配套服务机制不完善的限制，企业投资跟进不足，进而产生投资主体错位和失衡问题。政府在投融资领域内的简政放权仍然不到位，对于民间投资的引导不充分，企业作为投融资主体的市场主体地位尚未得到充分确认，表现为供给主体错位。

（二）企业结构存在失衡，供给主体活力不足

具体表现为：一是企业规模结构失衡。大型国企占据资源过多，导致中小型民营企业的发展环境严重受限，民营企业发展"只有质没有量"的问题广泛存在。企业规模结构失衡使得经济发展的民间推动力日渐枯竭。二是企业市场结构失衡。市场中同时存在的过度垄断和过度竞争使得经济运行出现秩序混乱和效率损失。三是企业行业结构失衡。传统行业企业仍然占据行业结构的主导地位，现代行业企业数量不足。企业结构失衡使得企业作为供给主体活力不足，阻碍有效供给形成。

二、产品供给约束

供给侧结构性改革的关键在于建立有效供给的长期机制，提高供给结构对需求结构的灵活性和适应性，这意味着产品供给必须赢得消费者。大量具备生产能力却不能满足消费者需求结构变化的产品是无效供给产生的重要原因，企业不能及时生产适应消费需求的产品成为阻碍有效供给形成的约束条件之一。产品供给约束具体表现在以下几个方面。

（一）创新能力不足导致产品"低端锁定"

长期以来，我国企业重视技术引进、缺乏自主创新的特点导致产品的技术含量大多不高，出现"低端锁定"问题。主要表现为：一是低层次产品不能满足国内市场消费者需求升级。随着我国居民收入水平的普遍提高，消费由中低端向高端发展，人们对产品层次的要求逐渐由满足基本生活需要的产品转化为满足美好生活需要的产品，而企业对新产品开发、创新的投入不足使得产品供给滞后于消费需求，造成供求错配、产品过剩。二是低端产品不能适应日趋激烈的国际市场竞争。一方面工资水平提高导致产品生产的劳动力成本不断攀升，另一方面核心技术缺乏使得低端产品行业处于低利润、低附加值状态。二者的矛盾使得我国产品在国际市场竞争中处于劣势，不仅难以立足于国外市场，而且在国内市场的生存空间也将被国外高端优质产品挤占，最终形成无效供给。

（二）质量管理欠缺致使高质量产品供给不足

当前我国产品生产规模迅速扩大，产品生产数量处于较高水平，而产品质量发展不均衡，发展水平仍然较低，产品质量问题突出。而企业作为生产者依然缺乏产品质量管理意识，更加阻碍了高质量产品供给的形成。一是产品生产缺乏质量管理。由于生产规模、生产成本等差异，国内企业在生产过程中对产品质量管理的重视程度参差不齐。许多中小企业为了在短时间内扩大产出、降低生产成本而忽视产品质量，生产过程中缺乏科学合理的质量管理措施，使得产品质量问题严重突出。二是产品定位缺乏质量意识。企业对产品使用的定位仍然处于低质量阶段，不能以消费者需求为导向进行产品供给，产品定位缺乏对消费者的关怀，导致产品实际质量与消费者对于高层次、高质量产品日益增长的需求相背离。

三、要素的供给抑制

一般认为影响经济增长的主要生产要素包括劳动力、土地和自然资源、资本、技术和制度。在中国经济处于规模驱动的数量型增长阶段时，劳动力、土地和自然资源以及资本要素对于经济增长的贡献十分显著。随着当前中国经济转向创新驱动的质量型增长阶段，传统三要素投入受到数量和规模限制，技术创新和制度要素的重要性更为凸显。结合当前的经济现实，这些要素层面均存在明显的供给抑制和供给约束，阻碍了有效供给形成，不利于释放经济增长潜力、提高经济增长活力。

（一）劳动力要素存在的供给抑制

当前劳动力要素面临的约束包括：第一，从劳动力供给数量层面看，长期以来的计划生育政策使得我国人口生育率常年处于低水平，这意味着依靠廉价劳动力数量无限供给和充裕社会劳动适龄人口的人口红利已经逐渐消失。第二，从劳动力供给结构层面看，也存在严重供给抑制，具体表现为：一是人口老龄化现象明显。随着居民生活水平和社会医疗水平的提高，死亡率下降使得人口结构中老年人口比重迅速上升，严重制约经济增长潜力。二是低素质劳动力过多，高素质劳动力不足。从需求侧看，随着我国产业发展模式由劳动密集型向资本和技术密集型转型，企业对低素质劳动力的需求逐渐减少，对高素质劳动力的需求逐渐加大。从供给侧看，我国劳动力整体受教育水平和程度仍然较低，能够提供的高素质劳动力绝对数量十分有限，更凸显出低素质劳动力过剩。因此，劳动力层面存在的结构性矛盾极大限制了产业结构升级。此外，随着进一步化解过剩产能、清理僵尸企业，更多低素质劳动力将流向市场，进一步加剧了劳动力市场的资源错配和供求矛盾。

（二）土地和自然资源要素存在的供给抑制

当前我国土地要素市场存在的主要问题包括：一是农村土地征收制度存在弊端。在我国城镇化进程中，大量农村用地（包括集体建设用地和宅基地等）转化为城市建设用地，用于工业发展和商品住宅建设，而在这一过程中土地不能自由流转而须通过政府进行土地征收。现行农村土地征收制度并不按照市场化程序在土地市场招标拍卖，农村土地被征收后由土地增值带来的收益农民无权获得补偿，农村土地要素价格扭曲，严重损害农民利益。二是城市用地结构不合理。一方面城市用地大量用于商品住宅建设，导致商品房库存数量巨大；另一方面由于资本空转、房价虚高造成了房地产泡沫的产生。不合理的城市用地结构使得房地产行业大量占用城市用地，造成公共保障房用地、经济新业态用地以及健康、养老产业等其他民生项目用地严重不足。这些问题不仅产生了大量社会冲突和群体性事件，更加剧了土地要素供求的严重错配，使得有效供给难以形成。

其他自然资源要素的供给也存在严重问题。一是高消耗发展方式与资源禀赋约束之间的矛盾。我国经济增长和工业化进程曾长期依靠自然资源的高消耗，在我国人均自然资源短缺、自然资源供给规模有限的国情下，这种粗放、低效的发展方式难以为继，阻碍了经济可持续发展。二是高污染的发展模式与环境保护政策目标之间的矛盾。习近平总书记多次强调既要绿水青山，也要金山银山。十九大报告中也把生态文明建设列为治国理政基本方略的重要组成部分。然而自然资源过度消耗和高污染排放的现状并非简单依靠节能减排措施就能解决，地方政府往往在实现短期经济增长以满足绩效指标的动机激励下鼓励高耗能、高污染的工业生产。由于新能源和低碳经济发展尚不成熟，这种工业生产方式在短期内难以扭转，因而与环境保护政策目标相互矛盾。

（三）资本要素存在的供给抑制

资本要素市场存在的主要问题包括：第一，投融资体制不完善。政府在为企业提供投融资政策优惠时存在不合理的选择性，促使大量资本流入房地产、钢铁、化工等产能过剩行业，进一步推高了房价，催生了大量僵尸企业，而大量新兴行业企业和中小型民营企业却难以享受到投融资政策优惠，融资渠道不畅通问题普遍存在。第二，金融市场发展不完善不充分，金融体制存在重大问题。具体包括：一是金融市场结构存在失衡问题。我国经济长期依靠货币市场借贷融资等间接金融，直接金融不足。这种结构失衡抬高了融资成本，一方面进一步加剧了中小微企业面临的融资难现象，不利于实体经济换代升级；另一方面各种金融资源主要依靠商业银行等金融机构通过借贷手段进行配置的模式使得企业在发展过程中过度依靠借贷杠杆，使得宏观经济发生系统性金融风险的可能性加大。二是金融市场对实体经济的支持不足。从宏观经济运行的角度看，金融市场是为实体经济服务的，金融资本必须通过与产业资本密切结合以促进经济增长。当前我国金融市场中金融资本自行空转的问题十分明显，导致金融资源错配严重，资本难以流向实体经济，使得金融市场发展难以发挥对经济增长的带动作用。

（四）技术要素存在的供给抑制

随着中国经济进入新常态，经济发展阶段已逐渐体现出由要素驱动、投资驱动转向创新驱动的特征。通过供给侧结构性改革来发展创新型经济模式就成为培育经济增长新动力、促进经济结构转型升级的关键，然而当前我国技术创新要素所面临的抑制和约束却阻碍了创新型经济模式的形成。一是科技创新驱动力不足。科学理论和基础研究持续投入机制不完善，使得科研人员从事学理和基础研究缺乏激励，动力不足；知识产权保护力度不足，阻碍科技创新的深化和投入；科学研究与市场和应用严重脱节，使得新的科技成果缺乏及时转变为创新产品、创新应用的激励，科学研究不能及时转化为生产力。二是教育体制僵化，人才培养机制存在缺陷。从表面上看，科研人员发表论文数量、申请专利数量总量大、增速快，实际上这些科技成果转化为产品、应用的比例很低。其原因就在于行政化的教育体制和应试化的人才培养机制使得我国高等教育难以培养出创新型人才，出现了"钱学森之问"的难题。三是政府科技管理体制存在弊端。一方面，科学研究从立项到评估再到资助最后到结项的全流程控制权都掌握在政府手中，使得科技创新过程缺乏弹性和活力；另一方面，科技创新长期由政府不同部门分别管理，政出多门，资源分散，部门间利益分割和资源、信息共享壁垒阻碍了技术进步。

（五）制度要素存在的供给抑制

深化供给侧结构性改革的前提之一是坚持制度创新，有效供给的形成需要持续提供制度的供给和创新作为保障。当前制度要素存在的约束和抑制主要存在于政府层面。一是政府职能不清晰。现代市场经济要求建设和发展服务型政府、法治政府，而当前我国政府在维护公平竞争市场环境、公共服务、土地管理、收入分配、社会保障、生态环境保护等方面的制度供给和创新滞后，各部门之间权责不清、"推诿扯皮"现象普遍存在。二是制度供给与新常态下经济长远发展目标相背离。忽视对创新水平、结构性调整、社会治理等新常态下长期经济发展指标的评价，进而激励各地方政府以短期经济增长为目标，大搞重复建设和低端产业，使得产能过剩更加恶化，无效供给难以消解。

第四节　中国经济高质量发展中有效供给形成的战略选择

供给侧结构性改革的着力点是经济运行中存在的结构性矛盾,因此我国高质量发展中有效供给形成机制的战略选择必须以化解结构性矛盾为导向,针对当前有效供给形成过程中存在的主要问题,以市场机制和政府作用的结合,实施创新驱动战略促进有效供给的形成。

一、推动要素市场化改革,健全要素价格形成机制

我国高质量发展中有效供给形成首先必须解决市场机制的扭曲,健全要素价格的形成机制:一是遵循市场经济规律进行要素端改革。在要素端必须遵循由市场机制配置资源的基本规律,减少政府对于要素的直接配置和不当干预,依据市场规律、市场规则和市场标准推动要素配置,实现资源再配置的效率最优化和效益最大化。二是稳步深入推进要素价格形成机制改革。当前要素市场分割及由其带来的要素价格形成多轨制造成要素价格严重扭曲,严重阻碍有效供给形成。因此,必须稳步深入推进要素价格形成机制,提高要素价格市场化程度,使其能够体现要素供求状况,进一步推进要素合理配置,促进全国统一的要素大市场的形成和"统一、开放、竞争、有序"要素市场体系的建设。以提高要素配置效率为目标推动要素流动,促进要素由低效需求向高效需求流动,由低效率部门向高效率部门流动,由价值链低端向价值链中高端流动,进而推动资源再配置,提高资源配置效率。

二、加强政府对企业生产活动的监管,从源头化解无效供给的形成

深化供给侧结构性改革必须有效发挥政府作用,强化对企业生产活动的监管。通过严格监管强化对企业生产的负外部性管制,倒逼企业在生产决策时综合考量社会成本、环境成本,从而有效抑制由于企业低估成本造成的落后产能、污染产能,从源头化解无效供给问题。加强政府监管,一是要坚持共享发展理念,适度控制劳动力相对于资本过低的收益率,保障劳动者基本权益,增加劳动者福利,缓解劳资矛盾;二是要坚持绿色发展理念,强化对企业排污情况的监控,对生产活动中的污染行为采取征税、收费、罚款等措施,以使企业产生的社会成本、污染成本内部化,进而抑制落后产能、污染产能。

三、促进规模驱动型战略转向创新
驱动型战略,提高全要素生产率

破解要素规模不能无限供给对经济增长潜力的限制,保持中国经济的长期持续增长,必须以提高经济增长质量为长期目标,在经济增长方式上从规模驱动型向创新驱动型转型,提高全要素生产率。因此,必须大力发展以创造新资源为目标、以新技术和知识为依托、以创新为驱动、以创新型企业为主体的创新型经济。这就要求我们:一是以科技创新取代要素规模投入,通过创新促进要素流向价值链中高端。当前我国要素主要流向位于价值链低端的产业,这些产业往往是高资源消耗、高劳动密集度的低附加值产业。当要素禀赋条件发生变化、自然资源和劳动力要素使用成本提高时,要素投入就很难获得较高收益。因此,要解决这一矛盾必须通过技术创新促进要素从价值链低端进入价值链中高端。二是以人力资本积累取代物质资本积累。人力资本包括企业家才能的培育和劳动者素质的提高等方面。在创新驱动型增长阶段,物质资本积累受到限制,因此必须通过人力资本的积累引领要素高效率配置,倡导技术、知识在经济发展过程中发挥主导作用,以提高全要素生产率,促进有效供给形成。

第五节　中国经济高质量发展中提高
有效供给的实现路径

高质量发展的关键是提高供给体系的质量,而供给体系质量的提高需要通过供给侧结构性改革,实现有效供给的形成。高质量发展中有效供给形成的路径如下。

一、释放供给主体活力,提高供给主体的质量

供给主体存在的主体错位、活力不足等问题成为有效供给形成的约束之一。深化供给侧结构性改革、促进有效供给形成必须从供给源头出发,正确处理政府和企业之间的关系,充分发挥企业主体地位,进一步落实企业经营自主权,以激发各类市场企业创业、创新活力。

（一）积极促进企业投资,优化投资主体结构和供给主体结构

针对政府投资和企业投资的失衡,必须通过积极促进企业投资,扭转长期以来经济增长过度依赖政府投资的现象,对投资主体结构和供给主体结构进行优化升级,进而破除供给主体错位的约束。具体措施包括:一是在推

动企业投资转向基础产业和高新技术产业的同时,适当开放公共产品和服务行业以吸引企业投资;二是政府要加强对企业投资的合理引导,为投资主体提供充分信息支持和完备政策环境,从而提高投资项目技术含量;三是从人才培养、社会保险等方面为企业提供良好投资环境。

（二）通过企业组织能力优化释放供给主体活力

企业组织能力优化是深化供给侧结构性改革的重要保障,其核心在于激发企业活力,关键在于为企业减负,降低企业发展成本,以保证企业提供有效供给的积极性。具体措施包括:一是通过降低税费、交易成本、融资成本、社会保障成本等方式为企业减负,提高企业生产、经营、创新的积极性,释放企业活力;二是通过组织能力优化增强企业创新能力,进而提高企业供给质量,提升供给效率,优化供给结构,激发供给主体活力;三是通过核心技术、品牌效应、创新管理等要素促进创新型企业成长,为进一步促进有效供给形成、深化供给侧结构性改革提供组织保障;四是通过完善公平竞争、促进企业健康发展的政策和制度,鼓励企业各类创新活动,进一步完善企业创新环境。

（三）通过激发企业家精神推动企业自主创新

企业家精神是当前中国经济运行过程中最为稀缺的要素之一,其显著特征在于熊彼特所称为的"破坏性创新精神"和"必要的冒险精神",这两种精神支撑着企业的自主创新。因此,必须健全企业家精神激励机制,在全社会范围内营造企业家创新的氛围,使得优秀企业家依靠自身商业嗅觉和市场感知创造新产品、拓宽新产业、创造新供给,以供给自动创造需求的理想经济运行轨道实现有效供给形成。

二、适应消费结构升级,提高产品供给的质量

产品生产和服务是国民经济的微观基础,从源头上决定着经济增长质量和竞争力。因此,进一步深化供给侧结构性改革、促进有效供给形成必须以提高产品质量为核心、以科技创新为驱动力、以适应消费结构升级为方向,打破产品供给约束。

（一）通过科技创新打破产品"低端锁定"

马克思主义政治经济学认为产品质量是由劳动质量决定的,因此科技创新和劳动力素质提升是提高产品质量、扩大产品有效供给的关键和保障。一是推动企业自主创新以提升产品质量。只有转变长期以来产品生产依靠技术引进、技术模仿的现状,以自主创新实现技术进步,才能不断提高企业设备先进程度和工艺水平,从源头上加快产品更新换代速度、实现产品质量

提升。二是加大人力资本投入以提升产品层次。只有把人力资本积累作为企业进行产品研发的推动力，才能提高企业生产所需劳动力的质量，形成企业拥有自主知识产权的创新体系，从而不断提高产品层次。三是通过培育创新型领军企业将国内产品推向国际市场。当前，质量竞争已经成为产品在国际市场上竞争的核心，国内产品要推向国际市场必须提高产品质量。因此，必须通过开发新技术、掌握新工艺、引进新设备等措施培育一大批具有国际竞争力的创新型领军企业，从根本上推动整个行业产品质量提升，从而将国内市场过剩产品转化为国际市场畅销产品。

（二）通过完善质量管理扩大高质量产品供给

生产和管理过程是企业经营的主要内容，而保证产品质量必须从生产过程的质量管理入手。一是不断加强企业质量管理意识。只有提高企业在生产过程中的质量管理意识，让质量意识融入所有企业员工的日常工作，开创质量管理新局面，才能通过产品质量形成品牌效应，由中国制造升级为中国创造。二是进一步明确企业在质量管理过程中的主体地位。企业必须充分结合大数据时代的特点，利用信息技术、人力资本积累、物质资本改善等有利因素，以产品质量提升为核心，将技术创新与质量管理相结合，制定更为严格的质量管理规范，扩大高质量产品有效供给。

（三）通过适应消费结构升级调整产品供给方向

随着消费水平提升和消费结构升级，社会整体消费层级迈入中高端，居民对于消费品质量、档次的要求也随之提升，表现为消费的绿色化、健康化、智能化等倾向。因此，消费结构升级应带动产业结构升级，企业生产必须与消费升级方向相适应、迎合消费者新需求才能实现产品的市场出清。一是产品供给必须在品牌、质量、个性化、专有功能等方面实现突破；二是产品生产企业必须利用大数据手段，对通过消费者的购买行为进行分析，获得消费者的消费心理和实时诉求，从而有针对性地进行市场分层生产。通过为消费者打造专属产品的形式，提升消费者满足感，实现产品有效供给。

三、破除要素供给约束，提高要素供给的质量

要素端存在的供给约束是有效供给形成机制面临的主要约束条件之一，因此必须从劳动力、土地和自然资源、资本、技术、制度五个要素层面采取一系列措施破除现存的供给抑制和供给约束，促进有效供给形成机制的实现，进一步解放当前受到约束的经济增长潜力，提升经济增长活力。

（一）提高劳动力要素供给质量，开发人力资本红利

高质量发展要从人口红利转向人力资本红利。为了破除劳动力要素在

数量层面和结构层面存在的供给抑制,发挥人力资本红利,实现高质量发展,必须采取以下措施:一是及时调整人口生育政策。为了解决人口萎缩、人口红利消失、劳动力成本上升等问题,必须逐步全面放开人口计划生育。应在全面放开二胎生育的基础上,保证相关配套政策措施的完善。一方面逐步减弱政府对人口生育的控制性立法干预,保证人口自然增长;另一方面通过取消晚婚晚育限制、完善生命保险制度、改革生育登记制度等与人口生育政策相配套的措施,大力促进人口增长率提高。二是全面改革户籍制度。我国现行户籍制度是计划经济时期的产物,当前已经严重阻碍了劳动力自由流动。一方面,在我国城镇化过程中大量农村劳动力流向城市,成为城市建设者,有权利享受与城市居民相同的教育、医疗、住房等方面的优惠政策。户籍制度改革必须依托城乡基本公共服务一体化,顺应人口从农村流向城市的城镇化历史性趋势。另一方面,适度放开移民政策,吸引创新型人才和熟练技术工人,充分利用其他国家高层次人力资本。三是实施以提升创新能力为核心的人力资本战略。以创新型人才、技能型人才培养为着力点,完善和优化人才培养体制机制,促进"大众创业、万众创新"制度环境不断优化,提升高素质劳动力供给数量和水平。

（二）以绿色发展理念为指导,提高土地和自然资源利用效率

由于土地和自然资源的不可再生性,解决土地要素的供给关键在于加快土地制度改革,提高土地和自然资源的利用效率。一是健全完善现行农村土地制度。农村土地是当前土地制度改革的主要焦点,而促进土地经营权有效流转和适度规模经营是农村土地制度改革的主要方向。通过进一步修订和完善《土地承包法》、推进土地确权登记、培育新型农业经营主体等手段,稳定完善农村土地承包关系,进一步引导农村土地有序流转和适度规模经营。此外,还要建立健全农村土地交易标准化规则,防止农村土地用途发生改变。必须通过立法形式保护农村集体建设用地产权,进一步完善宅基地收益获取保障机制,促进城乡一体的建设用地市场机制的形成。二是深化城市建设用地管理体制改革。一方面,必须建立城市建设用地调控机制,积极控制用地规模,严格执行用地标准,合理安排用地分类。提高城市土地集约利用程度和水平,盘活建设用地存量,提升土地利用效率。另一方面,必须加大房地产去库存力度,同时修改现行土地招标拍卖制度,扭转地方政府财政收入对土地出让金的过度依赖,从而降低虚高的土地价格,防止房地产泡沫破裂。针对其他自然资源要素,必须以绿色发展理念为指导,大力发展绿色经济。一是转变高消耗的发展方式。鼓励引导生产部门加快生产方式创新,以产业结构优化升级带动集约化发展,以资源利用效率提高突

破自然环境禀赋约束。二是转变高污染的发展方式。以建设"美丽中国"目标为指引,一方面改善能源结构,减少化石能源使用,积极寻找和大力开发新型替代能源,发展低碳循环经济;另一方面大力发展绿色产业,以产业结构高级化带动生态环境治理,淘汰落后产业和污染产业,消解低效产能和污染产能。

（三）　改善资本利用效率,提高资本要素供给的质量

对于资本要素存在的供给问题,必须从投融资渠道和金融市场深化改革入手。具体措施包括:第一,在投融资领域内深入推进政府简政放权,建立和完善新型投融资体制。一是进一步明确政府、企业在投融资领域的地位。必须明确界定企业作为投融资主体的市场地位,限制政府对于投融资的干预和管制,建立以企业为主体、以政府为引导的投融资新模式。二是规范政府投资,鼓励民间投资。一方面,政府投资应重点投向非竞争的公共服务、公共产品、社会公益领域和基础研究、产业研发的创新领域。另一方面,通过发展政府和社会资本合作促进政府投资、民间投资结合,为民间投资提供高效政府服务环境以充分挖掘社会资金潜力,带动民间投资。第二,充分发展完善金融市场,建立健全与供给侧结构性改革目标相适应的金融体制。为此必须放松金融抑制,扩大金融有效供给,促进金融市场更好地服务于实体经济。这就要求我们:一是优化金融市场结构,扩大直接融资。必须科学合理地确立直接融资与间接融资的比重,加快形成完备、有效、合规的股票市场,促进投融资体制由间接投融资主导向直接投融资主导转化,从而进一步降低企业的投融资成本,提高生产经营效率。同时降低借贷杠杆率,防范化解系统性金融风险,促进经济平稳运行。二是促进金融与实体经济有机融合。党的十九大报告明确指出,"必须把发展经济的着力点放在实体经济上"[①],因此发展金融业必须以服务于实体经济为目标。必须坚持以支持实体经济为中心深化金融体制改革,破除金融抑制,以促进实体经济换代升级。三是增加金融市场有效供给。通过金融产品、金融机构、金融政策的有效供给,矫正金融资源存在的扭曲和错配现象,推动金融产品创新和业务创新。

（四）　完善协同创新机制,提高技术要素供给的质量

供给侧结构性改革的主要任务之一是实现产业结构升级和经济发展方式转型,实现这一目标就需要技术创新作为新动力,因此必须建立健全与供

---

① 习近平:《决胜全面建成小康社会　夺取新时代中国特色社会主义伟大胜利——在中国共产党第十九次全国代表大会上的报告》,人民出版社 2017 年版,第 30 页。

给侧结构性改革任务相适应的科技体制。一是完善技术创新成果转化机制。通过知识、技术、产品、产业等层次的创新协同,促进基础研究和应用推广实现一体化,市场需求与科技创新实现有效对接,最终促进科技成果转化为新生产力。二是建立官产学研协同创新机制。以企业为主导,以企业、高校、科研院所、政府等多元创新主体的协同为核心,建立多方参与、协同合作的官产学研创新平台。三是深化教育体制改革。必须以改造应试教育和教育体系去行政化为主要方向进行教育体制改革,建立以创业创新为导向的人才培养机制,为发展创新型经济提供坚实人才保障。

（五）深化改革,提高制度供给的质量

针对政府层面存在的制度供给约束,必须从两个方面着手:一是深化行政管理体制改革。一方面,通过加大减税降费力度激发微观经济活力,通过完善相关法律法规保证简政放权依法依规推进,转变政府宏观经济管理方式,放松对经济的管制,以解决政府职能"越位"问题;另一方面,通过不断规范财政管理、土地管理、收入分配、社会保障等方面的制度体系,促进新的制度供给不断形成,以便有效建设服务型政府、法治政府;通过中央政府加强统筹、强化顶层设计和提供标准化行政指南等措施杜绝各部门的权责不清、"推诿扯皮"现象,以解决政府职能"缺位"问题。二是促进制度供给、对接新常态经济发展长期目标。通过构建质量效益型政绩考核晋升体系,在GDP指标基础上引入创新水平、资源利用效率、生态环境保护等长期经济发展指标,以新的激励扭转地方政府为谋取短期经济增长不顾长期发展目标的施政行为,从而在源头处杜绝重复建设、低端产能,以化解无效供给,为有效供给形成腾出空间。

第十三章　新时代中国经济高质量发展中生产力质量的提升

进入新时代中国经济发展已经由高速增长阶段转向高质量发展阶段，高质量发展不仅是未来中国经济发展的目标导向，也是中国经济发展的升级版。中国高质量发展要研究生产力，这是由现阶段高质量发展的任务所决定的。对生产力的研究就有三个层次的内容：一是解放生产力，二是发展生产力，三是保护生产力。这就表明在我国高质量发展中不仅要研究生产力的数量，而且要研究生产力的质量。在我国消除贫困走向富裕的经济发展阶段，我们一直重视对生产力数量的研究。进入推进高质量发展的新阶段，我们需要重视对生产力质量的研究。

第一节　经济高质量发展是由高质量生产力决定的

生产力理论是马克思主义政治经济学的主要方面，马克思的生产力理论是从数量和质量统一的意义上去研究。过去我们在理解马克思生产力理论时，仅仅只理解了其数量意义上的生产力，而忽视了质量意义上的生产力水平。

马克思在《资本论》中指出："生产力当然始终是有用的、具体的劳动的生产力，它事实上只决定有目的的生产活动在一定时间内的效率。因此，有用劳动成为较富或较贫的产品源泉与有用劳动的生产力的提高或降低成正比。相反地，生产力的变化本身丝毫也不会影响表现为价值的劳动。既然生产力属于劳动的具体有用形式，它自然不再能同抽去了具体有用形式的劳动有关。因此，不管生产力发生了什么变化，同一劳动在同样的时间内提供的价值量总是相同的。但它在同样的时间内提供的使用价值量是不同的：生产力提高时就多些，生产力降低时就少些。因此，那种能提高劳动成效从而增加劳动所提供的使用价值量的生产力变化，如果会缩减生产这个使用价值量所必需的劳动时间的总和，就会减少这个增大了的总量的价值量。反之亦然。一切劳动，一方面是人类劳动力在生理学意义上的耗费；就相同的或抽象的人类劳动这个属性来说，它形成商品价值。一切劳动，另一方面是人类劳动力在特殊的有一定目的的形式上的耗费；就具体的有用的劳动这个属性来说，它生产使用价值。"①这段话表明生产力具有与质量一样的特征，说明生产力效率提高时提供的使用价值量就多些，反之就少些；衡量生产效率的大小，可以用单位时间生产的产品数量的多少和单位产品耗费的劳动时间多少等两种方法。同时马克思还进一步论述了机器的质量、原材料的质量、土地的质量等生产力要素对剩余价值的影响。当代中国经济面临的重大问题是高质量发展问题，高质量发展取决于高质量的生产力，在新时代推进高质量发展，就需要提升生产力的质量，以生产力的质量推进高质量发展。这是由以下几个方面原因决定的。

一、这是由世界科技革命的新特征决定的

中国特色社会主义经济发展离不开世界经济发展的大环境。目前世界范围内，第三次科技革命在不断地兴起，它以原子能、电子计算机和空间技术的广泛应用为主要标志，涉及信息技术、新能源技术、新材料技术、生物技术、空间技术和海洋技术等诸多领域的一场信息控制技术革命。这次科技革命出现了许多新的特点，科学技术本身的发展速度越来越快，科学技术转化为生产力的速度越来越快，所形成的新的技术能力，对人类生产力发展产生了空前巨大而深刻的影响，新的科技革命正在改变世界发展格局。而且科学与技术的结合在生产中得以产业化，从而对生产力进行改造，使生产力发生根本变革，生产力的质量在高质量发展中具有重要作用。世界科技革命的新特征以及新科技革命对生产力的影响表明，不是生产力的数量，而是生产力的质量成为推动高质量发展的主要力量。因此，在新科技革命背景下，中国高质量发展不仅要研究生产力数量，而且要研究生产力质量。

二、这是由新时代我国经济发展的
要素禀赋条件的变化决定的

要素禀赋条件是指支撑一国生产力发展的自然资源、劳动力、人力资本和物质资本等的相对丰裕程度，要素禀赋条件是生产力的基础。在进入新时代之前，我国经济发展的要素禀赋是自然资源，而且自然资源丰裕，经济发展是典型的数量型发展，数量型发展依赖的是生产力的数量，通过生产力要素的大规模投入来实现经济高速发展。进入新时代以后，我国经济发展的资源禀赋条件发生了变化，经济发展要从高速增长转向高质量发展，促进

---

① 马克思：《资本论》第 1 卷，人民出版社 2004 年版，第 59—60 页。

经济发展的生产力要素要从低端要素向高端要素转变,生产力也要从强调数量转向强调生产力的质量①。因此,我们在推进高质量发展中需要把握要素禀赋条件变化的事实,聚焦生产力质量问题,并以此为出发点分析新时代我国高质量发展的前景。

三、这是由新时代我国经济发展新阶段的特征决定的

长期以来,我国经济发展主要追求经济发展的速度规模,而对于内在含量的质量水平的提高并没有达到理想的水平。党的十八大以来强调要提高经济增长的质量和效益,党的十九大报告提出中国特色社会主义进入新的阶段,也就是进入强起来的阶段,开始从高速增长阶段转向了高质量发展阶段。在高质量发展新阶段下我国的社会主要矛盾开始转变,劳动年龄人口不断下降,新兴经济体加快了工业化与城镇化的步伐,信息化带动了各个产业的发展并将成果惠及群众,国内外市场需求结构加快调整。而在这样的背景下要实现强起来,新时代的经济发展就必须从高速增长转向高质量发展,经济发展方式从规模速度型转向质量效益型,经济发展动力从主要依靠资源和低成本劳动力等要素投入转向创新驱动。归根结底,生产力要由生产力的数量转向生产力的质量。把科技创新作为第一生产力,积极推动技术创新,不断改进产业技术水平,用先进的科学技术生产出科技质量高的产品。这就要求我们把握好生产力质量的内涵,将生产力质量的理论机理运用到高质量发展的实践中。

第二节　新时代中国经济高质量发展中
生产力质量的决定因素

任何事物都是质和量的统一,生产力是人们改造自然和征服自然的能力,生产力也具有数量和质量的二重属性,是数量和质量的统一。生产力的数量是以人们改造自然获取的物质资料数量规模来表示,生产力质量是指人们改造自然获取的物质资料数量的效率。传统的生产力理论主要探讨的是数量层面的动力及决定因素,但实践过程中带来了许多问题,资源短缺与浪费并存、环境污染和生态破坏屡次出现。这些错综复杂的矛盾造成了社会经济发展的高成本、高代价与低效率,这就决定了我们的经济发展必须从

---

① 任保平:《新常态要素禀赋结构变化背景下中国经济增长潜力开发的动力转换》,《经济学家》2015 年第 5 期。

高速增长转向高质量发展,在高质量发展中生产力质量问题的研究就被提上日程,而我国高质量发展中生产力的质量主要由以下三个因素决定。

一、生产力要素的质量

生产力是广义生产的第一要素,它是社会再生产能力与力量的结合,而生产力要素切不可与生产要素混为一谈。生产力是由多种要素构成的,同时其构成要素的内涵随着经济的演进过程而不断深入。亚当·斯密曾将生产力要素概括为分工工艺、教育和政策等。其后马克思也将其观点进一步发展,除去劳动、劳动对象、劳动资料等简单要素外,他将生产的组织与管理、分工协作、自然力以及科学技术都纳入了生产力要素的范畴。而伴随社会经济的发展,科技革命与互联网的出现,新的生产力要素也在不断涌现,这些新型的高质量的生产力要素的合力共同决定了生产力的质量。

首先,高技术劳动决定了生产力的质量。劳动者作为最重要的生产力要素,其对生产力质量的影响作用不可小觑。生产力是劳动的生产力,劳动作为核心生产要素对生产力质量的影响作用日益提高。劳动者是生产活动的主体,也是生产工具的创造者,是生产活动中最活跃的核心要素。同时伴随着分工的演进,劳动者的生产技巧因专业而精进,表现出了更大的专业度、判断力和熟练度。在当今的后工业时代,劳动已由简单劳动阶段充分过渡到复杂劳动阶段,谁掌握了更高的劳动技术,谁就能创造出更大的价值。其次,创造性劳动决定了生产力的质量。当代科学技术的发展,不仅使社会经济生活发生了巨大的变化,而且也使劳动的内涵与外延发生了根本性变化,创造性劳动在生产力进步和经济发展中的作用越来越重要。以知识和信息的生产、扩散和应用为基础的知识经济将占据世界经济发展的主要地位。在新科技革命浪潮中,技术进步加快,技术革命向产业转化的周期,技术、产品的生命周期大大缩短,生产力的质量提升更加依赖知识和技术进步的持续推动。"而知识与技术的创新是通过创造性劳动来实现的"①,因此创造性劳动决定了生产力的质量。最后,现代科技要素决定了生产力的质量。科学技术作为重要的生产力要素,其对生产力质量的影响力也不断攀升。科学技术是有使用价值的,作为人类劳动的成果,它已经可以作为独立的生产力要素发挥作用。在大工业时代背景下,科学技术使劳动过程的智力与工人相异化,而当前经济生活中科技更是进一步发挥了其"历史的杠杆"作用。现代的科学技术把我们带入了信息时代,劳动方式向智能自动

---

① 任保平:《论创造性劳动》,《唐都学刊》2003 年第 2 期。

化迈进,产业结构不断转型升级,这一系列的变化都推动了人们物质资料数量的效率。也正是以上种种生产力要素的共同作用决定了生产力质量的发展。

二、生产力要素的组合质量

马克思指出:"不论生产的社会的形式如何,劳动者和生产资料始终是生产的因素。但是,二者在彼此分离的情况下只在可能性上是生产因素。凡要进行生产,它们就必须结合起来。"①因此本章在进行生产力要素组合水平的考量中,选取狭义的生产力要素,即劳动者和生产资料进行讨论。如果想实现生产力质量的提升,就需要使劳动者和生产资料间维持适当的比例,从而创造出最大的经济效益。规模经济的规律提醒我们,能取得最大经济效益的规模就是最合适的规模,其生产力要素的组合水平在最大经济效益的规模方面达到最佳。

在实际的生产活动中,劳动者和生产质量之间的相互适应与制约决定了生产力的质量。从生产资料层面看,生产资料是生产活动中劳动资料和劳动对象的总和。在经济发展的前期,生产资料的增加与经济总量的发展会呈现正向的拉动作用,但伴随生产资料增加到一定规模后,结构比例失衡无法避免,边际效益下降会出现规模不经济,此时就需要通过技术进步调整生产效率,使得生产资料和劳动者之间重新适配。生产力要素的组合同样离不开劳动者,从劳动者层面来看,决定劳动生产力的因素包括:"工人的平均熟练程度,科学的发展水平和它在工艺上应用的程度,生产过程的社会结合,生产资料的规模和效能,以及自然条件。"②站在社会性角度考量劳动者,其核心是劳动者在生产中的分工与合作。在简单协作阶段,不同的劳动者分工在生产的不同环节或同一工作的不同方面,通过熟练度的提升促进了生产效率的提高。在工场手工业发展阶段,通过不同种的手工业劳动者或从事同一工作的劳动者联合生产,从而实现了生产效率的提高。而演进到机器大工业阶段,通过机器的科学技术性质和要求进行劳动者的分工,最终达到生产效率的提高。在生产力发展的过程中,如上两种生产力要素不仅能够独立发挥作用,还会相互渗透。生产资料与劳动者之间通过数量的组合伴随着从农业到轻工业、重工业的顺序发展不断地进行比例调整。也正是这种多要素之间的组合与协同推进最终促进了生产力质量的发展。

---

① 马克思:《资本论》第2卷,人民出版社2004年版,第44页。
② 马克思:《资本论》第1卷,人民出版社2004年版,第53页。

三、生产力的成果产品质量

产品质量是指产品适应社会生产和生活消费需要而具备的特性,它是产品使用价值的具体体现。产品质量是生产力发挥作用的结果,也是生产力的物化成果。马克思曾指出,"由于在产品上使用了更多的手工劳动,产品的使用价值不是通过产品量的增加而是通过产品质的提高而提高了"①。因此,质量也是提高使用价值量的因素,个体商品的使用价值要转化为社会使用价值,就意味着商品的质量要符合社会必需的质量水平。马克思政治经济学认为"创造越来越多的,质量越来越好的,越来越多种多样的使用价值——创造大量的社会财富"②,说明使用价值不仅有数量,而且也有质量问题。马克思认为"产品的好坏程度以及它实际上所具有和包括的使用价值(它在劳动过程中应当获得这种使用价值)的程度取决于劳动的质量,取决于劳动的完善程度以及劳动合乎自身目的的性质"③。因此,产品质量既是生产力质量的体现,也是生产力的决定因素。

产品质量只决定生产力质量的因素,是因为决定产品质量的因素也是影响生产力质量的因素。从人的因素来看,制造产品的人员、操作人员对质量的认识、技术熟练程度、身体状况等既是决定产品质量的因素也是影响生产力质量的因素;从物质因素来看,制造产品所用的机器设备、工具的精度和维护保养状况,以及制造产品所使用的原材料的成分、物理性能和化学性能等以及制造产品所使用的加工工艺、工装选择、操作规程等既是决定产品质量的因素也是影响生产力质量的因素;从环境因素来看,产品制造过程中所处的工作场地的温度、湿度、照明和清洁条件等既是决定产品质量的因素也是影响生产力质量的环境因素。

第三节　新时代中国经济高质量发展中
生产力质量的度量

马克思主义认为任何事物均是质和量的统一,生产力也遵循了这一原理。而如何科学地分析生产力的质与量,就需要构建一个大的生产力质量观。在前文中我们已经得出生产力质量是指人们改造自然获取的物质资料

---

① 《马克思恩格斯全集》第30卷,人民出版社1995年版,第411页。
② 《马克思恩格斯全集》第48卷,人民出版社1985年版,第41—42页。
③ 《马克思恩格斯全集》第47卷,人民出版社1979年版,第63—64页。

数量的效率,因此在新时代高质量发展中生产力质量也应通过效率角度来度量①,具体而言就分为生产力的要素投入产出效率、生产力的结构效率和生产力的组合效率三个方面。

一、生产力的要素投入产出效率的度量

要素投入产出效率是特定的经济社会在生产资料和科学技术既定的条件下所能发展出的各种商品最大数量的组合,这是在资源稀缺性和经济选择性下的一种反映。而要素投入产出效率的提升也不仅包括对生产力数量的提升,还包括内在的生产力质量的改善。在要素的投入产出比达到最佳时,资源得到充分利用,生产要素不再存在闲置。生产力要素投入产出效率从多维度理解,其所包含的内容就更加宽泛了,具体度量上可以从劳动者投入产出效率、资本投入产出效率和科学技术投入产出效率等角度进行度量。

如上所述,对要素投入产出效率的标准,在于对投入产出效率的分要素度量。所以生产力的要素投入产出效率的度量主要包括以下几个方面:一是劳动者的投入产出效率。高效率的劳动者投入产出是以最小的投入换取最大的产出的组合,这一最佳组合下的每一点都落在生产可能性边界上。只有提高了劳动者的投入产出效率,才能带动人均财富和收入的增加。而通常我们使用劳动分配率、人工成本产出系数、全员劳动生产率、人事费用率、人工成本含量、劳动力投入产出比等指标来衡量。二是资本的投入产出效率。我国经济经历了一个资本深化的过程,资本的投入产出效率也成为衡量经济能力和生产力质量的重要尺度。当某一企业或行业的资本投入产出效率低于平均数时,就会产生预警信号,提醒我们需要转变生产的方式和调整供需结构。同时资本的投入产出效率也常使用资本投入产出比衡量。三是技术的投入产出效率。技术的投入产出效率体现了企业或产业的投入产出结构能否符合总体的要求并使之发挥出最大的效益,常使用边际生产率及技术的投入产出比等指标衡量。

二、生产力的结构效率的度量

结构是经济学研究永恒的主体,而结构效率是其中的重要分支。生产力结构是产业结构、技术结构以及生产组织结构的总和,也是一个经济体性质的体现。生产力结构效率从广义上来说就是产业结构效率、技术结构效

---

① 任保平:《新时代高质量发展的政治经济学理论逻辑及其现实性》,《人文杂志》2018 年第2 期。

率以及生产组织结构效率的集合。对生产力结构效率的关注可以有效地提高生产力质量,维持经济运行的稳定性,改善经济发展的结构,创造良好的经济运行环境。

对于生产力结构效率的度量标准,主要从以下几个角度来考虑:第一是产业结构效率方面,产业结构是伴随着一个国家或地区生产力的发展不断转移调整的,即经济发展的重心由第一产业向第二产业和第三产业初次转移。其中产业间结构效率可以通过三次产业的占比进行衡量,而产业内结构效率则常使用高新技术产业产值占比衡量。第二是技术结构效率方面,技术结构是一个经济体在一定时期内不同层级、不同类型的物质形态和知识形态技术的组合和比例。技术结构反映了技术的水平和状况,甚至会对产业结构和经济发展产生影响。技术结构效率就是由这样的一个含量结构所带来的成效,按照法雷尔(Farrell,1957)的观点,技术结构效率就是在同一产出下生产单元理想的最小可能性投入与实际投入的比率,它体现的是给定各种投入要素的条件下实现最大产出的效率。第三是生产组织结构效率层面,生产组织结构是对经济活动的一种分工、分组和协调合作,通过劳动者、生产资料和科学技术等生产要素的合理配置来保证生产活动的顺利进行,生产组织效率的提升就有赖于这种合理配置。因此,生产力结构效率的度量在于考察产业结构效率、技术结构效率和生产组织结构效率。

三、生产力的组合效率的度量

生产力的组合效率是指按照最佳组合方式进行要素投入,从而达到一个最优的产出。在投入不变的情况下,通过要素之间的组合和有效配置来提高生产的效率,最终实现生产力质量的增长。在社会经济发展的一定阶段上,相对于人们的需求,要素总会出现一定程度上的稀缺,因此会要求我们对有限的、相对稀缺的要素进行合理的组合。从生产力要素的组合方式上看,主要分为两种。第一种是计划的组合,即计划部门按照计划配额和行政规划进行要素的组合分配。在特定的经济背景下,这种组合方式会集中资源完成重点领域的生产活动。但这种计划下的组合配置会排斥市场,甚至出现要素的限制或浪费现象。第二种生产力要素的组合方式为市场的组合,即依靠市场运行机制自发地进行要素的组合,使供给方与需求方之间产生直接的联系,根据市场所反馈的信息在竞争中实现要素的合理组合。这种组合方式也存在着一些不足,在市场失灵的情况下,信息的滞后和盲目性可能会产生要素组合的不匹配。

生产力组合效率的标准,即组合效率的高低核心在于考察两个层面的内容:首先是广义的、宏观层面的组合效率考察。宏观内容的生产力组合效率是整个社会经济方面的要素组合效率,这是通过社会的经济制度安排来实现的。我们常使用帕累托均衡来衡量广义的组合效率是否达到最优,即经济体产出中任意两种商品之间的边际替代率与任何生产者在这两种商品之间的边际产品转换率相同时,组合效率最佳,生产力质量得到提升。其次是狭义的、微观层面的组合效率考察。微观内容的生产力组合效率是生产单位的要素组合效率,这是通过单位内部的组织管理和科学技术投入来实现的。其中资本是微观组合效率的最核心要素,在此过程中资本通过市场进入行业和企业,然后带动劳动者和科学技术等要素的投入,并依靠资本的流入流出进行组合调整,从而达到组合最优,使生产力质量得到提升。

第四节　新时代中国经济高质量发展中 提高生产力质量的路径

改革开放 40 年以来,我国生产力水平不断获得了解放和发展,并实现了总体的跃升,但仍存在着一些问题。如何正确认识和处理好生产力数量和质量之间的问题,依旧值得理论探讨和不断实践。结合新时代背景下我国高质量发展的要求,提升我国生产力的质量,需要在尊重生产力质量规律的基础上,综合我国特色社会主义经济发展的内外环境,积极探索有助于提高我国生产力质量的路径。

一、树立生产力质量意识

发展生产力是中国特色社会主义建设的根本任务,其中既要重视数量问题,也不能忽视质量问题。过去由于社会总供给不足,产业结构未得到充分的升级发展,低端劳动密集型产业占比大,人们将视线更多地集中在了生产力数量的问题上。但生产力数量的飞速提升是有代价的,这背后隐藏了资源环境破坏、结构失衡、社会贫富差距加大等一系列问题。当前树立正确的生产力质量的意识,是高质量发展中提升生产力质量的基础。

在经济领域研究层面,过去对生产力数量的研究有很多,但生产力质量领域的研究相较则明显不足。我们应坚定信心,深化对生产力质量的深层次理论研究,从基础理论角度进一步探寻生产力质量的理论内涵和实现机制,找出并填平以往在生产力质量研究中被掩盖和忽视的问题,为之后的实践提供理论指导。在实践层面,在当前的科技条件下,生产力发展的速度加快,在由质变向量变转变的过程中,先进生产力的质量问题也越来越重要。

就当前中国所面临的国内外现状,迫切需要我们调整生产力实现方式,而如何提高生产效率,使经济活动又好又快地进行就成为当务之急。因此,我们要加快转变经济发展方式,排除过去思维模式的限制,摆脱旧的桎梏,将生产力质量理念贯穿生产的全过程。在政绩考核中要严把生产力质量效益指标,同时健全生产力质量的保障体系,加强生产力质量管理工作的推进。特别是要做好环境保护和资源可持续工作,将人类的"索取能力"与"支付能力"相统一,生产力数量与质量相统一。

二、提高科学技术、人力资本在生产力质量提升中的作用

科学技术与劳动者作为重要的生产力要素,使得提高技术和人力资本在生产力发展中的作用成为提高生产力质量的核心路径。科学技术是先进生产力的重要标志,它改变了生产方式,推动了社会经济结构特别是产业结构的转型升级。而随着社会经济的发展,物质资本的作用不断被削弱,人力资本日渐成为带动生产质量发展的重要力量。同时科学技术的发展部分取代了低端的简单劳动,使劳动者不断进行技能优化,从而使生产向知识密集型演进。

首先,科学技术的作用和地位是呈现历史变化的,随着科学技术本身的进步和生产力的提高,其在生产力中的含量和作用也越来越大,直至发展为生产力变革的先导。若想通过科学技术的提高带动生产力的发展,做好科技成果转化是基础。为了将科学技术投入市场进行交换,就需要使它表现为商品,因此科技成果转化是科技与经济结合的最好形式。并且要为科学技术的进步提供一个良好的市场环境,即通过产权制度的明晰去引导科技创新之前的良性竞争。此外,还应充分发挥"干中学"效应,在科技创新的过程中不断引入新的前沿技术,例如当前的"互联网+""两化融合"等创新新思路都可以应用到生产中,从而进一步提高生产力质量。其次,人力资本作为经济生产的投入要素,是直接参与到了生产过程中的,人力资本存量的增加与劳动力素质的提高,将会导致劳动生产率的提高,最终实现生产力质量的蓬勃发展。为了更好地发挥人力资本在生产力发展中的重要作用,一是要建立完善的激励措施,即通过物质激励与精神激励的双重作用推动人力资本价值的最大化,而科学的激励措施还能促进人力资本在省区甚至国家间的流动,以带动新的生产模式与技术的交流。二是应加大教育投入,优化教育结构,增加高等教育机会,培育出更多的拥有较高科学文化知识与劳动技能的高素质劳动力,为全要素生产率的提高打下坚实的人力资本基础。三是在后人口红利时代,人才体制和人才机制也对人力资本有着一定的影

响,因此应在人才培养开发上大胆创新,使人才培养结构和社会生产需求不断调整匹配。

三、在高质量发展中提高生产力的协作质量

生产力的协作水平就是在生产力的各要素保持不变的情形下,仅仅依靠生产要素的数量组合而成的某种形式的集合水平,其主要思路是通过协作而成的总和力量去带动生产力质量的增长。随着协作由简单到复杂的不断深化,生产力也会随之实现质的飞跃。过去由于我国实行的高度集中的经济体制,协作的范围受到了限制,导致了商品经济的发展受限。同时由于跨地区、跨部门的协作在我国出现较晚,使得地区经济梯度差较大、经济产业部门发展不平衡等一系列问题不断涌现,提高生产力协作水平是当前我国提高生产力质量的重要路径。

提高生产力协作水平的第一步就是加大产业部门间的协作。首先,随着经济由高速发展转向高质量发展,发展实体经济是其中的关键。我们应当延长产业链条,加大上下游产业部门间的合作,实现产业间的有效接续。其次,由于区域发展不平衡现象长期存在,加强区域协作也是提升生产力质量的必由之路。由于区域间要素禀赋结构与比较优势的不同,区域的发展也存在着异质性,但同时一个区域的发展水平并不仅由其自身决定,它还会受到其他区域的影响。一个区域在发展的过程中不能与其他区域相割裂,而是应通过协作实现资源与技术的调配,以达到区域间的共赢。最后,随着全球经济一体化的推进,国际协作也成为提高生产力质量不可或缺的部分。作为后发国家,在国际协作时应做好科学技术的借鉴与引入,为我国科学技术的发展带来先进经验,缩短我国科技探索的时间与周期。同时,通过国际协作扩大劳动的空间范围,以获得先进的技术、人才、组织管理经验及优质的产品,带动生产效率的提高。此外,在国际协作中还应加大外资的引用,加快我国的资金积累进程,为经济活动提供有力的资金保障。

四、发展绿色生产力

改革开放以来中国经济迅猛发展,但以高投资、高能耗、高排放为特征的粗放型经济也为我国带来了沉重的资源环境代价。随着工业化的推进,经济发展方式的转变,单纯追求生产力数量的负面效应开始凸显,经济增长的代价成为不得不面对的问题。因此,对提高生产力质量、发展绿色生产力的路径设计与选择就显得尤为关键。

发展绿色生产力首先要调整推动产业结构升级,通过调整产业结构,转

变现有的经济增长方式,促进产业生产力的绿色化。我国自 2011 年起人均GDP 已经步入中等收入国家的行列,但居民收入占 GDP 的比重却并未上升,经济态势进入了有增长无收益的阶段。而以上状况的出现正是由于传统的产业结构使我国的技术进步依赖于高投入、低人力资本为特征的资本密集型技术进步。高新技术部门受到压制的最终结果就是人民群众未能有效地从经济发展中受益,收入差距也逐步扩大。因此,要想实现生产力质量的提高,需要从促进技术进步,推动产业优化升级出发。其次,修复和治理生态环境是发展绿色生产力的重中之重。我们应建立严格的环境保护制度以及完善污染治理法规,提高污染的违法成本,同时将环境质量指标纳入各级政府的考核中,建立健全环保问责制度,通过制度化的设计确保推进绿色生产的环保管理体制改革落实到位。此外,还需加强对生态环境修复重建工作,对在过去生产活动中被破坏的生态环境系统进行规模化的修复工作。最后,无论是什么形式的生产力发展,都离不开市场的作用。因此,可以通过一系列市场交易的方法明确发展的代价,将外部成本内部化,从而推动绿色生产力的发展。其中最具代表性的就是环境收费与污染物排放权交易。同时,可以运用经济手段,激励市场主体治理污染,对积极从事污染治理的企业提供财税和金融政策的支持,鼓励企业主动进行绿色生产。此外,还应大力发展循环经济,把资源消耗限制在合理的阈值内。

第十四章　新时代中国经济转向高质量发展的动力转换

经济发展的动力转换是发展的客观规律,人类社会从原始社会到农业社会,再到工业社会和信息社会,展现的就是一个新旧动力不断更替的过程。改革开放以来我国经济经历了从起飞向成熟的不断推进,随着技术创新的飞速发展,经济发展动力转换的速度明显加快,中国特色社会主义已进入新时代。在新的历史条件下,新时代最基本的特征就是经济的高质量发展。在这样一个资源禀赋、成本要素动力等发生变化的时期,必然要对发展模式作出调整,通过探寻经济发展的新动力来推进高质量发展。如何实现新时代下经济增长动力的转换,创造新的经济增长点,成为当前亟待解决的理论与现实问题。

第一节　中国经济高速增长阶段的增长动力分析

从改革开放伊始,中国经济迅速起飞,并经历了高速增长的黄金期,创造出了中国奇迹。1978 年,中国国内生产总值为 2165 亿美元,仅占全球经济的 1.75%。但随着经济的发展,我国年均 GDP 增幅达到了 9.6%,远超世界经济的同期年均增幅。2007 年中国 GDP 增速甚至达到了 17.2%,居世界之首。虽然在 2008 年全球金融危机后,中国经济增速稍有回落,但仍在一段时期内保持着持续的高速增长。在这一阶段经济的增长是由多方动力促成的,其增长动力具体如下。

一、资 本 动 力

资本动力推进了中国经济的高速增长,这也是许多亚洲国家创造经济增长奇迹的共同动因。投资、消费和出口是拉动经济增长的三驾马车,而消费需求、净出口及政府需求对国民经济的拉动作用实际上都要经由投资的增加来实现。在经济的高速增长阶段,较高的资本形成率和大规模的投资是驱动中国经济高速增长的主要引擎,粗放型的增长模式可以使经济总量与规模在短期内大幅攀升。改革开放以来我国固定资产投资保持着快速增长,同时非公有制经济投资也经历了从无到有、从低到高的阶段,2004年我国民间投资比重为41.7%,至2012年该比重已达62.4%,成为拉动投资增长的重要力量。从资本形成率上看,1978年资本形成率为38.9%,2003年投资开启近十年的平稳快速增长,2011年资本形成率达到48%,为改革开放以来的峰值。高投资的资本动力不仅来自国内投资,伴随着中国大门的打开,尤其是我国加入WTO以后,大量的国外直接投资也涌入中国。外资的大量流入不仅补充了经济发展所需的资本,同时对中国的技术进步与出口竞争力的提高作出了巨大贡献。总而言之,在经济高速发展阶段,资本投入加快了我国经济发展的进程,提高了人民的生活水平,推动了技术的发展和进步,成为经济发展重要的动力源。

二、人 口 红 利

人口红利能够带来丰富的廉价劳动力是中国经济高速增长的动力之一。在改革开放背景下的特定时期,中国的潜在人口红利时期与改革开放的阶段完美融合,劳动人口数量增长最快的时期恰巧与我国经济高速发展的时期吻合,人口红利成为中国经济高速增长的重要支撑,这为我国带来了劳动力数量上的贡献。劳动密集型产业在这一阶段飞速发展,在我国工业化的初期与中期起到了不可磨灭的作用,并促进了农村就业及小城镇建设的推动。据统计,1996—2001年,劳动密集型产业对全国乡镇工业增加值的贡献率为55.5%。农村工业化立足于发展劳动密集型产业,如苏南模式、温州模式、珠江三角洲模式等,已为建设小城镇打下了经济基础。同时质优价廉的劳动力吸引了国外的资本投资,劳动密集型产品也在国际市场上占据优势,是我国扩大出口、增加外汇的重要途径。此外在经济高速发展时期,新生劳动力不断成长并涌入劳动力市场,为经济发展带来了充足的劳动力供给,这意味着相较以技术密集型产业为主的发达国家,我们拥有更高的人力资本劳动增量,并由此可以不断改善劳动力存量的人力资本,人力资本也因人口红利得到改善。

三、国 际 贸 易

剧增的国际贸易拉动和支持了中国经济的高速增长。国际贸易是经济增长的发动机,自改革开放以来,中国始终把国际贸易作为拉动和支持经济增长的关键动力之一,政府不仅主动减少国际贸易的政府垄断和控制、降低贸易壁垒,而且积极谋求加入世界贸易组织。这些政策都极大地促进了中国国际贸易的快速发展,使中国在世界贸易总额中的比重逐年增加。剧增的国际贸易给中国经济带来的作用主要有以下几个方面:第一是收入效应,即通过贸易提高了收入水平,使贸易的静态利益转化为我国国民收入水平的增加。第二是资本积累效应,当派生于贸易利益的一部分收入被用于投资时,我国的资本积累也得到了相应的增加。第三是国际贸易使得我国的市场竞争机制充分地发挥了作用,从而刺激了内资企业素质的飞速提高,增强了其竞争力,有利于品牌塑造与产品出口;同时企业借此实现优胜劣汰,不合理的产业被放弃和淘汰,从而实现资源优化配置。第四是对经济结构产生影响,国际贸易对产业结构的调整产生了积极的影响,通过国外先进技术和生产经验的引入,使我国在高速发展阶段进一步发挥后发优势,实现追赶超越。

四、制 度 创 新

体制改革与制度创新为经济的高速增长提供了保障。有效率的经济组织是经济增长的关键。而这种组织的效率来源于一套能够对经济主体行为进行激励的产权制度安排。转型是经济发展的必由之路,体制改革和制度创新为我国经济高速发展提供了强大动力。通过一系列的改革创新,中国实现了从高度集中的计划经济体制向社会主义市场经济体制的转变,从封闭半封闭的社会向全方位开放的社会转变。同时自 1992 年起,我国对非公有制经济的地位和认识在实践中不断得到深化和改正,通过改革保障了其所有权和产权、自主经营权、平等交易权、平等准入权等,使其成为社会主义市场经济的直接参与者和积极推进者。在公有制经济方面,改革进一步明晰了其产权、委托—代理关系,建立了具有活力的人事、财务和分配制度,尤其是大大改善了国有企业生产积极性和创造性较差的现象,进一步促进了经济增长。

第二节　新时代中国经济转向高质量
发展阶段的动力需求

在经济的高速发展阶段我们追求的多是数量型的增长,伴随着经济向质量型发展阶段转变,要素的禀赋结构也在发生变化。历史的经验表明,随着经济发展水平的提高,全要素生产率的增速也会放缓,中国不可能永久性地偏离"收敛的铁定律"。这就需要我们将发展模式调整为质量追赶,由规模扩张转向结构升级,由要素驱动转向创新驱动。这是新时代我国实现高质量发展的必由之路,也是现阶段经济增长的现实要求。具体来讲,高质量发展阶段的动力需求包括以下几个方面。

一、高质量发展阶段的创新需求

在创新驱动经济增长理论中,内生的研发和创新是推动经济增长和技术进步的核心因素。其认为经济增长是通过垂直创新和水平创新两种模式来实现的。垂直创新是指通过研发使得产品质量提高,拥有高新技术的产品将传统产品挤出市场,从而推进全行业的技术进步。而水平创新是指依靠研发使生产投入品的种类得以增加,以此进一步促进专业化,进而带动技术进步和经济增长。这也正与高质量发展阶段的创新需求不谋而合。现实经济中创新与资本积累都是经济增长的动力源,同时二者又是互补的关系。传统的投资驱动对经济增长的作用正在不断下降,这时就需要我们从创新发力,来提振生产率。

创新是培育发展高质量经济的动力所在,也是追赶超越的根本。创新作为经济发展的驱动力,可以解决目前经济出现的结构性矛盾,不仅能使我国抓住新一轮产业革命的发展机遇,还能支撑和服务于原有的传统产业转型,并借此实现产业升级。同时,通过创新可以提升我国企业的自主研发能力,使其开发和突破关键技术,形成一批拥有自主产权和市场竞争力的企业,实现中国智造与中国创造,以打造中国企业的国际形象并提升其国际竞争力。此外,创新还能促进人才素质结构的改进。创新实质上确认了一种新的人才标准,创新为我们指出了新时代人才素质变化的性质和方向,从而激发了高素质人才对创新的追求。

二、高质量发展阶段的人力资本需求

在经济高速发展阶段,我国拥有充足的劳动力供给,农村剩余劳动力也在向城市转移,保证了劳动力的持续增长。但随着经济的发展,刘易斯转折点已过,人口红利正在消失,劳动力开始紧缺,资本代替劳动的程度加深,资本报酬递减开始出现。同时伴随长期的低人口出生率和人口老龄化的加剧,我国的劳动力数量增速开始逐年递减,劳动力成本的上升导致企业用工成本上涨,传统劳动密集型产业也不再能成为我国在国际贸易市场上的比较优势。因此我们不得不思考,当人口红利消失后,我们的增长源泉是什么。如果未来的投资不可持续,那么单纯地提高资本密度并不能使我国渡过中等收入陷阱,此时我们更需要的是提高劳动力素质,通过劳动力素质的提升来弥补劳动人口数量下降带来的影响。

科教兴国,人才强国。人才为经济发展注入活力的源泉,2017年,我国全国研发人员总量已达到 621.4 万人,新增高技能人才超过 280 万人。人力资本是推动经济社会发展的第一资源,只有依托人力资本才可以为我国带来新一轮的经济发展,其主要作用有以下几个方面。第一,通过教育、培训出具有更多知识与能力的人才产生人力资本的知识收入效应,即这些高素质人才会具有更高的生产力,从而带动经济增长。第二,人力资本会产生替代效应,以克服经济发展中自然资源、物质资本与"原生劳动"的不足,保持经济的可持续发展,即通过教育质量的提升带来人力资本水平的上涨可以代替劳动力扩张产生的影响。第三,人力资本还会产生递增的收益,消除物质资本等要素边际收益递减对经济增长带来的中长期不利影响。

三、高质量发展阶段的金融体系需求

从经济学的一般原理来看,金融具有筹集资金、引导资金流向、优化资源配置、提供信息、加快技术创新、促进企业重组的功能。自 20 世纪 80 年代以来,随着金融创新中金融衍生品的快速发展,虚拟经济的投入产出比不断增高甚至超过实体经济,市场开始大肆追捧金融产品,并将其视作投资者的天堂。但 2008 年美国爆发次贷危机后,金融危机席卷全球,我国也受到了影响。在经济的高质量发展阶段,如何正视金融体系在经济领域中的作用,做好产融结合、联动发展就显得尤为重要。

金融是现代经济的加速器,也是经济发展的动力之一。当前以银行为主导的金融体系显然已不再适应高质量发展的需要,因此对应着经济发展的更高阶段,能够有效促进产业更新升级的资本市场就成为必然选择。进一步来讲,我们可以从产品、发行方式、投资者、交易机制、交易维度等多个层面对金融体系进行要求,只有金融体系的层次越丰富,资本市场的发达程度才能越高。从供给侧来看,多层次的金融体系可以吸引更多资金流向研发甚至是基础技术研发,已达到创新人才和创新成果的价值;从需求侧来看,多层次的金融体系有利于拓宽投资渠道,适应个性化、多元化的投资目的。

四、高质量发展阶段的制度需求

对于后发追赶型经济体,市场机制尚未完善,存在着诸多的要素重置壁垒,进而导致产业结构自发演进能力较弱、演进缓慢,并产生转型阵痛。基于此,在高质量发展阶段,政府就更应该结合我国比较优势和产业发展的状况来制定政策,通过各种制度改革保障市场机制在资源配置中的中坚作用,促进产业的持续升级。制度是经济高质量发展的保障,也只有通过制度刺激发挥各部门的外溢效应,才能避免大幅度驼峰型经济增速变化的出现。

因此,我们需要政府在弥补市场失灵、降低交易成本等方面发力,提升企业产出水平、完成产业高级化。

在相当长的一段时间内,制度是制约我国经济发展的关键因素。虽然我国一直在探索体制的改革与制度的创新,但前期制度变革的红利正在减弱,探索新的能使经济效率得以提高的产权制度与市场制度才是发展的根本之道,也只有这样才能够保证市场的有序运行,从而促进经济更好更快的发展。首先,确立新的制度可以明确规则,增加资源的可得性与信息的透明度,以减少经济活动的不确定性风险,降低信息成本和交易成本。其次,制度的完善可以帮助明确产权的界限,促使个人经济努力转化成的私人收益率接近于社会收益率,为经济发展提供动力。同时,制度的完善可以促进财产权利和知识产权的保护,推动技术创新和保护企业家效益。最后,制度通过建立社会活动的基本规则,扩大了人在经济、政治、文化等领域的选择机会,从而丰富了经济发展的内涵。

第三节　新时代中国经济转向高质量发展的动力转换

新时代经济的高质量发展需要通过效率提高来实现,但效率提高只是表象,其提高路径和方法才是实质所在。基于中国经济增长所处的阶段和当前发展所面临的现实问题,本章认为高质量发展的着力点在于动力转换。传统的增长动力已经走到了尽头,想要创造新的增长点就应当从创新落脚,以创新为核心来克服经济发展的阶段性、结构性与周期性问题,具体包括以下几个方面。

一、加快产业链条延伸,培育高质量发展的产业链新动力

如果将"新动力"对应"新经济",那么"旧动力"应该对应传统的资本密集型产业和劳动密集型产业等传统经济模式,既包括"两高一剩"产业,也包括对经济增长支撑作用下降的对外贸易。对于这些"旧动力",我们要加快产业链条延伸,实现产业有序接续,从而转换为带动经济高质量发展的"新动力"。

若想实现工业经济加快转型升级、达到追赶超越,培育打造产业链是其必由之路,也是实现新时代高质量发展动力转换的关键所在。

新时期的产业竞争就是产业链的竞争,当前我国的一批产业链也正在形成中。在当下,只有将新经济与传统产业不断加速融合,推动产业链、供

应链与价值链重塑,才能为新旧动能接续转换注入强劲动力。当前我国产业发展面临着来自发达国家技术创新和发展中国家低要素成本的双重挤压,因此我们首先应加快推进技术进步。其次应提高服务型制造业和生产型制造业的比重。从对经济增长的贡献来看,2013—2017 年,三次产业对经济增长的年均贡献率分别为 4.6%、42.6% 和 52.8%,第三产业对经济增长的年均贡献率比第二产业高 10.2 个百分点,可以看出产业链的重构更广泛地拓展到了服务领域,这也是未来产业链延伸的重中之重。此外,我们还需突破我国的比较优势,在发展价值链上高附加值产业的同时,精准帮扶其他各类产业迈向中高端。总而言之,我们应推进产业链"协同创新、智能提升、服务支撑、品牌打造、绿色改造、全球合作",依靠整合资源,来提高我国产业发展的深度与广度,实现产业有序接续,保持经济的持续发展,努力走出一条符合中国实际、体现跨越赶超的发展道路。

二、提升传统产业,培育高质量发展的新兴产业动力

近年来我国经济发展虽然保持了平稳增长,全要素生产率与发达国家的差距也不断缩小,但总体水平差距仍然较大。这既是发展环境所致,也与产业结构不合理、发展动力单一密切相关。因此强化产业抓手是我国本轮经济发展新旧动力转换的主要着力点。提升传统产业、培育新兴产业的任务任重而道远。我们要从过度依赖资源、劳动力转向依靠科技进步,提高全要素生长率对经济增长的贡献率,提高经济增长的质量与效益。

首先,对于落后产能要坚决淘汰,为优势产能留出空间。工业化的调整升级正处在一个关键时期,当前工作的重点应痛下决心,釜底抽薪,淘汰过剩的产能。对于家电、纺织、地方炼化、轮胎、农机、造纸、家具、建筑、陶瓷等传统产业,要加快智能概念和智能技术应用,创新经营模式,推动传统产业向指挥服务、智能制造拓展,激发传统产业的新活动。通过相应的税收、会计、折旧等政策,鼓励企业生产新的产品。依靠企业、政府、金融、科技的共同努力,对传统产业进行技术改造和转型升级。同时推动新型产业加快崛起也是实现新旧动力转换的关键。对于战略性新兴企业,应通过产品智能化、生产智能化、装备智能化、管理智能化、服务智能化将其从"制造"迈向"智造"。此外还应布局以科技和信息化为核心的新兴工业,从而提振"中国智造"的信心和软实力。

三、培育创新者,培育高质量发展的企业家新动力

经济发展新旧动力的转换必须要培育并保护创新者和企业家。通过培

育创新者,带来新的技术与思想,有助于推动经济向低代价增长迈进。2017年,我国发明专利申请量为138.2万件,同比增长14.2%。共授权发明专利42万件,其中国内发明专利授权32.7万件,同比增长8.2%。对知识产权和创新能力的重视带动了中国经济的发展。包括国家电网公司、华为技术有限公司在内的一大批新兴企业贡献出了力量,在国内发明专利授权中,职务发明共有30.4万件,占比92.8%。因此我们更应创新人才培养引进政策和激励机制,为科研人员创造安心钻研、潜心创新的良好条件,让各类人才的创造活力竞相迸发、聪明才智充分涌流,把广大科研人员凝聚到我国的经济发展建设中来。新旧动力的转换正是要通过这些科技创新项目与人才的结合,才能打造出"人才+技术+资本+服务""四位一体"的科技成果产业化模式。

同时,全面深化改革需要激发市场蕴藏的活力,而市场的活力来自于人,特别是来自于企业家与企业家精神。2017年4月,中央深改组正式通过了有关保护企业家精神的意见。2017年10月18日,习近平总书记在十九大报告中指出要"激发和保护企业家精神,鼓励更多社会主体投身创新创业。建设知识型、技能型、创新型劳动者大军,弘扬劳模精神和工匠精神"[1],足以见得激发和保护企业家精神在新旧动力转换中的重要意义。我们应当重视企业家在经济发展中的重要作用,要加快打造一批勇于开拓创新的优秀企业家队伍,激励企业家奋发有为、砥砺前行,引领和激发制造业创新发展的活力。实施政府职能系统再造工程,推动行政管理体制改革,不断深化"放管服"改革,加快发展混合所有制经济,坚定不移支持非公有制经济发展,构建"亲""清"政商关系,厚植企业家成长和发展的基础。此外还应进一步保护企业家的产权、创新收益和其他合法权益,营造依法保护企业家合法权益的法制环境,建立社会容错和企业家自我纠错"双轨制"。

四、发展数字经济,培育高质量发展的新业态动力

当前以数字化的知识和信息作为关键生产要素的数字经济蓬勃发展,新技术、新业态、新模式层出不穷。数据已成为与资本和土地相并列的关键生产要素,被不断地分析、挖掘、加工和运用,价值持续得到提升、叠加和倍增,有效促进全要素生产率优化提升,为国民经济与社会发展提供充足新动

---

[1]　习近平:《决胜全面建成小康社会　夺取新时代中国特色社会主义伟大胜利——在中国共产党第十九次全国代表大会上的报告》,人民出版社2017年版,第31页。

能。20 世纪 90 年代以来,美国抓住了数字革命的机遇,创造了 10 多年的经济繁荣。欧洲、日本等国家和地区追随着美国积极推进数字经济发展,产生了巨大的成效。数字经济对中国经济未来的发展极为重要,数字经济已成为世界公认的新经济、新业态、新动能,是中国经济高质量发展的新引擎。因此,要发展数字经济,培育高质量发展新动能:一是要从工业化思维转变为数字化思维。我们必须从思想认识上来一场革命,从工业化思维的禁锢中解放出来,通过思维创新深化对数字化的理解。二是推动产业数字化。对传统产业进行全方位、全角度、全链条的数字化改造,推动体系重构、流程再造,形成新的数字化场景、数字工厂、数字制造、数字支付、数字生活。三是积极发展数字经济。我们要加快推进数字产业化,更好地发挥数字经济对经济转型升级和高质量发展的引领带动作用。四是建设数字生态。加快数字基础设施建设,提高全社会的数字素养,形成数字文化,加快公共服务数字化转型,让全社会分享数字红利。

五、把握新趋势,释放高质量发展的信息化新动力

当前随着新一轮科技革命和产业变革来袭,全球市场的分工体系和竞争格局正在重构。习近平总书记曾强调,世界经济加速向以网络信息技术产业为重要内容的经济活动转变。因此在新时代下新旧动力转换中要把握这一趋势,以信息化培育新动能,用新动能推动新发展。

首先,要发展数字化、网络化、智能化的制造新模式。通过"互联网+"模式来加快信息技术与制造业的"两化融合",并积极培育这一模式。其次,应打造出适应互联网时代的战略性新兴企业。经济发展的新旧动力转换最终还是需要落实到微观企业发展的新旧动力更替上,而培育企业的创新型能力是推动信息化和工业化深度融合的出发点和落脚点。为了应对新一轮产业变革,提升企业竞争力,企业应把智能装备、工业软件设计、管理变革、流程优化等转化为自身的新型能力。再次,我们要夯实制造业与互联网融合发展"新四基",即支持核心基础零部件(元器件)、先进基础工艺、关键基础材料和产业技术基础的应用和发展,以解决制约制造业转型升级的"卡脖子"问题。此外,对于制造业与互联网融合发展而言,还要解决数据采集、传输、处理、应用等关键技术自主可控程度低,研发应用水平不高等问题。最后还要构建基于互联网的开放式大企业创新创业平台,从而形成大中小企业联合创新创业新局面。只有这样才能释放信息化能量,促进新旧动力转换的目标的实现。

六、创新发展方式，培育高质量发展的绿色动力

　　传统的经济增长模式导致经济发展与生态文明建设之间存在着一定的矛盾。市场是追求利益最大化的，因而会具有短视性，多年来我国经济在快速增长的同时，经济发展与生态环境不和谐、不协调的问题也日益凸显。这些环境问题主要是由过去产业结构不合理、重化工业比重过高、对环境污染重视不够、经济发展方式粗放造成的。因而在新旧动力转换中我们应克服这一缺陷，转变经济的发展方式，改变高消耗、高污染、低效益的传统发展方式，坚持生态优先，积极构建以战略性新兴产业和现代服务为主导、科技进步为主要动力的绿色、低碳、循环的现代产业体系，最终实现绿色发展。

　　从横向上看，一方面需要对传统制造业进行绿色化改造，另一方面则大力发展绿色制造新兴产业进行结构调整；从纵向上看，要把绿色产业链贯穿产品的全生命周期，包括绿色设计、绿色生产、绿色运行、绿色再生等全体系。具体而言，首先应通过一系列方法来明确绿色发展的代价，将外部成本内部化。其中最有代表性的就是环境收费与污染物排放权交易。此外还可以运用经济手段，激励市场主体治理污染，对积极从事污染治理的企业提供财税和金融政策的支持。同时我们应大力发展循环经济，把资源消耗限制在合理的阈值内。要严守环境保护和绿色发展这两条底线。在新旧动力转换中，还应加快传统行业绿色改造升级，全面推进钢铁、有色、化工、建材、造纸、印染等传统制造业绿色化改造，用高效绿色生产工业技术装备改造传统制造流程。同时推进资源高效循环利用，全面推行循环生产方式，不断提高绿色低碳能源使用比率，推进资源再生利用产业规范化、规模化发展。同时积极构建绿色制造体系，以重大工程、项目为牵引，推动绿色产品、绿色园区和绿色供应链的全面发展。

第十五章　新经济驱动中国经济高质量发展的路径

新经济涵盖新的技术、要素、产品、模式、业态以及新产业等多方面。在中国经济从高速增长向高质量发展转变的过程中,创新正成为经济发展的第一动力,新经济的发展成为推动新时代中国经济高质量发展的必然要求。随着新经济产业的逐渐进步以及它与其他领域的日趋结合,中国的经济表现出鲜明的新经济特点。所以,在新时代背景下,我们要高度重视研究新经济对高质量发展的影响及其促进我国经济转型升级的路径。

第一节　新经济驱动高质量发展的理论机理

新经济确实有着不同的内涵和外延,对其概念的界定也有着许多不同的诠释。白津夫认为,新经济不等同于互联网经济,它是指基于现代信息技术的新产业、新服务和新业态。黄征学从新主体、新产业、新业态、新模式等微观角度来定义新经济,认为我国目前的新经济本质上是知识经济、数字经济和分享经济。黄群慧认为,新经济其实是不同于以往的科学技术革命给社会生产的四个环节所带来的变化。它们体现在生产方式的优化与结构的变化,从而新经济取代了旧经济。基于上述学者的界定,本书认为,新经济是以信息为主导的新经济形态,在新一代信息技术发展的背景下,以现代信息技术嵌入和应用为基础,以技术创新、模式创新、业态创新为内核的新型经济形态。从宏观层面来看,新经济是一种新的经济形态,是一种全新的生产力,改变了社会的生活方式和生产方式。从微观层面来说,新经济是一个大型的虚拟市场,改变了传统的交易模式,扩大了交易范围,提升了交易方式的多样性。宏观和微观两个层面相互关联、相辅相成,促进了新经济形态的发展。

新经济包括数字经济、网络经济、平台经济和智能经济。一方面,我国经济发展进入新阶段,面临着产业转型升级、经济增速放缓、经济结构失衡等诸多机遇与挑战,传统的旧经济难以支撑新阶段高质量发展的要求,因此,需要催生新经济,形成新增长极,实现经济高质量发展。另一方面,高质量发展意味着经济水平处在一个较高的位置,要求一国的经济是有效充分、协调创新、持续共享和相对稳定的。这需要通过质量变革、效率变革、动力变革来实现生产力的进步,而其实现恰恰需要新经济的出现来发挥作用。因此,研究新经济驱动我国高质量发展的理论机理具有重要的实际价值。

一、新经济可以提高产业基础能力

作为产业升级进步的核心、工业基本能力的一个扩充、产业进步的根本准备,产业最基本的能力包含基本技术、基础设施、人力等因素。近年来,随着互联网、大数据、人工智能的发展,大数据、物联网、人工智能等产业发展所需要的新型基础设施明显不足。面对经济新常态,人民的需要与产业变化目标全部发生巨大变化,与经济发展水平相比较,我国的产业基础能力较为薄弱,技术水平偏低,基础设施建设不足、资源能源短缺、第三产业发展较弱,对科技研发的费用投入偏低。产业基础能力建设是发展现代产业体系的基础和有力保障。因此为了我国经济的高质量发展,提升产业基础能力已经迫在眉睫。新经济将人力资本、制度优化作为基础因素,运用现代信息技术,依托互联网促成新经济形态的出现。在新经济下,互联网成为新的基础设施,这无疑对产业基础能力提出了新的要求。新经济可以促进产业基础再造,通过创新提高技术水平,提高产业基础能力,同时丰富产业基础的内容,增强自主能力,在很大程度上提高我国现阶段的产业基础能力,为未来经济的高质量发展奠定良好的基础。

二、新经济可以提高产业链现代化水平

改革开放实施至今,我国利用自身的比较优势参与经济全球化,经济迅速发展起来,初步达成一个种类丰富、体系较为健全、规模巨大、技术含量高的目标。但是我们也要认识到,纵使我国当前的产业基础能力有了明显上升,但在高新技术、附加价值、环境污染、资源短缺等方面仍有欠缺,总体上处于中低端水平,这和高质量发展的最终目标有一定出入。尤其是我国产业多处于产业链中间部分、科研水平不足,这造成了我国产品的附加值较低,相比于其他国家产品的增值能力也较低,因而行业的发展受到比较优势的限制。在新一轮科技革命和产业变革风起云涌的时代,很有必要对我国产业链的发展水平进行系统评价并找到提升点。中央财经委员会第五次会议指出要建立战略性、全局性兼备的产业链。这一过程要围绕"巩固、增强、提升、畅通",鼓励产业链两端的厂商在科技层面进行协助创新合作。要以此来提升我国产业链的抗风险能力和整体水平,依靠开放与合作使产业链更具备国际竞争力,创新就成为产业链升级的重中之重,现代化的产业

链需要具备强大的创新能力。而新经济是一种创新经济,创新是新经济倡导的发展理念之一,也是它的基础。新经济的核心就在于信息技术。强化创新驱动力,可以有效提高旧的产业链发展水平,打破传统发展模式的局限,带来新的市场需求,带来新的生产机会,形成新的竞争市场,提高我国关键核心技术的竞争力。因此,大力发展新经济,可以有效改善我国产业链的发展现状,提高我国产业链的现代化水平。

三、新经济可以形成高质量增长点

改革开放后我国跃升为全球第二大经济体。但之前的发展方式大多是粗放式的,用大量的资源、能源、劳动力换取经济的高速增长,而非依靠产业结构的优化与创新,过分追求量的方面而忽视了质的部分,这为我国经济的进一步发展埋下了隐患,使得发展潜力不足。我国潜在经济增长率下降,比较优势降低,对高质量发展带来不利影响,需要培育新的高质量增长点。新经济是互联网技术快速发展的产物。它涵盖了新的科技、制度、理念,并对旧的经济模式进行了否定与推陈出新。而这其中起到沟通新旧两种经济模式的纽带便是科学技术的创新。这一纽带可以推动新需求的出现,进一步出现新的竞争与新的产业,带动经济的持续发展。同时,新经济还有利于解决落后产能的问题,改变我国经济发展之前大量依靠资源、能源的问题,在旧的经济模式中孕育新的需求、新的高质量增长点。

在新一代信息技术发展背景下,新经济既是一种新的经济形态,一种全新的生产力,又是一个大型的虚拟市场。新经济可以满足我国新阶段高质量发展的要求,一方面,可以依托现代信息技术促进产业基础再造,提高产业的技术创新能力,为未来国家经济结合高新技术快速发展奠定基础;另一方面,可以指导改进旧产业链发展弊端,形成新的创新型产业链,提高我国产业链发展现代化水平;同时可以形成新的高质量增长点,促使我国经济向高度创新的高新技术产品输出型转变。

第二节　中国新经济发展的状态描述

新经济从大的方面来看,包括网络经济、数字经济和人工智能经济。我们从这三个方面来分析我国新经济发展的基本状态。

一、我国网络经济的发展状态

网络经济是新经济的重要组成部分,随着现代社会经济的不断发展,网络信息技术进一步普及,国内已经逐步进入了网络经济时代。网络经济是实体经济和信息经济、虚拟经济的结合,是在网络基础上形成和发展起来的新的经济形态。它是信息化的市场经济,具有巨大的发展潜力。依据艾瑞咨询的统计数据,2013—2018 年,中国网络经济营收规模处于一个逐年上升的阶段,2013 年营收规模为 8167.4 亿元,2018 年达到 47268.1 亿元。2016 年我国宏观经济下行,互联网产业受到冲击,网络经济发展受到很大的影响,网络经济增速下降幅度较大。2017 年中国网络经济营收规模为 36556.8 亿元,同比增速达到 42.5%。自 2018 年以来,虽然网络经济增速逐渐放缓到 30% 以下,但是网络经济营收规模已经达到较高水平。互联网经济继续进步的同时,网络经济规模的增长速度会渐渐减缓,艾瑞咨询预测增长速度将维持在 20% 左右。

我们对中国网络经济市场营销进行细分,将其分为四个部分,分别为内容板块、商品板块、服务板块和其他板块。内容板块为网络媒体及文化娱乐,商品板块为消费生活,服务板块为互联网金融、教育、医疗、交通和企业服务。统计结果显示,2013 年,这四个部分在网络经济营收中的比例依次是 33.00%、40.90%、20.00%、6.10%。在 2018 年,这四个部分在网络经济营收中的比例依次是 23.30%、39.60%、30.80%、6.20%。2013—2018 年,服务板块的网络经济比例提高 10.8 个百分点,大于内容板块,成为占比最重的板块,之后应当会继续增大比例,而内容板块的营收额从 1/3 跌落至 1/4 以下。商品板块和其他板块的变化幅度很小。

二、我国数字经济的发展状态

基于数字科技与经济交互发展,数字经济作为一种新的模式,随信息技术不断推进而产生。在我国也逐渐被更多的人分析和讨论。关于数字经济的意义,很多发达国家早有认知,他们在这一领域的战略规划也相对早些。我国数字经济发展和建设虽然迟于他们,但也在规划中,努力创造环境,以期利用数字经济红利,追赶和超越发达国家。

随着云计算、大数据、物联网等新科学技术研发与应用的不断扩大,新的产业要不断催生和发展,促使传统行业焕发出新的力量。数字经济带动经济迅速增长的趋势,表明其推动经济发展的作用不可忽视。在世界经济发展动力降低、不稳定因素显著增强之时,我国的数字经济保持着较高的发展水平,且拥有更加向好的趋势。

我国的数字经济总量持续上升。2016 年,我国数字经济规模为 22.58 万亿元,占 GDP(国内生产总值)比重为 30.50%。2017 年,我国数字经济规模为 27. 17 万亿元,占 GDP(国内生产总值)比重为 33. 10%。2018 年,我国数字经济规模为 31. 3 万亿元,遵循可比口径折算,名义增长 20. 9%,占 GDP(国内生产总值)比重为 34. 8%,占比同比提升 1. 9 个百分点,其为 GDP 增长的贡献率为 67. 9%,贡献率同比提升 12. 9 个百分点,甚至大于一些发达国家。同时,我国的数字经济增长速度维持在高位水平。2003—2018 年我国数字经济增长速度显著大于同期 GDP 增长速度。2011 年之后,数字经济和 GDP 增长速度之间的差距呈逐渐增大的趋势。2018 年,我国的数字经济名义增长 20. 9%,大于同期 GDP 名义增长速度近 11. 2%。①我们有理由相信,数字经济对经济发展的推动作用将越来越明显。

三、我国人工智能经济的发展状态

近年来,人工智能方面的科学技术突飞猛进,并与具体行业紧密结合,人工智能成为全新的科学技术革命的中心技术。人工智能经济的出现,降低了自动化成本,改善了现有生产要素的效率,深化了分工形式,从而促进了我国传统产业结构的升级。同时可以创造出新的产品和服务,推动消费结构升级,带动新兴产业的发展,进而通过产业结构优化来促进我国经济结构升级。新一代人工智能的发展为我国实体经济的全面振兴提供了技术支持和变革机遇。

2012 年 1 月至 2019 年 8 月,人工智能方面的投融资数为 2787 件,总金额为 4740 亿元,②这也使得人工智能成为众人关注的焦点。2015 年中国迎来了人工智能的创业热潮,融资纪录不断被打破。从 2015 年到现在,人工智能逐渐成长为主流,并保持在一个较高的水平,渗透到众多领域当中。2018 年更是创下了近年来我国人工智能领域最高投资额,人工智能基础数据服务市场规模达到 25. 86 亿元,展现了人工智能良好的发展前景。

总而言之,作为新经济重要的组成部分,不论是网络经济、数字经济还是人工智能经济,都已经逐渐成熟起来并且具备了一定的规模。随着现代经济社会的不断发展和信息技术的推进,新经济占总体经济的比重会越来越大,对我国总体经济的推动作用也将越来越大,因此我们必须对新经济的发展给予足够的重视,对新经济现阶段发展的制约因素进行分析,确保新经济更好地发展。

---

① 数据来源于中国信息通信研究院、艾瑞咨询。
② 数据来源于艾瑞的《2019 年中国人工智能产业研究报告》。

第三节　新经济驱动中国经济高质量
发展的制约因素

新经济对中国高质量发展起到了积极的促进作用,但是从中国新经济发展的现实来看,中国新经济发展还面临着以下制约因素。

一、基础设施需要完善,发展的前提需要夯实

新经济离不开坚实的基础设施支持。没有基础设施作为发展的基本保障,那么新经济发展所必需的互联互通都无法实现,一些地区常常会因为基础设施的短缺以及不符合当前生产力的发展水平,而成为他们在新经济生产过程中的制约因素,不但导致大批量的有效资源被低生产率地浪费,还容易导致经济体丧失发展的机会。新经济是以新科技创新为基础的,以运用现代信息技术和智能制造,并以网络经济等为重点,多项新技术、新业态、新产业融合产生的一种新经济形态。那么,为了支持这些相关新兴产业的健康发展,就需要相关的配套设施作为发展的基础,以保证其生产的正常进行。同时,在这一背景下,我们不仅应当注重信息基础设施在内的基础设施对新经济高质量发展的总体影响,还应当注重研究这些基础设施的空间效应,从而提升新经济发展的整体性。

但相较于发达国家,我国尚属发展中国家,与新经济发展密切相关的产业大多处于起步阶段或者发展阶段,在基础设施配套建设方面存在着较大的缺口和不均衡等问题,进而成为制约我国新经济高质量发展的因素。一方面,要想使基础设施对新经济高质量发展发挥积极的正面作用,就需要综合发挥制度体系建设、劳动者素质提高、科学技术研发能力提升多重影响因素的作用,在这些因素的相互配合作用下,才有利于为新经济发展提供一个完整的市场,将生产链条连接起来,形成完整产业链,而我国在相关建设方面的整体规划、协同发展仍有待提高。另一方面,从区域经济学的相关理论知识中不难得知,一个地区的经济发展不仅与其自身的经济因素相关,还与其周边地区的发展条件密切相关,其对于周围地区的辐射作用有较为敏感的反应。也就是说,相邻地区之间在经济上可能存在示范效应、带领效应与效仿效应。谋求新经济下的高质量发展,一定不是停留在某些地区、某些城市,最终的理想结果应当是各区域之间分工合作,形成一个基础设施建设网络,并通过扩散的效应将各个区域连接起来,使一个区域的发展对其临近区域的发展产生牵引力。

二、适应新经济发展,产业政策需要调整

在新经济发展的背景下,由于创新型科学技术的研发与推进,移动互联网、大数据、物联网、云计算、人工智能等信息技术,以及新的产品和新的服务得以产生。这也使新的产业出现,与之对应的生产形式、组织形式、管理模式、销售手段等也大量创新。当原有的产业与创新型的科学技术紧密结合之后,其生产效率得以提高,生产成本不断下降,从而使原有产业的竞争能力显著提高、企业的利润率上升,进而反向刺激同类型产业对创新型科学技术的需求,形成一个良性的循环模式,促使新产品和新服务增加,以及相关产业的发展。新产业的形成是产业内部的变化,新经济下技术的革新还会带来产业之间的变革,即产业结构的变革。伴随着信息、数据、人工智能等新要素的投入,新兴产业与原有产业衔接融合,产业结构更加合理,资源配置更加高效,各产业对经济的贡献也更加可持续。

因此,产业形势的巨大变革意味着当前我国实施的部分产业政策已经不足以满足经济发展的需要。第一,我国的产业政策本身存在一些客观问题。传统的产业政策内容太烦琐复杂,政策涵盖的面积太广,基本上涵盖了所有的产业和产品,部分政策没有实际的可行举措,部分政策对企业个体的干预超出适当范围,部分补贴由于执行原因适用时间延长。第二,产业政策在设立与实行时出现了漏洞。政府在制定政策时,由于信息掌握的偏差和不完全,往往会出现偏离原本需求的情况,从而使资源配置无法实现最优。在实施政策时,政府有变更政策的可能性,如果监督管理不能及时,寻租问题就会接踵而至。政策实施后,没有系统的评价体系进行成效评价,对在实施中遇到的问题缺乏反思与后期改进。第三,关系处理过程中发现了问题。在中央与地方关系方面,如果国家在制定产业政策时存在偏向,极有可能产生地方政府竞相抢夺优惠政策的现象,从而导致资源的不合理配置、产能过剩。在解决缺位、越位问题时,政府往往注重的是厂商规模、设备是否达标,而在产品质量标准、排污标准上却着眼甚少。在政策、法律关系处理方面,产业政策只能发挥指导引领作用,而不能如法律一般拥有强制性。但在执行过程中常常出现误差,一些产业政策的力度出现了超过法律的问题。针对这些漏洞,政府需要结合当前新经济的发展特点、新兴产业的发展需求,进一步调整产业政策,以适应新经济发展的节奏。

三、围绕释放经济发展动能,技术有效供给需要加强

在从高速度经济增长向高质量经济转变的关键时点上,新经济可以有

效推进我国经济质量的进步、效率的提升和动力的转变。要想发挥新经济的这一功能,抓住技术这一关键节点尤为重要。以互联互通、智能生产为原则,以创新技术、大数据为主要支点,新经济体现了它不同于以往的科技特点。它的发展不仅能拉动经济增长,更能进一步带动经济升级。因此,在新经济发展过程中,要促进新产业模式的推行,并实现新旧动能的转换和发展方式的转变,必须牢牢把握新一轮科技革命和产业革命的发展契机。我国要发展新经济,在技术层面仍然有诸多不足。

第一,我国对科学技术的创新性投入从整体来看是相对不足的。这主要从以下两个方面表现出来。一方面,我国在科学技术研发方面的经费投入严重不足。与发达国家相比,我国在研发方面的支出虽然总量较大,但是该部分支出在国民收入中的比重却相对较低。而且与改革开放以来一直呈现高速增长的经济态势相比,我国的科研资金投入虽然也在不断增长并在GDP 中的比例有一定程度的提高,甚至已经超越了一些发展中国家,但是距离世界的平均水平仍然有差距。另一方面,由于中、小型企业的规模较小,可利用的资本数量有限,而在其创业初期,又需要大量的科技投入,这种有关于科研投资的供需不平衡在小微企业中尤为突出,有待解决。

第二,科学技术创新的生产率较低,将科学技术研发的成果转化为产品的速度不高。当前,我国科学技术的研究成果与产业化呈脱离状态。一方面,相关科研个人或组织拥有众多科研成果并希望可以进入流通领域,但这种生产力的转化却不及时,科技研究成果由于被闲置而造成浪费。另一方面,众多厂商需要高新技术成果支撑,虽然国内已经掌握了这些技术,但却求而不得,导致他们需要用更高的成本从国外引进。这有两个方面的原因:一是厂商针对科研成果特性掌握不充分,使得对科研成果的期望过高,科研成果的价格与现实不符;二是一些组织或个人研发的成果并没有可以使用的可能性,厂商购买这些成果之后仍然需要投入大量成本去二次开发,厂商既需要面临负责市场开发的风险,又需要负责技术开发的风险。

此外,从事科学技术的工作人员存在短缺现象,高素质研发人员外部流失。我国科学技术研发人员数量有限主要体现在这部分劳动力数量低,且其占总人口的比例小,企业员工的创新素质较低。大部分员工工作之前并未接受优良的训练学习,此情况使得技术的创新难以有效进行。总之,以信息技术为核心的新经济,与我国原先的经济形态相比,其特点是将科学技术转化为先进生产力,推动经济业态发生革命。只有改变当前技术供给的问题,才能推动新经济平稳高效发展。

四、完善人才培养体系,解决人才短缺问题

无论是正处在转型阶段的中国,还是以科学技术创新为核心的新经济,都离不开劳动力或者说人力资本的投入,随着经济的发展,人们也越来越注重人力资本的重要性。改革开放以来,为了更好地建设人力资本市场,政府先后实行了科教兴国战略与人才强国战略,这些举措提高了我国的人力资本水平,我国人才的总体数量也有了较大幅度的增长。但我国仍需从整体视角推进和整合人才工作,特别是人才的总体数量、结构和质量还不能切合新经济发展的需求,发展过程中缺乏高水平和技术的复合型人才,市场在人才资源中的决定性作用体现得不充分,人才流动在制度层面的阻碍仍然没有消除,人才培养体系还需要完善。我国人力资本的现实情况,主要存在以下两个方面的问题。

第一,人才的总体数量不充分,高层次人才存在流失现象。虽然近年来我国重视对人才的培养,在整体规模、质量和效用发挥领域都有了较大水平的提高,但仍然存在着人才资源总体数量不足、高质量人才队伍难以满足市场用人需求的问题。近年来,国家对人才的投资逐渐增加,但转化成高素质劳动力供给的就业比率却较低,缺乏竞争力。导致很多高素质的管理型人才、技术型人才在国内接受教育却到国外寻求工作的现象,优秀人才外流严重。

第二,人才在各区域分布不均。具体体现在两个方面:一是区域与区域之间分布不均。高素质、高知识储备、高技能的劳动力,在选择就业地区时,往往会更加倾向于经济发展水平高、现代化建设完善、个人发展平台广阔的地区,例如北京、上海、广州等国际大都市,东部沿海的一线城市,各个省份的省会城市等。选择中小型城市,县级或以下行政单位地区,东北、西北等延边地区的数量较少。二是各个行业、不同产业之间存在较大差距。高素质人才多集中于科研领域,而对技术要求非常高的行业岗位却普遍存在着人才供给不足的问题。第一产业的高级人才比例明显低于第二产业、第三产业,制造业高级人才比例低于创新型产业。

同时,我国的人才市场并不健全,政策支持力度有限。国家在数学、化学以及哲学等基础学科研究层面的资本投入不充分,而当前人才集中于应用科学领域,理论研究较少,需要国家着重投入力量,并建立完善的审核制度。在人才投入方面往往存在着急于求成,单纯追求数量和速度的思想误区,多注重应用型学科的建设,而忽视基础学科。以人才为活要素的新经济发展不仅需要理论和技术层面的人才培养,还需要不断完善人才培养、就业

与市场配置深度结合的机制。目前我国仍然存在高素质人才在就业时信息不充分、专业匹配不对口、人才就业供需结构性不足等问题。

新经济在发展过程中存在着以下四种因素的制约:第一,在基础设施配套建设方面,存在较大的缺口和不平衡问题,进而导致衔接断层等严重问题,不能为新经济的发展提供最基本的保障,无法实现新经济发展所必需的互联互通的条件;第二,我国现今实施的部分产业政策不足以满足新经济发展的需求,现阶段的产业政策在设立、实行、全局观方面存在漏洞,无法完全适应现阶段新经济和新兴产业的发展需求;第三,我国在发展新经济的技术层面仍存在很多不足,我国对科学技术的创新型投入从总的方面来看是严重不足的,科技创新的生产率低,将成果用于使用的可能性也较低,科技人员短缺、高素质人员外流,急需要改善当前的技术供给问题;第四,我国的人力资本数量少且分布不均,人才市场不健全,人才培养体系需要继续完善。为了能让新经济在我国得到更好的发展,就有必要分析制约因素,提出解决方案,确定未来发展路径。

第四节　新经济驱动中国经济高质量 发展的路径选择

结合当前中国新经济发展的现状,以及其在发展中可能遇到的制约因素,我们给出以下具体的发展路径和政策建议。

一、加强数字基础设施建设,推动新经济下 信息化和工业化的深度融合

新经济发展离不开数据,为保障新经济的健康发展,必然需要进行数字基础设施建设的大量高效建设。科技革命下,大数据、云计算的出现及应用,使人们获取数据变得越来越简单,获取数据的花费也越来越小,对数据的应用逐渐深入,应用范围加大。这让数据得以变成不依附于其他要素的生产要素。原有的经济形态中其他生产资源规模报酬递减,而新经济下的信息与产业的深入融合,将数据融入生产的各个阶段。这有利于减少花费,使生产率上升,还可以产生规模报酬递增的功效。从长远来看,数字信息不仅是中国企业、国家的重要资产,更是支撑信息社会建设,实现政务、商务和社会活动数字化、信息化转型的核心要素。

建设大数据云计算网络。大数据的经济价值在于可以运用它进行数据的分析、预测和应用。新经济在数字方面的基础设施建设方面应当不断提

升数字基础设施服务的质量和效率。实现物联网连接配置和故障管理、保障终端联网通道稳定、网络数据资源使用管理、资费管理等。

发展以数字为依托的新经济,离不开互联网的通信速度、质量和成本等核心问题。要提高数字基础设施服务的质量和效率,其首要任务是网络带宽的大升级,目前最受关注的升级版通信技术是 5G。与 4G 相比,5G 不仅具有更高的速率、更高的可靠性稳定性,而且能够更好地满足智能制造、智慧城市、自动驾驶等新兴数字化服务的需求,实现人与人、人与物、物与物的大连接,能更有力地支撑经济社会的创新发展。国家应当在积极推进 5G 研发使用的过程中,降低使用的成本,扩大 5G 网络的覆盖率和使用率。鼓励运营商提速降费。

二、以新经济来夯实产业基础能力,促进产业提质增效

产业的基础能力决定着产业的整体水平、核心竞争水平。缺少强有力的产业基础能力,实现现代产业的繁荣将举步维艰。当前,我国的产业体系居世界首位,产业从规模角度来看较大,但是核心技术等还有欠缺。基础能力欠缺将会阻碍创新的发展,同时不利于国家安全。以新经济来夯实产业基础能力,是推动产业提质增效升级的核心点。

一是以新经济来夯实产业的技术创新水平。技术创新能力可以作为评价产业发展水平的重要指标,它可以从基础层面长期作用于产业发展。因此,应当紧紧抓住经济高质量的具体要求,结合世界范围的创新大势要求,提高相关投资水平,对基础研究能力予以重视。基础研究作为创新的出发点,其累积进步常常创造出许多科学技术创新。在完善产业技术创新体系的同时,还应当注意共同研究材料、工艺等位于产业链的各个部分,推动重点环节与领域的创新。

二是以新经济来夯实产业公共服务能力。公共服务能力和行业先进性存在显著关联。公共服务质量高、效率快,可以减少厂商的创新成本,提高全行业合作的积极性和效率。应围绕人工智能、高端制造、生命健康等重要方面与产业升级需要,推动建成产业公共服务平台。促进作为市场主体的厂商参加到平台构建中来,运用云计算、大数据、移动互联网等创新型技术,推动生产要素跨越时间、空间进行分享合作。

三是以新经济来夯实基础设施支撑能力。随着产业集聚效应的扩大,越来越需要基础设施的健全。目前,新经济正处于重要的发展节点,新的产业类型的崛起更要求传统基础设施的强有力支持,更要求现代化基础设施的供给。在基础设施投资方面也需要不断创新,建立多主体的投资体系,有

秩序地促进 5G、人工智能、互联网等创新型基础设施。并且,还应当积极促进传统基础设施的智能改组。

三、推进新经济对传统经济的改造,
增强传统经济发展活力

新经济时代传统的生产方式、价值创造方式、商业模式、交换方式都将发生变化,经济全球化和创新普遍化进程都将加快,经济的融合程度不断加深,资源的全球配置更加高效,全球经济竞争趋于激烈,全球经济、区域经济将重新进行调整。同时在新经济发展中,人们的消费有了更大自主权,从被动的生产者或消费者转向主动的生产消费者,共同参与到价值创造中去。这些都是新经济对传统经济的挑战。

如果新经济要想谋求更进一步的发展,就离不开互联网技术,离不开互联网与原有产业的结合。需要将这种"互联网+"的思维充分融入生产、销售等各个环节。一是继续促进互联网与销售部门的合作。把线上付款与线下消费结合起来,方便消费者,充分发挥互联网在快销产业、饮食行业、服装行业等行业的重要转型作用。利用互联网打破区域之间的流通不便、二元结构的问题,推动城乡共同进步。政府应当加强流通部门的公共服务能力,打造与时俱进的监督管理体制,促进销售部门的转型升级。二是促进互联网与生产部门的结合。这种结合并非简单地将互联网同生产部门进行表面的衔接,而应当展现"一加一大于二"的优势,以期实现深层次结合。生产部门不仅要利用大数据等先进的科学技术,而且要以信息为基础,以智能生产来推动生产部门在组织结构、运营模式、投融资途径等方面变革,进一步打破原有经济所带来的阻碍作用,促进市场充分良性竞争,使原有的生产线找到新的经济增长点。三是加强互联网与金融行业的结合。依托于终端支付等新型网络支付手段,达到互联网与金融行业的结合,可以提高全民理财的积极性,从而充分利用小额资金,使服务水平提升一个档次。

四、以企业和企业家为主体,释放新经济发展的市场活力

企业是实现经济转型的首要微观载体。推动新经济的发展,需要激发和保护企业家精神。企业家精神是经济转型的核心。要把企业家作为稀缺的资源去对待、去保护,以建设企业家市场的方式,让众多拥有企业家潜在素质的劳动力可以充分发挥他们的作用,让全社会充分认识到企业家的重要性,让企业家取得和他们的素质相匹配的获得感。

在发挥企业家精神方面,政府要积极建设有利于企业家良性竞争的政

策、社会环境。建设企业家良性竞争与发挥作用的体系,使得企业家的能力发光发热。一是坚持依法治理。建设健全的法制体系,让遵守法律的企业家受到法律的保障,坚持政策可持续性,为企业家提供安定的就业前景,从而对创业有较好的预估,享受法律的支持。二是实行公平竞争。保护不同经济形式、企业的有序竞争,在税收、融资、监管、政策等方面一视同仁,采用相同的待遇。三是强化社会诚信建设。积极促进诚信体系构建,提高全体社会成员的诚信观念,创造有利的市场外部环境。政府应积极创造依照法律保护企业家合法利益的法制条件,为他们创造一个良好的经营氛围,激励企业家进行投资、创新活动,使高素质企业家不断为经济发展提供动力。

同时在发挥企业主体作用方面,政府应当支持企业降生产费用。减少不必要的政策约束、降低企业纳税负担,简化企业申请审核的复杂程序,停止对企业不合理费用的收取,降低利息率,为企业提供资金支持,从而有效降低企业负担,使企业重新获得发展动力。积极推进企业本身科学研发创新团队作用的发挥,促成企业与科研机构联合创新、相互交流合作,使其充分体现企业的主体地位。

五、政府和市场相结合,推动新经济的发展

我国的新经济建设离不开市场与政府作用的有效推动,尤其是市场配置资源的决定性作用,因此应当把市场作为调配的中心,同时在公共服务领域辅之以适当的政府力量,以达到对市场机制不完善的补充。发展新经济,同样需要遵守市场经济的一般规律,解决好政府和市场作用的应用领域与范围,发挥市场配置资源的决定性作用,运用市场的手段使得政府人员的履职更加有效。

改变职能界定,简化行政手续。一方面,新经济的主体并非是政府而应当是企业。政府在新经济中的职能不是批准高新技术企业的设立,也不应为审核科创开发区,同样不能直接参与科创的运营与生产。要想取得新经济的发展,政府应减少干预。在为创新提供良好的外部氛围、促进行业内的公平合理竞争方面,市场始终是排在第一位的。另一方面,由于我国新经济建设还处于雏形阶段,市场的调节作用又有着其固有的缺陷,再加上以往发展主要依赖于政府,因此,我国新经济发展更要求一个合理高效的政府发挥其自身的价值。

坚持市场的价格决定机制,运用市场手段为生产资料定价。新经济发展离不开人力资本为其提供活的动力,肯定人力资本的重要地位,利用市场机制对人力资本的价格进行调节,有利于激发人们的工作热情。同时,新经

济的发展也离不开良好的基础设施建设、高转化率和应用率的技术市场。由于这两个方面成本高，投资回报慢，市场作用很难高效发挥，政府的作用在此时就格外彰显。政府应当利用财政税收政策，为这两个领域的投资进行适度的补贴，达成外部性的转化，为新经济发展保驾护航。

鼓励各种不同性质的市场经济共同发展。首先对不同性质的经济，无论是公有还是私有，在发展、经营外部基础上应当一视同仁，取消特权，维护公平高效的市场。其次，受历史因素的限制，我国民营经济发展迟缓，得不到良好的政府支持，因此新经济的发展要改善他们在财政税收方面的政策条件。最后，坚决打击权力寻租行为和行政垄断，防止各区域之间由于恶性竞争而导致市场壁垒，使国家市场划分成片区的行为。取消政府的不恰当干预，防止行政垄断的出现，使市场竞争信息较为完备以保障公平，通过发挥市场作用焕发新动能。

新经济的发展应当遵循包容性的原则，谨慎审核，鼓励各种经济体在技术、产品、业态且不限于这些领域进行形式多样的创新。一个行业突破性的创新往往会和传统的经济模式、制度设计存在不相符合的地方，这时候就应当对这些存在冲突的政策制度体系进行调整。在突破性革新阶段，基础科研理论或者科研成果转化的节奏迅速和一个行业的改善有着密切关联。因此，政府要强化对科研创新的支持，为行业发展创造一个良好的条件。互联网的竞争实质在于操作体系、准则、服务的互联化，针对这一点要牢牢把握我国广阔的市场与消费群体，鼓励互联网领域的数据测量尺度的统一，以及互联网平台的交互对接，使我国的互联网行业在国际互联网体系拥有一席之地，以减弱对于已掌握先进科技的国家的依附性，使我国新经济独立自主发展。我国的产业结构长期处于发展不均衡的状态，哪怕是在同一个行业也会出现各个厂商之间在工艺、管理、组织等方面的较大差距，所以政府要遴选优秀的企业作为优秀代表以发挥模范作用，实现先进引导落后的目标。

六、独立自主与开放性相结合，以开放
加速我国新经济的发展

新经济为全世界人类所共有。在逆全球化的声音不断出现的情况下，我们要认清全球化的历史必然性，坚持改革开放，坚持完善外交政策方针，在鼓励跨国交流的同时，严格审核；在维护我国利益的前提下，在对外开放中促进新经济对发展的贡献作用。

第一，正确对待不平衡问题，寻找新经济价值。新经济产品出现的时间和地点是不平衡的，它可能在一个或几个国家先出现，随后才在全球经济中

应用。在全球视角下,产品由新兴经济领域向传统经济领域往往需要极其漫长的时间演变。遵循定价理论,传统经济模式与新经济之间一定会产生非常大的利润点,新经济方面的优势极有可能成为一个国家在国际市场上的比较优势,从而改善其在人口、能源等因素上的不足,而这种客观存在的落差也为国际间的商品流通提供了供需条件。据此,应当在鼓励其他国家先进的新经济产品进入中国市场提高国内商品丰富度的同时,努力寻找我国在新经济中的优势产业,促进我国的新经济产品迈出国门,创造财富,惠及世界。

第二,发挥比较优势,加强跨国创新合作。新经济离不开创新,而不同群体思维的碰撞有利于创新,这也就代表了新经济必然需要跨国交流合作。回顾历史,大多数创新型发明都少不了众多国家科学工作者的合作与努力,在合作过程中,由于思想火花的碰撞与交流,新的创新点进一步提出,可以较容易地实现技术突破,而当这些创新的成果转变为产品的时候,新兴产业也就应运而生了。我国可以增强开放程度与范围,以更加开放的视角推动我国在产业方面与更多的国家在更多的领域采取更多的形式合作。不仅鼓励政府与政府之间的官方合作,也鼓励民间组织、民营企业之间的合作,推动各国之间学校、科研机构、学术联盟之间的沟通,使各科研工作的参与者充分合作,争取进行大型国际创新的合作工程。要解决好自主创新和技术引进之间的矛盾,就要充分利用全世界范围内的所有创新成就,实现经济发展。

第三,关注人类共同问题,补长新经济发展的短板。现如今环境污染、全球变暖、能源不足等人类共同问题屡见不鲜,各国如果不及时有力地予以解决,那么将关系到不仅是一个国家而是全体人类的生存与发展。因此,习近平总书记提出了人类命运共同体的概念。我国在发展新经济的过程中,应当在促进自身发展的同时更多地惠及全人类,通过"一带一路"倡议等方式,用我国新经济的发展来带动全球问题的讨论、分析、改进、解决,利人利己,与世界同时享受发展红利。

第四,严把核心技术关,保障国家利益。国家的技术安全至关重要,关联着方方面面。而新经济又是当今世界核心技术研究开发的重要阵地,绝对不能单纯从其他国家引进,一方面在理论研究、核心技术上要牢牢把握,核心技术必须靠自力更生,我们应努力打破某些方面被国外垄断的格局,提高我国的核心技术研究水平;另一方面对核心技术的出口问题要加强控制和审核,严密管控以防出现技术泄露等问题,保护我国的核心技术并保持技术优势。

　　当代科学技术不断推陈出新,这种知识与技术的爆发式积累为经济领域带来新的经济发展模式,犹如一次产业革命席卷世界,其诞生与发展是不可阻挡的。新经济作为一种全新出现的经济形态,它的发展是推动新时代中国经济高质量发展的必然要求。必须高度重视新经济发展过程中的制约因素,同时对新经济驱动中国经济高质量发展的路径进行深入思考和实践,以期解决发展难题,使中国成为新一轮科技革命和产业革命的"领头雁"。

第十六章　新时代中国经济高质量
发展的宏观调控

党的十八大以来,伴随内部条件和外部环境的巨大变化,我国经济进入新常态,供给侧结构性改革成为新时代的主线。党的十九大报告明确指出,新时代中国特色社会主义的总体任务是在全面建成小康社会的基础上,建成富强民主文明和谐美丽的社会主义现代化强国。新时代中国特色社会主义总体任务既包括经济发展,也涵盖政治、社会和生态环境等多维目标,其实现过程是一项长期而艰巨的系统性工程,在本质上需要国家宏观调控的政策保障。宏观经济的高质量发展是建成新时代社会主义现代化强国的必由之路,我国由高速增长阶段转向高质量发展阶段,需要改变以经济增长为核心目标、以直接干预为调控原则以及以需求管理为主要调控方式的传统宏观调控,建立与新时代经济运行的新特点和新规律相协调的高质量发展的宏观调控体系。

第一节　新时代中国经济高质量发展宏观调控的转型

一、进入新时代我国宏观调控目标取向的阶段性特征

进入新时代以来,伴随着经济体制改革的不断深化及发展阶段的多次转变,我国宏观调控的目标取向也呈现出显著的阶段性特征。

（一）适应、把握和引领经济新常态

2011 年,我国经济增速从前一年的 10.6% 跌落到 9.5%,首次出现个位数增长。此后,我国经济增速在波动中下滑,2019 年进一步降至 6.1%,经济面临着较大的下行压力。因此,2019 年中央经济工作会议提出了稳就业、稳金融、稳外贸、稳外资、稳投资、稳预期的"六稳"部署,归根结底都是为着一个共同的目标——"稳增长"。早在 2013 年,习近平总书记就从国家战略的高度对我国经济出现的这一阶段性变化作出了精辟的概述,他指出,"'十三五'时期,我国经济发展的显著特征就是进入新常态",并强调在宏观经济调控过程中"要把适应新常态、把握新常态、引领新常态作为贯穿

发展全局和全过程的大逻辑"①。历经改革开放四十多年来的不懈努力,我国经济总量升至世界第二位,制造业规模、进出口规模和外汇储备均跃居世界第一位。然而伴随规模的不断扩大,我国经济发展也逐渐迈入到增长速度的换挡期、结构调整的阵痛期和前期刺激政策的消化期这一"三期叠加"的特殊阶段。具体而言,增长速度的换挡期意味着经济发展进入到了一个面临动能调整的关键节点,亟待充分激发能够持续驱动增长的全新动力引擎;结构调整的阵痛期意味着经济结构面临优化与调整,加快发展中高端产业产能,推动低端产业产能提质增效,改造或淘汰落后产业产能已迫在眉睫;前期刺激政策的消化期强调的是前一期宏观经济政策对当期的影响依然存在,必须告别单纯依赖要素资源投入的经济增长驱动模式,进而逐步转变到依靠提高全要素生产率,激励技术创新驱动经济增长的新模式。由此而论,进入新发展阶段,经济发展面临着增速放缓、结构调整和驱动转换,我国宏观调控的目标取向是在适应新常态趋势的前提下,积极把握和明确新常态的特征及其给我国经济带来的机遇和挑战,充分发挥政府宏观调控在引领新常态的作用。②

（二）推进供给侧结构性改革

政府实施宏观调控的一个重要目标是保持总量平衡的同时促进经济结构优化,考虑到我国的现实国情及所处的发展阶段,要在社会主义市场经济条件下实施有效的宏观调控,就必须首先厘清政府和市场的关系。2013年底,党的十八届三中全会通过了《中共中央关于全面深化改革若干重大问题的决定》,首次明确了市场在资源配置中的决定性作用,同时强调更好发挥政府作用。这是在我国经济发展理论与实践的长期探索中,关于政府与市场关系问题的一次重大理论创新,是对社会主义市场经济体制认识的一次重要突破,也为后来党的十八届五中全会作出推进供给侧结构性改革的重大战略决策进行了必要的理论准备。③ 习近平总书记强调,"推进供给侧结构性改革,是适应和引领经济发展新常态的重大创新,是适应国际金融危机发生后综合国力竞争新形势的主动选择"④。2017年,党的十九大报告进一步明确提出供给侧结构性改革是我国建设现代化经济体系的主线。伴随着新常态的不断深入,发展方式粗放、产业结构失衡、城乡及区域间发展

---

① 《习近平谈治国理政》第二卷,外文出版社2017年版,第245页。

② 郭克莎、汪红驹:《经济新常态下宏观调控的若干重大转变》,《中国工业经济》2015年第11期。

③ 王一鸣:《40年来中国宏观经济政策的演进与创新》,《中国经济报告》2018年第12期。

④ 《习近平谈治国理政》第二卷,外文出版社2017年版,第244页。

不平衡、收入分配差距拉大、生态环境治理效能低下等我国经济发展长期积累的深层次矛盾日益突出。这些矛盾不是短期矛盾、需求侧的矛盾或总量性的矛盾,而是长期的、供给侧的结构性矛盾。为了更好地解决这些矛盾,必须要把握供给侧结构性改革微观、中观和宏观的系统性特征,做到有的放矢。① 从供给层面发力,将优化供给结构作为主攻方向,形成有效供给,破除无效供给,提升供给体系的质量,从而更好地满足跨越阶段性关口和长期关口的迫切要求,推动我国经济实现由低水平供求平衡向高水平供求平衡的跃升。马克思早在 1867 年出版的《资本论》第一卷中就系统阐述了社会总资本再生产中的两大部类协调发展的思想,认为两大部类间保持一种均衡的关系对于宏观经济的平稳运行具有重要作用。推进供给侧结构性改革的目的就是实现经济结构的合理化,这直接决定了宏观调控的基本思路是采取改革的办法,更多运用市场化、法治化手段促进经济结构层面的调整。具体而言,通过采取"三去一降一补"的手段增加有效供给和高端供给,减少无效供给和低端供给,从而增强供给侧对需求侧变化的适应能力,提高全要素生产率。2019 年中央经济工作会议提出的"巩固、增强、提升、畅通"八字方针是对"三去一降一补"的进一步升级与拓展,其目的还在于解决供给侧存在的结构性矛盾,补足各项短板,为高质量发展提供动力支持,最终的政策取向仍然要落脚到激励科技创新,发展实体经济,保护和治理生态环境,保障和改善民生等方面。②

（三）坚持以提高发展的质量和效益为中心

"我国经济已由高速增长阶段转向高质量发展阶段,正处在转变发展方式、优化经济结构、转换增长动力的攻关期"③,这是党的十九大对进入新时代我国经济发展阶段性特征的科学判断与高度概括。进入高质量发展阶段必然要求宏观调控的目标取向要坚持以提高发展的质量和效益为中心,这也是解决我国经济结构性失衡问题的内在要求。长期以来,我国经济发展都是依靠粗放式的要素资源投入,因而造成对增长速度及成果数量的过度追求。不可否认,这样的发展方式固然对助推我国经济腾飞、促进人民增收致富功不可没;但从长期来看,粗放式的经济发展方式已经成为提高全要

---

① 任保平、付雅梅:《系统性深化供给侧结构性改革的路径探讨》,《贵州社会科学》2017 年第 11 期。

② 杨伟民:《贯彻中央经济工作会议精神　推动高质量发展》,《宏观经济管理》2018 年第 2 期。

③ 习近平:《决胜全面建成小康社会　夺取新时代中国特色社会主义伟大胜利——在中国共产党第十九次全国代表大会上的报告》,人民出版社 2017 年版,第 30 页。

素生产率、激发创新活力,推进资源节约和环境保护的主要掣肘。加之新时代我国社会主要矛盾发生转变,存在的发展不平衡不充分问题对于满足人民的美好生活需要、增进社会整体福祉也已经起到了严重的阻碍作用。对此,习近平总书记一针见血地指出,"不再简单以国内生产总值增长率论英雄"①。因此,要全面推动经济发展由单纯的规模扩张向数量增长和结构优化相协调的转变,以及由单纯依靠要素投资驱动逐步向创新驱动转变,就必须坚持质量第一、效益优先,改变传统上把数量增长和规模扩张作为衡量经济发展水平的根本标准的状况,转而将质量和效益奉为评判经济发展优劣的圭臬。一方面,坚持以提高发展的质量和效益为中心,就是要紧扣创新两个字,实现全要素生产率提高,新技术、新产业和新业态充分培育,处于全球价值链中高端产业集群加快形成的发展,就是要实现经济发展方式有效转变,产业结构和经济结构优化升级的发展。另一方面,坚持以提高发展的质量和效益为中心,就是要遵循客观的经济规律、自然规律和社会规律,实现人与自然和谐共生、开放包容的发展,就是要实现民生福祉显著增进,一切成果由全体人民共享的发展。由此而论,新时代背景下的宏观调控以实现高质量发展为目标和要求,以"促进结构调整,振兴实体经济"的供给侧结构性改革为主线。这也充分预示着今后在确定发展思路、制定经济政策和实施宏观调控的过程中,推动高质量发展将成为最鲜明的目标取向②,从而为增强我国经济的创新力和竞争力,助推质量变革、效率变革和动力变革,最终实现建设现代化经济体系的宏伟战略目标奠定坚实基础。

二、高质量发展对我国宏观调控的新要求

高质量发展要求宏观调控体系在宏观调控理念的创新、宏观调控目标的调整、宏观调控方式的转变、宏观调控手段的完善四个方面统筹协调推进。

(一) 宏观调控理念的创新

理念是行动的先导,一切改革发展的实践都是由特定的发展理念引领的,发展理念从根本上决定着发展的成效。2015 年党的十八届五中全会上提出的创新、协调、绿色、开放、共享这五大发展理念坚持以人民为中心的发展思想,顺应时代潮流,符合新形势下我国经济的发展要求,无论在理论上还是在实践上,对于破解发展难题、培育发展动力、积累发展优势都具有重

---

① 《习近平谈治国理政》第一卷,外文出版社 2018 年版,第 345 页。
② 宋瑞礼:《中国宏观调控 40 年:历史轨迹与经验启示》,《宏观经济研究》2018 年第 12 期。

大意义。我国经济的高质量发展就是体现新发展理念的发展，即创新动力成为核心依托、协调平衡成为内生特点、绿色发展成为普遍形态、开放合作成为必由之路、共享硕果成为最终目的的发展。新时代背景下，必须贯彻落实新发展理念，加快促成宏观调控理念的创新与转变。

一是激发创新这个第一动力。宏观调控应更加注重提高资源配置效率和全要素生产率，充分发挥教育的基础性、先导性作用，培养高素质的创新人才，为创新提供人力资本的保障。二是把握协调平衡这个内生特点。在促进经济增长、物价稳定、充分就业、国际收支平衡的基础上，宏观调控应以推进供给侧结构性改革为重点，促进经济结构优化升级，增强经济短期稳定运行和长期持续发展的协同性。三是适应绿色发展这个普遍形态。绿色发展的概念蕴含着解放生产力、发展生产力和保护生产力三者相互促进、协调推进的思想，能否处理好发展经济与保护生态之间的关系事关发展的全局与未来。习近平总书记高度重视生态文明建设工作，并强调"良好生态环境是最公平的公共产品，是最普惠的民生福祉"①。宏观调控应致力于引领全社会走出一条"经济繁荣、民生改善、生态良好"的文明发展之路，促使经济建设、社会建设和生态文明建设相辅相成、相得益彰。四是坚持开放这条必由之路。历史有力地证明了，四十多年前实行对外开放是我国经济发展取得举世瞩目伟大成就的正确抉择，进入 21 世纪以来顺应历史发展趋势、主动融入经济全球化的滚滚大潮也是中国奇迹得以造就的康庄大道。现如今站在新的历史起点上，开放依然是推动我国经济高质量发展的不二法门。因而便要求宏观调控不但要做到"引进来"和"走出去"并重，维持内外需协调与进出口平衡，而且还要按照中央经济工作会议提出的要求，适应国内外发展新形势，把握新趋势和新特点，推动形成由商品和要素流动型开放转向规则等制度型全方位对外开放的新格局。五是践行共享这个价值导向。马克思早在 19 世纪就对他所预见的未来社会做了生动的描绘——"社会生产力的发展将如此迅速，以致尽管生产将以所有人的富裕为目的"②。恩格斯也同样满怀着对社会主义社会的无限憧憬，在他看来，"通过社会化生产，不仅可能保证一切社会成员有富足的和一天比一天充裕的物质生活，而且还可能保证他们的体力和智力获得充分的自由的发展和运用"③。在马克思主义经典作家看来，实现共同富裕是发展社会生产力的出发点和落脚

---

① 中共中央文献研究室编：《习近平关于全面建成小康社会论述摘编》，中央文献出版社 2016 年版，第 163 页。

② 《马克思恩格斯选集》第 2 卷，人民出版社 2012 年版，第 786—787 页。

③ 《马克思恩格斯全集》第 26 卷，人民出版社 2014 年版，第 300 页。

点。共享理念强调践行以人民为中心的发展思想,坚持把实现好、维护好、发展好最广大人民根本利益作为发展的目标,要求做到发展为了人民,发展依靠人民,发展的一切成果由人民共享。宏观调控应在就业、收入、教育、医疗等与人民群众生存发展息息相关的领域作出更为有效的制度安排,保障人们幼有所育、学有所教、劳有所得、病有所医、老有所养、住有所居、弱有所扶,增强人们的获得感和幸福感,凝聚起全体人民朝着共同富裕目标稳步迈进的强大力量。

（二）　宏观调控目标的调整

按照传统的宏观经济理论,宏观调控的目标主要在于促进经济增长、实现充分就业、维持物价稳定和国际收支平衡四个方面。但结合现阶段我国发展实际,适应高质量发展要求的宏观调控应以提高发展的质量和效益为核心目标,以供给侧结构性改革为主线,以创新驱动为导向,保持经济在合理区间运行的同时处理好结构性矛盾,解决好发展不平衡不充分的问题。具体而言,就是分别从宏观、中观和微观三个层面出发,加快推动经济发展质量变革、效率变革、动力变革,不断激发和增强我国经济的创新动力和内在活力。

一是在宏观层面推进经济结构性调整,提升整体发展质量。过去,由于受落后社会生产力水平的限制,亟须通过生产的快速扩张提供充足的产品和服务,以满足人民群众日益增长的物质文化需求。因而宏观调控的目标在于政府调节市场运行,市场机制引导企业开展生产经营活动,然后产品销售和人们消费的过程得以顺利完成。正是在这一宏观调控目标的指引下,我国实现了由"站起来"到"富起来"的伟大跨越,数亿人民摆脱了生活长期处于贫困线以下的窘境,逐渐过上了基本物质精神需求得到充分满足的好日子。目前,我国又面临着由"富起来"到"强起来"这一关键的历史性转变,加之我国社会主要矛盾发生转变,经济发展的不平衡不充分问题日益凸显。因此,在继续坚持解放生产力、发展生产力、保护生产力的同时,宏观调控的目标必须紧紧围绕推动经济高质量发展。通过供给侧结构性改革提高资源配置效率和全要素生产率,以创新培育发展新动能,激发实体经济活力,以供给体系质量的提升更好满足人民的美好生活需要。

二是在中观层面促进产业结构优化升级,助力制造强国建设。党的十九大报告对新时代背景下我国社会主要矛盾的转化做了明确阐述,阐明了两个方面的问题:一方面是我国社会生产力发展进入一个新的阶段,已完成了相当可观的物质财富积累;另一方面是我国经济还存在较为严重的结构性问题,发展的潜力并未得到充分激发,集中体现在发展的不平衡不充分上。不平衡问题主要表现为城乡和区域间的发展差距显著,不同社会阶层、社会群体在共享改革发展成果,满足更高层次、更多样化需求上存在明显差距。而发展不充分是不平衡问题产生的根源,表现为我国社会总体生产效率和全要素生产率仍存在很大的提升空间,发展的动能有待通过产业结构的优化和技术创新进一步得到激发,发展的质量和效益有待进一步提高。解决我国经济不平衡不充分问题,关键在于以产业结构的优化促进经济结构的合理化调整,其核心是深化供给侧结构性改革,建设现代化经济体系。就宏观调控的目标而言,要以发展实体经济为重中之重,提升实体经济适应国内外市场供求变化的能力,培育发展新动能和新的增长点;通过大力发展先进制造业,推动互联网、大数据和人工智能等新兴技术手段同实体经济发展深度融合,加快构建现代化产业体系,实现区域价值链与全球价值链的深度融合,提升我国企业在全球分工体系和价值链中的地位,加快从制造大国迈向制造强国的步伐。

三是在微观层面激发企业创新活力,充分积蓄发展动能。由于受经济增长红利减少,劳动力、土地等要素成本上升等客观因素的限制,传统意义上以粗放式要素投入换取经济高速增长的发展方式已难以为继,我国经济要跨越关口,解决好发展不平衡不充分的问题,根本途径在于增强自主创新能力。创新是引领发展的第一动力,因此宏观调控要着眼于创新驱动的发展战略,在激励创新方面作出更为有效的制度安排。通过深化科技体制改革,建立并完善科技创新体系,加强高素质创新型人才培育和集聚,对企业和个人的创新研发给予充分激励,在促进创新成果转化的同时从法律制度层面保护知识产权。让一切有利于科技创新的要素活力竞相迸发,让一切能够激发科技创新的源泉充分涌流,促使科教资源优势高效地转化为创新发展优势,共同形成企业主导、市场引导、政府调控、社会参与、产学研深度融合的创新发展强大合力,为推动我国经济高质量发展蓄积新动能。

(三)宏观调控方式的转变

由于传统的短期逆周期总量调控的方式已难以为继,因而为处理好发展的结构性问题,政府需着眼于改进宏观、中观和微观层面的调控目标,加强对宏观调控的顶层设计,不断完善宏观调控政策制度性安排。要在合理区间内适时适度地进行预调、微调,避免过度调控,以保证政策的长期效果,从而按照与高质量发展要求相适应的原则促成调控方式的转变。调控方式的转变意味着在实施宏观调控,发挥经济建设组织职能的过程中,政府应实现其角色的转变,具体涵盖以下三个方面的内容。

一是政府应从市场经济的直接指令者转变为资源配置的间接引导者。

作为宏观调控的决策者和政策的执行者,政府应该改变传统上过度使用行政手段直接干预市场经济运行的宏观调控方式,转而让"看得见的手"更多地在引导资源合理配置、规范主体市场行为方面发挥作用。由于受传统的计划经济体制影响,我国政府对宏观经济的调控方式长期以来过多采用行政指令的方式,带来了巨大而深远的负面影响。自经济体制改革推行以来,政府与市场的关系演变经历了一个漫长的过程,尤其是1992年党的十四大将建立社会主义市场经济体制明确为改革目标后,理论界关于市场调节和政府调控的争论就始终不绝于耳,甚至"看得见的手"和"看不见的手"曾长期被错误地对立起来。直到2013年党的十八届三中全会首次对市场在资源配置中的决定性作用,以及更好发挥政府作用作出明确表述。凡是市场能发挥好作用的,政府做到不越位;如若市场作用难以有效发挥,政府应该主动补位,坚决管到位。若能将二者作用统筹把握、有机结合,使其各得其所,实现优势互补、协同发力。就发挥政府作用而言,必须要改变直接干预的方式,转而采取间接引导的方式实行科学有效的宏观调控和经济治理。通过加强市场监督管理,保障市场机制在合理区间内运行,对于保持宏观经济稳定,优化公共服务,提高公共产品供给质量,维护市场竞争秩序都是至关重要的。转变调控方式,关键在于找准市场机制发力和政府作用发挥的最佳契合点,推动形成政府作用与市场机制统筹协调、有机统一、相互补充、共同促进的生动局面。

　　二是政府应从粗放式的总量调控者转变为精准化的过程调控者。由于改革初期我国社会生产力水平较低,宏观经济存在的矛盾是供给不足、需求难以得到满足,因此亟待通过总量调控引导生产,从而保障供给,解决基础的民生温饱问题。正是依靠这样的方式,我国数亿人民成功实现脱贫,转而在"奔小康"的道路上阔步前行。但随着我国发展阶段的变化和经济结构的调整,传统上对宏观经济进行总量上的、逆周期的调控方式日渐显露出其弊端,甚至对我国经济活力释放和人民生活水平提高产生阻碍作用。当前我国宏观经济运行的矛盾已经由总量性矛盾转变为结构性矛盾,主要表现为需求结构、产业结构和收入分配结构三个方面的结构性失衡。造成这种结构性失衡的原因,在一定程度上也跟粗放式总量调控的方式密不可分,因此凯恩斯所提倡的需求侧调控方式便不再完全适用于我国的发展现实。事实上,总量调控和过程调控应当是相互配合、相辅相成的,政府应在以总量调控保持宏观经济稳定发展的基础上,更加注重精准化的过程调控,解决好结构层面的矛盾和问题。"天下大事,必作于细",宏观调控的实施需要有的放矢、在要害处精准发力,更加注重对宏观经济结构的优化调整,提高供给侧的质量。一方面,要把创新作为优化供给结构、提高发展质量的第一动力,构筑起完备的创新激励机制和支撑体系,大力弘扬新时代工匠精神。以区块链为重要突破口,加快开展大数据、云计算、人工智能等领域的战略性前沿技术攻关,推动智能制造业、现代金融业、现代化服务业创新发展,促进产业数字化和数字产业化,实现产业发展的规模效应及产业结构的合理化。另一方面,要充分激发新时代企业家精神,通过减税降费、优化营商环境、打破垄断等有力举措降低交易成本,营造中小企业健康发展的有利环境,同时对创新创业活动的开展产生正向激励作用,最终从根本上提高政府宏观调控的精准度,保证各项政策举措真正落实到位。

三是政府应从相机抉择的调控者转变为制度激励的设计者。相机抉择以凯恩斯主义经济学为理论基础,长期以来被奉为政府宏观经济调控的主要方式,主张根据宏观经济的运行状况,适时灵活地对财政政策和货币政策加以调整,从而维持宏观经济的基本稳定与繁荣。正是在这种调控方式的指导下,20 世纪 30 年代的"罗斯福新政"将深陷大萧条泥潭中的美国成功拯救出来,很多其他经济体也藉此从这次波及范围最广、影响最为严重的资本主义经济大危机中逐渐恢复。此后,自由放任的政策逐渐被摒弃,国家对经济活动进行全面干预的经济治理模式登上了历史舞台。尽管相机抉择能够达到立竿见影的政策效果,但其不利于帮助民众和市场主体形成稳定的预期,进而对政策实施的长期效果和政府公信力产生负面影响。鉴于此,2007 年度的诺贝尔经济学奖得主赫维茨(Hurwicz L.)、马斯金(Maskin E. S.)和迈尔森(Myerson R.B.)三位美国经济学家创立并发展的"机制设计理论"(Mechanism Design Theory)为我国转变宏观调控方式提供了宝贵的启示——应当作出更为科学有效的制度安排和机制设计,有力保障宏观调控政策实施的长期功效,最大限度地发挥制度的激励作用。宏观调控体制机制的设计,一方面要厘清大逻辑,即顺应我国市场化改革的历史潮流,加快建设适应高质量发展要求的高标准市场体系。要利用市场准入负面清单制度等固定的制度机制规范各类市场主体的行为,科学引导并帮助形成稳定的市场预期,从而打破阻碍市场机制有效发挥作用的制度藩篱,营造公平竞争的市场环境。另一方面要瞄准大目标,即一切宏观调控机制的设计及激励政策的制定要以适应我国经济高质量发展的要求为根本出发点,以提高发展的质量和效益为最终落脚点。具体而言,通过改革的方式实现合理的产权制度安排,充分激发各个经济主体从事创新活动和生产活动的积极性,以助于提高要素配置效率、全要素生产率和劳动生产率,在扩展生产可能性边界的同时提升生产力中最积极、最活跃的因素——劳动者创造价值的能力。此外,根据党的十九届四中全会对推进我国经济治理体系和经济治理能力现代化提出明确要求,要通过深化行政体制改革创新政府调控方式,完成政府经济职能的转变,提高公共产品和服务的供给质量。

（四）宏观调控手段的完善

宏观调控的手段和工具是有效实施宏观调控的重要抓手。完善宏观调控的手段,重点在于强化发展规划的战略导向作用,完善质量和效益调控、总量和结构调控的手段增强财政政策、货币政策、产业政策、区域发展政策等政策工具之间的关联配套及相互支撑作用,提高调控效率,降低调控成本。

一是完善质量和效益调控的手段。经济高质量发展不是轻轻松松敲锣打鼓就能实现的,需要政府理顺思路,采取符合高质量发展要求的宏观调控手段。在经济发展数量积累的阶段,政府在财政、货币、投资、外贸、消费等各方面运用丰富的政策手段进行宏观调控,为我国顺利完成各阶段的既定发展目标,成功实现经济腾飞发挥了不可替代的重要作用。但进入新时代后我国经济已处在由高速增长阶段向高质量发展阶段转型的关键时期,这便要求政府必须将宏观调控的政策重心由过去促进经济高速增长逐步转变到提高经济发展的质量和效益上来。完善调控手段,从根本上讲就是要努力完善以发展质量和效益为导向的调控手段。按照新发展理念,把培育发展新动能、优化经济结构、增强发展的永续性、提高经济开放度和实现发展的普惠性作为调控的核心理念,通过实行多样化的调控手段进行预调微调,从而有效提升发展的质量和效益。

二是完善长期调控的手段。我国经济发展正经历由高速数量增长向中高速质量提升的转变过程中,这实际上也是一个由量变积累向质变提升的过程,符合唯物辩证法中事物长期的发展规律。为适应高质量发展的要求,宏观调控手段的完善不但要不打折扣地完成当前的各项任务,进而为实现长期稳增长、调结构、促改革、惠民生和防风险各项工作的目标夯实基础;更要着眼于长远,做好未来的谋篇布局,着眼于现实矛盾与问题,设定经济发展的阶段性目标,及时完善调控手段,采取有效的政策措施。具体而言,就是要按照"六稳"要求,促进充分就业,释放消费潜能;发挥好投资的关键作用,利用投资结构的优化引导产业加速转型升级;增强金融支持实体经济的能力,避免系统性金融风险;保障外资和进出口的稳定增长,从而实现多管齐下,共同助力于市场主体形成稳定而良好的预期。

三是完善统一化与差异化综合调控的手段。推动高质量发展是一项全局性工作,因此需要构建一套与我国高质量发展要求相适应的宏观调控体系,在这个体系内部包含统一的标准体系、指标体系、政策体系、绩效评价体系和政绩考核体系。但同时也不能忽视我国幅员辽阔、各地所处发展阶段不同、发展程度不尽相同这一国情,因而不能等而视之,发展的成效也难以用完全一致的标准来衡量。完善宏观调控的手段,一方面需要树立党中央权威,中央的统筹考虑、整体构思和统一部署是宏观调控各项举措落地见效的根本保证,其关键在于寻找到各地区发展的最大公约数,同时利用合理的制度设计激励地方政府间的良性竞争,有效解决城乡和区域间发展不平衡、不协调的问题,从而形成全国凝心聚气,共同推动高质量发展的强大合力。另一方面也要结合实际,根据各地不同资源禀赋和发展特征,采取定向化、差别化的政策手段,在合理可控范围内下放经济决策的自主权,充分发挥各地优势,提高区域资源配置效率,引导地方各自探索出适合自己高质量发展的路径。

第二节　新时代中国经济高质量发展宏观调控的目标

传统的宏观调控是以经济增长、充分就业、物价稳定和国际收支平衡为目标,这一目标体系相对易于评价和考核,但却遗漏了新时代中国宏观经济运行的一些重要问题,如环境治理、风险防控和精准脱贫等。新时代中国特色社会主义宏观调控是以建设富强民主文明和谐美丽的社会主义现代化强国为宗旨,相应地就应转变宏观调控目标,以适应新时代经济运行趋势和特征。

一、以高质量发展为导向

传统宏观调控体系通过追求短期的经济增长,能够在生产力相对较低的状态下提供足够的物质产品和社会服务,从而满足人民群众日益增长的物质文化需求。目前中国仍处于社会主义初级阶段,我国是世界最大发展中国家的国际地位也没有改变。但中国已成为世界第二大经济体,2016年GDP为113916亿美元,相当于美国GDP的61.4%,以人均GDP衡量已进入中等偏上收入国家行列。在经济发展水平较低、生产力水平不高的阶段,以经济增长为目标实现了"富"。而从"富"到"强"的转变,则需要推进高质量发展。通过进一步解放、发展和保护生产力,实现经济社会结构的平衡和资源利用效率的充分提升,满足人民日益增长的美好生活需求。

当前经济增长速度下降属于结构性减速,是淘汰落后产能和低效产能的结构性调整的结果。加快发展现代经济体系是抵消经济减速不利影响的必然选择。这需要将互联网、大数据和人工智能与实体经济相融合建设制造业强国,加快发展以先进科学技术为支撑的现代服务业,最终通过产业优化升级和建设现代化经济体系实现高质量发展。需要指出的是,追求高质量发展并不意味着放弃经济增长。一方面,高速和低速增长都不利于转方式、调结构和深化改革;另一方面,中国已有的增长红利趋于弱化,维持传统高速增长的条件难以满足,以创新驱动和提高供给体系质量为核心的高质量发展将会为未来长期稳健的经济增长创造新红利和新动能。

二、充分就业为先导

保证劳动者的充分就业,一方面使劳动这种创造财富的最能动的要素能够充分发挥作用,充分发展生产力。根据马克思的概括,生产力的发展来源于三个方面:"归结为发挥着作用的劳动的社会性质,归结为社会内部的分工,归结为脑力劳动特别是自然科学的发展。"[1]建设新时代中国特色社会主义需要形成实体经济、科技创新、现代金融与人力资源协同发展的产业体系,在四方面协同中劳动者居于核心地位。实体经济的发展离不开大量熟练的产业工人,科技创新和现代金融的发展需要人力资源的支撑。因此,只有实现充分就业才能够最广泛地发挥劳动者的作用,也只有充分就业才能够有效地提升劳动者的生产技能和经验,激发人民创造活力,服务社会主义现代化强国建设。

另一方面,充分就业保障了劳动者的权利,是实现公平的收入分配的基础。一是,中国特色社会主义的基础是公有制,每个劳动者要搜寻到期望的工作岗位,进而保障自身的决策权、选择权和发展权必然是通过充分就业实现的。二是,就业就是民生,更高质量和更充分就业才能使得居民收入与经济增长同步,使经济增长的红利充分外溢到每一位劳动者。充分就业能够最大化地保障劳动者的个人收入,最广泛地实现个体和家庭的全面发展,以及充分体现以人民为中心的发展宗旨。三是,新时代的充分就业还有一项重要功能,要与精准脱贫紧密结合。充分就业是将扶贫同扶志、扶智相结合的必要条件。只有实现充分就业才能最广泛地保证劳动者在工作中提升经验和技术水平,从劳动者自身发展的角度实现精准扶贫、精准脱贫以及预防返贫。

---

① 马克思:《资本论》第3卷,人民出版社2004年版,第96页。

三、物价稳定为基础

物价波动是价格、货币和经济变动的综合体现。物价水平保持稳定,即温和的通货膨胀,是宏观经济平稳运行的基本条件,正如马克思认为的"剧烈的价格波动,会在再生产过程中引起中断,巨大的冲突,甚至灾难"①。保持物价稳定,首先应防止恶性通货膨胀和超级通货膨胀。马克思虽然没有直接分析过通货膨胀,但在《资本论》中探讨了货币流通公式,涉及物价和货币的相关问题。马克思指出,货币的总量应等于商品的价格总额与同名铸币的流通次数的比值。换言之,"商品的价格总额"在数值上等于待销售的商品量和商品的价格水平的乘积,而通货膨胀则可以定义为纸币发行量超过商品流通中的实际需要量所引起的货币贬值现象。过高的通货膨胀率导致货币购买力下降,进而通过影响公众预期,导致金融体系遭遇信用危机,最终冲击实体经济。

其次,通货紧缩也是新时代中国宏观经济运行中需要重点关注的问题,郭克莎和汪红驹认为经济新常态下,经济由高速转向中高速,通胀水平回落较快,因此宏观调控应由主要防控通货膨胀转变为主要防控通货紧缩。目前的经济增速结构性下滑、高杠杆率、资产价格波动、产能过剩、人民币汇率贬值预期、国际大宗商品价格中长期颓势等均会导致通货紧缩。通货紧缩会导致企业利润下滑,诱发悲观预期,同样不利于宏观经济稳健发展。新时代中国特色社会主义宏观调控保持物价稳定,需要既控制通货膨胀率,也要预防通货紧缩,通过保持适度通货膨胀区间为高质量发展提供稳定的经济环境。

四、化解重大风险为核心

新时代以来,中国经济的结构性减速、经济结构变迁以及经济增长动力转化,都为宏观经济带来较大的不确定性,如何化解实体经济、金融体系以及全方位对外开放中面临的重大风险也将影响中国经济的高质量发展。从现在到 2020 年全面建成小康社会,是我国发展面临的各方面风险不断积累甚至集中显露的时期。习近平总书记指出:"要加强对各种风险源的调查研判,提高动态监测、实时预警能力,推进风险防控工作科学化、精细化,对各种可能的风险及其原因都要心中有数、对症下药、综合施策,出手及时有力,力争把风险化解在源头,不让小风险演化为大风险,不让个别风险演化

---

① 马克思:《资本论》第 3 卷,人民出版社 1975 年版,第 135 页。

为综合风险,不让局部风险演化为区域性或系统性风险,不让经济风险演化为社会政治风险,不让国际风险演化为国内风险。"①

新常态背景下,我国宏观经济潜藏的重大风险集中在三个领域。一是制造业。中国经济增长出现结构性减速,部分行业出现产能过剩,不通过以创新驱动为核心的供给侧结构性改革,难以使制造业攀升到国际产业价值链的高端,将进一步阻碍质量强国和制造强国的建设,诱发产业空洞化的风险。二是金融业。近年来房地产过热引发的资产价格泡沫和不良贷款、地方政府债务违约、人民币贬值压力以及互联网金融违约频发,金融系统流动性的压力增大,金融风险爆发概率增加。三是改革开放以来中国不断融入全球经济,中国制造也凭借低成本奠定了全球竞争优势。然而低成本也导致了中国制造的产品质量不高、品牌溢价较低,长期来看,此类风险将侵蚀新时代中国推动全面开放新格局的基础。不仅如此,中国企业"走出去"的过程中,所面临的商业、政治和生态环境风险也在逐渐增大。这就要求在构筑人类命运共同体、凝聚共识的基础上,提升对外直接投资质量化解国际风险。

五、污染防治为根本

在中国经济高速增长阶段,粗放型增长导致了对生态环境的巨大破坏,中国也成为全球碳排放量最大的国家。建设社会主义现代化强国是人与自然和谐共生的现代化,既要创造更多物质财富和精神财富以满足人民日益增长的美好生活需求,也要提供更多优质生态产品以满足人民日益增长的优美生态环境需求。马克思主义政治经济学的研究对象是在一定生产力水平基础上的生产关系。邓小平指出"应该把解放生产力和发展生产力讲全了",在此基础上习近平同志提出"保护生态环境就是保护生产力、改善生态环境就是发展生产力"②。从而,中国特色社会主义政治经济学对生产力有三个层次的内容:解放生产力、发展生产力和保护生产力。环境和生态本身就是财富,绿水青山就是金山银山。保护生产力与绿色发展的理念相一致。绿色发展方式和生活方式,是永续发展的必要条件和人民对美好生活追求的重要体现。进一步从生产关系的角度来看,马克思主义认为,环境问题不能脱离一定的社会生产关系来解决。人与人的关系和人与自然的关系是互为中介的,人的全面发展必须合乎生态规律,良好的自然环境是人全面

---

①　《习近平谈治国理政》第二卷,外文出版社2017年版,第82页。

②　《习近平谈治国理政》第一卷,外文出版社2018年版,第209页。

发展的源头活水,也是全人类解放的基本标准之一。

因此,无论从践行绿色发展理念、保护生产力的视角,还是从协调人与自然的关系、促进全面发展的角度而言,要解决社会主要矛盾必须保护和促进绿色生产力发展,污染防治也必然是新时代中国特色社会主义宏观经济调控的根本目标。

第三节　新时代中国经济高质量
发展宏观调控的原则

新时代中国特色社会主义需要建立宏观调控有度的经济体系,不断增强我国经济创新力和竞争力。相应地,为实现经济高质量发展、充分就业、物价稳定、化解重大风险和污染防治的目标,宏观调控就应遵循间接引导、固定规则和存量调控的原则,避免过度调控和干预成本过高,引导公众的理性预期,最终提升宏观调控的长期政策效果。

一、间接引导为主、直接干预为辅

传统宏观调控多以直接干预为主,由于政策实施过程中存在信息不对称、外部性以及行政垄断,诱发了资源配置扭曲、政策实施成本过高、寻租行为等后遗症,导致宏观调控政策效果滞后甚至是政策失灵。新时代中国特色社会主义宏观调控需要遵循间接引导为主、直接干预为辅的原则,减少和化解不必要的政策实施成本与扭曲效应。马克思在分析价值规律时提出,价值规律是通过竞争即同供求关系相适应的价格的波动而实现的,换言之,以供求关系为核心的市场机制是资源配置的基础。因此,间接引导的核心在于完善市场机制、知识产权保护机制、农地"三权分置"制度、区域协调发展机制、贸易和投资便利化制度、生态资源环境补偿机制以及自动稳定器制度。通过制度建设自发引导资源的合理配置,在充分调动各类经济主体活力的基础上,激发新动能、优化经济结构、助力高质量发展。间接引导的基础在于体制改革,即改革和完善激励机制、容错机制、监督机制和退出机制,以激励机制鼓励创新,以容错机制加快改革,以监督机制防止投机性行为,以退出机制增强市场竞争活力。最终以改革的办法促进要素充分流动和合理配置,通过市场和制度的力量自发推动质量变革、效率变革和动力变革,最大化节约调控政策成本。

新时代中国特色社会主义宏观调控以直接干预为辅,即以微刺激替代强刺激辅助经济平稳运行。微刺激政策体系既能保证经济增长和就业,又尽可能地促进结构调整。一方面,通过货币政策调控使得通货膨胀率保持爬行和温和状态,既防止通货膨胀率过高,也防止通货紧缩的风险,保证宏观经济平稳运行;另一方面,通过财政政策增加教育、医疗和环保等方面的公共投入,充分释放公共产品的正外部性,提升经济发展的公平性。与此同时减少对落后产能的财政补贴,促进经济结构升级。

二、固定规则为主、相机抉择为辅

固定规则和相机抉择是围绕宏观调控争论最多的两个问题,以凯恩斯理论为基础的传统宏观调控更多的是相机抉择,根据宏观经济波动状况,灵活调整财政政策和货币政策。相机抉择虽然在表面看具有适应性和灵活性的特征,但却不利于树立政府公信力,难以引导公众的理性预期。新时代中国特色社会主义宏观调控应以固定规则为主、相机抉择为辅。固定规则主要体现在,宏观调控的核心目标是围绕建设社会主义现代化强国而推动经济高质量发展,这一目标不会因为内外部环境的变化而改变。一是坚持质量第一,效率优先,绝不因经济增长率的下滑而采取降低发展质量为代价的保增长政策。二是坚决推动创新驱动型的发展模式和绿色发展理念,以建设创新型国家和美丽中国为导向,杜绝投资驱动型增长模式和先污染后治理的粗放型增长方式。三是各级政府严格执行财政预算管理,坚决遏制政府债务规模膨胀。四是货币政策以物价稳定、经济稳定为核心,坚持宏观审慎政策维持金融稳定,慎用以刺激经济增长为目标的扩张型货币政策。

宏观调控的相机抉择主要用于防范化解重大风险。无论是金融风险还是国际风险,都是由不确定性所引发,化解重大风险需要非常规的政策手段,因时制宜、因地制宜。依据各类风险爆发的源头,灵活制定应对策略。固定规则为主、相机抉择为辅的调控原则能够界定宏观调控的适用范围和界限,其目的也在于确立调控有度的宏观调控。

三、存量调控为主、流量调控为辅

凯恩斯理论强调短期分析,侧重调控流量如投资、消费和进出口等,从而对经济产生立竿见影的干预效果。流量调控的优点在于政策目标明确,政策工具易于掌控,政策的短期效果明显,政策实施的不确定性较少。但是,流量调控在长期难以对经济平稳运行产生积极影响。首先,流量具有时效性,只能在固定的时间段内对宏观经济产生单一的作用,使得流量调控政策也无法形成累计叠加的调控效果。其次,针对不同流量的调控政策存在内部冲突,如刺激投资的调控政策会导致利率和物价水平的攀升进而对消费产生挤出效应。最后,流量调控政策实质上属于消耗性政策,而新时代宏观经济需要通过知识、技术和经验的积累推动创新驱动型发展。消耗性的流量调控无法与强调积累性的高质量发展相协调,难以支撑长期稳定的高质量发展。

新时代高质量发展的宏观调控体系应以存量调控为主、流量调控为辅。物质资本、人力资本和文化资本作为经济最主要的存量,对创新驱动具有重要影响。刘易斯认为随着物质资本和文化资本的增加,传统观念的束缚将趋于弱化,新产品的知识逐步扩散,进而驱动了技术进步和知识广泛外溢。创新驱动型的高质量发展需要立足长期强化存量调控,通过促进人力资本、物质资本、文化资本、社会资本以及生态资本等各类财富的积累,引导经济自发运转到高质量发展的平衡增长路径。在具体的调控内容上包括:一是确立合理的国家财富观,重视精神财富和生态财富的积累,促进国家财富观和个人财富观的协调统一,将投资由过剩的制造业引导至高新技术产业和现代服务业;二是在国家税收体系中调整向流量征税和向存量征税的比例关系,即将税基的重点由收入和消费等流量调整到资产和财富等存量,通过抑制财富分化防止国家创新动力衰减;三是加大对生态资源的保护,强化"绿水青山"作为生态资本同样具有财富价值和生产力的功能,促进经济社会的绿色、协调发展。

第四节　新时代中国经济高质量
发展宏观调控的方式

新时代中国特色社会主义宏观调控的目标体系和长期性原则,与传统的经济增长、充分就业、物价稳定和国际收支平衡目标以及短期直接刺激经济的原则有实质性的差异,并主要体现为数量型发展与质量型发展理念的冲突。相应地,宏观调控方式就需要以推动经济的高质量发展为核心,以供给侧结构性改革为主线,以促进创新驱动为导向,在调控理念和方式上进行必要的转向,以适应新时代中国特色社会主义宏观经济运行的需要。

一、数量调控转向质量调控

在生产力水平不高、国民收入水平较低的发展阶段,我国的宏观调控为了促进经济高速增长、服务 GDP 倍增计划,淡化甚至忽视了经济增长质量提升和效率改进。在凯恩斯理论的指导下,传统数量型宏观调控通过刺激要素投入,推动经济在短期内的快速增长,实现了经济总量的数量型攀升。

然而数量型的宏观调控牺牲了经济结构的优化升级、收入分配的公平性、非生产性公共产品和服务的投入以及生态环境质量。数量型宏观调控虽然能在短期内有效刺激经济,但无法在长期优化经济结构和培育经济增长新动能。

新时代中国仍然处于社会主义初级阶段,但生产力水平较改革开放之初已有了显著的上升,为了满足人民日益增长的美好生活需要,应当实施质量型的宏观调控方式。质量型的宏观调控不仅服务经济增长数量,更是一种综合型的调控方式,并主要体现在:第一,从经济增长的稳定性、增长动力的强劲性、经济结构的合理化以及经济的开放性的维度进行调控,促进全要素生产率的提升、构筑稳定的发展基础。第二,优化教育和公共医疗卫生投入,以不断提升人力资本水平、培育劳动力的就业能力和自我发展能力,服务以人民为中心的利益诉求。通过实现人的全面发展,增加经济发展的社会成果。第三,防治和减少气体污染、液体污染和固体污染,提升环境和资源综合利用效率。通过促进人和自然的和谐发展,增加经济发展的生态成果。

二、总量调控转向结构调控

传统的宏观调控重点关注对经济总量的调控,生产力水平较低时总量问题解决了,民生和就业问题便得到保障,宏观经济就具有稳定发展的环境。但当前中国宏观经济运行中的矛盾不是总量性矛盾,也不是周期性矛盾,也不是短期需求矛盾,而是长期结构性矛盾。《资本论》中系统论述了要使社会再生产能够顺利进行,两大部类之间必须保持均衡关系,即经济结构的平衡性在宏观经济运行中具有重要作用。我国宏观经济的长期结构性矛盾是传统宏观调控的后遗症,具体表现为经济社会结构的不平衡性:一是需求结构不平衡,投资需求过于旺盛,而消费需求无法充分释放,尤其是中国人均收入迈向1万美元的背景下居民对高质量产品和服务的消费需求没有得到满足。二是产业结构不平衡,服务业发展较快,工业尤其是高端制造业发展速度不快,实体经济对经济增长支撑不足。三是收入分配结构不合理,总收入中资本要素报酬占比远高于劳动要素报酬占比。

总量调控是要解决有没有的问题,而结构调控则是要进一步解决好不好的问题。新时代中国特色社会主义宏观经济调控,应更注重结构性调控。第一,逐渐减少政府导向的投资,通过完善市场机制激发民间投资的活力。加快对落后产能的淘汰和僵尸企业的断血,将经济社会资源投向创新能力更强、经营品质更高的企业,提升对高质量产品和服务的供给。第二,加大对制造业尤其是先进制造业的支持力度。在加大税收和信贷支持以及知识产权保护力度的同时,推动互联网、大数据、人工智能和实体经济的深度融合。以技术进步促进产业迈向全球价值链中高端,防范和化解产业空洞化风险及企业对内和对外投资的低质量风险。第三,矫正要素市场尤其是资本市场由垄断势力造成的各类扭曲,完善要素分配的体制和机制以及加强金融市场监管,预防系统性金融风险。坚持按劳分配的原则,综合利用财税工具扩大中等收入群体、增加低收入劳动者报酬、调节过高收入。

三、需求调控转向综合调控

建立在凯恩斯理论基础上的宏观调控在实质上是逆经济周期的需求管理,即通过财政政策和货币政策刺激总需求,实现干预和调节宏观经济运行的目的。然而,以需求管理的方式来进行宏观调控只适合于短期,长期调控会造成政策成本较高以及与公众预期相关的政策失灵问题。供给管理是从生产方的因素入手进行宏观调控,供给管理的因素变量包括制度、经济结构、要素禀赋等,供给管理的本质是长期管理。新时代中国特色社会主义宏观调控要服务于到21世纪中叶的现代化强国建设,既需要关注短期经济波动,更需要着眼长期经济的高质量发展,在整体上综合需求管理和供给管理。

新时代中国特色社会主义宏观调控的需求管理与凯恩斯理论的需求管理有所区别。首先,财政政策侧重于平衡生产性和非生产性财政支出的结构。增加科技和教育支出加快建设创新型国家,提升文化支出建设社会主义文化强国,提高医疗卫生支出实施健康中国战略,加大生态环境治理支出建设美丽中国。其次,完善自动稳定器制度,优化累进制所得税和失业救济,在优化收入分配结构、保障民生的同时,为宏观经济稳定运行保驾护航。

新时代中国特色社会主义宏观调控的供给管理,是以提高供给质量作为主攻方向。一是坚持去产能、去库存、去杠杆、降成本、补短板,淘汰落后产能、减少无效供给,从生产领域增加高质量供给。提高供给体系的适应性和创新性,优化供给结构,优化存量资源配置,扩大优质增量供给,实现供需动态平衡。二是优化生产领域的供给,以供给侧的产业结构优化保障高质量供给。大力发展智能制造业、共享经济产业、绿色低碳经济产业和生产者服务业,加快构筑实体经济、科技创新、现代金融与人力资源协同发展的现代产业体系。三是增加激励创新的制度供给,以制度引领创新、以创新支撑高质量供给。加大知识产权的保护力度,强化对侵权行为的监督和惩处,保证创新企业能够获得超过平均利润的报酬,激发创新行为。增加对高质量创新的补贴、信贷和资格认证等方面的倾斜政策,将创新活动的外部性内部化,激励知识和创新在各区域和各领域的充分外溢。四是激发和保护企业家精神,保证高质量供给能够在微观经济层面落实。营造保护企业家财产权、自主经营权、创新权益的法治环境,更要营造促进企业家公平竞争诚信经营的市场环境,强化企业家公平竞争权益保障,健全企业家诚信经营激励约束机制,持续提高监管的公平性、规范性和简约性。

四、"强刺激"政策搭配调控转向货币政策和宏观审慎政策双支柱调控

1997 年亚洲金融危机爆发后,我国政府采用了凯恩斯理论的"强刺激"政策,以扩张型的财政政策和货币政策推动经济高速增长,但也间接诱发了地方政府债务违约、资产价格泡沫和不良贷款等经济金融风险。新时代中国特色社会主义宏观调控在政策搭配上,应从"强刺激"转向健全货币政策和宏观审慎政策双支柱调控框架,在有效调控经济的同时防范和化解各类风险。

实施货币政策的目标在于保持物价稳定和充分就业,为高质量发展营造稳定的经济环境。宏观审慎政策则直接并集中作用于金融体系本身,通过抑制杠杆过度扩张和顺周期行为,进而防范系统性风险、维护金融稳定,最终避免或减少由于金融不稳定造成的宏观经济成本。换言之,在宏观经济稳定领域,货币政策是服务宏观经济目标的最主要调控手段,宏观审慎政策有条件地对它进行补充。在金融稳定领域,应当以宏观审慎政策为主,货币政策有条件地对它进行协助。两项政策的制定和实施都需要考虑它们对另一项政策主要目标的影响,并根据具体的经济环境进行权衡和调整。

搭建货币政策和宏观审慎政策双支柱调控的重点在于:一是处理好货币政策和宏观审慎政策的关系。明确固定规则的货币政策,抑制货币政策调节可能产生的顺周期效应,减缓宏观审慎政策的使用频率。确立合理的宏观审慎政策框架,优化货币政策的传导机制。二是加强数据搜集和处理,尤其是经济金融大数据,通过模型化分析有效识别系统性风险。三是结合国际经验和中国国情,建立起涵盖风险计量、财务报告、资本监管、风险集中度限制以及保险机制等一整套宏观审慎政策工具箱。

综上所述,新时代中国特色社会主义宏观调控应当与新时代中国宏观经济运行的特征和规律相协调,以高质量发展、充分就业、物价稳定、化解重大风险和污染防治为目标,遵循"间接引导为主、直接干预为辅""固定规则

为主、相机抉择为辅"和"存量调控为主、流量调控为辅"的调控理念,实施由数量调控转向质量调控、由总量调控转向结构调控、由需求调控转向综合调控、由"强刺激"政策搭配调控转向货币政策和宏观审慎政策双支柱调控。最终围绕高质量发展,建立起调控有度、引领创新和政策成本可控的宏观调控体系,服务富强民主文明和谐美丽的社会主义现代化强国建设。

结束语：新时代中国经济高质量 发展的现实与未来展望

高质量发展是中国经济发展到一定程度后的转型升级，同时也是一个将产业从以低劳动成本和低附加值为主向高附加值的知识密集型转化的过程。高质量发展是中国经济的升级版，意味着中国经济社会发展开始由数量追赶转向质量追赶。十九大以来中国经济发展不断向高质量方向转型，逐步走上了高质量发展的道路。本章作为结束语，主要对未来发展趋势进行展望。

第一节　中国经济发展已经进入 高质量发展阶段

2017 年 12 月召开的中央经济工作会议指出，中国特色社会主义进入了新时代，我国经济发展也进入了新时代，基本特征就是我国经济已由高速增长阶段转向高质量发展阶段。《人民日报》社论指出，高质量发展就是能够很好满足人民日益增长的美好生活需要的发展，是体现新发展理念的发展，是创新成为第一动力、协调成为内生特点、绿色成为普遍形态、开放成为必由之路、共享成为根本目的的发展①。依据改革开放 40 年的发展成就，特别是十八大以来的发展新进展，从五大发展理念所涉及的指标体系来看，我国经济发展已经进入高质量发展阶段。

一、创新已经成为我国高质量发展的第一动力

习近平总书记在十九大报告中指出"创新是引领发展的第一动力，是建设现代化经济体系的战略支撑"②。改革开放 40 年的发展成就说明，伴随经济发展，我国科技创新不断取得新的成果，科技创新已经成为我国综合国力提升的重要支撑。40 年以来，我国科技创新队伍不断壮大，科教兴国、

---

①　《牢牢把握高质量发展这个根本要求》，《人民日报》2019 年 12 月 21 日。

②　习近平：《决胜全面建成小康社会　夺取新时代中国特色社会主义伟大胜利——在中国共产党第十九次全国代表大会上的报告》，人民出版社 2017 年版，第 31 页。

人才强国战略的大力实施使科技创新队伍不断壮大。国家在基础科学研究、高技术研究、科技基础条件建设、科技成果转化等多个方面顺利实施一系列发展计划,推动了我国科技实力实现了跨越式提升。我国重大产品、重大技术装备的自主开发能力和系统成套水平明显提高,有力地支撑了三峡工程、青藏铁路、西气东输、南水北调、奥运会、世博会等重大工程建设。科技创新在调整经济结构、提高经济增长质量、促进社会发展和改善民生方面发挥了先导作用。在应对节能减排、气候变化、传染病防治等重大问题方面发挥了重要的支撑作用。特别是党的十八大以来,创新驱动发展战略全面实施,我国成为具有全球影响力的科技创新大国,在量子科学、超导、探测卫星等基础科学领域获得重大突破。在神舟载人飞船、超级计算机、高速铁路等高科技应用领域,已经位居世界前列。进入新时代,科技创新对经济发展的贡献更加明显,科技创新引领新动能,大数据、云计算、新一代信息技术等新业态、新模式取得重大进展。世界知识产权组织发布的报告表明中国创新能力从 2012 年的第 35 位,已经上升到目前第 17 位,是进入前 20 的唯一一中等收入国家。总体来看,十八大以来,我国科技创新实力、能力、活力稳步提升的同时,科技创新对经济社会发展的贡献也愈发显现。科技创新对产业转型升级、产品供给优化、新动能培育等方面的支撑引领作用显著增强,成为引领高质量发展、提升国家核心竞争力的重要源泉,创新已经成为我国高质量发展的第一动力。

二、从协调已经成为我国高质量发展的内生特点

习近平总书记指出,"协调既是发展手段又是发展目标,同时还是评价发展的标准和尺度"①。改革开放 40 年来,协调发展随着我国改革开放的进程而不断深化,从产业结构来看,改革开放 40 年来我国三次产业结构在调整中不断优化,农业基础地位更趋巩固,工业逐步迈向中高端,服务业成长为国民经济第一大产业。从总需求结构来看,40 年来党中央深入实施扩大内需战略,内需与外需、投资与消费失衡状况显著改善,经济增长逐步转向依靠消费、投资和出口协同拉动。从区域结构协调来看,40 年来我们先后实施了西部大开发战略、东北振兴战略、中部崛起战略,区域协调发展战略深入实施,不同地区比较优势有效得到发挥。从城乡协调来看,我们先后实施了统筹城乡发展、社会主义新农村建设、城乡经济社会一体化和乡村振兴等政策措施,改善了城乡关系,促进了城乡关系的协调。特别是党的十八

---

① 《习近平谈治国理政》第二卷,外文出版社 2017 年版,第 205 页。

大以来，全国各地把协调发展放在发展全局的重要位置，坚持统筹兼顾、综合平衡。党中央坚持以新发展理念为引领，以供给侧结构性改革为主线，加快推进经济结构战略性调整和经济转型升级，我国的产业结构、需求结构、城乡结构、区域结构、所有制结构和收入分配结构逐步改善，经济发展的协调性和可持续性不断增强，为推动高质量发展建设现代化经济体系奠定了良好基础，协调发展已经成为我国高质量发展的内生特点。

三、绿色发展已经成为高质量发展的普遍形态

2017年6月21日，习近平总书记在山西考察工作时指出："坚持绿色发展是发展观的一场深刻革命。要从转变经济发展方式、环境污染综合治理、自然生态保护修复、资源节约集约利用、完善生态文明制度体系等方面采取超常举措，全方位、全地域、全过程开展生态环境保护。"①改革开放40年来，我们始终高度重视环境保护，坚持保护环境和节约资源，大力推进生态文明建设和环境保护工作，坚持实施可持续发展战略。特别是党的十八大以来，绿色发展理念日益深入人心，建设美丽中国的行动不断升级提速。树立和践行"绿水青山就是金山银山""保护生态环境就是保护生产力、改善生态环境就是发展生产力"的理念，出台多项制度、污染治理和监管执法力度不断加大，环境质量改善效果不断提升。从生态环境建设来看，生态文明制度体系加快形成，主体功能区制度逐步健全，生态产业不断得到发展，节能减排取得重大进展，重大生态保护和修复工程进展顺利，生态环境治理明显加强，积极参与应对全球气候变化的国际合作。从能源产业来看，十九大将生态文明建设放在更加突出的战略位置，提出推进能源生产与消费革命，加快能源产业转型升级，贯彻落实绿色发展战略，推进新能源产业健康发展，发展新能源成为加快能源结构调整的中坚力量。从人与自然的关系来看，党的十九大提出人与自然和谐共生的思想，标志着社会主义生态文明建设的新发展。总体来看，十八大以来，我们坚持"绿水青山就是金山银山"的新理念，把促进生态与经济协调发展和生态文明建设纳入到了中国特色社会主义事业总体布局中，绿色发展理念不断深化创新，绿色发展已经成为我国高质量发展的普遍形态。

四、开放已经成为我国高质量发展的必由之路

习近平总书记在十九大报告中指出，"推动形成全面开放新格局。中

---

① 《习近平在山西考察工作时强调　为党的十九大胜利召开营造良好环境》，《人民日报》2017年6月24日。

国开放的大门不会关闭,只会越开越大。要以'一带一路'建设为重点,坚持引进来和走出去并重,遵循共商共建共享原则,加强创新能力开放合作,形成陆海内外联动、东西双向互济的开放格局"①。改革开放 40 年来的实践证明,对外开放是我国经济发展的强大动力。改革开放初期我们实施的是积极融入全球化的对外开放战略,实施以引进外资和技术为主的开放策略。20 世纪 70 年代末我国打开了封闭多年的国门,开启了不断融入经济全球化浪潮对外开放进程。十四大以来我们进一步开启了我国对外开放的新篇章,利用外资跃上新台阶,着力打造全方位开放格局,不断丰富经济特区体系,建立了以产业导向为特点的外商投资政策体系。深化外贸体制改革,促进了对外贸易的快速增长。经过 40 年的对外开放,我国已经从经济全球化的旁观者变身为参与者,再到全球化的主导者。40 年来的开放发展,我国实现了从封闭型经济向开放型全球经济大国的转变,我们坚持"引进来"与"走出去"的对外开放战略,取得了开放发展的诸多成就。中国在全球经济贸易体系中已名列前茅,成为世界前三位的外商投资来源国。特别是十八大以来,中国迈入大国开放的新阶段,对外开放战略开始由积极融入全球化向主导全球化转变。党的十八届五中全会提出新发展理念,使得开放发展成为指导我国新时代长期发展的新理念。进入新时代,我国以自由贸易试验区为引领,构建开放型经济新体制。推进"一带一路"建设,积极推动由外贸大国向外贸强国转变,并积极参与全球经济治理体系变革,从学习、引进、适应国际经贸规则到主动参与全球经济治理、引领国际规则制定,实现了从改革开放初期积极融入全球化到主导全球化的转变。总体来看,进入新时代,我国开放发展也进入到高质量发展阶段,我们要通过构建新体制、形成新格局、培育新模式,为高质量开放型经济增添新活力,让开放发展成为我国高质量发展的必由之路。

五、共享发展已经成为高质量发展的根本目的

习近平总书记在十八届五中全会的讲话中提出:"共享是中国特色社会主义的本质要求。必须坚持发展为了人民、发展依靠人民、发展成果由人民共享,作出更有效的制度安排,使全体人民在共建共享发展中有更多获得感,增强发展动力,增进人民团结,朝着共同富裕方向稳步前进。"②改革开

① 习近平:《决胜全面建成小康社会　夺取新时代中国特色社会伟大胜利——在中国共产党第十九次全国代表大会上的讲话》,人民出版社 2017 年版,第 34—35 页。
② 《十八大以来重要文献选编》(中),中央文献出版社 2016 年版,第 793 页。

放 40 年以来,在理论上我们党立足于发展过程中出现的问题,提出了共享发展思想,从邓小平的"共同富裕"思想到习近平的共享发展理念,体现了改革开放以来党的共享发展思想演变的核心主线。党的十八大以来,以习近平同志为核心的党中央高度重视人民群众的主体地位,提出了以人民为中心的发展思想,把共享发展推到了一个新的高度,使共享发展成为我国高质量发展的根本目的。在实践上从基本小康、到全面小康,再到全面现代化,共享发展取得了重大进展。从居民收入来看,改革开放 40 年来,我国居民收入大幅度提升,消费水平大幅提高。40 年间我国居民用 31 年时间实现人均收入跨万元大关,2009 年突破万元大关,达到 10977 元,2014 年突破 2 万元大关,达到 20167 元,目前正向 3 万元大关迈进。40 年来随着我国居民收入水平大幅提高,居民消费水平和消费结构明显得到改善,在解决了温饱问题后城乡居民开始从基本的吃穿消费向发展和享受型消费倾斜。同时随着消费市场持续完善,消费环境不断优化,公共设施覆盖率提高,社会服务更加全面,城乡居民从吃穿住用的品质,到能够享受的医疗教育服务水平,都发生着重大的变化,生活质量不断提升。40 年来我国社会保障事业水平也不断提高,基本养老、失业、工伤保险参保人数分别达到 9.42 亿人、1.96 亿人、2.39 亿人,目前已建立了世界上最大的社会保障安全网。40 年来我国扶贫事业取得积极成就,从 1978 年到 2017 年,我国农村贫困人口减少 7.4 亿人,年均减贫人口规模接近 1900 万人;农村贫困发生率下降 94.4 个百分点,年均下降 2.4 个百分点,为人类减贫事业做出了巨大贡献。特别是党的十八大以来,共享发展理念的深入实施,居民收入快速增长,2018 年全国居民人均可支配收入 28228 元,比 1978 年实际增长 82.3 倍。全国居民人均消费支出 19853 元,比 1978 年实际增长 107.9 倍。十八大以来精准扶贫战略的实施,脱贫攻坚工作取得了重大成就,六年来我国农村贫困人口从 2012 年底的 9899 万减少到 2018 年底的 1660 万,累计减少贫困人口 8239 万人,贫困发生率从 10.2% 下降到 1.7%,减少了将近 9 个百分点。总体来看,共享发展无论是从理论上,还是从实践上都取得了重大进展,随着习近平以人民为核心的发展思想的深入实施,共享发展已经成为我国高质量发展的根本目的。

总体来看,我国经济发展已经进入高质量发展阶段,我们需要依据高质量发展的要求,积极推进经济结构调整,加快高质量发展新动能的培育,推进人民生活水平的改善。进入新时代,我们需要加快形成推动高质量发展的指标体系、政策体系、标准体系、统计体系、绩效评价、政绩考核,创建和完善制度环境,推动我国经济在实现高质量发展上不断取得新进展。

第二节　中国经济高质量发展的未来展望

目前我国经济已经迈进高质量发展阶段,转向高质量发展是我们直面新时代和突破发展瓶颈的紧迫任务。高质量发展成为中国经济发展的基本遵循,推动高质量发展成为遵循经济规律发展的必然要求。未来我国经济高质量发展需要着眼于以下方面。

一、以遵循新发展理念下的改革指导高质量发展

改革是高质量发展的实施机制,应遵循新发展理念,以创新、协调、绿色、开放、共享作为改革的指导思想与发展方向,为高质量发展提供理念支持。在高质量发展的实现过程中,改革包括经济体制改革、供给侧结构性改革、深化"放管服"改革几个方面。首先,深化经济体制机制的改革。高质量发展需要进一步深化市场经济体制改革,将产权制度完善作为经济体制深化改革的重点内容,通过完善我国的产权制度为高质量发展提供公平有序的竞争环境,保护企业家的创新精神,激发企业创新活力,进而推动制造业的高质量发展。其次,深化供给侧结构性改革。随着供给侧结构性改革的实施,我国经济政策的调控方式也发生了根本性的转变,通过供需关系的调整推动我国经济结构的优化调整,为产能过剩及产能不足的供需问题提供了解决方案,我国的实体经济活力不断释放,供给侧结构性改革取得了较好的成效。在我国高质量发展的关键阶段,供给侧结构性改革不仅是高质量发展的政策要求,也是开发我国经济增长潜力、推动经济进一步高质量增长的关键要求。最后,深化"放管服"改革,即简政放权、放管结合和优化服务,这一改革的实质是针对政府内部体系的行政管理体系的改革。"放管服"改革的根本在于通过界定政府、企业和社会的职能定位,构建政府、企业、社会协同作用体系推动制造业的高质量发展。

二、以新动能培育加快高质量发展

高质量发展的潜力和动力在于创新,通过创新提高效率,最终提高经济发展质量。高质量发展新动能的培育与增强是我国制造业能否迈向中高端的关键因素,培育经济发展新动能的路径要求我们转变旧的思维方式,适应经济发展新形势,增强创新能力,打造新兴产业集群,创造出新的增长极。当前我国正处在转变发展方式、优化经济结构、转换增长动力的攻关期。在这一背景下,培育新动能是新时代经济高质量发展的根本支撑,也是我国经

济长远发展的改革内容。从当前经济运行现实来看,下行压力加大更加需要培育新动能,开发经济增长的潜力。为此,需要着力推进新时代高质量发展新动能的培育,通过新动能的培育推进新时代我国经济持续稳定发展和高质量发展的实现。

三、以制造业为核心推进高质量发展

高质量发展的关键在于实体经济,把实体经济做强做优就需要加强制造业的高质量发展,因为制造业仍然是经济增长的主要引擎,制造业是国际竞争的核心领域。而且制造业是技术创新的主战场,也是供给侧结构性改革的重要领域。制造业的高质量发展是经济高质量发展的核心,推动制造业高质量发展是稳增长的重要依托。我国经济要实现高质量发展,必须有高质量的制造业作为支撑。制造业高质量发展的创新驱动战略就是要以制造业的科技创新为核心,形成制造业供给体系,提高我国制造业在全球产业链中的地位。为此,需要以科技创新为核心实施创新驱动战略,科技创新是制造业高质量发展的重点,模式与业态创新是制造业高质量发展的重要方向,管理创新是制造业高质量发展的内在基础。支持研发创新,掌握核心技术。鼓励数字化智能化改造,促进技术升级。掌握核心技术和拥有关键设备制造能力是制造业高质量发展的一个重要标志,关键核心技术上的创新是我国制造业高质量发展的关键。

四、以工业化的逻辑实现高质量发展

新时代,我国高质量发展必须坚持工业化的逻辑,防止去"工业化"。近年来我国学术界和实际经济工作部门有一种错误的思想倾向,认为中国经济出现了严重的产能过剩,主张去工业化,大力发展服务业,通过服务业来代替工业中的产能过剩,这实际上也是一种认识误区。我国经典的工业化任务还没有完成,而世界主要发达国家已经进入新型工业化阶段。我国既要完成经典工业化的任务,又要迎接第三次产业革命的冲击;既要加快工业化进程,又要实现工业现代化。因此,在高质量发展中防止过度去工业化,必须把服务业的发展与工业的发展相结合,将传统产业的改造和新兴产业的发展相结合,将新型工业化、再工业化、工业现代化相结合。以实体经济的发展和制造业的现代化为核心,通过再工业化改造提升传统产业,通过新型工业化发展新型产业,以工业化的逻辑实现高质量发展。

五、以现代化产业体系的构建推进高质量发展

随着供给侧结构性改革的推进,现代化产业体系的构建是高质量发展的重点工程。加快构建现代化产业体系要积极培育新动能。现代化产业体系的构建:一是发展创新型产业。以满足国家经济社会发展重大需求为导向,以重大项目为依托,以成果转化为重点,搭建成果转化对接平台,通过创新链和产业链的深度融合促进培育现代化产业体系的新动能,催生产业转型新业态,释放现代化产业体系构建的新活力。二是发展网络产业和数字产业。加快互联网基础设施建设,依托智慧城市建设,加快宽带网络升级改造等工程建设。加大农村地区宽带网络建设力度,统筹提高城乡宽带网络普及水平和接入能力,着力缩小"数字鸿沟"。持续推进电信基础设施共建共享,统筹互联网数据中心等云计算基础设施布局。制定出台数字产业扶持政策,强化资金扶持,引导资金集中用于支持互联网基础设施提升、公共平台建设、公共服务补助等;强化创业扶持,加快构建互联网创新创业服务平台,促进创业者与市场充分对接。三是加强产业品牌建设。坚持以创新为核心,以差异化满足不同层次的消费需求,加快构建以创新、智能、绿色和高质量为主要特征的发展新动能,推进我国工业品牌培育。

六、以数字产业与实体产业融合实现高质量发展

聚焦在智能经济、绿色经济等新经济形态和智慧城市建设、绿色低碳发展等应用场景,推动互联网、大数据、人工智能等数字经济与实体经济深度融合,推动人工智能等战略性新兴产业的发展。一是以信息产业为主导,把握数字化、智能化、网络化融合发展的契机,通过创新驱动培育经济发展新动能、构建创新型特色产业体系。加快发展先进制造业,在信息网络领域培育一批支柱产业和主导产业,积极推进技术应用研究。二是做强数字经济。学习发达国家经验,通过孕育众多产业链节点,明确分工,协同作战,突出主导产业,再利用其带动相关产业紧密合作,用新技术创造新价值,使产业整体逐步壮大。通过链核的带动作用,拓展链节,并延伸产业链,发挥辐射和关联效应,开辟更大的需求市场,构建贯通创新链、融入产业链、对接资本链的高新技术服务体系。三是大力发展智能制造,以智能制造带头引领产业技术变革和升级,以增量带动存量,培育竞争新优势,构建形成"人工智能+""大数据+""5G+"等高技术含量、高附加值开放型产业体系。推动人工智能在智能制造等领域场景应用示范,加快推动企业在科技领域开展自主研制和国产化攻关突破;鼓励研究所等机构联合开展"5G+"技术攻关,大

力发展"5G+云制造"等应用,推动我国在"5G+"行业应用走在全国前列。四是深度拓展基于大数据的相关行业应用,在面向大数据应用的操作系统等基础支撑软件领域取得突破,不断推动我国产业结构迈向全球价值链中高端。

参 考 文 献

[1][法]托马斯·皮凯蒂:《21世纪资本论》,巴曙松等译,中信出版社2014年版。

[2]《马克思恩格斯全集》第47卷,人民出版社2004年版。

[3]《马克思恩格斯全集》第49卷,人民出版社2016年版。

[4]白津夫:《以新经济引领新常态　只有新经济才能强中国》,《中国经济周刊》2015年第14期。

[5]蔡昉:《中国经济增长如何转向全要素生产率驱动型》,《中国社会科学》2013年第1期。

[6]钞小静、任保平:《中国经济增长质量的时序变化与地区差异分析》,《经济研究》2011年第4期。

[7]陈宗胜、黎德福:《内生农业技术进步的二元经济增长模型——对"东亚奇迹"和中国经济的再解释》,《经济研究》2004年第11期。

[8]董正信、耿晓玉、杨晶晶:《河北省经济发展方式转变进程评价》,《统计与管理》2011年第1期。

[9]范从来:《我国转型经济学的研究与展望》,《中国经济问题》2007年第2期。

[10]方昕:《警惕通缩风险,完善宏观调控》,《金融研究》2016年第2期。

[11]郭晗:《人工智能培育中国经济发展新动能的理论逻辑与实践路径》,《西北大学学报(哲学社会科学版)》2019年第5期。

[12]郭金兴:《中国经济增长30年:经济奇迹的解释与展望》,《政治经济学评论》2008年第2期。

[13]郭克莎:《比较成本与比较质量》,《云南财贸学院学报》1990年第1期。

[14]郭克莎:《论经济增长的速度与质量》,《经济研究》1996年第1期。

[15]郭克莎:《马克思论"质量"的经济问题及其现实意义》,《兰州学刊》1988年第1期。

[16]郭克莎、汪红驹:《经济新常态下宏观调控的若干重大转变》,《中国工业经济》2015年第11期。

[17]韩保江:《多维度把握建设现代化经济体系的目标要求和现实路径》,《经济日报》2017年11月4日。

[18]韩士元:《城市经济发展质量探析》,《天津社会科学》2005年第5期。

[19]何伟:《中国区域经济发展质量综合评价》,《中南财经政法大学学报》2013年第4期。

[20]洪银兴:《论中高速增长新常态及其支撑常态》,《经济学动态》2014年第11期。

［21］洪银兴主编:《新编社会主义政治经济学教程》,人民出版社2018年版。

［22］洪银兴:《新时代的现代化和现代化经济体系》,《南京社会科学》2018年第2期。

［23］洪银兴:《新时代现代化理论的创新》,《经济研究》2017年第11期。

［24］洪银兴:《以创新的经济发展理论阐释中国经济发展》,《中国社会科学》2016年第11期。

［25］洪银兴:《以创新的理论构建中国特色社会主义政治经济学的理论体系》,《经济研究》2016年第4期。

［26］洪银兴:《以建设现代化经济体系开启现代化新征程》,《政治经济学评论》2018年第1期。

［27］洪银兴:《以人为本的发展观及其理论和实践意义》,《经济理论与经济管理》2007年第5期。

［28］洪银兴、任保平:《经济新常态下发展理论创新》,经济科学出版社2017年版。

［29］洪志生、苏强、霍佳震:《服务质量管理研究的回顾与现状探析》,《管理评论》2012年第7期。

［30］黄茂兴、叶琪:《马克思主义绿色发展观与当代中国的绿色发展——兼评环境与发展不相容论》,《经济研究》2017年第6期。

［31］黄群慧:《"新经济"基本特征与企业管理变革方向》,《辽宁大学学报(哲学社会科学版)》2016年第5期。

［32］黄群慧:《浅论建设现代化经济体系》,《经济与管理》2018年第1期。

［33］黄征学:《到底什么是新经济》,《中国经贸导刊》2016年第31期。

［34］江小涓:《中国的外资经济对增长、结构升级和竞争力的贡献》,《中国社会科学》2002年第6期。

［35］焦艳玲:《论经济增长质量统计》,《上海统计》1999年第11期。

［36］金碚:《关于"高质量发展"的经济学研究》,《中国工业经济》2018年第4期。

［37］冷崇总:《构建经济发展质量评价指标体系》,《宏观经济管理》2008年第4期。

［38］李金叶、许朝凯:《中亚国家经济发展质量评价体系研究》,《上海经济研究》2017年第6期。

［39］李永友:《基于江苏个案的经济发展质量实证研究——兼与浙江、上海的比较分析》,《中国工业经济》2008年第6期。

［40］李周:《中国经济学如何研究绿色发展》,《改革》2016年第6期。

［41］厉以宁:《以人为本,坚持科学的发展观》,《北京社会科学》2004年第4期。

［42］梁东黎:《我国区域经济发展质量新研究——以居民收入占比为标准的考察》,《探索与争鸣》2012年第4期。

［43］林毅夫:《从增长奇迹看增长前景》,《北京日报》2017年2月6日。

［44］刘树成:《改革宏观调控方式与把握合理区间中线》,《财贸经济》2014年第7期。

［45］刘伟：《和谐社会建设中的经济增长质量问题》，《当代经济研究》2006 年第 12 期。

［46］刘伟：《现代化经济体系是发展、改革、开放的有机统一》，《经济研究》2017 年第 11 期。

［47］刘伟、蔡志洲、郭以馨：《现阶段中国经济增长与就业的关系研究》，《经济科学》2015 年第 4 期。

［48］刘伟、苏剑：《"新常态"下的中国宏观调控》，《经济科学》2014 年第 4 期。

［49］刘志彪：《建设现代化经济体系：新时代经济建设的总纲领》，《山东大学学报（哲学社会科学版）》2018 年第 1 期。

［50］罗序斌：《中部地区经济发展质量评价》，《当代经济》2009 年第 13 期。

［51］马洪福、郝寿义：《产业转型升级水平测度及其对劳动生产率的影响——以长江中游城市群 26 个城市为例》，《经济地理》2017 年第 10 期。

［52］马建新、申世军：《中国经济增长质量问题的初步研究》，《财经问题研究》2007 年第 3 期。

［53］马克思：《资本论》第 1 卷，人民出版社 2004 年版。

［54］［美］迈克尔·波特：《国家竞争优势》，李明轩、邱如美译，华夏出版社 2002 年版。

［55］毛海波：《浅谈经济增长质量的内涵》，《企业导报》2009 年第 4 期。

［56］裴长洪、刘洪愧：《习近平新时代对外开放思想的经济学分析》，《经济研究》2018 年第 2 期。

［57］任保平：《产业结构调整如何向中高端迈进》，《河南日报》2016 年 8 月 19 日。

［58］任保平：《经济增长质量：理论阐释、基本命题与伦理原则》，《学术月刊》2012 年第 2 期。

［59］任保平：《经济增长质量的逻辑》，人民出版社 2015 年版。

［60］任保平：《我国供给侧结构性改革的本质：体制改革》，《社会科学辑刊》2017 年第 2 期。

［61］任保平：《新常态要素禀赋结构变化背景下中国经济增长潜力开发的动力转换》，《经济学家》2015 年第 5 期。

［62］任保平：《新国家财富观：引导经济增长质量的价值判断》，《国家治理》2015 年第 19 期。

［63］任保平：《新时代高质量发展的政治经济学理论逻辑及其现实性》，《人文杂志》2018 年第 2 期。

［64］任保平：《新时代中国经济从高速增长转向高质量发展：理论阐释与实践取向》，《学术月刊》2018 年第 3 期。

［65］任保平：《新中国 70 年经济发展的逻辑与发展经济学领域的重大创新》，《学术月刊》2019 年第 8 期。

［66］任保平、钞小静：《从数量型增长向质量型增长转变的政治经济学分析》，《经

济学家》2012 年第 11 期。

[67]任保平、付雅梅:《系统性深化供给侧结构性改革的路径探讨》,《贵州社会科学》2017 年第 11 期。

[68]任保平、李禹墨:《新时代我国高质量发展评判体系的构建及其转型路径》,《陕西师范大学学报(哲学社会科学版)》2018 年第 3 期。

[69]任保平、魏婕、郭晗等:《超越数量:质量经济学的范式与标准研究》,人民出版社 2017 年版。

[70]任保平、文丰安:《新时代中国高质量发展的判断标准、决定因素与实现途径》,《改革》2018 年第 4 期。

[71]任保平、张蓓:《新常态下我国地方经济增长质量的转型及其宏观调控的转向》,《人文杂志》2017 年第 8 期。

[72]芮明杰:《"工业 4.0"时代,新时代中国未来的产业体系该如何接壤?》,《社会科学报》2018 年 3 月 19 日。

[73]沈坤荣:《供给侧改革重心:提升全要素生产率》,《中国社会科学报》2016 年 7 月 27 日。

[74]沈坤荣:《以供给侧结构性改革为主线,提升经济发展质量》,《政治经济学评论》2018 年第 1 期。

[75]沈坤荣、孙文杰:《投资效率、资本形成与宏观经济波动——基于金融发展视角的实证研究》,《中国社会科学》2004 年第 6 期。

[76]师博:《人工智能促进新时代中国经济结构转型升级的路径选择》《西北大学学报(哲学社会科学版)》2019 年第 5 期。

[77]宋瑞礼:《中国宏观调控 40 年:历史轨迹与经验启示》,《宏观经济研究》2018 年第 12 期。

[78]孙飞:《加快发展新经济的六大战略举措——深化改革创新驱动　发展新经济会议综述》,《经济研究参考》2016 年第 42 期。

[79]托马斯等:《增长的质量》,《增长的质量》翻译组译,中国财政经济出版社 2001 年版。

[80]王爱俭、王璟怡:《宏观审慎政策效应及其与货币政策关系研究》,《经济研究》2014 年第 4 期。

[81]王军、王昆:《我国经济发展质量评价体系构建探讨——基于上下级政府博弈的视角》,《前沿》2017 年第 1 期。

[82]王薇、任保平:《我国经济增长数量与质量阶段性特征:1978—2014 年》,《改革》2015 年第 8 期。

[83]王一鸣:《40 年来中国宏观经济政策的演进与创新》,《中国经济报告》2018 年第 12 期。

[84]武鹏:《改革开放以来中国经济增长的动力转换过程》,《政治经济学研究》2013 年第 0 期。

［85］向国成、李真子:《实现经济的高质量稳定发展:基于新兴古典经济学视角》,《社会科学》2016 年第 7 期。

［86］肖红叶、李腊生:《我国经济增长质量的实证分析》,《统计研究》1998 年第 4 期。

［87］杨伟民:《贯彻中央经济工作会议精神　推动高质量发展》,《宏观经济管理》2018 年第 2 期。

［88］尹敬东:《外贸对经济增长的贡献:中国经济增长奇迹的需求解析》,《数量经济技术经济研究》2007 年第 10 期。

［89］于红英:《西部地区经济增长质量的综合评估研究》,西安建筑科技大学硕士学位论文,2006 年。

［90］曾铖、李元旭:《试论企业家精神驱动经济增长方式转变——基于我国省级面板数据的实证研究》,《上海经济研究》2017 年第 10 期。

［91］张健华、贾彦东:《宏观审慎政策的理论与实践进展》,《金融研究》2012 年第 1 期。

［92］张岂之:《关于生态环境问题的历史思考》,《史学集刊》2001 年第 3 期。

［93］张晓晶:《试论中国宏观调控新常态》,《经济学动态》2015 年第 4 期。

［94］张宇:《中国经济改革的经验及其理论启示》,中国人民大学出版社 2015 年版。

［95］张宇、谢地、任保平、蒋永穆等编著:《中国特色社会主义政治经济学》,高等教育出版社 2017 年版。

［96］赵满华:《共享发展的科学内涵及实现机制研究》,《经济问题》2016 年第 3 期。

［97］赵奇、武侠:《互联网时代的企业管理创新》,《企业研究》2012 年第 22 期。

［98］郑伟腾、庄惠明:《东南沿海三省一市经济发展方式比较和评价——基于福建视角》,《云南财经大学学报(社会科学版)》2009 年第 6 期。

［99］周元、王海燕:《关于我国创新体系研究的几个问题》,《中国软科学》2006 年第 10 期。

［100］朱方明、贺立龙:《经济增长质量:一个新的诠释及中国现实考量》,《马克思主义研究》2014 年第 1 期。

［101］Barro R. J., "Quantity and Quality of Economic Growth", *Working Papers from Central Bank of Chile*, 2002.

［102］Cropper M., Griffiths C., "The Interaction of Population Growth and Environmental Quality", *American Economic Review*, 1994.

［103］Hanushek E. A., Kimko D. D. Schooling, "Labor-Force Quality, and the Growth of Nations", *American Economic Review*, 2000.

［104］Klein M. W., "Capital Account Liberalization, Institutional Quality and Economic Growth: Theory and Evidence", *NBER Working Paper*, 2005.

［105］Lucas R., "On the Mechanics of Economic Development", *Journal of Monetary E-

conomics, 1988.

[106] Mlachila M., Tapsoba R., Tapsoba S.J.A., "A Quality of Growth Index for Developing Countries: A Proposal", *IMF Working Paper*, 2014.

[107] Rodrik D., "Institutions for High-Quality Growth: What They are and How to Acquire Them", *NBER Working Paper*, 2000.

[108] Rothstein B., "Social Capital, Economic Growth and Quality of Government: The Causal Mechanism", *New Political Economy*, 2003.

[109] Segerstrom P. S., "Innovation, Imitation, and Economic Growth", *Journal of Political Economy*, 1991.

[110] Thomas V. etc., *The Quality of Growth*, Oxford University Press, 2000.

后　记

经济增长质量是我和我的团队成员十多年以来,持续不断深入研究的一个领域。十多年以来,我们围绕着高质量发展,除发表过论文以外,每年还要出版一本《中国经济增长质量发展报告》,这个报告得到了教育部发展报告项目的资助,目前这个报告已经出版了 11 年,共计 11 本。在做经济增长质量发展报告的基础上,我们也在进行经济增长质量基础理论的研究,我们相继出版了《经济增长质量的逻辑》《超越数量:质量经济学的范式与标准研究》。

2017 年,党的十九大召开,十九大报告提出"我国经济已由高速增长阶段转向高质量发展阶段",2017 年中央经济工作会议进一步强调了高质量的发展,2018 年是中国质量元年,步入 2018 年,转向高质量发展,是新时代中国经济鲜明的特征。高质量发展问题提出以后,我和我的团队积极开展高质量发展问题研究,围绕高质量发展在《改革》《学术月刊》《经济学家》《人文杂志》《经济纵横》《红旗文稿》等杂志上发表论文 20 余篇,被人大复印资料、《中国社会科学文摘》和《新华文摘》转摘和转载多篇。团队成员师博、李梦欣、李禹墨、刘笑、付雅梅、王竹君、王思琛、张星星、宋雪纯等参与了本课题的研究,我在此基础上形成了这部著作。这是我们团队在经济增长质量研究基础上,进一步向高质量发展延伸的结果。

本成果是国家社科基金后期资助项目"新时代中国高质量发展道路研究"(项目编号:19FJLB011)的成果,是教育部人文社会科学重点研究基地——中国西部经济发展研究院的成果,也是教育部长江学者团队和"四个一批人才"暨万人计划哲学社会科学领军人才建设项目的成果,还是陕西省特支计划"三秦学者"创新团队和杰出人才建设项目的成果。感谢我的导师洪银兴教授在百忙之中为本书作序。

经济高质量发展是党的十九大提出的一个全新理论命题,学术界正在进行深入的研究,我们的研究只是代表学术界研究的一个方面,欢迎大家批评指正。

任保平

2020 年 2 月 8 日

策划编辑：郑海燕

责任编辑：郑海燕　李甜甜　张　燕

封面设计：毛　淳　王欢欢

责任校对：刘　青

图书在版编目（CIP）数据

新时代中国经济高质量发展研究/任保平 等 著. —北京：人民出版社，
　2020.5

（国家社科基金后期资助项目）

ISBN 978－7－01－021097－1

Ⅰ.①新…　Ⅱ.①任…　Ⅲ.①中国经济-经济发展-研究　Ⅳ.①F124

中国版本图书馆 CIP 数据核字（2019）第 164537 号

新时代中国经济高质量发展研究

XINSHIDAI ZHONGGUO JINGJI GAO ZHILIANG FAZHAN YANJIU

任保平　等　著

人民出版社 出版发行

（100706　北京市东城区隆福寺街 99 号）

中煤（北京）印务有限公司印刷　新华书店经销

2020 年 5 月第 1 版　2020 年 5 月北京第 1 次印刷

开本：710 毫米×1000 毫米 1/16　印张：19.5

字数：330 千字

ISBN 978－7－01－021097－1　定价：82.00 元

邮购地址 100706　北京市东城区隆福寺街 99 号

人民东方图书销售中心　电话（010）65250042　65289539